Gottlieb Mittelberger
Johann David Schöpf
Johann Heckewälder
Johann W. von Müller
Moritz Wagner
Carl Scherzer

Zwischen Hudson und Mississippi

Berichte deutscher Reisender
des 18. und 19. Jahrhunderts

Ausgewählt und eingeleitet
von Eberhard Czaya

Verlag der Nation Berlin

Illustrationen von Harald Larisch

ISBN 3-373-00068-8

1. Auflage 1987
© Verlag der Nation 1987
Alle Rechte dieser Ausgabe vom Verlag vorbehalten
Lizenz-Nr. 400/66/87
LSV 5005
Lektor: Joachim Lindner
Einband und Typografie: Axel Bertram
Lichtsatz und Druck:
(52) Nationales Druckhaus, Betrieb der VOB National
Buchbinderische Verarbeitung:
INTERDRUCK, Graphischer Großbetrieb, Leipzig III/18/97
Best.-Nr. 696 723 3
01260

Vorwort

Süd- und Mittelamerika waren infolge der kolonialen Abgeschlossenheit lange Zeit für deutsche Reisende so gut wie unerreichbar. Der große Durchbruch wurde durch Alexander von Humboldt bewirkt. Ihm folgten namhafte Forscher, die nun auch die durch die Befreiung vom Kolonialjoch entstandenen günstigeren Reisebedingungen ausnutzen konnten. Dennoch war die Zahl der publizierenden Reisenden begrenzt. Da es sich überwiegend um Gelehrte von Rang handelte, blieb das wissenschaftliche Niveau gewahrt; auch waren sie zumindest das 19. Jahrhundert hindurch dem Geist der Aufklärung und des Humanismus verpflichtet.

Anders verhält es sich mit den Veröffentlichungen über Nordamerika. Die deutschsprachige Reiseliteratur setzt hier nicht erst mit Humboldt ein. Einige Werke stammen schon aus dem 18. Jahrhundert. Das zeugt sowohl von der früheren und leichteren Zugänglichkeit zahlreicher Gebiete Nordamerikas für deutsche Reisende als auch von dem ihnen entgegengebrachten großen Interesse.

Heute ist Literatur über Reisen in Nordamerika aus dem 18. und frühen 19. Jahrhundert nur noch in wenigen Bibliotheken aufzutreiben. Dagegen gibt es aus der darauffolgenden Zeit mehrere hundert Bücher, in denen deutsche Reisende von ihren Erlebnissen und Erfahrungen in Nordamerika berichten.

Wenig bekannt ist, daß deutsche Reisende in einem sehr abgelegenen Winkel Nordamerikas, an seiner nördlichen Pazifikküste, in Alaska, günstige Forschungsbedingungen fanden. Das ist auf das Interesse des russischen Zarenhauses an der Erkundung Sibiriens und darüber hinaus Alaskas zurückzuführen, das dem russischen Reich einverleibt und erst 1867 an die USA verkauft wurde. Auf die Unternehmungen in diesen Gebieten sowie auf weitere Vorstöße, die von russischer Seite aus an der Pazifikküste Nordamerikas bis nach Kalifornien unternommen wurden, besonders auf die Beteiligung deutscher Forscher daran, wird in den von Herbert

Scurla herausgegebenen Bänden dieser Reihe «Jenseits des Steinernen Tores» und «Auf Kreuzfahrt durch die Südsee» näher eingegangen.

Die günstigsten Voraussetzungen fanden deutsche Forscher jedoch in den damaligen britischen Kolonien an der amerikanischen Atlantikküste. Dort gab es schon im 18. Jahrhundert zahlreiche Einwanderer aus deutschen Ländern, und mit ihnen kamen die ersten Reisenden, die von ihren Entdeckungen berichteten. Schon in der ersten Hälfte des 19. Jahrhunderts waren die östlichen Teile Nordamerikas kaum schlechter erschlossen als Westeuropa, denn der Reisende konnte sich der modernen Verkehrseinrichtungen jener Zeit bedienen. Auf mehr oder minder befestigten Straßen gab es einen öffentlichen Kutschverkehr, auf Flüssen und Kanälen fuhren Dampfschiffe, und bald wurde auch ein regelmäßiger Eisenbahnverkehr eingerichtet. Bis zur Mitte des vorigen Jahrhunderts zogen es die meisten deutschen Reisenden vor, sich in den schon relativ erschlossenen Gebieten umzusehen, den dreizehn Gründerstaaten der Union, einschließlich der Zentren der Plantagenaristokratie des ehemaligen französischen Louisiana.

Wirkliche Expeditionen waren nur jenseits der «frontier», der von der weißen Kolonisation bestimmten Besiedlungsgrenze, erforderlich. Dort, in der unverfälschten Wildnis, war das Fortkommen beschwerlich. Dort gab es Abenteuer und Gefahren. Dazwischen lag die «Pionier»-Zone, das Gebiet der aktiven Besiedlung, wo man sich frei fühlte von den feudalen Fesseln Europas, wo man auf Tatkraft und gegenseitige Hilfe angewiesen war; aber es war eine koloniale Demokratie, die auf dem Unrecht an der Urbevölkerung beruhte, die demoralisiert und vertrieben oder weitgehend ausgerottet wurde; ein System, das hemmungslos den Reichtum einer jungfräulichen Natur ausnutzte, ohne Rücksicht auf die umweltschädigenden Folgen der Entwaldung, der Umwandlung von Graslandschaften in Ackerland und ähnlichem. In einigen Gebieten dieser Zone aber leisteten die Indianer zeitweilig erfolgreich Widerstand, und dort zu reisen war bis weit in das 19. Jahrhundert hinein ebenfalls ein Wagnis.

Die Flut der Literatur über die Wildnisse und die «Pionier»-Zonen setzte erst Mitte des vorigen Jahrhunderts ein, mit der Besiedlung der Prärien, den Goldfunden in Kalifornien, den transkontinentalen Bahnbauten. Neben den Reiseberichten mancher deutscher Wissenschaftler, die im Geist Alexander von Humboldts – und oft direkt von ihm ermuntert und gefördert – in Nordamerika zu forschen fortfuhren, gibt es in geradezu erdrückender Fülle Autoren, bei denen sich einerseits der Übergang von der Reisereportage zur wissenschaftlichen Länderanalyse, zum Sachbuch, vollzog und andererseits zur belletristischen Reiseerzählung, wobei zuweilen auch die erzählende Reiseliteratur und die Reiselyrik Landschaft und Leute dem Leser erstaunlich einprägsam nahebringen. Zu den Erzählern und Lyrikern deutscher Herkunft, die ihre Nordamerikaerfahrungen gestalteten, gehören so namhafte Autoren wie Sealsfield, Gerstäcker und Lenau.

Aus der relativen Bequemlichkeit des Reisens allein ist die große Zahl der in deutscher Sprache veröffentlichten Bücher über Nordamerika und speziell über die hier betrachteten östlichen Teile nicht zu erklären. Die von der englischen Kolonisation geprägten Gebiete hatten ihren spezifischen «Reiz», besonders aus deutscher Sicht, nicht nur, weil Nordamerika bis ins 20. Jahrhundert hinein das Hauptgebiet deutscher Auswanderung war, sondern auch, weil die Vereinigten Staaten seit der Proklamation der Unabhängigkeit als Modell für die Befreiung von Fremdherrschaft und für bürgerliche Demokratie galten. Auf die deutschen bürgerlichen Demokraten, linksbürgerlichen Revolutionäre und Liberalen übten die USA als der erste Staat der Welt mit einer funktionierenden bürgerlich-parlamentarischen Verfassung und wegen ihrer schnellen Produktivkraftentwicklung eine große Anziehungskraft aus. Interessant waren die USA seinerzeit aber auch wegen des Aufeinanderprallens von Siedlern und Indianern; ferner wegen der Verknüpfung von Plantagenkultur mit Sklavenhaltung in den Südstaaten. Diese gesellschaftlichen und politischen Probleme lieferten den Stoff für unzählige Veröffentlichungen; sie standen nicht zuletzt auch im Mittelpunkt vieler publizistischer Arbeiten deutscher politischer Emigranten, die in den USA aktiv am gesellschaftlichen Geschehen teilnahmen: am Befreiungskrieg (Friedrich Wilhelm von Steuben), während des Sezessionskrieges (Carl Schurz), als Mitbegründer der Republikanischen Partei, als Korrespondenten, Redakteure, Schriftsteller.[1]

Der vorliegende Band von Berichten deutscher Reisender über Nordamerika umfaßt die Gründerstaaten der USA und die ihr am frühesten angeschlossenen Gebiete bis zur Mississippilinie. Dabei wurden vornehmlich Autoren berücksichtigt, die sich von einem bürgerlichen Fortschrittsdenken leiten ließen, auch wenn ihr ideologischer Standort im einzelnen sehr unterschiedlich war. Vorzugsweise wurden ältere Reiseberichte ausgewählt, um die Situation in den USA zur Zeit ihrer Gründung (1776), Stabilisierung und frühen territorialen Expansion sowie in ihrer inneren Widersprüchlichkeit kurz vor dem Sezessionskrieg (1861–1865) zu verdeutlichen, zur Zeit zweier Ereignisse also, die Zäsuren in der amerikanischen Geschichte darstellen.

Unsere Berichte führen in solche dichtbesiedelte, für die Geschicke des Landes bestimmenden Städte wie New York, Philadelphia, Washington, Pittsburgh und New Orleans; der Leser wird mit maßgeblichen Institutionen und Persönlichkeiten der USA bekannt gemacht; er erfährt Wissenswertes über aufblühende Industrien, den Beginn des Bahnbaus, aber auch über die Indianervertreibung in den «Pionier»-Zonen, die damals noch unweit westlich der Appalachen, vor allem im Ohiogebiet, lagen, wie auch über die Sklaverei in den Südstaaten.

Vorgestellt werden sechs humanistisch gesinnte, dem Wesen nach aber sehr unterschiedliche Reisende und ihre Werke. Gottlieb Mittelberger (1715–1758) nahm eigene Erlebnisse auf einer Schiffsreise nach Philadelphia im Jahre 1750 zum Anlaß, um über die erbärmliche Lage seiner nach Nordamerika auswandernden deutschen Landsleute zu

---

[1] Eine reichhaltige Auswahl aus publizistischen Schriften dieser Autoren findet sich in: «Land ohne Nachtigall. Deutsche Emigranten in Amerika 1777–1886», herausgegeben von Rolf Weber, Buchverlag Der Morgen, Berlin 1981.

schreiben, über ihr bitteres Los während der Schiffspassage, ihre Ausnutzung durch betrügerische Geschäftemacher und schließlich ihr ungewisses Schicksal bei der Ankunft in der Neuen Welt; er legte aber auch dar, welche Vorteile Nordamerika dem erfolgreichen Kolonisten im Unterschied zu den deutschen Ländern bot.

Johann David Schöpf (1752–1800) konnte nach fünf sinnlosen Wartejahren als Arzt im Dienste der an England verschacherten ansbachischen Söldnertruppe 1783 endlich zur Reise von New York nach Philadelphia, Pittsburgh und Charleston aufbrechen und wurde als einer der ersten europäischen Reisenden näher mit den gerade unabhängig gewordenen USA bekannt.

Johann Heckewälder (1743–1823), als Missionar mit den Indianerstämmen in Pennsylvanien und im Ohiogebiet vertraut, begleitete 1792 General Putnam zum Wabash-Fluß, um die durch vorrückende weiße Siedler beunruhigten Indianer zum Friedensschluß und zur Unterwerfung unter die Autorität der Vereinigten Staaten zu bewegen. Nach vierzigjährigem Aufenthalt unter Indianern legte er 1819 eines der grundlegenden Werke über sie vor.

Johann W. von Müller (1824–1866), der bereits in den Jahren 1843 bis 1849 Afrikareisen unternommen hatte, besuchte 1856 Nord- und Mittelamerika. Unsere Auswahl enthält seine Schilderungen von New York, Baltimore und Washington sowie den Bericht über den Eriekanal.

Moritz Wagner (1813–1887) und Carl Scherzer (1821 bis 1903) kehrten, tief enttäuscht von dem Scheitern der bürgerlichen Revolution in Deutschland, der heimatlichen Misere den Rücken. Auf einer ausgedehnten Studienreise in den Jahren 1852/53 im aufstrebenden Osten der Vereinigten Staaten fanden sie vieles von ihren bürgerlich-demokratischen Idealvorstellungen verwirklicht, waren aber empört über die Sklaverei in den Südstaaten.

Da es sich bei den vorgestellten Werken weitgehend um umfangreiche und zum Teil mehrbändige Darlegungen handelt, war der Herausgeber genötigt, Ausschnitte auszuwählen und Straffungen vorzunehmen. Das geschah auch mit der Absicht, Wesentliches stärker hervortreten zu lassen und

Nebensächliches auszusondern. Kürzungen wurden im allgemeinen nicht besonders vermerkt, es wurde auch darauf verzichtet, die ausgewählten Texte sachlich zu berichtigen. Rechtschreibung und Zeichensetzung sind den heute gültigen Regeln angepaßt; dagegen wurde die Ausdrucksweise der Verfasser nicht geändert. Geographische und völkerkundliche Bezeichnungen wurden in der Schreibweise der Autoren belassen, mit Ausnahme solcher, die heute weitgehend bekannt sind. Die vom Herausgeber dem Text beigefügten Anmerkungen und sonstigen Erläuterungen tragen den Vermerk: (A.d.H.).

Da sich die Auswahl an einen breiten Leserkreis wendet, sind zum besseren Verständnis im Anhang Texterläuterungen und eine Zeittafel zur Geschichte Nordamerikas beigefügt. Somit folgt das Buch in Auswahl und Gestaltung den Grundsätzen, die Herbert Scurla, der langjährige Herausgeber dieser Reihe mit Berichten humanistischer deutscher Forscher, in engem Zusammenwirken mit dem Verlag erarbeitet hat.

E. C.

Einführung

In Nordamerika kam es frühzeitig zu Rivalitäten zwischen den Mächten Europas, denen es um koloniale Eroberungen zu tun war, vor allem zwischen Spanien, Frankreich und England. Zeitweilig waren auch Niederländer und Schweden in diese Auseinandersetzungen verwickelt. Erst in einem langwierigen Prozeß, in den auch die kulturelle Assimilation von Einwanderern aus verschiedenen Herkunftsländern einbezogen war, wurden die USA und Kanada zu dem Gebiet, das häufig verallgemeinernd als Angloamerika bezeichnet wird, obwohl es in einzelnen Regionen bemerkenswerte ethnische Gruppen nichtbritischer Identität gibt, die ihren Ursprung teilweise in Resten der Urbevölkerung, teilweise in unterschiedlicher kolonialer Besiedlung und unterschiedlicher jüngerer Zuwanderung haben. Jedenfalls ist, von Australien-Neuseeland abgesehen, kein Erdteil so wenig durch seine Ureinwohner geprägt wie Nordamerika. Sein heutiges Gesicht wurde vor allem durch die koloniale Eroberung, die territoriale Expansion der Vereinigten Staaten sowie die Einwanderung von Menschen vorwiegend europäischer Herkunft bestimmt.

Vom Süden des Subkontinents drangen zuerst die Spanier vor. Von Puerto Rico aus hatte dessen Gouverneur Juan Ponce de León 1513 die Halbinsel Florida erreicht und dort 1565 das Fort St. Augustine gegründet, das zum Kern der ältesten Stadt auf nordamerikanischem Boden wurde. Auf dem Festlande, von Neuspanien, dem späteren Mexiko, aus, unternahmen die Spanier in den dreißiger und vierziger Jahren des 16. Jahrhunderts mehrere Expeditionen, auf denen die Konquistadoren weit in das Innere der Südhälfte Nordamerikas vorstießen, nordwärts bis in die Prärien von Kansas. Von Florida aus durchquerten sie den Subkontinent in ganzer Breite und befuhren bei diesen Unternehmungen auch den Mittel- und Unterlauf des Mississippi.

Auf ihren Eroberungszügen suchten die Spanier vor allem Edelmetalle, während der katholische Klerus an einer Missionierung der Indianer interessiert war. Im Gebiet nördlich des Rio Grande waren jedoch im Gegensatz zu Mittel- und Südamerika Gold und Silber zunächst nicht auffindbar. Die sagenhaften sieben Städte im Norden, von denen die Spanier Kunde erhalten hatten, erwiesen sich zwar als existent. Die sie bewohnenden Pueblo-Indianer lebten in mehrstöckigen, terrassenförmig angeordneten Gebäudekomplexen und betrieben bereits einen Bewässerungsfeldbau; aber sie waren arm. Die meisten Indianerstämme leisteten ihrer Unterwerfung hartnäckig Widerstand. Für Kolonisten war das Land überdies wegen seiner Trockenheit wenig geeignet. Der Versuch einer Besiedlung am Golf von Mexiko im Jahre 1559 scheiterte. Daher kümmerten sich die Spanier längere Zeit verhältnismäßig wenig um die von ihnen erkundeten Gebiete, besonders die abgelegeneren Teile, in die erst wieder im 19. Jahrhundert Europäer und nun vor allem US-Amerikaner vordrangen. Die Spanier nahmen ihre Interessen im wesentlichen nur im Gebiet der Pueblo-Indianer wahr, das über das Tal des Rio Grande von Mexiko aus leicht zu erreichen war. Dort legten sie 1609 die Stadt Santa Fe als Handelsposten, Missionsstation und Verwaltungssitz an, etwa gleichzeitig mit der Gründung von Quebec am St.-Lorenz-Strom durch die Franzosen (1608) und von Jamestown in Virginia durch die Engländer (1606).

Erst als die Franzosen aus dem Gebiet des St.-Lorenz-Stromes nach Süden vordrangen und an der Mündung des Mississippi erschienen, sahen sich die Spanier zu größerer Aktivität herausgefordert. 1698 gründeten sie das Fort San Carlos, aus dem die Stadt Pensacola hervorging, die mehrfach von Indianern zerstört und auch vorübergehend von Franzosen und Engländern besetzt wurde. Neue befestigte Niederlassungen entstanden in Texas; 1762 übernahm Spanien von dem durch die Niederlage im Siebenjährigen Krieg geschwächten Frankreich den westlich des Mississippi gelegenen Teil Louisianas, einschließlich von New Orleans und St. Louis. 1763 setzten sich die Spanier auch in Kalifornien fest, wo sie San Diego gründeten.

Insgesamt gab es drei Richtungen des spanischen Vorstoßes über die schmale Landbrücke Mexikos nach Norden:

entlang der Küste Kaliforniens, den Rio Grande aufwärts und die Golfküste entlang. Auf dem Höhepunkt der spanischen Herrschaft, als für knapp vier Jahrzehnte (1763–1800) auch das von Franzosen gegründete New Orleans spanisch war, befand sich die Golfküste durchgängig in spanischer Hand. Aber mit Ausnahme der Gebiete am Mississippi, wo die ökonomische Macht weiterhin bei der französischen Plantagenaristokratie lag, waren Florida, die Golfregion und Kalifornien dünn besiedelt. Diese Landstriche bildeten für die spanischen Eroberer eine ausgesprochene Randzone, die vor allem dazu diente, die Gold- und Silberlande (Mexiko und die Landbrücke nach Peru) sowie die Zentren der spanischen Plantagenkultur auf den Antillen abzusichern.

Die französischen Interessen in Nordamerika waren territorial ausgedehnter als die spanischen. Aber da Frankreich eine wesentlich stärkere europäische Großmachtpolitik betrieb als Spanien, konnte es seinen Kolonialgebieten nicht immer volle Unterstützung gewähren, die dazu noch wegen des Religionsstreites zwischen Katholiken und Hugenotten gespalten waren.

Zu Frankreichs erster Begegnung mit Nordamerika kam es durch den Italiener Verrazano, der 1524, in französischen Diensten seefahrend, die Halbinsel Manhattan berührte. Bereits zehn Jahre später unternahm Cartier den ersten Siedlungsversuch am St.-Lorenz-Strom, und 1562 und 1564 gründeten Hugenotten eine Kolonie nördlich der Halbinsel Florida. Sie wurden jedoch von den Spaniern, die ihre eigene Interessensphäre bedroht sahen, alsbald vertrieben, so daß die Franzosen zunächst nur ihren Brückenkopf im Norden halten und ausbauen konnten. Dort legten sie 1605 Port Royal auf der Südseite der Fundy Bay an und gründeten drei Jahre darauf Quebec. Schritt für Schritt tasteten sie sich weiter vor. Champlain entdeckte die wichtige Verbindung vom St.-Lorenz-Strom über den nach ihm benannten Champlain-See zum Hudson.

Die Franzosen waren anfangs bemüht, mit den Indianern ein friedliches Verhältnis zu wahren, weil sie mit ihnen Pelzhandel treiben wollten. Ihre engen Verbindungen zu den

Huronen führten jedoch alsbald zur Feindschaft mit dem Irokesenbund, einer Vereinigung von fünf mit den Huronen verfeindeten Stämmen, die sich mit den Niederländern und Engländern verbündeten. Nachdem aber die Franzosen die Verbindung von Montreal über den Ottawa-Fluß und den Nipissing-See zum Huronsee gefunden hatten, konnten sie den durch den Irokesenbund bedrohten Ontariosee im Norden umgehen.

Besonders in den letzten Jahrzehnten des 17. Jahrhunderts, während der Regentschaft Ludwigs XIV., konnten die Franzosen weiter vordringen. Dafür sorgten vor allem der Minister Colbert und der Gouverneur Frontenac; einen wichtigen Beitrag zur weiteren Kolonisierung durch Frankreich leisteten auch die Jesuiten unter Kardinal Richelieu. Die Mönche Joliet, Marquette und Nicolet entdeckten in den heutigen Bundesstaaten Illinois und Wisconsin einige Portagen, Stellen, über die Boote auf dem Landwege über Wasserscheiden getragen werden können. Auf diese Weise war es möglich, über zwei in den Michigansee mündende Flüsse zwei Nebenflüsse des Mississippi zu erreichen.

Ein riesiges unbekanntes Flußsystem lag vor den französischen Entdeckungsreisenden. Als erster Europäer fuhr Sieur de la Salle 1682 den Mississippi abwärts bis zum Ansatz des großen Deltas. Dabei nahm er ein riesiges Gebiet, das er zu seines Königs Ehren Louisiana nannte und das um ein Vielfaches ausgedehnter war als der heutige Bundesstaat gleichen Namens, für Frankreich in Besitz.

Am Unterlauf des Mississippi gründeten die Franzosen New Orleans und gewannen damit eine wichtige strategische Basis. Ihnen kam dabei zustatten, daß es die Spanier bis dahin unterlassen hatten, auch den Mississippi-Unterlauf, den sie eher als hinderlich ansahen, als Bindeglied zwischen ihren Besitzungen in Florida und im heutigen Südwesten der USA in Besitz zu nehmen.

Im Gegensatz zum Gebiet des St.-Lorenz-Stromes kam jedoch in Louisiana die Besiedlung mit französischen Kolonisten nur langsam voran; sie beschränkte sich hundert Jahre lang auf ein kleines Gebiet um New Orleans, das seinen Zugang zur Außenwelt über den Golf von Mexiko unterhielt.

Dann aber wurden, von New Orleans ausgehend, Expeditionen flußaufwärts unternommen und französische Niederlassungen gegründet, wie St. Louis (1764) und Dubuque. Diese koloniale Erschließung reichte im Stromgebiet des Mississippi aufwärts bis zur Grenze von Illinois und Wisconsin, wo die Franzosen bereits Bleibergbau betrieben. Zuwanderer und Nachschub kamen über New Orleans ins Land. Im südlichen Vorfeld der großen Seen, verbunden insbesondere durch die Wasserstraße des Huron- und des Michigansees, verschmolzen die über den St.-Lorenz-Strom und den Mississippi kontinenteinwärts gerichteten Expansionslinien. Viele französische Ortsnamen, nicht nur in Kanada, wo der französische Einfluß lebendiger geblieben ist, sondern auch im heute englischen Sprachgebiet der USA erinnern an die französische Kolonisation.

Durch das Vordringen Frankreichs und die Festsetzung in Louisiana wurden die spanischen Besitzungen im Süden Nordamerikas wie durch einen Keil zerteilt. Auch die Engländer, die sich an der Atlantikküste festgesetzt hatten, sahen sich von einem Gürtel französischen Kolonialbesitzes umschlossen, der vom St.-Lorenz-Strom über das Gebiet der Großen Seen und den Mississippi bis zum Golf von Mexiko reichte. Das französische Fort Duquesne, aus dem später die Stadt Pittsburgh hervorging, war ein Glied jener langen Reihe von Befestigungen, die die Engländer am Vordringen zum Ohio und Mississippi hindern sollten. Außerdem schoben sich die französischen Niederlassungen am St.-Lorenz-Strom zwischen die Besitzungen der britisch kontrollierten Hudson's Bay Company im Norden (Rupertsland) und die britischen Kolonien an der Mittelatlantikküste im Appalachenvorland.

Daraus erwuchsen Spannungen und Kämpfe, die mit großer Erbitterung geführt wurden und sehr bald die Schwächen der französischen Herrschaft zutage treten ließen. So erwies es sich als Nachteil für die Franzosen, daß sie zwei strategisch wichtige Linien nicht unter ihre Herrschaft gebracht hatten: die Champlain-Route zum Hudson-Fluß und die Ohio-Route zum Mississippi, die zu wichtigen Vormarschwegen der britischen Kolonisation und später der

Vereinigten Staaten wurden. Frankreich konnte sich ferner nur auf eine verhältnismäßig schwache Siedlerbevölkerung stützen. Im kanadischen Gebiet war zwar Sieur de la Verendrye bis ins heutige Saskatchewan vorgedrungen und hatte dort 1738 Fort Rouge, das spätere Winnipeg, angelegt, während Niverville die kanadischen Rocky Mountains erreichte. Aber die dichtere französische Besiedlung endete unweit von Montreal.

Früh schon machte England den Franzosen mit der Hudson's Bay Company Konkurrenz. Sie dehnte ihren Einfluß zunächst vor allem als Pelzhandelsunternehmen bis in das Gebiet der Rocky Mountains aus. Darauf fußend, eignete sich England nach dem Spanischen Erbfolgekrieg 1713 die Hudson Bay und das als Akadien bezeichnete französische Gebiet an, das die Küsten von Neubraunschweig und Neuschottland sowie die Prinz-Edward-Insel umfaßte.

Während des Siebenjährigen Krieges (1756–1763) wurde Nordamerika zu einem Nebenschauplatz der Kampfhandlungen in Europa. Dabei wurden auf den nordamerikanischen Schlachtfeldern in starkem Maße auch Indianerstämme als Hilfstruppen und Verbündete einbezogen. Während die Franzosen mit den Huronen paktierten, bedienten sich die Engländer des Irokesenbundes.

In diesen Auseinandersetzungen auf dem nordamerikanischen Subkontinent war Frankreich schon deshalb unterlegen, als seine Streitkräfte in starkem Maße in Europa gebunden waren und überdies die französischen Kolonisten weitaus schwächer waren als die mit den Engländern verbündeten amerikanischen Siedler. 1759 eroberte der britische General Wolfe Quebec den Sitz der französischen Kolonialverwaltung, und nach dem Frieden von Hubertusburg und Paris im Jahre 1763 mußte Frankreich seine Herrschaft über Kanada vollends an England abtreten. Frankreich behielt nur die winzigen Inseln St. Pierre und Miquelon im Mündungsgebiet des St.-Lorenz-Stromes, die allerdings als Basis für die Hochseefischerei auf der Neufundlandbank große wirtschaftliche Bedeutung haben.

Frankreich verlor 1762/63 auch seine riesige Kolonie Louisiana. Den westlich des Mississippi gelegenen Teil mit

New Orleans mußte es an Spanien, den östlich des Stromes gelegenen an England abtreten.

Mit dieser totalen Niederlage Frankreichs in Nordamerika war sein Versuch, die Ausdehnung der britischen Kolonien zu blockieren, gescheitert. Napoleon erwarb zwar im Jahre 1800 im Vertrag von San Ildefonso nochmals den zeitweilig spanisch gewordenen Teil Louisianas für Frankreich zurück, verkaufte ihn aber schon 1803 für 15 Millionen Dollar an die Vereinigten Staaten, die 1783 bereits den östlich des Mississippi gelegenen Teil der alten Kolonie Louisiana von England übernommen hatten.

Damit war das französische Kolonialreich in Nordamerika endgültig zusammengebrochen. Geblieben sind allein ethnische und kulturhistorische Einflüsse Frankreichs in der Bevölkerung und im Landschaftsbild Akadiens, des Lorenzstromtales und Louisianas.

England betrieb in Kanada zunächst eine den Frankokanadiern feindliche Politik. Die französischen Akadier wurden nach dem Frieden zu Utrecht zur Abwanderung gezwungen und in Ontario viele Engländer und Iren angesiedelt. Damit sollten die auf die Provinz Quebec konzentrierten Frankokanadier isoliert und in eine Minderheit gedrängt werden. 1774 wurden jedoch die kulturellen Rechte der Frankokanadier durch die sogenannte Quebec-Akte anerkannt.

Englands Aufstieg zur führenden See- und Kolonialmacht war mit den Leistungen britischer Seefahrer verbunden. Wie bei den transatlantischen Expeditionen Spaniens und Portugals ging es auch den Engländern zunächst darum, eine Westroute nach Asien zu erschließen. Während jedoch die Seefahrer der iberischen Länder die Azoren und andere Atlantik-Inseln als Zwischenbasen verwendeten und den Nordäquatorialstrom ausnutzten, bevorzugten die britischen Seefahrer einen der Lage Englands gemäßen nördlicheren Kurs. Sie streiften die Küsten Nordamerikas, machten wichtige geographische Entdeckungen und begründeten die Territorialansprüche der britischen Krone.

Der in englischen Diensten stehende italienische Seefahrer Giovanni Caboto (engl.: John Cabot) erreichte schon 1497 die nordamerikanische Küste, wahrscheinlich bei Neufundland und Labrador, möglicherweise auch bei Neuschottland; Treibeis zwang ihn aber zur Umkehr. 1498 befuhr er die südlicheren Küstenstrecken Nordamerikas bis Kap Hattaras, während in der Suche nach der Nordwestlichen Durchfahrt eine Pause eintrat.

Martin Frobisher nahm Cabots Pläne wieder auf. Er sichtete als erster das seit den Normannen fast in Vergessenheit geratene Grönland, entdeckte das von Eskimos bewohnte Baffin-Land und drang 1578 in die heutige Hudson-Straße ein. Henry Hudson gelang 1611 vollends die Einfahrt in die nach ihm benannte Bay. Er nahm aber an, bereits den Pazifik erreicht zu haben.

Nachdem mehrere russische Expeditionen wertvolle Vorarbeit geleistet hatten und der in russischen Diensten fahrende Vitus Bering 1741 Alaska entdeckt hatte, versuchte 1778 James Cook auf seiner dritten Reise, über Nordalaska von Westen her eine Durchfahrt zu finden, mußte jedoch wie seine Vorgänger vor dem Eise kapitulieren.

Alle diese nördlichen Seefahrten waren so beschwerlich und mit so vielen Opfern verbunden, daß für längere Zeit die Hoffnung aufgegeben wurde, die angenommene Nordwestliche Durchfahrt nach Asien aufzufinden, zumindest aber, sie auch praktisch nutzen zu können. Erst 1818 wagte John Barrow die Wiederaufnahme der Forschungen in der nordamerikanischen Arktis und die erneute Suche nach einer Durchfahrt. Sie wurde schließlich 1851 bis 1853 von Robert MacClure gefunden, obwohl auch er sein Schiff im Eise aufgeben mußte. Wirklich durchfahren wurde sie erst 1903 bis 1906 durch den Norweger Roald Amundsen.

Etwa gleichzeitig mit Spanien und Frankreich begann England zu Beginn des 17. Jahrhunderts, koloniale Niederlassungen auf dem nordamerikanischen Festland anzulegen. Es gab vor allem zwei Richtungen der britischen Expansion in Nordamerika. Die eine setzte im äußersten Nordosten an, die andere am mittelatlantischen Küstenstreifen östlich der Appalachen.

Der erstgenannte Vorstoß wurde von der Hudson's Bay Company getragen, der 1670 durch königliche Charter das Gebiet zugewiesen wurde, das von den in die Hudson Bay mündenden Flüssen entwässert wird. Dieses Gebiet wurde nach dem ursprünglichen Inhaber der Charter, Prinz Rupert vom Rhein, Rupertsland genannt. Nachdem 1793 Alexander Mackenzie über die Rocky Mountains bis zum Stillen Ozean vorgedrungen war, dehnte die Gesellschaft ihren Einfluß im Norden über die ganze Breite des Kontinents aus, wobei sie in Alaska von russischen und im Süden von französischen und spanischen Annexionen flankiert war. In ihrem klimatisch benachteiligten Wirkungsgebiet vermochte sie keine nennenswerte Besiedlung zu bewirken. Sie war zunächst eine Land- und Handelsgesellschaft, deren ökonomische Bedeutung beim Pelzhandel lag. Mit ihrer Politik der Durchdringung und der Aneignung weiterer Territorien trug sie jedoch wesentlich zur Herausbildung des späteren britischen Kanada bei und war insofern von großer politischer Bedeutung.

Der mittelatlantische Küstenstreifen war hingegen klimatisch hervorragend als Besiedlungsland geeignet und zog daher schon früh europäische Kolonisten an. Hier entwickelte sich das Kerngebiet der späteren Vereinigten Staaten. In England führten innenpolitische Auseinandersetzungen meist religiöser Art zu einer ständigen Abwanderung von Nonkonformisten, die sich in Nordamerika niederließen und dort zum Erfolg der englischen Machtpolitik beitrugen. Typisch für die Herausbildung der britischen Kolonien in Nordamerika war die gemeinschaftliche Ansiedlung religiöser Minderheiten. Das waren sowohl Katholiken, die es vor allem nach Virginia und Maryland zog, als auch pietistische, puritanische Protestanten. Einige dieser Gruppen siedelten von vornherein getrennt, andere spalteten sich erst im Laufe der Zeit ab und bildeten neue Kolonien, indem sie neue Gebiete aufsuchten.

Die erste britische Ansiedlung, die 1584 von Sir Walter Raleigh gegründete Kolonie Virginia nahe dem Kap Hattaras, mußte bereits 1586 wieder aufgegeben werden. Auch eine weitere englische Niederlassung in Virginia an der Chesapeake Bay unter Kapitän John Smith litt unter Indianerüberfällen, Hungersnot und Malaria, so daß die Zahl der Siedler von 1607 bis 1610 von etwa siebenhundert auf sechzig sank, die bereits zur Rückwanderung entschlossen waren. Durch neue Zuwanderungen wurde jedoch die Krise überwunden. Aus dem Fort James wurde Jamestown; und 1699 wurde die Hauptstadt Williamsburg gegründet, bis später das binnenwärts gelegene und damit von See her wenig gefährdete Richmond neue Hauptstadt wurde.

Schon 1610 siedelten sich die ersten Engländer auf Neufundland an. Es ist also nicht ganz korrekt, wenn die Landung der Pilgerväter mit dem legendären Schiff «Mayflower» in der Bucht von Boston offiziell als Beginn der britischen Kolonisation bezeichnet wird. Freilich legten hier die Puritaner mit ihrer Siedlung New Plymouth, wenig südlich des heutigen Boston, den Grundstein für die bald aufblühenden Kolonien dieses als Neuengland bezeichneten Gebietes, das allein zwischen 1628 und 1640 von 25 000 Menschen besiedelt wurde.

Bis zur Gründung der Vereinigten Staaten im Jahre 1776 waren in dem den Appalachen vorgelagerten mittelatlantischen Küstensaum dreizehn britische Kolonien entstanden, deren verfassungsrechtlicher Status unterschiedlich war. Mit einer sogenannten Charter ausgestattete Freibriefkolonien waren die von den Puritanern angelegten Siedlungen in Massachusetts, Rhode Island und Connecticut. Eigentümerkolonien waren Maryland unter dem Katholiken Lord Baltimore und Pennsylvania, das dem Quäker William Penn zu eigen gegeben war. Die meisten übrigen waren Kronkolonien; sie unterstanden einem königlichen Gouverneur, besaßen eine Volksvertretung und hatten Vergünstigungen im Handel mit England.

Unter allen diesen Kolonien fand Pennsylvania wegen seiner liberalen Verfassung international das größte Interesse, besonders auch bei den deutschen Reisenden. Zumindest bis zur ersten Hälfte des 19. Jahrhunderts versäumte es kaum einer von ihnen, Philadelphia, der Hauptstadt Pennsylvanias, einen Besuch abzustatten.

William Penn öffnete seine Kolonie auch religiösen Minderheiten anderer Länder. Er, der als Prediger Ostfriesland, Westfalen und das Rheinland kennengelernt hatte, rief die Frankfurter Auswanderungsgesellschaft ins Leben, zu deren Bevollmächtigten er den Rechtsgelehrten Franz Daniel Pastorius (1651–1719) ernannte. Diese Gesellschaft erwarb von Penn ein Gebiet in der Nähe von Philadelphia, auf dem 1683 eine Stadt mit dem bezeichnenden Namen Germantown (heute ein Stadtteil von Philadelphia) entstand. Bürgermeister wurde Pastorius, der die ersten deutschen Auswanderer nach Nordamerika geführt hatte, vorwiegend Frankfurter und Krefelder Leineweber.

Bald zogen weitere Gruppen von Deutschen über den Ozean. Den religiösen Flüchtlingen folgten im Jahre 1709 pfälzische und schwäbische Bauern, die ihr von französischen Truppen verwüstetes Heimatland in bitterster Not verließen. Da die englische Königin Anna den Auswanderern freie Überfahrt zugesagt hatte, lagerten 1709 32 000 mittellose, hilfsbedürftige Deutsche auf der Schwarzen Heide vor London, von denen im folgenden Jahr etwa 10 000 nach Amerika gelangten. Sie siedelten sich hauptsächlich im Staate New York an und bildeten dort jahrzehntelang das Bollwerk gegen die von Kanada ausgehenden Angriffe der Indianer und Franzosen.

Um die Ansiedlung von Deutschen wenigstens zeitweilig einzudämmen, wurde ihnen 1725 in Pennsylvanien eine Kopfsteuer von 20 Schilling auferlegt. Dabei bildete sich ein System von Sklaverei auf Zeit heraus. Das begann bereits in Deutschland, wo deutsche Werber ihre Landsleute mit allen Künsten der Verführung zur Auswanderung verlockten. Der in unserem Band enthaltene Reisebericht von Gottlieb Mittelberger schildert dieses System in anschaulicher Weise. Noch 1805 wurden in Philadelphia Deutsche an Farmer auf eine bestimmte Zeitdauer verkauft. Ein Drittel aller pennsylvanischen Deutschen soll sich aus der großen Anzahl der sogenannten Redemptioners emporgearbeitet haben.

Eine andere deutsche Gruppe wurde von der Herrnhuter Brüdergemeine unter Graf Zinzendorf organisiert. Die Herrnhuter Niederlassungen, seinerzeit wiederholt von deutschen Reisenden besucht und beschrieben, besonders

Bethlehem, folgten Leitbildern, die einem utopischen Kommunismus nahekamen. Die Bewohner zeichneten sich durch Unternehmungslust und Tüchtigkeit aus. Ihre Schulen dienten als Vorbild für ganz Nordamerika. Auch legten sie nicht nur auf brüderliche Gleichheit untereinander Wert, sondern waren bemüht, gute Beziehungen zu den Indianerstämmen zu unterhalten, die sie für ihren Glauben zu gewinnen trachteten. Mit der vollen Entfaltung des Kapitalismus trat allerdings ein radikaler Wandel der sozialökonomischen Orientierung ein. Bethlehem wurde zu einem schwerindustriellen Zentrum, in dem mit der Bethlehem Steel Corporation einer der führenden Montan- und Rüstungskonzerne der USA seinen Sitz hat.

Die Briten fanden bei ihrem Vordringen in Nordamerika von Anfang an Konkurrenten. Bei den Attacken französischer Pelzhändler auf die Hudson's Bay Company wurden Forts der Gesellschaft zerstört und Schiffe geraubt. Auch nachdem Frankreich 1713 offiziell seine Ansprüche auf die Hudson Bay aufgegeben hatte, bestanden besonders im Nordwesten Rivalitäten fort, die zwar nicht mehr zu kriegerischen Auseinandersetzungen führten, aber erst 1821 endeten, als die North West Company, an der auch französische Pelzhändler beteiligt waren, mit der Hudson's Bay Company vereinigt wurde.

An der mittelatlantischen Küste drängten sich Niederländer und Schweden zwischen die britischen Kolonien. Die ebenfalls an der Nordwestpassage und am Pelzhandel interessierten Niederländer hatten schon 1609 den englischen Seefahrer Henry Hudson vorübergehend in Dienst nehmen können. Dessen Bericht über seine dritte Reise, auf der er die Mündung des nach ihm benannten Flusses fand, gab den Niederländern Anreiz, 1626 den dortigen Indianern die Insel Manhattan abzukaufen. Die niederländische Westindische Kompanie legte mit einem Fort den Grundstein für die Siedlung Neu-Amsterdam, die zur See hin durch eine Bastion, die heutige Battery, und nach Norden durch einen Wall, an den noch der Name Wall Street erinnert, gesichert wurde.

Etwas weiter südlich, im Gebiet des Delaware und Schuylkill River, versuchten die Schweden, eine Kolonie zu gründen, zunächst mit finanzieller Unterstützung der Niederländer. Da aber Schweden im 17. Jahrhundert vor allem eine kontinental-europäische Großmachtpolitik betrieb, ging diese Niederlassung bereits 1655 in der niederländischen Kolonie auf. Aber auch den Niederländern mangelte es an Zuzug aus dem Mutterland, so daß sie ihre nordamerikanischen Besitzungen 1664 an die Briten abgaben. Diese änderten den Namen von Neu-Amsterdam zu Ehren des Herzogs von York in New York, das sich dank seiner günstigen geographischen Lage zum wichtigsten Hafen und zur volkreichsten Stadt Nordamerikas entwickelte.

Nachdem England seinem großen Rivalen Frankreich 1763 im Frieden von Hubertusburg und Paris ganz Kanada entrissen hatte, reichte das britische Kolonialimperium in Nordamerika von Georgia im Süden bis in die kanadische Arktis. Im Osten war die gesamte Atlantikküste mit Ausnahme des noch spanischen Florida in britischer Hand. Nach Westen reichte das britische Gebiet bis an Louisiana heran.

Ein schwerer Schlag wurde diesem Imperium durch die Unabhängigkeitsbewegung der dreizehn nordamerikanischen Kolonien versetzt, die sich nicht direkt vergleichen läßt mit den nationalen Befreiungsbewegungen anderer Kolonien. Die Siedler waren Weiße und daher keiner Rassenunterdrückung ausgesetzt; als Söhne und Töchter Englands hatten sie auch unter dem Kolonialregime weitreichende Rechte der Selbstverwaltung und waren in mancher Hinsicht sogar freier als die Bewohner von «Old England».

Widersprüche zur Kolonialmacht gab es freilich seit eh und je, ausgelöst besonders durch die von England mit wechselndem Erfolg unternommenen Versuche, den Kolonien bestimmte Steuern aufzuzwingen. Eine ernst zu nehmende Unabhängigkeitsbewegung war aber erst möglich nach einem erheblichen Bevölkerungswachstum in den Kolonien und ihrer wirtschaftlichen Konsolidierung, begünstigt auch durch die Ausschaltung des französischen Rivalen im Jahre 1763, weil dadurch ein wesentlicher Beweggrund für das Bündnis zwischen den Angloamerikanern und dem Mutterland entfiel.

Als England stärkere Truppenverbände in den Kolonien stationierte, um der verschärften Anwendung von Handels- und Steuergesetzen größeren Nachdruck zu verleihen, kam es zu Protesten der Amerikaner und zu Gewaltakten wie der Vernichtung einer größeren Teeladung im Hafen von Boston (Boston Tea Party, 1773). England antwortete darauf mit Zwangsgesetzen, die die Selbstregierung von Massachusetts bedrohten. Darauf einigten sich alle Kolonien auf dem ersten Kontinentalkongreß 1774 in Boston, Widerstand zu leisten. Nachdem 1775 die Feindseligkeiten offen ausgebrochen waren und 1776 eine Armee unter dem Oberbefehl von George Washington aufgestellt wurde, erklärten nach nochmaligen Verständigungsversuchen und einigem Zögern die dreizehn Kolonien am 4. 7. 1776 in einer von Thomas Jefferson verfaßten Erklärung ihre Unabhängigkeit. Dies löste den von 1776 bis 1783 währenden Unabhängigkeitskrieg aus, in dem auch Deutsche auf beiden Seiten der Fronten kämpften. Die Landesherren von Brandenburg, Württemberg, Braunschweig, Hessen und anderen Ländern hatten ganze Söldnerabteilungen an England «vermietet».

Der wohl prominenteste Deutsche, der auf der Seite der nationalen Befreiungsbewegung der ehemals britischen Kolonien in Nordamerika stand, war der ehemalige preußische Offizier Friedrich Wilhelm Steuben (1730–1794). Im gleichen Jahr, in dem die deutschen Söldner an die britische Kolonialarmee in Amerika verkauft wurden und sich mit ihnen der in unserem Band vorgestellte deutsche Reisende Johann David Schöpf nach New York einschiffte, trat Steuben in den Dienst der amerikanischen Kontinentalarmee. Als Truppeninstrukteur mit preußischer Generalstabserfahrung vermittelte er der amerikanischen Revolutionsarmee Grundlagen für eine unentbehrliche taktische und operative Ausbildung. Mit eigenen Truppenkommandos hatte er auch einen unmittelbaren Anteil am Sieg der dreizehn vereinigten Staaten.

1783, im Friedensvertrag von Versailles, mußte England die Unabhängigkeit der einstigen Kolonien anerkennen. Dabei kam es zu einer für den jungen Staatenbund vorteilhaften Grenzziehung. Großbritannien behielt Neufundland, Neuschottland und Quebec in ihren Ausdehnungen von 1763, während das gesamte Territorium zwischen Appalachen, Mississippi, Großen Seen und Florida den Vereinigten Staaten zufiel.

Die Annahme einer neuen Bundesverfassung im Jahre 1787 besiegelte schließlich die Freiheits- und Einheitsbewegung des angloamerikanischen Bürgertums, wobei die Umgehung des Verbots der Sklaverei als tiefer Schatten auf dem Verfassungsdokument der jungen USA liegt. Der Entwurf der Unabhängigkeitserklärung enthielt zwar bereits einen Passus über die Verurteilung des Sklavenhandels, und 1778 verbot Virginia tatsächlich die weitere Einfuhr von Sklaven. Aber die sklavenhaltende Plantagenaristokratie des Südens war so einflußreich, daß der genannte Passus nicht in die Unabhängigkeitserklärung von 1776 aufgenommen wurde und auch die Verfassungen der USA von 1778 und 1787 keinen Artikel über ein Verbot der Sklaverei erhielten. Ebenso wurden den Indianern weder allgemeines Bürgerrecht noch besonderer Schutz garantiert.

Zu den wichtigsten Tendenzen in der weiteren Geschichte der USA zählen die ständige Ausdehnung ihres Territoriums, die Verschiebung der «Frontier», der Grenze zwischen Besiedlungsgebiet und Wildnis oder Indianerland, sowie Annexionen auf Kosten anderer Staaten.

Nach dem Frieden von Versailles im Jahre 1783 wurde die frühere, von der britischen Krone gezogene Proklamationslinie, eine im wesentlichen entlang der Appalachen verlaufende Besiedlungsgrenze, sofort durch Ströme von Siedlern überschritten, die das alte Indianerterritorium durchdrangen und bis zur damaligen Grenze der USA, dem Mississippi, vorstießen. Der Reisebericht von Johann Heckewälder gibt einen Einblick in die damalige Situation, in der Siedler aus Pennsylvania und anderen östlichen Bundesstaaten der USA im Bereich des Ohio sich mit noch freien Indianerstämmen auseinandersetzten, bei ihrem Vordringen aber auch auf Reste der einstigen französischen Kolonisation und sogar auf spanische Einflüsse stießen. Noch im 18. Jahrhundert entstanden neue Bundesstaaten im Gebiet zwischen den Gründerstaaten der Union im Osten und dem Mississippi. 1792 wurde Kentucky und vier Jahre später Tennessee gegründet. Anfang des 19. Jahrhunderts folgten Ohio (1803), Indiana (1816) und Illinois (1818).

Die Tendenz der USA, sich über ihre ursprünglichen Grenzen auszudehnen, rief vor allem den Widerspruch Englands hervor, das in Kanada immer noch stark verankert und an anderen entweder bereits von Spanien okkupierten oder noch unaufgeteilten Gebieten in Nordamerika interessiert war. Die Folge dieser Widersprüche war der britisch-amerikanische Krieg 1812/14, in dem im August 1814 die Bundeshauptstadt Washington zerstört wurde. Er wurde durch den Frieden von Gent auf der Basis des Status quo beendet und von den Amerikanern vielfach als zweiter Unabhängigkeitskrieg aufgefaßt.

Bereits 1803 hatten die USA von Frankreich für nur 15 Millionen Dollar den westlichen Teil der ehemaligen Kolonie Louisiana gekauft und erwarben 1810/19 von Spanien Florida. Damit hatten die USA den östlichen Teil der Golfküste einschließlich der Mississippimündung in ihren Besitz gebracht und sich im Westen bis zum Rand der Rocky Mountains ausgedehnt.

Unmittelbar nach dem Kauf der alten französischen Kolonie Louisiana durch die USA überschritten Angloamerikaner und Neueinwanderer den Mississippi. Kaum aber hatten die USA das riesige Gebiet bis zum Felsengebirge hinzugewonnen, so schickte ihre Regierung Expeditionen aus, nicht nur, um das neue Staatsgebiet geographisch erkunden zu lassen, sondern auch, um die weitere Expansion vorzubereiten. Präsident Jefferson ernannte seinen Privatsekretär Meriwether Lewis zum Leiter der Expedition, die in den Jahren 1804/06 den Missouri aufwärts vordrang, die Rocky Mountains überquerte und über den Snake River bis zur Küste des Pazifischen Ozeans gelangte.

Diese und andere Expeditionen führten zu wichtigen Erkenntnissen der geographischen Wissenschaft, dienten aber vorwiegend der weiteren Landnahme und territorialen Ausdehnung der USA, die verbunden war mit Krieg, Landraub, Unterdrückung und Völkermord.

Um 1830 griff die Besiedlung im Süden und im Mündungsgebiet des Missouri bereits wesentlich auf westlich des Mississippi gelegene Gebiete über. Damals drangen US-amerikanische Kolonisten auch in das mexikanische Texas ein, wo sie bald die Bevölkerungsmehrheit bildeten und 1836 eine «unabhängige Republik» Texas ausriefen. Die mexikanischen Truppen wurden sieben Wochen danach in der Schlacht von San Jacinto geschlagen. Die formelle Annexion von Texas durch die USA im Jahre 1845 und immer offenkundigere Interessen der USA im ebenfalls mexikanischen Kalifornien und Neu-Mexiko führten 1846 zum Krieg zwischen Mexiko und den Vereinigten Staaten, in dessen Verlauf die USA Kalifornien eroberten und die im Herzen des Nachbarlandes gelegenen Städte Veracruz und Mexico einnahmen und monatelang besetzt hielten. Der Frieden von Guadelupe Hidalgo (1848) war ein Diktat der USA: Mexiko mußte Texas, Neu-Mexiko, Arizona, Teile der heutigen Staaten Utah und Colorado sowie Kalifornien an die Vereinigten Staaten abtreten. Der Rio Grande del Norte wurde zur neuen Grenze Mexikos.

Ebenfalls im Jahre 1848 wurden äußerst ergiebige Goldfelder in Kalifornien entdeckt. Damit setzte die große Westwärtswanderung von Glückssuchern aller Art ein. Kalifornien konnte des Goldes wegen für seinen Beitritt zu den Vereinigten Staaten, der 1850 erfolgte, Bedingungen stellen. Die wichtigste Forderung bestand in der Errichtung einer bequemen Eisenbahnverbindung zwischen der Ostküste der USA und Kalifornien. Um den Eisenbahnbau durch riesige, noch nicht oder nur schwach besiedelte Gebiete zu stimulieren, schenkte die Regierung der Vereinigten Staaten den Eisenbahngesellschaften große Ländereien längs der Bahntrassen, mit denen sich hervorragend spekulieren ließ, besonders als nach dem Sezessionskrieg 1861/65 und nach den Bahnbauten die Prärien dichter besiedelt wurden.

Die Kolonisierung und Besiedlung Nordamerikas hatte für die Urbevölkerung tiefgreifende Folgen. In der Frühzeit, als die Spanier im Südwesten der heutigen USA nur wenig Besiedlungsland beanspruchten, war die Lage der seßhaften Indianerstämme, sofern sie sich politisch unterwarfen und missionieren ließen, noch verhältnismäßig günstig. Unaufhörlich bekämpft aber wurden die Stämme, vor allem die nomadisierenden, die sich dem Herrschaftsanspruch der Spanier nicht unterwarfen.

Noch schlimmer erging es den Indianern in den von den Engländern und später von den US-Amerikanern besetzten Gebieten. Sie wurden entweder vernichtet oder aus ihren angestammten Wohn- und Jagdgebieten vertrieben. Auch die durch Seefahrer und Kolonisten eingeschleppten Seuchen sowie die Demoralisierung durch Alkohol trugen zu ihrer Dezimierung bei.

Die «Säuberung» von Indianern erfolgte in den einzelnen besetzten Gebieten unterschiedlich, und es gab zeitweilig sogar ein friedliches Neben- und Miteinander zwischen Siedlern und Indianern. So verstanden es die Franzosen im allgemeinen, ein einigermaßen gutes Verhältnis zu den Indianern ihrer Umgebung herzustellen. Von den französischen coureurs de bois, den Waldläufern, ist bekannt, daß sie häufig die Lebensgewohnheiten von Indianern annahmen, ja vielfach Mitglied eines Stammes wurden und indianische Frauen heirateten.

Das waren jedoch Ausnahmen. Nicht einmal in dem gelobten Pennsylvania hielt die Indianerfreundlichkeit vor. Schon William Penns Söhne wandten sich von den Idealen der Quäker ab. Als die Familie Penn die besten Jagdgründe an sich riß und die Indianer sich dagegen auflehnten, kam es in den Jahren 1755/58 zu einem grauenvollen Vernichtungskrieg.

Die Kolonialmächte und die Siedlerkolonien verstanden es auch, Indianerstämme gegeneinander aufzuwiegeln oder als Hilfstruppen für sich zu gewinnen. Einige herausragende Häuptlinge wie Pontiac und Tecumtah (Tecumseh) betrieben in diesem Zusammenhang eine bemerkenswert eigenständige Politik. Sie ließen sich von den Kolonialmächten nicht gegeneinander ausspielen, sondern suchten die Widersprüche zwischen ihnen im Stammesinteresse auszunutzen.

Doch angesichts der militärischen Überlegenheit der Kolonialmächte und später der Vereinigten Staaten konnte keine auf Bündnisse mit den Weißen gegründete Stammesdiplomatie dauerhaft zum Erfolg führen.

Auch die regional begrenzten Bemühungen einzelner Weißer, die Indianer in eigenen Dörfern und auf eigenen Ländereien seßhaft zu machen, scheiterten; in der Regel hatten die Siedlungen weißer Missionare nur einen kurzen Bestand. Das Vordringen der «Frontier», der Besiedlungsgrenze, bedeutete weiteren Raub an Indianerland und Verdrängung und Ausrottung der Indianer.

Soweit die US-Regierung mit den Indianern auf friedliche Art verkehrte, war es ihr Ziel, sie in Gebiete abzuschieben, die zunächst noch frei von Kolonisten waren. So wurde 1825 ein Teil des Gebiets zwischen Mississippi und Rocky Mountains zum Neuen Indianerterritorium deklariert. Bis zur Mitte des vorigen Jahrhunderts ließen sich die meisten der östlich des Mississippi beheimateten Indianer in das Neue Indianerterritorium umsiedeln, doch waren die ihnen zugewiesenen Wohngebiete gegenüber früher erheblich eingeengt. Ferner führte die Umsiedlung für die meisten Betroffenen auch insofern zu einer völligen Veränderung ihrer Existenz, als die natürlichen Bedingungen grundverschieden von denen ihrer Heimat waren.

Überdies wurde die den Indianern zugesicherte Grenze der weißen Besiedlung wiederholt verschoben. Das 1834 verkündete «Gesetz zur Regelung des Handels und der Beziehungen mit den Indianerstämmen und zur Einhaltung des Friedens in den neuen Siedlungsgebieten» klammerte bereits ausdrücklich die Staaten Missouri und Louisiana sowie das Territorium Arkansas aus dem Indianerland aus. Damit war die Grenze zum Indianerterritorium zum 95. Meridian verschoben worden. Und nachdem die USA 1850 Kalifornien zum Bundesstaat erklärt hatten, wurden auch die dazwischen liegenden Gebiete bald darauf den Indianern entrissen: als Bundesstaaten folgten Kansas, Nebraska, Minnesota.

Neben der indianischen Urbevölkerung bilden vor allem die Nachkommen der als Sklaven nach Amerika verschleppten Afrikaner eine starke, die Indianer heute zahlenmäßig weit übertreffende Minderheit. In Angloamerika bot besonders der in den südlicheren Teilen schon früh auf Plantagen betriebene Tabakanbau Anreiz für die Sklaverei. Bis 1740 waren bereits 140 000 Negersklaven nach den britischen Kolonien in Nordamerika verfrachtet worden.

Die Sklaverei stieß jedoch schon früh in einigen dieser Kolonien auf Ablehnung. Ein 1688 von den Quäkern gefaßter Beschluß gilt als die älteste Stellungnahme gegen die Sklavenhaltung im britischen Einflußbereich. Wegen der regional unterschiedlichen sozialökonomischen Strukturen waren die Gegner der Sklavenhaltung vorwiegend in den nördlichen Gebieten anzutreffen, wo der selbständige, mit seiner Familie arbeitende Farmer vorherrschte; die Anhänger befanden sich vor allem im Süden, in der Pflanzeraristokratie; doch auch in den nördlichen Kolonien war die Sklavenhaltung nicht verboten.

Obwohl sich in Verbindung mit der Unabhängigkeitsbewegung in der öffentlichen Meinung die Gegner der Sklavenhaltung weitgehend durchsetzten, kam es zu einem Kompromiß zugunsten der sklavenhaltenden Plantagenaristokratie. Strukturveränderungen auf dem Weltmarkt gaben der Sklavenhaltung neuen Auftrieb. Nach der Erfindung des mechanischen Webstuhls war die Nachfrage nach Baumwolle sprunghaft gestiegen, und die Pflanzer der Südstaaten nutzten ihre Absatzchancen mit Hilfe der Sklavenarbeit. Das von einzelnen Südstaaten bereits erlassene Verbot der Sklaveneinfuhr (nicht der Sklavenhaltung) wurde wieder aufgehoben. Auch das 1807 vom Kongreß verkündete Gesetz, das die Sklaveneinfuhr untersagt hatte, wurde von der Plantagenaristokratie mit allen möglichen Mitteln umgangen. Die Zahl der Sklaven in den USA stieg von einer Million im Jahre 1800 auf viereinhalb Millionen um 1860. Die Berichte von Johann David Schöpf, von Moritz Wagner und Carl Scherzer verdeutlichen, mit welcher Unmenschlichkeit die Sklavenhalter ihr angebliches Eigentumsrecht an den Arbeitskräften afrikanischer Abstammung ausnutzten.

Zahlreiche Sklavereigegner oder Abolitionisten setzten sich für eine Rückwanderung befreiter Sklaven nach Afrika ein. Die Anhänger dieser schon 1776 von Thomas Jefferson vertretenen Idee glaubten, daß befreite Sklaven in den USA zu einer Gefahr für die Stabilität der amerikanischen Gesellschaft werden könnten. 1817 wurde von diesen Kreisen die American Colonization Society gegründet, die maßgeblich am Ankauf eines größeren Landstreifens an der afrikanischen Westküste mitwirkte, in dem 1822 befreite Sklaven aus den USA angesiedelt wurden. Es handelte sich um die Siedlung Monrovia, die sich unter großen Schwierigkeiten entwickelte und zum Zentrum für die 1847 ausgerufene Republik Liberia wurde, die wirtschaftlich von den USA abhängig blieb. Einen wesentlichen Beitrag zur Sklavenbefreiung in den USA und später zur Lösung der sozialen Probleme der Neger dieses Landes vermochte sie nicht zu leisten. Die American Colonization Society verlor seit 1840 an Bedeutung; und ebenso scheiterte eine Wiederbelebung des Rückwanderungsgedankens zu Beginn unseres Jahrhunderts. Die sozialen Probleme der Negerbevölkerung in den USA konnten und können auch heute nur in den USA selbst gelöst werden.

Die Sklavenbefreiung ist eines der qualvollsten Kapitel der amerikanischen Geschichte. Im Bemühen, den Bestand der Union nicht zu gefährden, wurden jahrzehntelang die schmählichsten Kompromisse geschlossen, deren Hauptinhalt darin bestand, eine Balance zwischen den Bundesstaaten zu halten, in denen die Sklaverei erlaubt, und jenen, in denen sie verboten war.

Die Bewegung der Sklavenbefreiung erhielt einen wesentlichen Auftrieb durch die Gründung der sklavereifeindlichen Republikanischen Partei im Jahre 1854. Als dann Abraham Lincoln, der Kandidat der Republikanischen Partei, 1861 Präsident der USA wurde, trennten sich die Südstaaten (Südkarolina, Virginia, Alabama, Arkansas, Tennessee und Nordkarolina) von der Union und gründeten einen eigenen Staatenbund, die Konföderierten Staaten von Amerika. Lediglich vier Grenzstaaten mit Sklaverei blieben bei der Union (Delaware, Maryland, Kentucky und Missouri sowie West Virginia, das sich 1863 zum eigenen Staat erklärte).

Den konföderierten Staaten ging es im wesentlichen um die Wahrung der Interessen ihrer kleinen, reichen Oberschicht. Unmittelbar vor Ausbruch des Sezessionskrieges lebten in den sklavenhaltenden Staaten rund 8,1 Millionen Freie (Weiße) und 3,59 Millionen Sklaven (Neger). Obwohl die Weißen zwei Drittel der Gesamtbevölkerung ausmachten, betrug die Zahl der Sklavenhalter «nur» 384 000, d. h. das sozialökonomische System der Sklaverei wurde von weniger als einem Zwanzigstel der weißen Bevölkerung der Südstaaten getragen.

Die Widersprüche zwischen den Nord- und den Südstaaten, in denen die Sklavenfrage einen der wichtigsten Streitpunkte bildete, mündeten in den langwierigen, verlustreichen Bürgerkrieg der Jahre 1861 bis 1865, in dem es Lincoln zunächst um die Wiederherstellung der Einheit der Nation ging. Dabei waren die Nordstaaten hinsichtlich der Bevölkerungszahl und ihres ökonomischen Potentials überlegen. Sie fanden auch die Sympathie aller fortschrittlichen Kräfte, besonders als Lincoln am 1. Januar 1863 die Sklaverei für aufgehoben erklärte. Man schätzt, daß auf seiten der Nordstaaten auch 200 000 Deutsche fochten. Die Kämpfe zogen sich vier Jahre hin und endeten mit dem Sieg der Nordstaaten und der Aufrechterhaltung der Union. Der Krieg forderte 620 000 Tote und führte zur Verwüstung der Südstaaten, die mit leidenschaftlicher Verbissenheit gekämpft hatten.

Mit dem Sieg der Union war nicht nur der Sezession, dem Abfall der Südstaaten von den USA, ein Ende bereitet, damit setzte sich auch die kapitalistische Produktionsweise des Nordens durch. Die bisherigen Sklaven hatten die Freiheit gewonnen, ihre Arbeitskraft als freie Lohnarbeiter zu verkaufen – für ein effektiveres Produktions- und Ausbeutungssystem.

Die unseren Band abschließenden Reiseberichte von Moritz Wagner und Carl Scherzer führen in das spannungsgeladene Vorfeld dieser Auseinandersetzung. Ihre Berichte sind einprägsame Zeugnisse der Sklavenhalterordnung in den Südstaaten, die schon ins Wanken geraten war.

Mit dem Sieg der Nordstaaten im Sezessionskrieg blieb zwar die Einheit des Staatenbundes gewahrt, und die Sklaven wurden laut Verfassung freie Bürger; aber die Sklavenbefreiung führte nicht zu einer wesentlichen Verbesserung der Lebensverhältnisse der Menschen schwarzer Hautfarbe in den USA. Eine Beteiligung von Negern am politischen Leben der Südstaaten gab es nur vorübergehend in der dem Sezessionskrieg folgenden Rekonstruktionszeit. Nachdem aber 1877 die Südstaaten freie Hand zur Gestaltung ihrer Ordnung erhalten hatten, gelangten dort sogenannte Bourbon-Regierungen an die Macht, die die Neger aus den öffentlichen Ämtern verdrängten. Viele von ihnen gerieten wieder in die Abhängigkeit ihrer früheren Herren, die als große Grundbesitzer ungeschoren geblieben waren. Der extreme rassistische Flügel terrorisierte zunehmend die schwarze Bevölkerung; diese wurde bald auch in einigen Bundesstaaten durch neu- oder wiedereingeführte gesetzliche Bestimmungen offiziell diskriminiert.

Diese Lage veranlaßte viele Neger, die Südstaaten zu verlassen und in die Großstädte, zum Teil auch in Mittel- und Kleinstädte der Bundesstaaten des Nordostens, des nördlichen Mittelwestens und der pazifischen Küste zu ziehen, so daß inzwischen 60 Prozent der Negerbevölkerung der USA außerhalb ihrer herkömmlichen Wohngebiete im Süden leben. Wegen ihrer noch immer nicht voll überwundenen Diskriminierung und vor allem wegen ihrer gedrückten sozialen Lage hat die Negerbevölkerung einen hohen Anteil an der in den USA bestehenden Armut. Nur allmählich gelingt es jenen Farbigen, die sich eine höhere Bildung aneignen konnten, Zugang zu gehobenen sozialen Schichten zu finden.

Drei miteinander verflochtene Prozesse prägten das historische Gesamtbild der USA nach dem Sezessionskrieg: die gewaltige Bevölkerungsvermehrung, ein noch stärkeres wirtschaftliches Wachstum und die letzte Phase der Erschließung des kontinentalen Siedlungsgebietes, die sogenannte Schließung der Frontier.

Im Jahre 1800 lebten in den damaligen USA erst 5,3 Millionen Menschen. Trotz der ungewöhnlich hohen Geburtenrate hätten die USA ohne den Strom der Einwanderer nie ihre heutige Bevölkerungszahl von über 200 Millionen erreicht. Zwischen 1820 und 1960 wanderten etwa 42 Millionen Menschen in die USA ein, darunter 9,3 Millionen aus Großbritannien und Irland (je zur Hälfte), 6,8 Millionen aus Deutschland, 5 Millionen Italiener, 4,3 Millionen aus der Österreichisch-Ungarischen Monarchie und 3,4 Millionen Russen.

Um 1850 hatten die USA 23 Millionen Einwohner. Die großen Sprünge setzten jedoch erst in den achtziger Jahren ein – vor dem ersten Weltkrieg erreichte schließlich die Einwanderung mit jährlich einer Million ihren Höhepunkt, so daß die Bevölkerung der USA zwischen 1870 und 1920 auf 106 Millionen stieg. Überwogen bis in die achtziger Jahre noch die Einwanderer aus Großbritannien, Irland und Deutschland, von denen sich die Mehrzahl in ländlichen Gebieten als Farmer niederließ, so trat in den neunziger Jahren eine völlige Umschichtung ein. Die Mehrzahl der Einwanderer kam nun aus Süd- und Osteuropa. Da der Boden in den USA inzwischen weitgehend verteilt und die Landwirtschaft bereits stark entwickelt war, konnten nur diejenigen selbständig bleiben, die über Kapital verfügten. Die Einwanderer hatten es in der Regel nicht. Für sie gab es im wesentlichen nur die Möglichkeit, mit Lohnarbeit ihren Unterhalt zu verdienen. Die meisten zogen daher in die Städte, von denen besonders New York und Chicago zu Riesenmetropolen anwuchsen. Während Moritz Wagner, Carl Scherzer und Johann W. von Müller noch ein fast idyllisches Bild von New York zeichneten, führte die Flut Neueingewanderter zu Proletarisierung, Ghettodasein und Gangstertum.

Der große Aufbruch von Siedlern zur völligen Besitzergreifung der Prärien und der Rocky Mountains war bereits vor dem Sezessionskrieg erfolgt. Während des Bürgerkrieges vornehmlich der weißen Bevölkerung der USA rüsteten sich auch die Prärie- und Gebirgsindianer zum Widerstand. Diese Stämme – die Sioux oder Dakota (Lakota), die Cheyenne, Arapaho, Kiowa und Comanchen, weiter im Süden die Apachen und Navajo – führten einen verzweifelten

Abwehrkampf und wandten sich gegen alle ihnen erreichbaren Gegner: gegen die US-Army, häufig auch gegen Siedler und gegen die Erbauer der Eisenbahnlinien. Die Indianer waren Meister des Guerillakrieges, es gab unzählige Scharmützel, aber auch regelrechte Schlachten. Die Truppen der USA waren meist in der Übermacht, doch zuweilen errangen die Indianer achtunggebietende Siege: 1876 unterlag General Crook am Rosebud, und wenige Monate später wurde General Custer mit dem 7. Kavallerieregiment am Little Big Horn River aufgerieben. Die schlimmste Seite dieser Kriege waren die von den Weißen begangenen Massaker, bei denen die Bevölkerung ganzer Indianersiedlungen vernichtet wurde.

Der größte Schrecken der Weißen waren die Sioux mit ihren weitblickenden Häuptlingen Crazy Horse, Red Cloude und Sitting Bull. Sie erzwangen durch ihre entschlossene Haltung, daß ihnen im Frieden vom Laramie 1868 wieder «ewiges Land» garantiert wurde, «solange der Fluß fließt»; doch die Goldfunde in den Schwarzen Bergen Süddakotas führten zum Bruch der Zusagen und zu neuen Kämpfen.

Auf Grund der weißen Übermacht vermochten die Indianer das Ende nur hinauszuzögern. Von den restlichen freien Stämmen kapitulierten immer mehr und ließen sich in Reservate einweisen. In den achtziger Jahren brach der letzte Widerstand zusammen. Ein deutliches Zeichen des Endes der Indianerfreiheit war die Unterwerfung des Apachen-Häuptlings Geromino im Jahre 1886. In den Prärien, den Rocky Mountains, im Südwesten – überall herrschten die Weißen. Das im Bewußtsein der heutigen Indianer tief verwurzelte Blutbad von Wounded Knee im Jahre 1890, bei dem von 350 Indianern der Minneconjou-Sioux fast 300 durch US-Soldaten zusammengeschossen wurden, traf bereits einen geschlagenen und gedemütigten, dem Messiasglauben verfallenen Stamm, der keinen Krieg mehr beabsichtigt hatte. Das Vordringen der Siedler und der Eisenbahngesellschaften raubte den Indianern nicht nur ihr Land, sondern auch ihre wichtigste Ernährungsgrundlage: die großen wandernden Büffelherden der Prärien.

Die Niederlage der Indianer führte auch bei den erst nach

dem Sezessionskrieg unterworfenen Stämmen zu Umsiedlungen großen Stils. Einige wenige durften zwar im alten Wohngebiet bleiben, wie die seit alters seßhaften und schon von Spaniern christianisierten Puebloindianer, aber die meisten wurden evakuiert, um den Siedlern Platz zu machen. Das Hauptziel der Umsiedlungen war weiterhin das Neue Indianerterritorium – ein Gebiet, das südlich vom Red River begrenzt wird und etwa dem späteren Bundesstaat Oklahoma entsprach. Dort wurde der Raum für die zusammengepferchten Stämme immer enger, und es mußten Umgruppierungen vorgenommen werden, damit die neuankommenden Stämme aufgenommen werden konnten. Wenn man dabei auch die Stämme etwa entsprechend ihrer früheren Verbreitung über das Gebiet der USA zu gruppieren suchte, besserte sich dadurch ihre Lage nicht: lagen vor den Umsiedlungen ihre Wohnplätze und Jagdgründe über die ganze Breite Nordamerikas verstreut, so bildeten das Indianerterritorium und die kleineren anderen Reservate nun nur noch Inseln im Siedlerland.

Bald bot sogar das den Indianern offiziell und wieder einmal für «ewig» zugewiesene Indianerterritorium keinen Schutz vor dem Zugriff der Siedler, die nach 1870 die letzte Zufluchtsstätte der Indianer immer mehr bedrängten. Um die Indianer vor ihnen zu schützen, mußte die USA-Regierung in den achtziger Jahren sogar Truppen entsenden. Aber die Siedler erwiesen sich als stärker. 1889 wurde ein Teil des Indianerterritoriums für die Niederlassung von Kolonisten freigegeben, und nur die Osthälfte blieb den Indianern vorbehalten, seit 1907 innerhalb des neuen Bundesstaates Oklahoma.

Die Ausrottung durch Kolonisten und ihre bewaffneten Helfer, der Widerstandskampf, die Entbehrungen bei den Umsiedlungsaktionen und in den Reservaten, eingeschleppte Krankheiten, die demoralisierenden Folgen der Kolonisation (voran der Alkohol) – all dies hat zu einer ungeheuren Dezimierung der Urbevölkerung geführt. Für die vorkolumbianische Zeit wird die Bevölkerungszahl der Indianer Nordamerikas auf 750 000 bis 2 Millionen geschätzt. Davon waren 400 000 allein in den Indianerkriegen der USA von 1790 bis 1891 getötet worden. Um 1870 hatte die Bevölkerungszahl der Indianer ihren Tiefstand erreicht. Der amtliche Zensus für 1870 ergab für das Territorium der USA 25 730 Indianer; die Schätzungen für dieses Stichjahr schwanken zwischen 25 000 und 190 000. Seither ist die Zahl der Indianer wieder angestiegen. 1960 wurde sie für die USA mit 523 600 und für Kanada mit 200 000 beziffert. Zur Urbevölkerung zählen ferner die Eskimos, von denen es um 1960 20 000 in Grönland, 15 000 in Alaska und 13 700 in Kanada gab.

Die heutigen Indianer aber sind noch immer politisch und sozial deklassiert, auch wenn ihnen die USA-Regierung 1924 die Rechte von Staatsbürgern zubilligte. Ihr Kampf ist als Bürgerrechtsbewegung im Indian Movement neu entbrannt.

Die Produktion für die Bedürfnisse des Bürgerkrieges, die Masseneinwanderung, das Schließen der Frontier, die gewaltigen Bahnbauten – das waren Ereignisse, die dem amerikanischen Kapitalismus einen mächtigen Auftrieb gaben und seinen Übergang in das imperialistische Stadium begünstigten. Da ideale Bedingungen für die Konzentration und Zentralisation riesiger Kapitalien bestanden, wurden die USA für den hemdsärmligen Kapitalisten zum «Land der unbegrenzten Möglichkeiten» und schließlich zum Mutterland des Monopolkapitalismus. Männer und Kapitalgruppen wie Morgan, Rockefeller, Vanderbilt und andere nutzten nicht nur einen in der Geschichte des Kapitalismus einzigartigen wirtschaftlichen Aufschwung – sie profitierten ebenso von zyklischen Krisen, bei denen schwächere Firmen zusammenbrachen; sie bereicherten sich durch systematische Verschuldung der kleinen Farmer, trieben Manipulationsgeschäfte an den Börsen, trafen Kartellabsprachen, um Preise zu diktieren und um Märkte aufzuteilen, und nutzten ihre Beziehungen zu Persönlichkeiten des öffentlichen Lebens, um Großaufträge, Konzessionen, Subventionen, Landschenkungen und andere Begünstigungen zu erlangen.

Mit dieser Entwicklung war zwangsläufig eine Verschärfung des Klassenkampfes verbunden, die sich bereits seit den ausgehenden sechziger Jahren in sozialen Protest- und Reformbewegungen äußerte und zur Gründung von Farmerverbänden und Gewerkschaften, zu Massenstreiks und Demonstrationen führte, aber auch gnadenlose Gegenreaktionen der herrschenden Klasse hervorrief.

Mit der Anhäufung von Kapital und Macht im Innern wurde zugleich auch die Außenpolitik der USA immer expansiver. Die Gewinnung von ausländischen Rohstoffen und Exportmärkten für Waren und Kapital wurde mit den Mitteln der Diplomatie und mit zahlreichen militärischen Interventionen betrieben.

Nicht wenige der bürgerlichen Demokraten deutscher Herkunft, die enthusiastisch nach den USA gekommen waren, um der Reaktion in Europa zu entfliehen, und anfangs noch ihre Vorstellungen und Ideale von Demokratie und industrieller Entwicklung in diesem Lande verkörpert wähnten, wurden bitter enttäuscht. Namhafte Persönlichkeiten wie Nikolaus Lenau oder Charles Sealsfield kehrten nach Europa zurück, andere wurden, wenn sie in den USA blieben, als aktive Mitstreiter für eine echte Demokratie ständige Mahner wie Carl Schurz.

Auf die weitere Entwicklung der USA bis zur Gegenwart kann im Rahmen dieser Einleitung nicht eingegangen werden, doch soll nicht unerwähnt bleiben, daß sich das Volk der USA ein bemerkenswertes Maß an demokratischem Bewußtsein bewahrt hat, wobei die im Ergebnis des Befreiungskrieges erworbenen Bürgerrechte eine Art Credo geblieben sind. Roosevelts New Deal, die Gewährung von Asyl für deutsche Antifaschisten und rassisch Verfolgte während des Hitlerfaschismus, die Mitwirkung an der Antihitlerkoalition und heutzutage die Bürgerrechts- und Friedensbewegung – auch diese Aspekte gehören zum Bild der USA. Aber ihren einstigen Anspruch, ein Zentrum des Fortschritts zu sein, haben die USA verwirkt, wegen ihrer aggressiven Haltung vor allem gegen jene Völker der Welt, die sich von einem weitergehenderen und zugleich realeren Fortschrittsstreben leiten lassen, als es vor zweihundert Jahren durch Jefferson formuliert wurde.

Gottlieb Mittelberger

Reise
nach Pennsylvanien
in Amerika
im Jahre 1750

Vorbemerkung

Obwohl die einfachen Menschen in Europa bis weit ins 18. Jahrhundert hinein nur spärliche Informationen über die Lebensbedingungen in der Neuen Welt besaßen, war die Annahme weit verbreitet, daß die Siedler in Nordamerika viel besser und freier lebten als die unter der Herrschaft absoluter Fürsten stehenden Menschen diesseits des Ozeans. Geschäftstüchtige Werber trugen dazu bei, die Sehnsucht breiter Bevölkerungskreise nach Befreiung aus den engen kleinstaatlichen Verhältnissen besonders in Deutschland zu schüren. Der Osten Nordamerikas war noch fest in den Händen der britischen Kolonialmacht, als bereits die ersten Wellen von Auswanderern aus den deutschen Ländern eintrafen.

Zeuge eines solchen Auswanderungsschubes wurde der 1715 in der Umgebung von Stuttgart geborene Organist Gottlieb Mittelberger, der sich als Fünfunddreißigjähriger Auswanderern anschloß, bis 1754 in Pennsylvanien blieb und 1758, vier Jahre nach seiner Rückkehr, in Württemberg starb. Zu Beginn seines Reiseberichts[1], dem unsere Auszüge entnommen sind, heißt es: «Ich bin im Monat Mai 1750 von Enzweyhingen, Vaihinger Amts, als meinem Geburtsort, nach Heilbronn abgereiset, woselbst eine Orgel fertig stund, eingeschiffet und nach Pennsylvanien abgesendet zu werden. Mit dieser Orgel bin ich den gewöhnlichen Weg den Neckar und Rhein hinunter bis nach Rotterdam in Holland gefahren. Von Rotterdam aus bin ich mit einem Transport von ungefähr 400 Seelen – Württembergern, Durlachern, Pfälzern und Schweizern etc. – über die Nordsee nach Kaupp in England und nach einem 9tägigen Aufenthalt da-

---

[1] Gottlieb Mittelbergers Reise nach Pennsylvanien im Jahr 1750 und Rückreise nach Teutschland im Jahr 1754. Enthaltend nicht nur eine Beschreibung des Landes nach seinem gegenwärtigen Zustande, sondern auch eine ausführliche Nachricht von den unglückseligen und betrübten Umständen der meisten Teutschen, die in dieses Land gezogen sind und dahin ziehen, Frankfurth und Leipzig 1756.

selbst vollends über das große Weltmeer gefahren, bis ich endlich den 10. Oktober in Philadelphia, der Hauptstadt in Pennsylvanien, ans Land gestiegen bin.»

Zu Mittelbergers Zeit war das Reisen in die Ferne ein Abenteuer. Das Dampfschiff war noch nicht erfunden. Auf den Flüssen ließ man sich treiben oder treideln; auf dem Meere vertraute man sich dem Winde an. Das bedeutete, daß eine Reise durch Europa und über den Ozean lange dauerte. Mittelberger schrieb darüber: «Von Hause bis Rotterdam, samt dem Aufenthalt daselbst, habe ich 7 Wochen zugebracht, welches die vielen Aufhaltungen am Rhein hinunter und in Holland verursacht haben, da man sonst diese Reise geschwinder machen könnte; von Rotterdam aber bis Philadelphia währete die Seereise 15 Wochen.»

Viel schlimmer noch waren die Erlebnisse an Bord: Skorbut, Diebstahl, das Sterben vieler... Und wer mit dem Leben davonkam, dem stand noch nicht der Weg zum angeblich glücklichen Siedlerdasein offen. Sehr viele kamen verschuldet in die Neue Welt, da die Überfahrt bereits mehr als ihr Hab und Gut verschlungen hatte und in Pennsylvanien seit 1725 eine Kopfsteuer von neu einwandernden Deutschen erhoben wurde. Für die Unglücklichen gab es keine andere Wahl, als zu «servieren», d. h. sich in eine Schuldknechtschaft zu verkaufen, aus der manche gar nicht, viele erst nach Jahren mühevollen Arbeitens herausfanden. Sie waren in der Zwischenzeit oft ärmer und rechtloser als in der Heimat.

Zu der elenden Lage eines erheblichen Teils der deutschen Auswanderer dieser Zeit trugen gewissenlose Geschäftemacher bei, die Auswanderer anwarben und ihnen ihre Dienste anboten, um den in Reiseangelegenheiten zumeist völlig Unerfahrenen soviel wie möglich von ihren Ersparnissen abzuknöpfen, noch ehe sie überhaupt die Neue Welt erreichten.

Mittelberger wurde Zeuge und beinahe selbst Opfer dieser «Seelenverkäufer», die nicht vor dem schändlichsten Betrug zurückschreckten. Die schlimmen Erfahrungen, die er und seine Mitreisenden machen mußten, veranlaßten ihn, seine Erlebnisse gleichsam als Warnung für künftige Auswanderer niederzuschreiben, ja, überhaupt von der Auswanderung abzuraten. Daher berichtete er besonders ausführlich von der Überfahrt und der ersten Begegnung mit dem «Neuland» Pennsylvanien.

Doch war er realistisch genug, um das von ihm im ersten Teil seiner Schilderung gegebene abschreckende Bild zu relativieren. Die vier Jahre, die er als Organist und Schulmeister bei der deutschen St. Augustiner-Kirche in Providence in der Grafschaft Philadelphia tätig war, reichten aus, um ihn zu dem Urteil gelangen zu lassen, daß sich die Zustände in Pennsylvanien für jene, die endlich freie Bürger geworden waren, erheblich von denen in Europa unterschieden. Als vorteilhaft bezeichnete er es, daß Pennsylvanien «vor andern englischen Kolonien besonders große Freiheit besitzet» und daß «das Frauenvolk besonders große Vorrechte und Freiheiten hat». Da er als Organist eng mit der Kirche verbunden war, hob er besonders hervor, daß Religionsfreiheit bestand und alle Glaubenssekten geduldet wurden, daß die Prediger in Pennsylvanien keine Macht hatten, jemand zu strafen oder jemand zur Kirche zu nötigen, und daß keine Unterschiede gemacht wurden zwischen getauften und ungetauften jungen Leuten.

Wichtig erschien ihm ferner, daß das Land sehr fruchtbar war und vor allem Getreide gut gedieh. «Die Lebensmittel in Pennsylvanien sind wohlfeil, hingegen aber alles, was gearbeitet und ins Land gebracht wird, ist drei- bis viermal teurer als in Teutschland ... Es nähren sich aber die Leute dennoch reichlich, vornehmlich mit mancherlei Fruchtbau, welches sehr wohl gerät ... Man genießt in diesem Land auch in den geringsten oder ärmsten Häusern kein Essen ohne Fleisch, und es isset niemand das Brot ohne Butter oder Käs, obschon das Brot so gut als bei uns ist ... Ich glaube nicht, daß in irgendeinem Lande mehr Fleisch verspeiset und verzehret wird als in Pennsylvanien ... Alle Professionen und Hantierungen haben guten Verdienst; man siehet keinen Bettler, dann ein jedes Amt verpfleget und versorget seine Armen.»

Er betonte auch, daß es in Pennsylvanien keinen Zunftzwang gab, daß jeder handeln und treiben konnte, was er wollte, und daß man für hundert Morgen Land jährlich nur einen englischen Schilling Steuern entrichten mußte.

Auch über die Indianer weiß Mittelberger Interessantes zu berichten, von denen es in Pennsylvanien zu seiner Zeit allerdings nur noch Restgruppen gab. «Alle Spätjahr kommen sie haufenweise nach der Stadt Philadelphia und bringen mit sich allerhand Körblein, die sie selbst gar artig und schön machen können, mancherlei Wildhäute, auch kostbares Pelzwerk. Nebst diesem verhandeln dieselben, wenn sie beisammen versammelt sind, ein Stück Land von mehr denn eintausend Morgen, welches zwar noch alles Waldung ist, an den Gouverneur. Man verehrt denenselben jährlich vieles im Namen des Landes und der Stadt, nämlich Teppich, Gewehr, Rum oder Branntwein und dergleichen, wobei sich dieselben sehr lustig machen, sonderlich, wenn sie trunken worden, mit ihrer eigenen wunderseltsamen indianischen Leier.»

So vermag Mittelbergers Reisebericht im zweiten Teil wichtige Erkenntnisse über die Zustände Pennsylvaniens im 18. Jahrhundert zu vermitteln; unsere Auswahl soll aber auf die Wiedergabe der Schiffspassage und der Ankunft beschränkt bleiben, während wir die ausführliche Berichterstattung über Pennsylvanien der tiefgründigeren Analyse des erst eine Generation später eintreffenden Johann David Schöpf überlassen wollen.

Ergänzend zu unserem Auszug sei angemerkt, daß die dort geschilderten Praktiken der «Seelenverkäufer» keinesfalls auf die frühen Perioden der Einwanderung beschränkt blieben. Die Überfahrt nach Amerika wurde durch die Einführung des Dampfschiffes erleichtert, und Ausbeutungsformen, die der europäischen Leibeigenschaft nahestanden, gab es kaum noch, aber Moritz Wagner und Carl Scherzer berichten hundert Jahre nach Mittelberger immer noch vom «Unfug der sogenannten Makler»; und Jakob Teuscher widmete damals in seiner Aufklärungsschrift für Auswanderer[1]

---

[1] Jacob Teuscher, Briefe über West-Canada, das Runner-Unwesen und die Deutsche Gesellschaft in New York; Preston, West-Canada und Basel 1854.

dem «Runner-Unwesen» ein ausführliches Kapitel. Es handelte sich dabei um «eine Anzahl von Leuten, denen die Verpflichtung obliegt, sich der ankommenden Einwanderer und deren Bagage zu bemächtigen und dann dieselben, sei es durch die Kunst der Überredung oder, wenn diese nicht fruchtet, durch Gewalt in die Büros ihrer Prinzipale zu bringen, wo man ihnen dann Billetts zur Weiterreise verkauft». Teuscher schildert die Raffiniertheit der einzelnen Makler oder Runner ebenso wie das Zusammenwirken von Runnerbanden und Schlägertrupps; und er berichtet, «wie enorm die Summen sind, um welche die gutmütige deutsche Emigration beschwindelt und beraubt wird».

Reise nach Pennsylvanien in Amerika im Jahr 1750

Ich habe mich um den Zustand des Landes sorgfältig erkundigt, und was ich hier beschreibe, habe ich teils selbst erfahren, teils von glaubwürdigen und der Umstände kundigen Leuten vernommen. Ich würde zwar vielleicht viel mehr melden und erzählen können, wenn ich daran gedacht hätte, daß ich einmal sollte von Pennsylvanien etwas herausgeben. Dann ich habe mich jederzeit viel zu schwach zu einem solchen Geschäft gehalten. Allein die Fatalitäten, die ich selbst auf meiner Hin- und Herreise erduldet (dann im Lande selbst ist mir's wohl ergangen, weil ich gleich guten Unterhalt fand und mich wohl fortbringen konnte), und die bösen Ränke der Neuländer, die sie mit mir und meiner Familie spielen wollten, wie ich hernach erzählen werde, haben bei mir den ersten Trieb erweckt, dasjenige, was ich wußte, nicht verborgen zu halten. Die wichtigste Veranlassung dieses Büchleins aber war der erbärmliche und kummervolle Zustand derer, die aus Teutschland nach diesem Neuen Land reisen, und das unverantwortliche und unbarmherzige Verfahren der holländischen Menschenhändler und ihrer ausgesandten Menschendiebe, ich meine die sogenannten Neuländer, dann sie stehlen gleichsam die Leute aus Teutschland unter allerhand schönen Vorspiegelungen und liefern sie den holländischen großen Seelenverkäufern in die Hände. Diese ziehen einen großen und die Neuländer einen kleinern Profit aus diesem Handel. Dieses, sage ich, ist die hauptsächlichste Ursache, warum ich dieses Büchlein herausgebe. Ich mußte mich sogar durch ein Gelübde hiezu anheischig machen. Denn ehe ich Pennsylvanien verlassen und es bekannt wurde, daß ich wieder nach Württemberg gehen wolle, so haben mich viele Württemberger, Durlacher und Pfälzer, deren sehr viele darinnen sind und Taglebens es beseufzen, daß sie ihr Vaterland verlassen, mit Tränen und aufgehobenen Händen, ja gar um Gottes willen gebeten, solches Elend und Herzenleid in Teutschland bekannt zu machen, damit nicht nur das gemeine Volk, sondern auch selbst Fürsten und Herrn erfahren möchten, wie es ihnen ergangen, und nicht noch mehr unschuldige Seelen aus ihrem Vaterland zu gehen durch die Neuländer beredet und in gleiche Sklaverei gezogen werden möchten. Ich habe auch dem großen Gott gelobet und diesen Leuten versprochen, nach meinen geringen Kräften und nach meinem besten Wissen und Gewissen den Leuten in Teutschland hievon die lautere Wahrheit zu entdecken. Ich hoffe demnach, es werde den lieben Landsleuten und ganz Teutschland nicht weniger daran gelegen sein, Nachricht und gewissen Grund zu erfahren, wie weit es nach Pennsylvanien sei und wie lange man bis dahin zu reisen habe; was diese Reise koste und was für Beschwerlich- und Gefährlichkeiten man überdies noch auszustehen habe; wie es zugehe, wenn die Leute im Lande gesund oder krank ankommen; wie sie verkauft und zerstreut werden; und endlich, wie das ganze Land beschaffen sei. Ich verschweige das Gute so wenig als das Böse und hoffe also von der ehrliebenden Welt als unparteiisch und wahrheitliebend angesehen zu werden.

Wenn man dieses alles wird gelesen haben, so zweifle ich keineswegs, es werden die Leute, die etwa noch dahin zu ziehen willens sein möchten, in ihrem Vaterland verbleiben und diese so lange und schwere Reise und damit verbundene Fatalitäten sorgfältigst verabscheuen, indem ein solcher Zug bei den meisten den Verlust Hab und Guts, Freiheit und Ruhe, ja bei nicht wenigen Leibs und Lebens und, ich darf wohl sagen, Seel und Seligkeit nach sich ziehet.

Man rechnet aus dem Württembergischen oder Durlachischen bis nach Holland an die offenbare See gegen 200 Stunden, von da übers Meer nach Altengland bis nach Kaupp, wo die Schiffe gemeiniglich Anker werfen, ehe sie vollends die große Seereise antreten, 150 Stunden, von da an, bis man Engelland ganz aus dem Gesicht verliert, über 100 Stund und dann über das große Weltmeer, nämlich von Land zu Land, wie die Schiffsleute sagen, 1200 Stunden, endlich von dem ersten Land in Pennsylvanien bis nach Philadelphia über 40 Stunden. Welches zusammen eine Reise von 1700 Stunden oder 1700 französischen Meilen ausmachet.

Diese Reise währet von Anfang des Maien bis zu Ende des Oktobris, also ein ganz halbes Jahr unter solchen Beschwerlichkeiten, die niemand imstande ist, genugsam mit ihrem Elend zu beschreiben. Die Ursache ist, weil die Rheinschiffe von Heilbronn aus bis nach Holland an 36 Zollstätten vorbei zu passieren haben, bei welchen die Schiffe alle visitiert werden, welches mit gelegner Zeit derer Zollherren geschiehet. Unterdessen werden die Schiffe mit den Leuten lange Zeit aufgehalten, daß man vieles verzehren muß, und bringt man demnach nur mit der Rheinfahrt 4, 5 bis 6 Wochen zu.

Wenn alsdann die Schiffe mit denen Menschen nach Holland kommen, so werden sie daselbst gleichfalls 5 bis 6 Wochen aufgehalten. Weil es allda sehr teuer ist, so müssen die armen Leute in dieser Zeit schier alles verzehren. Nicht zu gedenken mancher betrübten Zufälle, die sich schon hier zutragen, indem ich mit meinen eigenen Augen gesehen habe, daß einem Mann, als er mit den Seinigen in das Schiff steigen wollte, bei Rotterdam zwei Kinder auf einmal ertrunken sind.

Es werden die Menschen teils in Rotterdam, teils in Amsterdam in die großen Seeschiffe, sehr nahe, bald sozusagen wie die Heringe zusammengeladen. Da wird einer Person kaum 2 Fuß breit und 6 Fuß lang Platz in der Bettstatt gelassen, weilen ein manches Schiff 400, 500 bis 600 Seelen führet, ohne der so unzählig viel Gerätschaften, Kästen, Proviant, Wasserfässer und anderes, welches auch vielen Platz einnimmt.

Die Schiffe haben von Holland nach Kaupp in England wegen konträren Windes manchmalen 2, 3 bis 4 Wochen zu fahren. Ist aber der Wind gut, so kommt man in 8 Tagen oder noch bälder dahin. Daselbst wird alles visitiert und der Zoll entrichtet, da es dann geschicht, daß man daselbst 8, 10 bis 14 Tage oder noch länger vor Anker liegen muß, und bis dann die Schiffe vollends eingeladen haben. Während der Zeit muß jederman sein noch weniges Geld und Vorrätlein, das man aufs Meer zu behalten vermeinet, aufzehren, so daß die meisten Menschen hernach auf dem großen Weltmeer, da man es nötiger hätte, den größten Hunger und Mangel

leiden müssen; viele kommen schon zwischen Holland und Altengland auf dem Wasser öfters in großen Mangel.

Wenn die Schiffe in Altengland gemeiniglich bei der Stadt Kaupp ihren Anker das letztemal aufgehoben, da gehet erst recht das Elend und die lange Seefahrt an. Denn von da müssen die Schiffe öftermalen erst nach 8, 9, 10 bis 12 Wochen nach Philadelphia fahren, wenn man nicht guten Wind hat. Aber auch bei dem besten Wind währet die Fahrt 7 Wochen.

Während der Seefahrt aber entstehet in den Schiffen ein jammervolles Elend, Gestank, Dampf, Grauen, Erbrechen, mancherlei Seekrankheiten, Fieber, Ruhr, Kopfweh, Hitzen, Verstopfungen des Leibes, Geschwulsten, Scharbock, Krebs, Mundfäule und dergleichen, welches alles von alten und sehr scharf gesalzenen Speisen und Fleisch, auch von dem sehr schlimmen und wüsten Wasser herrühret, wodurch viele elendiglich verderben und sterben.

Dazu kommen ferner Mangel der Lebensmittel, Hunger, Durst, Frost, Hitze, Nässe, Angst, Not, Anfechtung und Wehklagen nebst andern Ungemach, da[von] die Läuse öfters, sonderheitlich bei den kranken Leuten, so entsetzlich überhandnehmen, daß man solche am Leib abstreifen kann. Dieser Jammer steiget alsdann aufs höchste, wenn man noch 2 bis 3 Tage und Nächte Sturm ausstehen muß, dabei jedermann glaubet, daß das Schiff samt denen Menschen werde zugrunde gehen. In solcher Not betet und schreiet das Volk erbärmlich zusammen.

Wann in einem solchen Sturm das Meer wütet und wallet, daß auch öfters die Wellen wie hohe Berge übereinander dahersteigen, auch öfters über das Schiff fallen, daß man glaubt, samt dem Schiff zu versinken, wobei das Schiff von dem Sturm und Wellen all Augenblicke von einer Seite zur andern schlägt, daß niemand im Schiff weder gehen, sitzen noch liegen kann und die so eng zusammengepackten Leute in den Bettstatten dadurch übereinander geworfen werden, Kranke wie die Gesunden, so kann man sich leicht vorstellen, daß solcherlei harte Zufälle, die sich keiner von diesen Leuten vermutet hat, notwendigerweise viele von denselben so hart mitnehmen, daß sie es nicht überstehen.

Ich habe selbst eine harte Krankheit auf dem Meer auszustehen gehabt und weiß am besten, wie mir zumute gewesen. Diesen elenden Leuten ist es öfters nach Trost sehr bange, und ich habe manchmalen dieselben mit Singen, Beten und Zuspruch etwas unterhalten und dadurch getröstet, auch, wenn es möglich gewesen und der Wind und Wellen es zugelassen, täglich Betstunden mit ihnen oben auf dem Schiff gehalten und fünf Kinder in der Not getauft, weil wir keinen ordinierten Geistlichen im Schiff hatten. Ich habe auch alle Sonntage mit Vorlesung der Predigt Gottesdienst gehalten und bei Einsenkung der Toten ins Wasser dem lieben Gott die Toten und unsere Seele empfohlen.

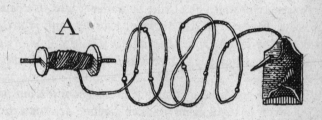

a Lot mit Rolle, Knotenschnur und Senkblei

b Halbstundensanduhr, 18. Jahrhundert

Unter den gesunden Menschen wird manchmal die Ungeduld so groß und grausam, daß einer den andern oder sich und seine Geburt verflucht und einander bald ums Leben bringen. Not und Bosheit gesellen sich zusammen, daß sie einander betrügen und bestehlen. Da gibt immer eins dem andern die Schuld seiner Reise auf sein Gewissen. Vielmals schreien die Kinder über ihre Eltern, ein Ehegatte über den anderen, Geschwister, Freunde und Bekannte übereinander Rache. Am allermeisten aber über die Menschendiebe.

Manches seufzet und schreiet: «Ach! wäre ich wieder zu Hause und läge nur in meinem Schweinestall», oder rufet: «Ach, lieber Gott, hätte ich nur noch einmal ein gutes Stücklein Brot oder einen guten frischen Tropfen Wasser.» Viele Leute winseln, seufzen und schreien nach ihrer Heimat erbärmlich, hernach kommt noch bei den meisten das Heimweh dazu, daß also in solchem Elend viele hundert Menschen notwendigerweise verderben, sterben und ins Meer geworfen werden müssen, worüber auch die Angehörigen oder diejenigen, welche Schuld an ihrer Reise gewesen, hernach vielfältig fast in die Verzweiflung geraten, so daß man solche schwermütigen Leute bald nicht mehr zu trösten weiß. Mit einem Wort, das Seufzen, Schreien und Wehklagen kontinuieret im Schiff Tag und Nacht, daß auch dem härtesten Menschen, der solches höret, das Herz darüber bluten möchte.

Wie es den gebärenden Weibern in den Schiffen auf der See mit ihren unschuldigen Kindlein ergehet, das kann man sich schwerlich vorstellen. Es kommen von solcher Klasse wenige und selten mit dem Leben davon, und wird eine manche Mutter samt ihrem Kind, wann solche kaum gestorben, ins Wasser geworfen. Man hat in unserm Schiff just an einem Tag, da wir starken Sturm gehabt, eine Frau, welche gebären sollte und in diesen Umständen nicht gebären konnte, durch einen Laden im Schiff geschoben und also ins Meer fallen lassen, weil sie weit hinten im Schiff war und nicht hervorgebracht werden konnte.

Kinder von 1 bis 7 Jahren überstehen die Seereise selten, und müssen die Eltern ihre Kinder manchmalen durch Mangel, Hunger, Durst und dergleichen Zufälle elendiglich schmachten, sterben und ins Wasser werfen sehen. Ich habe solchen jämmerlichen und sehr betrübten Zustand leider an 32 Kindern aus unserem Schiff gesehen, die man ins Meer versenket hat. Die Eltern bekümmern sich um so mehr, weil ihre Kinder kein Ruhebettlein in der Erde bekommen, sondern im Meer von den Raubfischen verzehrt werden. Anmerkungswert ist es auch, daß die Kinder, die die Urschlechten oder Pocken noch nicht gehabt, gemeiniglich solche auf dem Schiff bekommen und größtenteils daran sterben.

Vielmals stirbt ein Vater auf der Reise von Weib und Kindern oder die Mütter von ihren kleinen Kindern oder gar beide Eltern von denen Kindern, auch manchmal ganze Familien nacheinander, daß öfters viele Tote in denen Bettstatten neben den Lebendigen liegen, sonderheitlich, wenn ansteckende Seuchen im Schiff grassieren.

Es geschehen auch sonsten viele und mancherlei Unglücksfälle in den Schiffen, nämlich durch auf- und ab-, hin-

Kanne mit Klappe und Schöpfkelle

und widerfallen, daß solche Leute ganz krüppelhaft und hernach nimmer können zurecht gebracht werden. Manche sind auch ins Meer gestürzt.

Daß die Leute mehrenteils erkranken, ist kein Wunder, weil man in den Schiffen unter so mancherlei Kümmernissen und Elend wöchentlich nur dreimal etwas Gekochtes bekommt, welches dazu noch sehr schlecht und wenig ist. Man kann solch Essen auch wegen Unsauberkeit fast nicht genießen, und das Wasser, so man in den Schiffen austeilet, ist vielmals sehr schwarz, dick und voller Würmer, daß man es ohne Grauen auch bei größtem Durst fast nicht trinken kann. O gewißlich! man gäbe öfters auf der See viel Geld für ein gut Stück Brot oder guten Trunk Wasser, will nicht sagen für einen guten Trunk Wein, wenn man es nur haben könnte. Ich habe solches leider selbst genugsam erfahren müssen. Letztlich hat man den Zwieback oder das Schiffsbrot, welches zuvor schon lange Zeit sehr verdorben gewesen, essen müssen, obgleich an einem ganzen Stück kaum eines Talers groß gut gewesen, das nicht voller roter Würmlein und Spinnenrester gestecket hätte. Der große Hunger und Durst lehret zwar alles essen und trinken, mancher aber muß sein Leben dabei zusetzen. Das Meerwasser kann unmöglich genossen werden, weil es salzig und gallenbitter ist. Wenn dieses nicht wäre, könnte man solche Seereise mit weit geringeren Kosten und ohne so viele Beschwerlichkeiten tun.

Endlich, wenn nach langwieriger und beschwerlicher Reise die Schiffe nahe an dieses Land kommen, da man schon das Vorgebirge desselben sehen kann, welches die Leute zuvor so sehnlich und mit größtem Verlangen zu sehen gewünscht, kriechet alles aus den Schiffen oben auf das Verdeck des Schiffs, das Land noch von ferne zu schauen, worüber man vor Freude weinet, betet und dem lieben Gott lobsinget, danket und preiset. Es machet solches Anschauen des Landes das Volk im Schiff, insbesondere die Kranken und die halb Toten wiederum lebendig, daß auch ihr Geist, wie schwach man war, in ihnen hüpfet, jauchzet und sich freuet, und wollen solche Leute all ihr Elend vollends mit Geduld ertragen, wenn sie nur bald glücklich in diesem Land austreten dürften. Aber, ach leider!

Wenn die Schiffe bei Philadelphia nach der so langen Seefahrt angelandet sind, so wird niemand herausgelassen, als welche ihre Seefrachten bezahlen oder gute Bürgen stellen können, die andern, die nicht zu bezahlen haben, müssen noch so lange im Schiffe liegen bleiben, bis sie gekauft und durch ihre Käufer vom Schiff losgemacht werden. Wobei es die Kranken am schlimmsten haben, denn die Gesunden werden allezeit lieber und mithin zuerst erkauft, da dann die elenden Kranken vielmals noch 2, 3 Wochen vor der Stadt auf dem Wasser bleiben und öfters sterben müssen, dahingegen ein mancher von denselben, wenn er seine Schuld bezahlen könnte und gleich aus dem Schiff gelassen würde, mit dem Leben noch hätte davonkommen können.

Ehe ich beschreibe, wie dieser Menschenhandel vor sich geht, muß ich noch melden, was die Reise nach Philadelphia oder Pennsylvanien kostet.

Eine Person, die über 10 Jahre, zahlt für die Seefracht von Rotterdam bis nach Philadelphia 10 Pfund oder 60 fl. Kinder von 5 bis 10 Jahren geben eine halbe Fracht mit 5 Pfund oder 30 fl. Alle Kinder unter 5 Jahren sind frei. Dafür werden sie ins Land geliefert und solange sie auf dem Meer sind, obwohl sehr schlecht, wie oben gemeldet, verköstet.

Dieses ist nur die Seereise, die übrigen Kosten zu Land, nämlich von Haus bis Rotterdam samt der Fracht auf dem Rhein, sind wenigstens 40 fl., man mag so genau leben, wie man will. Hier sind keine außerordentlichen Zufälle mit eingerechnet. Soviel kann ich versichern, daß viele von Haus bis nach Philadelphia bei aller Sparsamkeit dennoch 200 fl. gebraucht haben.

Der Menschenhandel auf dem Schiffsmarkt geschieht also: Alle Tage kommen Engelländer, Holländer und hochteutsche Leute aus der Stadt Philadelphia und sonsten aller Orten zum Teil sehr weit her, wohl 20, 30 bis 40 Stund Wegs, und gehen auf das neu angekommene Schiff, welches Menschen aus Europa gebracht und feil hat, und suchen sich unter den gesunden Personen die zu ihren Geschäften anständigen heraus und handeln mit denenselben, wie lange sie für ihre auf sich habende Seefracht, welche sie gemeiniglich noch ganz schuldig sind, dienen wollen. Wenn man nun des Handels eins geworden, so geschieht es, daß erwachsene Personen für diese Summe nach Beschaffenheit ihrer Stärke und ihres Alters 3, 4, 5 bis 6 Jahre zu dienen sich schriftlich verbinden. Die ganz jungen Leute aber, von 10 bis 15 Jahren, müssen servieren, bis sie 21 Jahre alt sind.

Viele Eltern müssen ihre Kinder selbst verhandeln und verkaufen wie das Vieh, damit nur die Eltern, wenn die Kinder ihre Frachten auf sich nehmen, vom Schiff frei und los werden. Da nun die Eltern oft nicht wissen, zu was für Leuten oder wohin ihre Kinder kommen, so geschieht es oft, daß nach dem Abscheiden vom Schiff manche Eltern und Kinder viele Jahre oder gar lebenslang einander nicht mehr zu sehen bekommen.

Wenn Leute hineinkommen, die sich nicht selbst frei machen können und hätten doch Kinder, welche noch unter 5 Jahren sind, so können die Eltern sich nicht dadurch frei machen, denn solche Kinder müssen sie jemand umsonst hingeben, daß man solche auferziehet, und die Kinder müssen für ihre Auferziehung dienen, bis sie auch 21 Jahre auf sich haben. Kinder von 5 bis 10 Jahren, die eine halbe Fracht, das ist 30 fl., geben, müssen dafür ebenfalls stehen, bis sie 21 Jahre alt sind, und können also ihre Eltern nicht frei machen noch derselben Fracht auf sich nehmen. Hingegen Kinder, die über 10 Jahre alt sind, können etwas von der Eltern Fracht auf sich nehmen.

Ein Weib muß für ihren Mann, wenn er krank hineinkommt, und ebenso muß ein Mann für sein krankes Weib stehen und die Fracht auf sich nehmen, und also nicht nur allein für sich, sondern auch für seinen kranken Ehegatten 5 bis 6 Jahre servieren. Liegen aber beide krank, so kommen solche Personen vom Schiff ins Krankenhaus, eher aber nicht, als bis sich für dieselben gar kein Käufer findet. Sobald sie gesund sind, müssen sie für ihre Fracht dienen oder bezahlen, wenn sie Vermögen haben.

Öfters geschieht es, daß auch ganze Familien, Mann, Weib und Kinder, indem sie an verschiedene Käufer kommen, separiert und getrennet werden, sonderheitlich, wenn solche gar nichts von der Fracht bezahlen können.

Wann über halb Wegs auf der See einer der Ehegatten gestorben, so muß der Hineinkommende nicht allein für sich, sondern auch noch für den Verstorbenen die Fracht bezahlen oder servieren.

Wenn beide Eltern auf dem Meer über halb Wegs von ihren Kindern gestorben, so müssen solche Kinder, sonderheitlich, wenn sie noch jung sind und nichts zu versetzen oder zu bezahlen haben, für die gesamte Fracht ihrer Eltern servieren und stehen, bis sie 21 Jahre alt sind. Wenn sodann eines frei geworden, so bekommt es ein neues Freikleid bei seinem Abschied und, nachdem es eingedingt ist, ein Mannsbild noch ein Pferd und ein Weibsbild eine Kuh.

Wenn ein Servant in diesem Lande Gelegenheit hätte, zu heiraten, so muß er für ein jedes Jahr, das er noch zu stehen hätte, 5 bis 6 Pfund, das sind 30 bis 36 fl., bezahlen. Manchem aber, der seine Braut auf diese Art [hat] kaufen und bezahlen müssen, ist hernach öfters der Reukauf angekommen, daß er seine so sündteuere Ware lieber wiederum hingeben und das Geld noch dazu lieber verlieren wollte.

Entläuft in diesem Land jemand von seinem Meister, der ihn hart gehalten hat, so kann er nicht weit kommen. Denn man hat in diesem Stück gute Ordnungen darinnen, daß man einen Entloffenen gewiß und bald wiederbekommt. Man gibt einem, der einen Deserteur aufhält oder wiederbringt, eine gute Belohnung.

Ist nun ein Entloffener von seinem Meister oder Herrn einen Tag ausgewesen, so muß er zur Strafe dafür eine Woche, für eine Woche aber einen Monat und für einen Monat

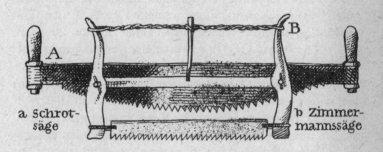

ein ganzes halbes Jahr servieren. Will aber der Herr einen solchen Entloffenen, wenn man ihn schon wiederbekommen hat, nicht mehr behalten, so kann er ihn auf so viele Jahre verkaufen, wie er noch bei ihm zu stehen hätte.

Die Arbeit und Geschäfte in diesem neuen und wilden Land sind sehr schwer und vielerlei, und es muß ein mancher noch in seinem hohen Alter, der erst hineingekommen, bis an sein Ende sehr hart für sein Stück Brot arbeiten. Von jungen Leuten will ich nichts sagen. Die meisten Geschäfte bestehen in Holzmachen, Eichbäume umhauen, große Stükker Waldungen samt den Wurzeln auszureuten oder auszuraden und, wie man drinnen sagt, klarzumachen. Solche Waldungen werden hernach durch diese Umkehrung zu Äkkern und Wiesen angelegt. Aus dem besten abgehauenen Holz machet man Finzen und Zäune um die neuen Felder, denn darinnen werden alle Wiesen, Gras- und Obstgärten und Fruchtfelder mit übereinandergesetzten, von dick gespaltenem Holz gemachten, fickfack gelegten Planken umgeben und eingemacht, worinnen man das Rindvieh, Pferde und Schafe auf der Weide eingeschlossen hält. Unsere Europäer, welche erkauft werden, müssen immer hart arbeiten, weil man beständig neue Felder machet, daher erfahren dieselben, daß wirklich die eichenen Stumpen so hart in Amerika als in Teutschland stehen. Es wird an ihnen absonderlich in diesen heißen Landen reichlich erfüllt, was Gott der Herr um der Sünde und um des Ungehorsams willen im ersten Buch Moses den Menschen auferlegt hat, da es heißt: Im Schweiß deines Angesichts sollst du dein Brot essen. Wer also sein Stücklein Brot begehret, christlich und ehrlich zu erwerben, und kann solches in seinem Vaterland nicht anderst als durch seiner Hände Arbeit verdienen, der tue es in seinem Lande und nicht in Amerika, denn erstlich bekommt er es in Pennsylvanien nicht besser; er mag in seinem Vaterland noch so hart arbeiten müssen, so trifft er es gewiß in dem neuen Land ebenso hart oder noch härter an. Hernach hat er noch die so beschwerliche Reise zu tun, während der er nicht nur ein halb Jahr mehr Not auszustehen hat als mit der härtesten Arbeit, sondern auch gegen 200 fl. verzehrt, die ihm kein Mensch gut tut. Hat er so viel Geld, so geht es ihm aus den Händen, hat er es nicht, so muß er es als ein Sklav und armer Knecht abverdienen. Darum bleibe man im Lande und nähre sich mit den Seinigen redlich; sonsten sage ich, daß solche Leute, die etwa sich durch die Menschendiebe beschwätzen und dahin verführen lassen, die größten Toren wären, wenn sie glaubten, daß ihnen in Amerika oder Pennsylvanien die gebratenen Tauben ungeputzt würden in den Mund fliegen.

Wie elend und betrübt ist es schon so vielen tausend teutschen Familien ergangen,

1., da dieselben durch die so lange und schwere Reise um ihr gehabtes Vermögen gekommen,

2. viele von denselben elendiglich gestorben und ins Wasser geworfen worden und

3. wegen großer Armut die meisten Familien erst noch im Lande drinnen, Alte und Junge getrennet und weit voneinander, verkauft worden.

Bei allem diesem ist dieses noch das betrübteste, daß die Eltern ihre noch unmündigen Kinder meistenteils müssen umsonst hingeben, da solche nachmals weder Vater noch Mutter oder Geschwister nicht mehr sehen und wiedererkennen und, nachdem sie zu Leuten kommen, zum Teil gar in keinem christlichen Glauben aufgezogen werden. Denn in Pennsylvanien herrschen so vielerlei Glaubenslehren und Sekten, die nicht alle können namhaft gemacht werden, weil manches es niemanden bekennet, was er für einen Glauben habe.

Hernach sind viele hundert erwachsene Personen, die nicht getauft sind, auch nicht einmal getauft sein wollen. Viele halten nichts von den Sakramenten und von der heiligen Bibel oder gar von Gott und seinem Worte. Manche glauben nicht einmal, daß ein wahrer Gott oder Teufel, Himmel oder Hölle, Seligkeit oder Verdammnis, Auferstehung der Toten, Gericht und ewiges Leben sei, sondern glauben, es sei alles, was man sehe, natürlich. Denn in Pennsylvanien darf jedermann nicht nur glauben, was er will, sondern er darf es auch öffentlich und frei sagen.

Wenn also junge und in ihrer Religion ungegründete Leute zu solchen Freigeistern und ungläubigen Menschen auf viele Jahre zu servieren kommen, auch von solchen Leuten zu keiner Kirche und Schule gelassen werden, sonderheitlich, wo solche weit davon abwohnen, so kommen solche unschuldigen Seelen zu keiner wahren göttlichen Erkenntnis und werden also aufgezogen wie die Heiden oder Indianer.

Die Reise zur See ist manchmal denjenigen Leuten, die von Haus noch Geld und Gut mitbringen, darinnen gefährlich, weil auf der See durch das eingefallene Seewasser öfters vieles verdorben wird, ja manchmalen werden sie im Schiff durch untreue Menschen beraubet, daß es also solchen vorhin vermöglichen Leuten doch noch höchst fatal ergangen.

Ein betrübtes Exempel von einem Württemberger soll erzählet werden: Es ist nämlich im Spätjahr Anno 1753 der bei uns bekannt gewesene Vogt Daser von Nagold mit seiner Frau und 8 Kindern in Pennsylvanien zu Philadelphia elendiglich und unglücklich angekommen. Denn es sind ihm nicht nur auf der See 1800 fl. Wert gestohlen worden, sondern er ist deswegen auch mit dem englischen Schiffskapitän zu Philadelphia in einen großen Prozeß geraten, wobei er aber nichts gewonnen, sondern mit Unkosten noch vieles dazu eingebüßt hat. Herr Daser mußte für sich und die Seinigen 600 fl. Seefracht bezahlen. Weil er aber seines Geldes beraubt war, wurden ihm alle Mobilien samt den Kisten nur um ein kahles Geld auf einer Ventue oder Aufstreich öffentlich versteigert, wodurch er mit den Seinigen in immer elendere Umstände geraten. Als er hierauf Geld zur Erkaufung einer Plantage aufnehmen wollte, so wurde er von dem Creditore unverantwortlich hintergangen. Er hatte nämlich mit demselben verabredet, das entlehnte Geld in zwei Jahren wieder heimzugeben, derjenige aber, der die Obligation oder den Band, wie es drinnen heißt, verfertigte, schrieb auf Versprechen des gewissenlosen Creditoris anstatt zwei Jahre zwei Tage hinein. Dieses unterschrieb Herr Daser unwissend, daß er sein Unglück unterschrieb, weil er nicht englisch konnte. Es wurde also die Sache so gespielt, daß ihm, weil er in zwei Tagen nicht wieder bezahlte (NB, er hatte das Geld noch nicht einmal empfangen, welche Zeit er aus Unvorsichtigkeit und unter allerhand Vorwand des Creditoris verstreichen ließ), alles vollends verkauft und sogar von dem Leibe genommen wurde. Ja, er würde gar in die Prison gekommen sein oder Kinder haben verkaufen müssen, wenn er nicht wäre durch meine Fürbitte bei Herrn Kapitän von Diemer errettet worden, welcher für die Teutschen allzeit viel und wohl besorgt gewesen. Ermeldter Herr Kapitän von Diemer hat demnach bis zu Ausgang des Daserischen Prozesses aus Barmherzigkeit ihm und den Seinigen Lebensmittel, Geld, Betten und Wohnung verschafft, auch noch gut für alles gesprochen, wodurch Herr Daser von der Schuldprison frei geblieben. Bei meinem Abschied hat Herr Kapitän Diemer dem Herrn Daser und mir mit Hand und Mund gelobet, für die Daserische Familie und ihr Stücklein Brot, so er lebe, künftig helfen zu sorgen. Herr Daser ist 8 Wochen lang bei uns im Haus zu Tisch gewesen und hat bei mir geschlafen, ist aber in Wahrheit durch seine so viele betrübte Fatalitäten sehr kleinmütig und halb sinnlos worden. Seine 2 ältesten Jungfer Töchter und sein ältester Sohn sind noch kurz vor meiner Abreise zu servieren genötigt und jedes auf 3 Jahre schriftlich hiezu verbunden worden.

Bei dieser Gelegenheit will ich noch etliche merkwürdige und höchst fatale Exempel verunglückter Schiffahrten erzählen: Anno 1754 am Tage Jacobi ist ein Schiff mit 300 etlich und 60 Seelen, meistens Württemberger, Durlacher und Pfälzern, zwischen Holland und Altengland durch einen Sturmwind in der Nacht auf einen Felsen getrieben worden, wo es drei Stöße erlitten und allemal große Knälle getan, auch sich endlich nach der Länge unten voneinander getan hat, daß das Wasser eingedrungen ist, welches so überhand genommen, daß das Schiff morgens frühe angefangen zu sinken. Da nun die Not am größten und sich die Menschen zu erretten suchten, sprungen 63 Personen in ein Boot. Weil nun dieses Boot schon gar zu sehr überladen war und noch eine Person dasselbe schwimmend erreicht und lange festgehalten, hat man sie nicht anders abtreiben können, bis man derselben die Hände abgehauen, daß sie versinken müssen. Eine andere Person sei auf ein Faß gesprungen, welches aus dem großen Schiff gefallen, um sich auf demselben zu erretten, welches aber gleich mit ihm umgeschlagen und versunken sei; die Menschen aber in dem großen Schiffe haben zum Teil sich an den Seilen und Mastbäumen festgehalten, auch viele seien tief im Wasser gestanden, haben die Hände über ihren Köpfen zusammengeschlagen und unaussprechlich jämmerlich zusammen geschrien. Auch habe man noch das große Schiff samt 300 Seelen im Hinwegfahren vor ihren Augen sehen versinken; der barmherzige Gott aber habe den übrigen, die sich auf dem Boot errettet, in der Nähe ein englisches Schiff zur Hilfe gesendet, welches sie in ihrer großen Not und erlittenem Schiffbruch aufgenommen und wiederum zurück ans Land gebracht. Dieses große Unglück wäre in Teutschland nicht einmal bekannt geworden, wenn das Schiff in der Nacht samt allen Menschen zugrunde gegangen wäre.

In Teutschland ist folgende fatale Seereise mit lauter Teutschen schwerlich oder gar nicht bekannt worden. Anno 1752 kam ein Schiff zu Philadelphia an, welches ein ganzes

Vollschiff unter Sturmsegeln

halbes Jahr auf der See von Holland aus bis nach Philadelphia fahren müssen. Dieses hat den ganzen Winter über viele Stürme ausgestanden und nicht zu Lande kommen können, bis und dann endlich ein andres gutes Schiff dem elenden, ausgehungerten und verjagten Schiff wiederum zu Hilfe gekommen. Dieses Schiff hat von 300 etlich 40 Seelen noch 21 Personen nach Philadelphia gebracht, welche ausgesaget, daß sie nicht nur ein ganzes halbes Jahr auf der See gefahren und durch Sturm an Irland verschlagen worden, sondern auch, daß die meisten Menschen im Schiffe Hungers gestorben seien und daß sie Mast und Segel, Kapitän und Steuerleute verloren hätten, und wäre der Rest gar nimmer zu Lande gekommen, wenn ihnen Gott nicht mit einem anderen Schiffe zu Hilfe gekommen und sie zu Lande geführet hätte.

Es wird auch eine andere unglückliche Seefahrt in Teutschland nicht offenbar worden sein, da nämlich vor etlichen Jahren ein ganzes Schiff voller teutschen Leute auf der See verloren gegangen, welche auch nach Philadelphia haben kommen sollen, wovon aber niemand nichts anders erfahren, als daß aus Holland nach Philadelphia hernach eine Relation von demselben Schiff an die Kaufleute überschickt worden. Solche ganz verlorne und verunglückte Schiffe werden in Teutschland darum nicht angezeigt, damit die Leute nicht von der Seefahrt abgeschreckt und zurückgehalten werden.

Ich kann unmöglich verschweigen, was mir von einer sichern Hand aus Pennsylvanien durch ein Paquet Briefe berichtet worden, welche den 10. Dezember 1754 zur See abgelaufen und den 1. September 1755 mir zugekommen sind. Man meldet mir darinnen auf eine klägliche Weise, daß in letztverwichenem Spätjahr Anno 1754 zu des Landes großer Last wiederum über 22 000 Seelen (damals war eine große Emigration aus Württemberg) nur in Philadelphia angekommen seien, welches mehrenteils Württemberger, Pfälzer, Durlacher und Schweizer gewesen, und zwar so elendiglich krank und arm, daß abermalen die meisten Leute wegen großer Armut ihre Kinder verkaufen mußten. Auch sei das Land wegen einer so großen Menge Volks sehr beschweret worden, sonderheitlich durch so viele Kranke, von denen noch täglich viele die Gräber füllen.

Alle Spätjahr, solange ich darinnen gewesen, sind 20 bis 24 Schiffe mit Menschen nur zu Philadelphia angekommen, welches sich in der Zeit von 4 Jahren auf über 25 000 Seelen belaufen, unter Abzug derer, welche auf der See oder ganzen Reise davon gestorben, und ohne diejenigen Schiffe, welche auch mit Menschen in andere englische Kolonien gefahren, nämlich nach Neuyork, Boston, Maryland, Neuschottland und Carolina, wodurch diese Kolonien angefüllet und die Menschen in specie in der Stadt Philadelphia sehr unwert worden. Daß aber so viele Leute nach Amerika und besonders nach Pennsylvanien ziehen, daran sind die Betrügereien und Beschwätzungen der sogenannten Neuländer schuld.

Diese Menschendiebe belügen Leute von allerlei Stand und Profession, worunter auch viele Soldaten, Gelehrte, Künstler und Handwerker sind. Sie verführen Fürsten und Herren, ihre Leute zum Verkauf bis nach Rotterdam oder Amsterdam zu liefern. Sie bekommen allda von ihren Kaufleuten für eine jede Person, welche 10 Jahre und darüber alt ist, 3 fl. oder einen Dukaten; dahingegen die Kaufleute von einer Person in Philadelphia 60, 70 bis 80 bekommen, je nachdem eine Person auf der Reise mehr oder weniger Schulden gemacht. Hat ein solcher Neuländer einen Transport beisammen und es gefällt ihm nicht, mit nach Amerika zu gehen, so bleibt er zurück, hält sich in Holland oder anderswo den Winter über auf, im Frühjahr nimmt er wieder Geld von seinen Kaufleuten auf Menschen, reiset wiederum heraus und gibet vor, er komme aus Pennsylvanien in der Absicht, allerlei Waren einzukaufen und solche dahin zu führen.

Öfters sagen die Neuländer, sie hätten von Landsleuten und der Obrigkeit darinnen Vollmachten, Erbgüter für dieselben abzuholen, und wollten bei dieser sicheren und guten Gelegenheit ihre Freunde, Geschwister oder gar noch Vater und Mutter abholen; wie dann auch öfters geschehen, daß solche alten Leute gefolgt, in Hoffnung, wie selbe von ihnen beredet worden, besser versorget zu werden.

Solche alten Leute suchen sie darum mit fortzubringen, damit sie andere Leute daneben mitzulocken Gelegenheit haben, welches viele Leute verführet hat, daß sie gesagt, wenn diese oder jene Anverwandten mitgehen, wollen sie es auch wagen. Solches Locken geschiehet also auf mancherlei Weise, sonderheitlich, wenn die Menschendiebe brav Geld bei den armen Leuten sehen lassen, welches aber nichts anderes als eine Menschenbeize aus Holland und verfluchtes Blutgeld ist.

Wenn die Menschendiebe Personen von besonderem Rang, nämlich Adlige oder sonst geschickte oder gelehrte Leute beschwätzen und mit hineinbringen, welche ihre Fracht nicht bezahlen können noch einen Bürgen haben, so werden sie ebensowenig wie gemeine arme Leute vom Schiff gelassen und müssen solange auf demselben bleiben, bis dann jemand kommt und sie beim Schiffskapitän loskauft. Und wenn sie endlich vom Schiff gelassen werden, so müssen selbige ihren Herren und Meistern, von denen sie sind erkauft worden, so wie ein gemeiner Tagelöhner dienen. Ihr Stand, Geschicklichkeit und Gelehrsamkeit hilft ihnen nichts, denn hier braucht man nur Arbeiter und Handwerksleute. Und ist noch das das ärgste, daß solche Leute, die der Arbeit nicht gewohnt sind, mit Schlägen wie das Vieh traktiert werden, bis sie die harte Arbeit lernen. Es hat sich deswegen schon mancher, der sich durch die Neuländer so abscheulich betrogen gefunden, sein Leben selbst verkürzet oder ist in Desperation geraten, daß man solchem nicht mehr hat helfen können, oder ist entlaufen und ihm hernach noch ärger als zuvor ergangen.

Öfters geschieht es, daß die Kaufleute in Holland mit ihrem Kapitän und Neuländern einen verborgenen Akkord gemacht haben, daß sie die Schiffe mit den eingeladenen Menschen an einen anderen amerikanischen Platz und nicht nach Pennsylvanien, wo die Leute hin wollen, führen sollen, sondern dahin, wo sie gedenken, die Menschen besser zu verkaufen. Wodurch es also einem manchen, der schon einen guten Bekannten oder gar Freunde und Geschwister in Pennsylvanien hat, dessen Hilfe und Vorsorge er sich getröstet, höchst schmerzlich gefallen lassen muß, daß er durch solche gottlose Contrafahrt von den Seinigen getrennet wird, die er hernach weder in diesem noch in jenem Lande nicht mehr zu sehen bekommt. So muß man also in Holland und zur See sich dem Wind und des Kapitäns Willen überlassen, weil man auf der See nicht gewiß weiß, wohin das Schiff geführet wird. Daran aber sind die Neuländer und einige gewissenlose Menschenhändler in Holland schuld.

Viele Leute, die nach Philadelphia gehen, vertrauen ihr übriges Geld, das sie von Haus weggebracht, den Neuländern an. Diese Diebe aber bleiben oft in Holland samt dem Geld zurück oder fahren von da mit einem andern Schiff nach einer andern englischen Kolonie, daß also solche armen betrogenen Leute, wenn sie hineinkommen, sich mit nichts anderem als mit servieren zu helfen wissen, oder müssen ihre Kinder verkaufen, wenn sie welche haben, nur damit sie vom Schiff los werden.

Es ist übrigens unmöglich, alle Umstände zu berühren, glaube auch ganz gewiß, daß die herauskommenden Neuländer und zum Teil Menschendiebe niemalen solche elende, beschwerliche und dabei höchst gefährliche Reise mit solchen Umständen und gründlichen Wahrheiten werden entdeckt haben.

In Pennsylvanien oder anderen englischen Kolonien werden den Neuländern, welche herausreisen, öfters viele Briefe mitgegeben. Wenn sie damit nach Holland kommen, so lassen sie diese Briefschaften aufbrechen oder brechen sie selbst auf, und so jemand lamentabel und die Wahrheit geschrieben, so wird ein solcher Brief entweder fälschlich dekopiert oder gar hinweggeworfen. Ich habe in Pennsylvanien von solchen Menschendieben selbst hören erzählen, daß sich in Holland Leute, und zwar Juden, genug befänden, welche ihnen um ein geringes Geld alle Petschaften abstechen und alle Handschriften perfekt nachschreiben können, wie man es verlange. Sie wissen alle Züge und Buchstaben, Zeichen und Merkmale so ähnlich nachzumachen, daß derjenige, dessen Handschrift sie nachgemacht, selbst bekennen müßte, es wäre seine Handschrift. Durch solche Streiche betrügen sie auch Leute, die eben nicht leichtgläubig sind, und üben ihre bösen Streiche desto verdeckter aus. Sie sagen selbsten bei ihren Vertrauten: Dieses sei ihr bester Vorteil, damit sie die Leute eher beschwätzen und fortbringen können. Ich bin selbsten beinahe betrogen worden.

In Holland nämlich haben große Kaufleute getrachtet, mich nicht vollends herauszulassen, sondern mich wieder mit List und Gewalt zurück nach Engelland und Amerika beschwätzen wollen. Denn dieselben haben mir nicht nur mündlich in Rotterdam vorgebracht, sondern auch noch aus Amsterdam schriftlich beweisen wollen, daß meine Frau und Kind nebst einer Schwägerin, auch vielen Landsleuten im letzten Sommer mit dem letzten Transport seien zur See nach Philadelphia gegangen. Sie haben mir dabei vollkommen erzählt, wie meine Frau, Kind und ich mit Namen heißen, wie groß und alt sie seien und daß meine Frau gesaget habe, daß ihr Mann schon 4 Jahre Organist in Pennsylvanien sei; haben mir auch dabei meiner Frau Namen in einem Brief gezeigt und gesagt, mit was für einem Schiff und Kapitän diese Personen von Amsterdam abgefahren wären, wie auch, daß meine Frau in der Bettstatt Num. 22 mit noch 4 Weibspersonen logiert sei, welches mich ganz ungemein verwirrt und unschlüssig gemacht. Ich habe ihnen meiner Frau Briefe entgegengehalten, worinnen deutlich gemeldet, daß sie ihr Lebtage nicht ohne mich dahinziehe, sondern vielmehr mit Verlangen auf mich warte, und daß ich ihr auch wiederum Nachricht gegeben hätte, wie ich nun mit Gott entschlossen wäre, nächstes Jahr nach Teutschland herauszukommen, deswegen ich unmöglich dieses glauben könne. Worüber aber die Kaufleute es mit Zeugen behaupten wollten, welches mich zwar sehr konsterniert gemacht, daß ich auch nicht gewußt, was ich glauben oder tun sollte. Endlich aber nach reifer Überlegung und ohne Zweifel göttlicher Direktion habe ich den Schluß gefaßt, sonderheitlich, weilen ich damals schon den größten Teil meiner beschwerlichen Reise, nämlich 1400 Stunden, zurückgeleget und nunmehr in Teutschland angelanget war, in Gottes Namen vollends meine Reise fortzusetzen, welches dann auch geschehen, bin also, dem Höchsten sei Dank, dieser großen Versuchung entronnen. Denn ich habe gesehen, daß alles nicht wahr gewesen, was man mir in Holland von den Meinigen vorgeschwätzt und gezeiget hatte, weil ich Frau und Kind glücklich zu Hause angetroffen habe. Wenn also ich den Verführern des Volkes geglaubet hätte und wiederum zur See nach Engelland und Amerika zurückgegangen wäre, so würde durch mein Rückbleiben nicht nur diese Nachricht nicht so bald vielleicht bekannt worden sein, sondern ich und die Meinigen wären schwerlich oder gar nicht mehr in dieser Welt zusammengekommen. Es haben aber die oft bemeldeten Menschendiebe, wie ich hernach erfahren, den Kaufleuten in Holland mich und meine Frau mit Namen vollkommen beschrieben, und die Neuländer haben meine Frau zum zweiten Mal mit beschwätzen wollen. Die Kaufleute haben ohne Zweifel gedacht, daß, wenn ich wiederum herauskäme, so würde ich ihren ganzen Kram und den jämmerlichen Zustand der in so großer Menge dahingezogenen und verunglückten Familien entdecken und ihnen dadurch künftig an der Seefahrt und Menschenhandel einen großen Schaden verursachen.

Ich muß hier noch etwas nachholen, das ich oben vergessen habe. Sobald die Schiffe, die Leute aus Europa bringen, vor Philadelphia den Anker geworfen haben, werden den nächsten Vormittag alle Mannspersonen von 15 Jahren an aus dem Schiff in ein Boot gesetzt und in die Stadt paarweise auf das Court- oder Stadthaus geführt. Daselbst müssen sie der Krone Großbritanniens huldigen. Wenn dieses geschehen, werden sie ebenso wieder in die Schiffe geführet. Hierauf geht erst der Menschenhandel an, wie ich oben erzählet. Ich setze nur noch dieses hinzu, daß man bei dem Kaufen der Leute weder nach einem Abschied noch ehrlichen Namen fraget. Wenn einer dem Strick entlaufen wäre und hätte ihn noch am Halse hängen oder wenn er auch seine beiden Ohren in Europa gelassen hätte, so würde ihm doch deswegen in Pennsylvanien nichts in den Weg gelegt. Wenn er aber sich wieder auf Exzesse einließe, so ist keine Rettung mehr für ihn vorhanden. Für galgen- und radmäßige Leute ist also Pennsylvanien ein erwünschtes Land.

Johann David Schöpf

Durch einige der
mittleren und
südlichen vereinigten
nordamerikanischen
Staaten
(1783 und 1784)

Vorbemerkung

Während die Auswanderung Deutscher nach Pennsylvanien und in die Neuenglandstaaten schon zur Kolonialzeit erfolgte, bildeten diese Gebiete noch längere Zeit kein Studienobjekt für deutsche Forscher. Der deutsche Missionar Heckewälder betrieb zwar schon in der ausgehenden Kolonialperiode seine Forschungen unter Indianerstämmen, aber dies geschah mehr als Nebenprodukt seines Wirkens im kirchlichen Auftrage. Allein ihres wissenschaftlichen Anliegens wegen bereisten deutsche Forscher den Ostteil Nordamerikas erst, nachdem sich die Vereinigten Staaten 1776 von Großbritannien losgesagt hatten.

Der erste universell gebildete Deutsche, der das Land zwischen Hudson und Mississippi betrat, war Johann David Schöpf (1752–1800), ein typischer Vertreter des aufgeklärten Bürgertums. Schöpfs Vater war ein wohlhabender Kaufmann in Wunsiedel im Fichtelgebirge, der dem Sohne den ersten wissenschaftlichen Unterricht durch einen Hauslehrer erteilen ließ. Nach dem Besuch des Gymnasiums in Hof studierte er 1770 bis 1773 an der Universität Erlangen Medizin. Da er aber bereits als Jugendlicher vom Bergbau und Hüttenwesen, von den Gesteinen, den Tieren und Pflanzen seiner Heimat beeindruckt war, folgte er diesen Interessen auch während seines Studiums. In Erlangen hörte er auch Vorlesungen über Botanik und Zoologie, 1773 in Berlin über Forstwissenschaft.

Von Haus aus finanziell gut gestellt, brach Schöpf 1774 zu einer ausgedehnten Bildungsreise auf und durchstreifte zunächst, seinen mineralogischen und bergbaulichen Neigungen folgend, das Erzgebirge und einen Teil Böhmens. Er lernte Prag und Wien, Triest, Venedig und Padua, den Comersee und die Schweiz kennen und suchte überall die Begegnung mit Gelehrten.

1776 promovierte er in Erlangen zum Doktor der Medizin, wollte sich aber nicht mit einer Arztpraxis in seiner oberfränkischen Heimat begnügen, sondern trug sich mit dem Gedanken, eine Reise nach Indien zu unternehmen. Auf Anraten des Erlanger Professors Heinrich Friedrich Delius (1720–1791; seit 1788 Präsident der kaiserlichen Akademie der Naturforscher) ergriff er aber sogleich die sich 1777 bietende Gelegenheit, die ansbachischen Söldnertruppen nach Nordamerika zu begleiten.

Schöpfs Reise stand damit von Anbeginn unter politischen Vorzeichen. Er zählte zu jenen Deutschen, deren Auftreten in Nordamerika unmittelbar von der Rolle geprägt war, die sie – selbstgewählt oder ihnen zugewiesen – im Befreiungskrieg der USA spielten. Als Feldarzt gewährte er den durch deutsche Fürsten an England «vermieteten» deutschen Söldnern chirurgische Hilfe, und es gibt keine Anzeichen dafür, daß Schöpf sich jemals mit dem Gedanken trug, vom Lager der ansbachischen Interventionstruppe zum Heer der Freiheitskämpfer unter Washington und Steuben überzutreten. In der Widmung seines Reisewerks[1] bezeichnet er sich gegenüber seinem Landesherrn, dem Fürsten Christian Friedrich Carl Alexander, als «untertänigst gehorsamst» und «ersterbend mit der tiefsten Ehrfurcht».

Diese zeitübliche Verbeugung vor dem Landesvater sollte allerdings auch nicht allzuernst genommen werden – sie hatte wohl eher den Sinn, geschützt durch eine formale Loyalitätsbezeigung, unbequeme Wahrheiten verbreiten zu können. Grundlegend unterscheidet sich Schöpfs Bericht von der etwa zur gleichen Zeit geschriebenen Darstellung des Ehepaares von Riedesel[2], die zwar ein einigermaßen realistisches Bild der Lage geschlagener deutscher Söldneroffiziere zeichnet, deren Darstellung wegen ihrer lamentierenden Art aber auf den heutigen Leser peinlich wirkt.

Für Schöpf war die Annahme der Feldarztstelle kein poli-

---

[1] Johann David Schöpf, Reise durch einige der mittleren und südlichen vereinigten nordamerikanischen Staaten, nach Ost-Florida und den Bahama-Inseln, unternommen in den Jahren 1783 und 1784, 2 Bände, Erlangen 1788.
[2] Briefe und Berichte des Generals und der Generalin von Riedesel, während des nordamerikanischen Krieges in den Jahren 1776 bis 1783 geschrieben. Erste Ausgabe 1799, Neuauflage Freiburg i. Br. und Tübingen 1881.

tisches Bekenntnis und auch kein Verkauf der Persönlichkeit, sondern der einfachste Weg, nach Nordamerika zu gelangen. «Um aufrichtig zu sein», schreibt Schöpf in seiner Vorrede, «so war – eine hoffentlich nicht ganz tadelnswürdige – Neugierde die Triebfeder meiner Wanderung.» Im politisch diskreditierten und militärisch unterlegenen Lager Dienst zu tun, forderte allerdings keinen geringen Preis: «Vom Junius 1777 bis Julius 1783 hatte ich in Amerika gelebt, ohne etwas mehr zu sehen als das kleine Rhode Island und York Island, einen unbeträchtlichen Teil von Long Island und für eine sehr kurze Zeit den engen Stadtbezirk von Philadelphia, so daß ich mich kaum rühmen durfte, das feste Land im eigentlichen Sinn betreten zu haben.» Schöpf gelangte in den genannten sechs Jahren über den Bezirk von New York als letzte britische Bastion im Gebiet der USA kaum hinaus, sein Umgang beschränkte sich in jener Zeit fast ausschließlich auf die britischen Garnisonen.

Die ersehnte Gelegenheit, im Lande reisen zu können, brachte erst der Sieg der Kontinentalarmee. Die deutschen Söldner traten ihre Heimfahrt mit Schimpf und Schmach an, während Schöpf für seine Reise in das Landesinnere beurlaubt wurde. Am 22. Juli 1783 verließ er New York und wurde zu seinem Erstaunen im ersten Staat ohne Fürsten und andere feudale Regenten als ein dem Fortschritt relativ aufgeschlossener Bürger mit offenen Armen empfangen.

Schöpf reiste durch New Jersey, in die Alleghanies und über Princetown nach Pennsylvanien und sah sich besonders eingehend in Philadelphia um. Er schilderte die Zustände in den Ansiedlungen der Pennsylvanien-Deutschen, besuchte die Grenzgebiete bis Pittsburgh, drang in Maryland bis Baltimore und Annapolis vor und kehrte über Wilmington nach Philadelphia zurück. Einen Monat später reiste er weiter durch Maryland und Virginia, Nordkarolina und Südkarolina. Zwei Monate verweilte er in Charleston, setzte dann seine Reise zur See nach Ostflorida und zu den Bahamas fort. Im Juli 1784 traf er in London ein und fuhr dann durch das südliche England und Frankreich in die Heimat zurück. Im Oktober 1784 meldete er sich am Hof in Bayreuth, wo ihm 1785 die Stelle eines Hof- und Militärmedikus und

Landphysikus übertragen wurde, aus der er sich zum Präsidenten der vereinigten Medizinalkollegien von Ansbach und Bayreuth hochdiente. Zwei Reisen führten ihn später noch einmal nach Italien und den Niederlanden.

Seine Mußestunden widmete Schöpf in den ihm verbleibenden fünf Lebensjahren vor allem der wissenschaftlichen Auswertung seiner nordamerikanischen Reise. 1787 erschienen seine «Materia medica Americana», 1788 seine zweibändige Reisebeschreibung sowie kleinere Monographien über Klima und Witterung, Lebensart und Krankheiten in Nordamerika, Beiträge zur mineralogischen Kenntnis des östlichen Teils von Nordamerika, über Frösche, Fische, Seewürmer und Seeblasen Amerikas. Seine «Naturgeschichte der Schildkröten, mit Abbildungen erläutert» wurde erst nach seinem Tode herausgegeben.

Schöpfs Hauptwerk, dem unsere Auszüge entnommen sind, ist seine «Reise durch einige der mittleren und südlichen vereinigten nordamerikanischen Staaten». Darin gibt er eine vielseitige Schilderung des südöstlichen Nordamerika. In bunter Folge wechseln Berichte über Bergbau, Botanik, Zoologie, Ethnographie, über die gesundheitliche und soziale Lage, über das Bildungswesen, die politische Verfassung, das kirchliche Leben, über wirtschaftliche Verhältnisse, Technik und Technologie. Wie er in der Vorrede zum ersten Band darlegt, ging es ihm vor allem darum, «die merkwürdigsten Naturprodukte des Inlands zu sehen». Wesentlich für uns ist, daß er darüber hinaus im gesellschaftlichen Bereich die «Neue Welt» entdeckte, die zwar noch mit den Rückständigkeiten des soeben überwundenen Kolonialsystems behaftet, aber bereits geprägt war von den Wesenszügen einer bürgerlichen Klasse, die zu einem großen Sprung der Entwicklung kapitalistischer Produktionsverhältnisse ansetzte – unter Ausnutzung eines jungfräulichen Landes, eines massenweisen Einströmens von Einwanderern und der Übernahme fortgeschrittener Technologien der sich besonders in England vollziehenden industriellen Revolution.

Schöpf liefert ein realistisches Bild der amerikanischen Zustände, vermeidet dabei aber weitgehend die Äußerung subjektiver Urteile. «Ich erzähle einfach Tatsachen und trokkene Wahrnehmungen, ohne sie durch gesuchte Raisonnements oder erbauliche Betrachtungen verschönern zu wollen.» Insofern ist Schöpfs Werk ein bewußt zurückhaltendes Buch. Aber es gehörte Mut dazu, im damaligen kleinstaatlichen Deutschland wenige Seiten nach der Huldigung an den Fürsten zu äußern, «daß ich alles, was ich hier sage, in Amerika selbst anzeichnete, wo Freiheit zu denken, zu reden und zu schreiben allgemein anerkannte Rechte sind»; mutig waren insbesondere auch die Tatsacheninformationen über demokratische Institutionen, über die Schöpf bemerkt, daß man von ihnen «anderwärts alles das nur zu beseufzen kaum die Freiheit» habe.

Schöpf empfand offenbar die ihm auferlegte Beschränkung der Meinungsfreiheit als besonders drückend. In seiner Vorrede fügte er hinzu, «daß ich vieles nicht gesagt und Urteile dem Leser überlassen habe, wo Bürger der Vereinigten Staaten selber sich würden frei und ohne Anstand geäußert haben». So enthielt sich Schöpf mit Rücksicht auf seine abhängige Stellung im ansbachischen Fürstentum in seinem Bericht jeder Sympathiekundgebung für die republikanische Sache, wenn auch der Unterton mancher Passagen keinen Zweifel daran läßt, daß er die von den jungen Vereinigten Staaten hervorgebrachten, für ihre Zeit überaus fortschrittlichen gesellschaftlichen Institutionen und Lebensformen wie Parlamentarismus, fehlende Standesschranken unter der weißen Siedlerbevölkerung, Meinungs- und Pressefreiheit usw. zumindest mit großem Interesse und verhaltener Sympathie betrachtete.

Von dieser Grundposition aus war Schöpf ein kritischer Beobachter. Er machte sich lustig über die Pennsylvanien-Deutschen, die sich aus Unkenntnis der im Parlament verhandelten Angelegenheiten «immer weislich zum größten Haufen wenden»; er beklagte die Zerstörung der Umwelt durch übermäßiges Abholzen der Wälder; er ließ keinen Zweifel daran, daß die Expansion der neuen bürgerlichen Gesellschaft auf Kosten der Indianer erfolgte; er sah den Zusammenhang zwischen Landspekulationen unerhörten Ausmaßes und der Vertreibung und Ausrottung ganzer Stämme und Völkerschaften; und er analysierte den parasitären Charakter der im Süden noch weitverbreiteten Sklavenhaltung.

Wenn auch Schöpfs naturwissenschaftliche Studien heute vielfach überholt erscheinen, so sind seine Darlegungen zu den gesellschaftlichen Zuständen in den USA unmittelbar nach dem Sieg über die Kolonialmacht um so wertvoller, trotz der Sprunghaftigkeit der Darstellung und der zuweilen spröden Sprache. Sein Buch ist ein erstrangiges historisches Zeitdokument, das viel zum Verständnis der nationalen Revolution der USA beiträgt.

Schöpf war fast zwei Jahrzehnte vor Alexander von Humboldt in Philadelphia und zählt zu jener kleinen Gruppe deutscher Forschungsreisender, von denen gesagt werden kann, daß sie Humboldt zu seinen Reisen inspirierten.

In unserer Auswahl aus der «Reise durch einige der mittleren und südlichen vereinigten nordamerikanischen Staaten» lernen wir in dem Kapitel «Philadelphia» zunächst das Kernland der nationalen Revolution der USA kennen. In den Kapiteln «Wyoming», «Pittsburgh» und «Kentucky» werden wir an die westliche Peripherie geführt, in das gerade von Siedlern erschlossene Grenzland zu den Stammesgebieten der Indianer, in die Reibungszonen zwischen «roten» und «weißen» Amerikanern. «Wilmington» und «Charleston» eröffnen uns einen Einblick in die völlig anders gearteten Verhältnisse Carolinas, wo die Sklavenhaltung noch uneingeschränkt bestand.

Unsere Auswahl wurde durch die Breite der Darlegungen und die häufige Behandlung von Nebensächlichkeiten erschwert. Der Herausgeber entschloß sich daher, zum Teil erhebliche Straffungen vorzunehmen. Das derart gebotene Mosaik erscheint geeignet, den unterschiedlichen Entwicklungsstand und die Differenziertheit der Entwicklungsprobleme innerhalb der jungen USA zu veranschaulichen.

Durch einige der mittleren und südlichen vereinigten
nordamerikanischen Staaten (1783 und 1784)

Philadelphia

Wer in unserm deutschen Vaterlande sollte wohl niemals
von Philadelphia gehört haben? Und wem verdiente nicht
diese vorzüglichste der nordamerikanischen Städte bekannt
zu sein? Zwar ist sie nicht eine Stadt, wie sie es sein sollte
und sein könnte, aber dennoch ist sie in mehr als einem Betracht merkwürdig. Der aus der Geschichte sattsam bekannte William Penn legte sie im Jahr 1682 an, und in einer
Zeit von 100 Jahren ist sie zu einer beträchtlichen Größe angewachsen. Man zählet jetzt schon bei 2400 Häuser[1], die
meisten von zwei Stockwerken. Es ist zu bedauern, daß man
noch keine gründliche und unparteiische Geschichte sowohl
von dieser Stadt als der Provinz überhaupt besitzet, deren
Entstehung und wundernswürdige schnelle Zunahme ein so
schätzbarer Beitrag zur Geschichte der Menschheit sein
würde. Es soll die erste Absicht des Stifters gewesen sein,
eine Kolonie ohne weltliche Obrigkeiten, ohne Soldaten,
ohne Priester, ohne ausschließendes Eigentum und, man
sagt auch, ohne Ärzte anzulegen. Ganz im Geschmack des
goldnen Zeitalters, das, wie Voltaire sagt, nirgends in der
Welt je anzutreffen war als in Pennsylvanien. Penn schien
alle das Ungemach, das die Ungleichheit der Menschen
nach sich ziehet und das Rousseau erst lange nachher so
meisterhaft gemalet hat, zu fühlen und vermeiden zu wollen. Die Erfahrung lehrte aber bald, daß allgemeine Liebe
sich leicht denken und predigen, in einer anwachsenden Kolonie aber nicht so leicht sich ausüben läßt. Es mußte den
Leuten doch auch gesagt werden, wie weit die brüderliche
Liebe, für die nicht aller Herzen gleich empfänglich sind
und über die Selbstliebe noch immer tyrannisiert, sich erstrecken soll und darf. Gesetze würden sicher auch in einer

---

[1] In einer neuern Nachricht wird die Zahl auf 4600 angegeben.

Gesellschaft von eitel Menschenheiligen notwendig sein und vielleicht nirgends mehr als da, wo man sich so leicht exzentrisch zu denken gewöhnt.

Philadelphia liegt unter 39° 57′ nördlicher Breite und 75° 20′ westlicher Länge; so ziemlich im Mittel der Vereinigten Staaten, und wenn sie auch einigen andern an Reichtum und Häuserzahl nur gleich käme, so übertrifft sie solche doch weit an Gelehrsamkeit, Künsten und Unternehmungsgeist. Die Ebene, auf welcher Philadelphia stehet, ist erhabener Grund zwischen dem prachtvollen Delaware und dem romantischen Schuylkill. Sie hat Granitfels zur Unterlage, welcher sich hauptsächlich an den Ufern des Schuylkills zeiget. Die Entfernung beider Flüsse voneinander beträgt in der Gegend der Stadt nicht ganz zwei Meilen; drei Meilen unterhalb vereinigen sie sich; die dadurch gebildete Landzunge (the Neck) ist größtenteils niedriger und sumpfiger als die Lage der Stadt. Der Entwurf von Philadelphia ist schön und regelmäßig, aber doch nicht ganz ohne Tadel. Die amerikanischen Haupt- und Nebenstädte haben voraus, daß sie nicht durch günstiges Ungefähr von kleinen Dörfern zu großen Städten anwuchsen, sondern ihre Bestimmung gleich bei ihrer Anlage erhielten und darum dieser entsprechender ausfielen. Nach dem Originalplan soll sie in einem ablangen Viereck vom Ufer des Delaware bis an den Schuylkill und ein Teil der Stadt noch jenseits dieses Flusses kommen. Noch gegenwärtig aber ist bei weitem nicht ein Dritteil des Plans gefüllt, und man muß sich dahero nicht verleiten lassen, den vollgezeichneten Grundriß der Stadt, wie man ihn auf einigen Karten der Gegenden um Philadelphia oder von Pennsylvanien findet, für schon wirklich daseiend zu nehmen. Denn ungeachtet des schnellen Vorrückens der Stadt werden doch noch Jahrhunderte bis zur Vollendung des Urrisses verfließen. Die Straßen kreuzen sich in rechten Winkeln. Jene längst dem Delaware laufen beinahe von Nord nach Süd und sind parallel so wie die von Ost nach West oder vom Delaware nach dem Schuylkill zu. Längs dem Delaware beträgt die Reihe der sich anstoßenden Gebäude, die Vorstädte mit einbegriffen, bei zwei Meilen und die Breite der Stadt von Ost nach West nicht ganz eine Meile vom

Fluß. Die Wasserstraße (Waterstreet) ist die nächste am Delaware, enge und beträchtlich tiefer als die übrige Stadt. Sie enthält hauptsächlich große Niederlagshäuser. Bequeme Werfte zum Anlegen der Schiffe bis auf 500 Tonnen sind hinter den Häusern angebracht, und hier werfen einige Fuß eines oft erzwungenen Landes ihren Eigentümern reichlichen Ertrag ab. Die übrigen mit dieser und dem Flusse parallelen Straßen werden nach der Ordnung die erste (frontstreet), zweite, dritte, vierte, fünfte, sechste, siebente Straße genannt; so weit gehen sie bis jetzt; die drei letzern sind noch kurz. Die von Ost nach West verlaufenden Querstraßen sind die vornehmsten. Außer diesen durchschneiden noch eine Menge kleinerer Nebengassen (Alleys) die Hauptquartiere. Die Marktstraße ist die vornehmste und die einzige von 100 Fuß Breite; alle übrigen haben nur 50. – Wären alle die Straßen noch einmal so breit, so würde auch die Stadt noch einmal so schön und bequem sein. Man siehet es aber, daß Quäker den Plan entworfen und mit dem Grunde sparsam umgegangen sind. Die Marktstraße ist aber doch auch verunstaltet und der sonst herrlichen Aussicht nach dem Flusse und dem gegenüberliegenden Jersey beraubt, weil man in der Mitte derselben, von der ersten bis zur dritten Straße, zwei lange offne Hallen hingesetzt hat, in welchen die Marktleute feilhalten. Drollig ist es, daß an dem obern dieser Gebäude ein außerordentlicher Unterschied zwischen Ost und West, zwischen hinten und vorne besteht. Der obere Teil des Gebäudes enthält nämlich zugleich das Stadthaus (Court-house); und an dessen beiden Enden sind Altane erbauet, auf dem vordern wird jedesmal der neuerwählte Gouverneur dem Volke vorgestellt, der hintere hingegen dient Schelmen zum Pranger.

Schade ist es, daß man bei der Anlage der Stadt so ganz auf öffentliche oder freie Plätze (Squares) zu sehen vergessen, die doch großen Städten eine vorzügliche Schönheit geben und, nach dem Geschmack der Engländer mit Rasen belegt oder mit Buschwerk besetzt, dem Auge sehr angenehm sind. Man hat in Philadelphia lauter sich ähnlich sehende Straßen, weil schier alle Häuser von Backsteinen, meist von gleicher Höhe und ziemlich nach einerlei Plan gebaut sind;

einige wenige sind außen mit Abwechslung geziert und innwendig besser vollendet. Die Straßen sind durch die ganze Stadt gut gepflastert und wohl unterhalten; in der Mitte sind sie erhabener, nächst den Häusern aber läuft ein hinlänglich breiter Fußweg, mit platten Steinen belegt, welcher aber wieder durch die vor den Haustüren angebrachten Sitze (Stoops) und die schräge ablaufenden Keller- und Küchentüren vielmals verengert wird. Da man überflüssiges Terrain hatte, so hätte man bei der Anlage dieser neuen solche Unbequemlichkeiten so vieler alten Städte füglich vermeiden können. Des Nachts wird die Stadt durch Laternen erleuchtet, die auf Pfählen am Rande der Fußwege stehen; sie sind aber noch sparsam angebracht. Durch die Bemühungen der Hauswirte selber werden die Straßen reinlich und anständig erhalten. Mittelst einiger Kanäle wird Wasser und Unrat von den Straßen nach dem Fluß geleitet. Bestellte Nachtwächter rufen die Stunden und die Beschaffenheit des Wetters aus. Jedes Haus hat seinen kleinen Hof oder sein Gärtchen hinter sich, in dem durchweg die Abtritte angebracht sind, so daß man zwar diese oft übelriechende Bequemlichkeit unserer europäischen Häuser vermißt, aber durch die daher entstehende bessere Einrichtung und Ersparung an Raum gewinnt. Küchen, Ställe und dergleichen sind alle in den Neben- oder Hintergebäuden angebracht; erstere oft auch halb unter der Erde. In der innern Verzierung ahmt man hier, so wie durchgehends in Amerika, den englischen Geschmack nach. Die Gerätschaften, Tische, Büros etc. sind gemeiniglich, die Bettstellen durchgängig von Mahagonie, wenigstens in den bessern Häusern. Fußteppiche, schottische und türkische, sind ein gemeiner und bei der leichten dünnen Bauart auch notwendiger Hausrat, auch Treppen und Hausplätze werden damit belegt. Papierne Tapeten werden in wenig Häusern vermißt, auch in den Vorplätzen findet man sie häufig angebracht. Es ist überhaupt der allgemeine Geschmack, anständig und reinlich zu wohnen, ohne daß man alles so ängstlich scheuet wie der Holländer oder mit Trotteln und Vergoldung prahlt wie der Franzose. Die Zimmer sind zwar durchgängig mit offnen Feuerplätzen angelegt, die hier wohnenden Deutschen aber haben dennoch auch, teils aus Vorliebe und Gewohnheit, teils aus Ökonomie, eiserne oder blecherne Zugöfen, die nun auch bei der mehr und mehr zunehmenden Holzteuerung in der Stadt von vielen englischen Familien in den Wohn- und Arbeitszimmern angenommen werden. Hier ist vorzüglich noch eine Art eisernes Mittelding zwischen Ofen und Kamin gewöhnlich, welche dem Erfinder zu Ehren Franklins genannt werden. Es ist eine aus gegossenen eisernen Platten bestehende länglich-viereckige Maschine, die von der Wand absteht und deren vordere Seite offen ist; in allem Betracht ein freistehender beweglicher Kamin.

Die Unbequemlichkeiten, die unter einem so mittäglichen Himmelsstriche von der schon getadelten zu engen Anlage der Straßen entstehen, fühlte man eben jetzt und immer bei heißerer Witterung. Während dreier Tage, nämlich dem 23sten, 24sten, 25sten Julius, stand das Fahrenheitische Thermometer beständig auf 93–95 Grade [34–35 °C]. Die Stadt ist schon so weit im Lande, daß keine Seewinde ihr Kühlung zubringen; umher trockener sandiger Boden; hierzu noch enge Straßen, backsteinerne Häuser und Fußwege, welches beides eine heftigere Brechung der Lichtstrahlen bewirkt und alles zusammen einen größern Grad von toter Hitze in der Stadt verursacht. In den Philadelphischen Zeitungen wurden nicht weniger denn 30 plötzliche Todesfälle angegeben, welche auf gerichtliche Besichtigung der Coroners als Märtyrer der Wärme und vielleicht unvorsichtig kalten Trinkens erkannt wurden. Aber, wie überall, wurde hinterher erst das Volk durch öffentlichen Ausruf gewarnt, vor kaltem Trinken sich zu hüten.

Die Anzahl der Einwohner wurde schon 1766 auf 20 000, vor dem Kriege[1] auf 30 000 und gegenwärtig mit Einschluß der Fremden auf 30–40 000 angegeben; mit welcher Gewißheit aber, getraue ich mir nicht zu sagen. Wegen der vielen verschiedenen Religionssekten hat man noch keine genauen Verzeichnisse der Gebornen und Gestorbenen, und jene Schätzungen möchten also ebenfalls schwankend sein. Genaue Volkszählungen haben ihre Schwierigkeiten in Ame-

---

[1] Unabhängigkeitskrieg der Vereinigten Staaten, 1776–1783 (A. d. H.).

rika, und bloß politische Kalkulationen sind wegen des beständigen Umherziehens, Aus- und Einwanderns so vieler Menschen ebenso hier und durch alle Staaten unzuverlässig.

Ich erinnere mich, ehemals in einer Reisebeschreibung gelesen zu haben, daß Philadelphia eine Quäkerstadt sei, die schöne Gärten habe. Kurz genug und zu seiner Zeit vielleicht auch wahr. Quäker machten von Anfang den größern, angesehnern und reichern Teil der Einwohner aus, hatten in der Regierung des Staats wichtigen und vielleicht den hauptsächlichsten Einfluß, und der Anstrich ihrer Sitten verbreitete sich über das übrige Volk durch Nachahmung. Quäker erkauften und bevölkerten das Land; sie schlossen mit den Eingebornen friedliche Traktaten, die einzigen nach Voltaires Bemerkung, welche zwischen Indianern und Christen ohne Eid abgeschlossen und nicht gebrochen wurden. Die meisten nützlichen Anstalten und Stiftungen haben ihren Ursprung dieser Sekte zu danken. Durch sie wurde die Polizei hauptsächlich geordnet und besorget. Diese mäßige und ursprünglich tugendsuchende Brüderschaft nimmt keinen Anteil an den rauschenden und zeitverderblichen Vergnügungen, die der gesellschaftliche Ton und Geschäftslosigkeit andern getauften Christen auflegt; ihre Religion, so wie sie ihnen einen Rock ohne Knopf und Falte gibt, verbietet ihnen Tanz und Spiel. Sie gewinnen dadurch viele Zeit, um auf nützliche Anordnungen zu denken, die ihrer Gesellschaft Ehre und dem Allgemeinen Vorteile bringen. Aus derselben Ursache sind Quäker, unter gleich günstigen Umständen, ebenfalls immer wohlhabender als ihre Nachbarn; weil sie sich ihre Haushaltungs- und anderen Geschäfte angelegen sein lassen, nichts ohne die äußerste Vorsicht unternehmen und alles mit anhaltendem Feuer betreiben. In Philadelphia sind das große Hospital und das Arbeitshaus stehende Beweise ihrer wohlwollenden Absichten. Auch das Feld der Wissenschaften hat ihnen zu danken; die amerikanische philosophische Gesellschaft entstand durch sie und zählt viele würdige Mitglieder aus ihrer Mitte. Denn sie kommen allmählich von der vormaligen Geringschätzung der Wissenschaften ab, nachdem sie finden, daß mehr Aufklärung dem Wohlstand eines Gemeinwesens nicht schade und von den Eingebungen des heil. Geistes nicht alles zu erwarten stehe. In ihrem äußerlichen Betragen und in ihrem Verhalten gegen ihre Mitbürger von anderer Denkungsart, fangen sie allmählich an, von der ehemaligen vorgeschriebenen Strenge nachzulassen. Der Hut sitzt nicht mehr so nagelfest, und viele der Jüngeren waren es sogar, den runden Hut gemächlich halb aufzuschlagen. Das Thou und Thee aber, das in unserm titulsüchtigen Deutschland der Ausbreitung des Quäkerismus das wichtigste Hindernis war, finden sie noch immer bequem, beizubehalten.

Es ist gegen die Grundsätze der Quäker, Anteil an irgendeiner Fehde zu nehmen, weil sie als Christen auch ihre

einseitig aufgeschlagener Hut

Feinde zu lieben sich schuldig achten. Sie ließen sich dahero weder in ehemaligen Kriegen noch in diesem letztern nötigen, mit Mordgewehr sich in Reih und Glied zu stellen, dessen sich doch selbst Juden in Amerika nicht weigerten.

Die Anführer der nunmehro freien amerikanischen Staaten sahen gar wohl ein, daß mit Quäkertugenden keine Siege konnten erfochten werden; man störte dahero während des Krieges die Brüderschaft in ihrer frommen Untätigkeit nicht, aber alle Taxen ließ man sie doppelt bezahlen. Aber auch diese Taxen zu zahlen sträubten sich die Quäker, weil sie solche als mittelbare Beiträge zu Bewirkung blutiger Absichten ansahen, die sie zwar ganz zu hassen vorgaben, deren Erfolg aber doch vollkommen zu ihrem Vergnügen war. Man nahm in dem Falle denen sich der Taxen Weigernden irgend etwas von ihren Habseligkeiten, verkaufte es unter dem Wert und machte sich so im Namen des Staats mit Gewalt bezahlt. In der Folge aber bequemten sich doch die meisten, um nur noch den Anschein des friedliebenden und nichtzahlenden Quäkers zu erhalten, und legten ein Stück Geld auf den Tisch, wovon der Taxensammler bei seinem Besuch nach Pflicht und Gewissen, vielleicht auch nach Belieben nehmen konnte. Ebenso betrugen sich während des Krieges die Quäker, die im Bezirk der königl. englischen Armee wohnten. Sie selber gaben kein Pferd, keinen Wagen, keinen Knecht oder was sonst man von ihnen zum Behuf der Truppen fordern konnte her; aber gelassen sahen sie zu, wenn es ohne weitere Anfrage zum Gebrauch weggenommen wurde.

Es haben sich während des letztern Krieges dennoch einige der Quäker den Geist der Zwietracht dahin verleiten lassen, tätigen Anteil am Kriege zu nehmen; diese aber wurden auch, nebst ihren Freunden und Anhängern, von den Versammlungen der übrigen reinern und echten Quäkern ausgeschlossen. Sie haben sich daher ein eigenes Versammlungshaus erbauet. Ihre Anzahl ist nicht groß; und man unterscheidet sie durch den Zunamen der *fechtenden Quäker* (fighting Quackers).

Viele von den jüngern Quäkern, welche in Europa gereiset haben, fangen an, die Freuden der übrigen Welt lieb zu gewinnen, und bringen eine freiere Denkungsart, biegsamere Manieren und modische Trachten mit nach Pennsylvanien und wirken durch Beispiele und Ansehen weiter.

Die Gesellschaft der Quäker vermehret sich nun nicht mehr wie ehemals durch zahlreiche Proselyten; man ist umständlich und bedenklich, ehe man ein neues Mitglied aufnimmt, welche sich ohnehin seltener jetzt anbieten; und da doch durch Verheiratungen, Reisen und andere Umstände hier und da Mitglieder verloren gehen und austreten, so nimmt ihre Anzahl eher ab als zu.

Pennsylvanien, und folglich Philadelphia, gewährt allen Religionssekten eine ruhige Freistätte; Menschen von allerlei Glauben, und viele von gar keinem, wohnen in Eintracht und Friede untereinander. Toleranz, deren Vorteile nur jetzt erst in einigen der europäischen Reiche erkannt wird, wurde schon vor hundert Jahren zum Grundstein dieses blühenden Staates geleget. Jedermann, der einen Gott bekennet, kann

Bürger sein und an allen Vorrechten der Bürgerschaft teilnehmen; wer sich weiter noch zu irgendeiner der christlichen Gemeinden bekennet, kann auch zu einem Ämtchen kommen, kann Mitglied der Assembly, kann Gouverneur und ein Kongreßmann werden. Die Juden haben diesen Gesetzen zufolge aller bürgerlichen Rechte sich zu erfreuen und geben bei Erwählung der Assembly-Mitglieder, wenn sie übrigens durch Eigentum dazu berechtiget sind, auch ihre Stimmen. Diese überall unterdrückte und belastete Nation kann hier und allerwärts in Amerika alle bürgerliche Geschäfte treiben und ist beinahe in nichts eingeschränkt. So weit gehen der Duldungsgeist und brüderliche Liebe, daß verschiedene Sekten häufig einander mit Freuden die Erbauung ihrer gottesdienstlichen Häuser erleichtert haben. Man zählet gegenwärtig in Philadelphia über dreißig dergleichen Gebäude.

Bei der deutsch-lutherischen Gemeinde werden jährlich allein gegen 400 Kinder getauft, und etwa die Hälfte so viele Leichen fallen an. Dieser Unterschied rührt daher, weil auch etwas entlegnere Landleute von der Nachbarschaft um Philadelphia ihre Kinder zur Taufe wohl hinbringen, wenn sie so gelegentlich zu Markte fahren oder sonst nebenher ein Geschäfte haben, mit den Verstorbenen sich aber nicht immer die nämliche Mühe geben mögen, sondern solche ruhig hinter ihren Häusern auf ihrem Lande begraben; wie denn viele Landbesitzer in Amerika den Begräbnisplatz ihrer Familie in ihren Gärten haben. Die Geistlichkeit hat von den Leichen nichts zu erheben, wenn sie nicht zum Begrabenhelfen begehrt wird. Man wird, wenn der Vater will, ohnentgeltlich geboren und kann ohnentgeltlich sterben – alles nach Belieben; nur bei Lebzeiten muß man seine Taxen bezahlen.

Die Christkirche (Christ-Church) in der zweiten Straße hat unter allen übrigen das ehrwürdigste Ansehen und den schönsten Turm. Die Morgenseite ist zwar gut verziert, das Gebäude stehet aber zu nahe an der Straße. Sie hat ein schönes Geläute, das eine vollkommene Oktav enthält und sich besonders die Abende vor den Wochenmärkten und bei andern öffentlichen freudigen Gelegenheiten hören läßt. Die Glocken werden dann so gespielet, daß man die acht einzelnen Töne der Oktav fallend und geschwind hintereinander einigemal anschlägt und dann den Akkord mit Terz und Quint von der tiefen Oktav aufwärts ein- oder mehrmal folgen läßt und so wieder von vorne anfängt. Es gibt immer was zu läuten in Philadelphia, daß einem schier deucht, man wäre in einer Heiligen Römischen Reichs- oder katholischen Stadt.

Zu den übrigen öffentlichen Gebäuden gehört vorzüglich das *Staatenhaus* (State-house), ein großes, aber eben nicht prächtiges Gebäude von zwei Stockwerken. Die Fassade ist von Ziegelsteinen, ohne besondere Verzierung, dennoch aber in bezug auf die übrigen Häuser regelmäßig und schön. Auch hier hat man nicht darauf gedacht, ihm durch einen größern Vorplatz mehr Auszeichnung zu schaffen. Das untere Stockwerk enthält zwei große Säle, des einen bediente sich ehemals der Kongreß. Hier versammlete er sich zum erstenmal am 2ten Sept. 1774, und hier verkündigte er die Akte der Unabhängigkeit den 4ten Julius 1776.

Das neue Gefängnis (the new fail) ist ein großes, aber ganz einfaches Gebäude, in welchem die britischen Kriegsgefangenen eben keine große Beweise von amerikanischer Menschenliebe und Großmut zu rühmen Ursache fanden.

In einer kleinen Entfernung außerhalb der Stadt findet man das pennsylvanische Hospital, zur Aufnahme armer Kranker und Wahnsinniger bestimmt. Noch ist es nicht ausgebaut und bestehet nur aus dem einen Flügel zu einem Gebäude von größerem Umfang und schöner Anlage. Es enthält nur zwei Krankensäle; oben einen für Weiber und unten einen für Männer. Diese Säle sind hoch, luftig, lang und werden wie das ganze Haus sehr reinlich gehalten. Halb unter Erde sind die verschlossenen Zellen für Wahnsinnige. Eine kleine medizinische Büchersammlung ist in dem Zimmer der Aufseher. Das Hospital hat seine eigene Apotheke; ein junger Studierender versiehet sie, wofür er Kost und einige andere Vorteile genießt. In einem obern Eckzimmer findet man eine Sammlung schöner und prächtiger anatomischer, meist die Geburtshilfe betreffende Kupferstiche und Gemälde. Sie sind ein Geschenk des bekannten D. Fothergills in London, der ein Quäker war und diese von seinen

Glaubensgenossen unternommene Anstalt sehr begünstigte. Ferner drei vortreffliche in Metall gegossene Stücke, den weiblichen Körper von der Brust bis zum Schenkel vorstellend; das erste ganz, das zweite den Unterleib offen, die Lage der Gebärmutter zeigend, und diese in der dritten offen, die Lage des Kindes darstellend. Die Besorgung des Hospitals nehmen immer selbst philadelphische Ärzte unentgeltlich über sich; zwei jedesmal für vier Monate.

Unweit des Hospitals ist noch ein anderes öffentliches Gebäude, das durch seine Anlage und edlen Absichten einem so jungen Staat ebenfalls Ehre macht. Es ist das *Arbeitshaus* (Bettering- or Working-house, sonst auch House of Employment genannt). Die Bestimmung war nicht die eines Zuchthauses für Verbrecher, sondern Alten, Armen und Gebrechlichen einen Aufenthalt zu gewähren, wo die noch Arbeitsfähigen ihre verschiedenen Hantierungen treiben könnten, sich und dem gemeinen Wesen durch Spinnen, Weben, Stricken und andere Beschäftigung nützlich sein und einen Teil der auf sie verwandten Kosten abverdienen sollten. Auch war vor dem Kriege alles in der besten Ordnung, und eine Menge Weberstühle waren stets in diesem Hause beschäftiget. Von den amerikanischen Truppen wurde es nachher zu einem Lazarett gemacht, weil diese mehr als die Engländer Bedenken trugen, die Kirchen durch Kranke zu entheiligen. Einige Zimmer waren mit Schwangeren, Wöchnerinnen und andern kranken Weibern beleget.

Beide letzte Häuser sind dermalen zwar noch etwas von der Stadt abstehend, auf dem sogenannten Gemeindeplatz (Commons), welcher aber nach der Anlage zu dem noch zu vollendenden Stadtbezirke gehöret. Es waren diese Commons zwischen der Stadt und dem Schuylkill ehehin das Eigentum der Familie Penn, die den Grund zur Erbauung der Häuser nach und nach zu Lehen verließ; und so war es noch im Jahr 1778 eine öde Trift, mit Buschwerk bewachsen. Seitdem aber der unabhängige Staat sich das Erb- und Landeigentum selber zugesprochen, hat man diesen Gemeindeplatz zerschlagen und teil(lot-)weise verkauft, nachdem die der fortzusetzenden Stadt nötigen Straßen vorher darauf abgesteckt worden. Diese *Lots* sind meistenteils eingezäumt und unterdessen mit Gemüse und Saat bebauet; hie und da werden aber schon Anstalten getroffen, sie mit Häusern zu besetzen, zu welcher Absicht man nur den Frieden zu erwarten schien.

Auf der Nordseite der Stadt, der dritten Straße gleich, sind die Kasernen[1]; ehemals von englischer Regierung für die hier liegenden Truppen erbaut, dermalen in elenden Umständen, weil die amerikanischen Soldaten, welche sie bewohnten, wie alle anderen im Kriege nicht die ordentlichsten Mietleute waren.

Der Schiffsbauwerften sind viele an beiden Enden der Stadt; hier verfertigte man ehemals sowohl Schiffe als Häuser von verschiedener Größe zum Verkauf, packte letztere in erstere und schickte sie miteinander zu Markt nach Westindien.

Die Beförderung und Aufnahme der Wissenschaften hat sich der Staat von Pennsylvanien schon lange her angelegen sein lassen. Im Jahre 1754 wurde zur Erziehung der Jugend ein Kollegium gestiftet. Das Gebäude ist an der Ecke der vierten und Arch-street und war vorher zu einer andern Absicht bestimmt, daher es äußerlich nicht auszeichnend und nicht so schön wie das New-Yorker Kollegium ist. Hier wurde auf die englische Sprache vorzügliche Aufmerksamkeit verwandt. Ein eigner Lehrer brachte der Jugend die Grundregeln ihrer Muttersprache bei und hielt sie zur reinern Leseart und Aussprache an, welches unter der von so verschiedenen Provinzen des britischen Reichs entsprossenen Jugend keine übertriebene Sorgfalt war. Es wurde aber zu gleicher Zeit auch lateinische und griechische Sprache, Erdbeschreibung, Mathesis, Logik, Rhetorik, Geschichte, natürliche und Moralphilosophie durch geschickte Männer gelehret. Späterhin fügte man noch eine Schule der Arzneikunst bei. Durch eine Akte der Assembly, unter Bestätigung des Kongresses, ward dies Kollegium im Jahr 1780 zu einer Universität erhoben. Die Universität teilt sich in zwei Klas-

---

[1] Wälle und Mauern hat keine der amerikanischen Städte; besonders aber hat Philadelphia vor dem Kriege gar nichts von Befestigungswerken gehabt.

sen; in die Akademie oder niedere vorbereitende Schulen für die jüngern Lernenden und in die eigentliche Universität, wo höhere Wissenschaften, Philosophie, Mathesis und Medizin gelehrt werden. Man hat noch keine Lehrer für die Gottes- und Rechtsgelahrtheit, und es werden auch nicht leicht welche angestellt werden. Da keine Religion hier als die herrschende angesehen werden darf und kann, so kann und darf man auch keiner durch Bestimmung eines Lehrers den Vorzug geben. Wenn ein junger Mann sich der Theologie widmen will und die Vorbereitungswissenschaften erlernt hat, so bleibt ihm nichts übrig, als entweder nach Europa zu reisen oder sich zu einem Prediger seiner Religion zu begeben und durch Privatanweisung das Notdürftigste zu lernen; und ebenso macht es der Rechtsgelehrte. Zu den Vorstehern (Trustees) dieser Universität hat man übrigens außer andern gelehrten Männern auch die hiesigen Geistlichen der verschiedenen Religionen, englische, presbyterianische, katholische, lutherische und reformierte, mitgewählt; weil Jünglinge von allen Religionen als Schüler hier angenommen werden können, wo nichts von Gott und den Heiligen gelehrt wird. Unterdessen macht aber dennoch die Universität auch Doktores der Gottesgelahrtheit durch Diplomata; Herr D. Kunze, Professor der orientalischen und deutschen Sprache, ist der erste und nur ganz kürzlich so kreierte; zu gleicher Zeit mit ihm erhielt aber auch General Washington die Würde eines Doktors der Rechte, die er so wacker verfochten.

Die Bezahlung der Professoren der Philosophie und Sprachen etc. ist 300 Pfund Pennsylvan. Current (ungefähr 1800 fl. Rheinl.); sie nennen es aber doch eine elende Bezahlung und haben Recht dazu, weil man sie ihnen nicht auszahlt.

Die Arzneiwissenschaft hat die meisten Lehrer. Keiner dieser Professoren hat bestimmten Gehalt, sie verdienen sich aber, nach der Zahl ihrer Zuhörer, beträchtliche Summen. Sie lesen mehrenteils nur ihre Hefte ab und in englischer Sprache, in welcher auch examiniert und pro Gradu disputiert wird. Denn man hält es hier für überflüssig, um eine Stunde elendes Latein auf dem Katheder schwätzen zu können oder schwätzen zu hören, viele andere mit einer Sprache zu verderben, in der man nachher keine Gelegenheit mehr hat zu plaudern. Zudem sind die meisten, die Arzneiwissenschaft betreffenden, in England erscheinenden Bücher, zumal die neuern, in der Landessprache geschrieben, und diese werden in Amerika doch fast alleine gelesen. Bei der Kreierung eines Doktors, es sei in welcher Fakultät es wolle, sind alle Professoren gegenwärtig und unterzeichnen den Bestallungsbrief.

In Amerika wird ohne Unterschied jeder, der das Kurierhandwerk treibt, Doktor gescholten; es gibt daher auch

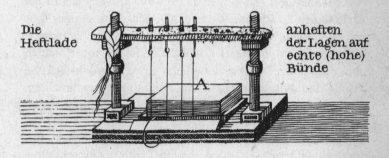

Die Heftlade — anheften der Lagen auf echte (hohe) Bünde

schwarze Doktores und braune und Quacksalber in großer Menge.

Öffentliche Schulen und Akademien sind zwar auch noch in einigen der andern Provinzen: zu Cambridge bei Boston, zu New Haven in Connecticut, zu New York, zu Williamsburg in Virginia und das neue Washington-Kollegium im Delaware-Staate; dennoch aber hat sich Philadelphia immer noch eines verdienstlicheren Vorschritts in Ausbreitung und Bearbeitung nützlicher und wohltätiger Kenntnisse zu rühmen. Es hat nämlich eine *philosophische Societät*, die ihre Entstehung dem arbeitsamen und fruchtbaren Genie des in Wissenschaften und Staatshändeln gleich bekannten D. Franklins verdanket.

Vor länger denn zwanzig Jahren errrichtete er mit einigen seiner gelehrten Freunde eine jenen Absichten entsprechende Privatgesellschaft. Im Jahr 1771 erschien der erste

Band der Abhandlungen der amerikanischen Societät in Quart, welcher verschiedene die Naturgeschichte betreffende Stücke enthält. Der Krieg hat es zwar verhindert, daß von den übrigen vielen zum Druck fertigen Papieren weiteres erschienen ist; aber der Kongreß, noch inter arma und in seiner noch unbestimmten Hoheit, geruhte einen Blick auf die musas filentes zu werfen und dieser philosophischen Gesellschaft durch eine feierliche Akte Bestätigung und neue Tätigkeit zu geben.

Der Präsident ist *D. Benjamin Franklin*, Vizepräsident aber ist *D. Bond*, ein würdiger hippokratischer Greis, der noch in seinem 70sten Jahre viel Munterkeit und Tätigkeit des Geistes besitzet und seit langen Jahren mit großem Beifall die Arzneikunst in Philadelphia ausübt. Ich hatte einige Male das Vergnügen, seiner Gesellschaft zu genießen. Er war ehemals als Gesundheitsarzt (Health-Physician) von Philadelphia angestellt. Die Absicht dieses Amts war, alle Schiffe, welche europäische Dienstboten und Abenteurer brachten, zu untersuchen. Denn die Gewinnsucht der Schiffer verleitete sie oft, zu viele Menschen zusammenzupropfen und dadurch zu gefährlichen Krankheiten Anlaß zu geben, wodurch viele, sehr viele dieser armen Leute umkamen, ohne das Land zu sehen, gegen welches sie, in Hoffnung von besserm Glück, ihr Vaterland vertauschten. D. Bond versicherte, daß verschiedene Male Schiffe mit so vielem bösartigem Zunder anlangten, daß niemand 24 Stunden am Bord des Schiffes hätte bleiben können, ohne dessen Opfer zu werden. Durch Vorsicht aber wurde immer die Ausbreitung dieses Gifts verhindert. Man ließ niemand an Land, bis sich jedermann gereiniget und alle alten Kleider weggeworfen hatte; dann wurden die Ankommenden an einen abgesonderten Ort ans Ufer gesetzt, um eine kurze Quarantäne auszuhalten. Ansteckende Krankheiten sind äußerst selten in Amerika, fast ganz unbekannt, wenn man Blattern und die den Flotten und Armeen folgenden Galanterien abrechnet. Auf dem Lande wohnen die Leute zerstreuet, zwischen schattigen Bäumen; in Städten sind die Menschen nicht gedrängt; jede Familie beinahe bewohnt ihr eigenes Haus, und man ist sehr reinlich.

Bibliotheken, auch diese zur allgemeinen Aufklärung beitragenden Anstalten, besitzt Philadelphia. Geschmack im Lesen ist ziemlich ausgebreitet. Leute von allen Klassen besuchen die Bibliothek in Carpenter-street. D. Franklin, vorzüglich durch Qäker unterstützet, legte den Grund dazu schon 1732 durch Errichtung einer Lesegesellschaft. Sie stehet wöchentlich zwei Nachmittage zum öffentlichen Gebrauch frei; für die eigentlichen Mitglieder der Gesellschaft aber alle Tage. Man kann Bücher gegen Lesegeld entlehnen. Sie ist zwar nicht sehr zahlreich, enthält aber doch viele schöne englische Werke, auch einige lateinische und französische Bücher. Es sind zwei Bibliothekare angestellt, die aber die im Katalog benannten Bücher nicht immer finden konnten. Diese Sammlung hatte nicht das Unglück, wie die zu New York und Rhode Island, von den Soldaten geplündert und zertrümmert zu werden. In einem Nebenzimmer werden verschiedene mathematische und physische Instrumente bewahrt und eine Sammlung von amerikanischen Mineralien, aber ohne Bezeichnung der Namen und Fundorte.

Ungeachtet der Bücherschreiber noch wenige in Amerika sind, so fehlt es doch nicht an Buchdruckern in Philadelphia, die alle zugleich Buchhändler sind. Ihre Hauptbeschäftigung ist der Druck der Zeitungen, Ankündigungen, politischen Broschüren und Assembly-Akten. – Von Zeitungen erscheinen 8–10 Blätter wöchentlich in Großfolio; unter allen ist das *Independent Chronicle* wegen seiner freiern Urteile über öffentliche Angelegenheiten das beliebteste. Die Freiheit der Presse ist eines der Grundgesetze, das die Staaten bei Bekanntmachung ihrer neuen Verfassung ausdrücklich und nachdrücklich genannt haben. Es erregt Mitleiden, wie der Kongreß oft in diesen Blättern mißhandelt wird. Der Finanzier Bob Morris fand sich kürzlich eines Artikels wegen im Independent Chronicle beleidigt und fing einen heftigen Prozeß an; das gesamte Publikum aber unterstützte den Drucker gegen ihn und behauptete das Recht, als freie Bürger seine Meinungen und Urteile über das Verhalten öffentlicher Diener einander durch diesen Weg mitzuteilen. Da nicht alle Handlungen, auch einzelner Bürger, unter die Ahndung der Gesetze fallen, so können sich eifernde Patrioten der Presse immer als einer schreckenden Geisel bedienen, um in Zeiten zu warnen, Obrigkeiten aufmerksam zu machen, Mißbräuche und Fehltritte zu rügen, ihre Mitbürger über allgemeine Angelegenheiten zu unterrichten, wenn sie anderwärts alles das nur zu beseufzen kaum die Freiheit haben.

Englische Bücher werden hier nachgedruckt, sind aber nur um weniges wohlfeiler als die Originale und dagegen oft äußerst schlecht gefertiget. Der hiesige Nachdruck schränkt sich dahero von selbst nur auf solche neuen Bücher ein, deren Verfasser in England ein großes Honorarium bekommen und daher teuer sind. Gemeinnützige Erbauungs-, Schul- und andere Bücher, Bibeln etc. aber können immer wohlfeiler von Europa gebracht werden, weil Papier und Arbeitslohn in Amerika in hohem Preis stehen und die Amerikaner doch gut und schön gedruckte Bücher lieben, wie die englischen meistens sind. Die von England herübergebrachten Bücher sind alle gebunden, weil sie dort anders nicht dürfen ausgeführt werden, und machen einen sehr beträchtlichen Handlungsartikel aus. Deutsche religiöse Bücher kommen vorzüglich von Frankfurt am Main. Seit dem Frieden haben holländische und deutsche Schiffe eine große Menge von allerlei Schriften herübergebracht.

Aus dem bisher Erzählten wird man hinlänglich ersehen, daß man in Amerika Wissenschaften kennt, schätzt und zu befördern sucht, obgleich niemand ängstlich um Brot studiert. Die schönen Künste hingegen haben noch nicht so große Fortschritte gemacht. Liebhaber und Kenner haben bis daher hinlängliche Gelegenheit gehabt, sich mit Kunstwerken, Gemälden, Kupferstichen aus Europa zu versehen. Unterdessen fängt doch auch der amerikanische Genius an, sich zu seinen Vorteilen in diesem Fache zu zeigen. An Herrn *Peale* besitzt Philadelphia einen eingebornen Maler, der sich mit vielen der ältern Welt messen dürfte. In einem offnen Saale seines Hauses stehen Kennern und Liebhabern eine beträchtliche Anzahl seiner Arbeiten zur Besichtigung frei. Es besteht diese Sammlung größtenteils aus den Gemälden berühmter und bekannt gewordener Personen; Washington in Lebensgröße mit den britischen Fahnen zu seinen Füßen. – Franklin, Payne, Morris; die meisten Generalmajors der amerikanischen Armee; die sämtlichen Präsidenten des Kongresses und andere um die neuen Staaten verdiente Männer sind hier. Amerika hat seine Genies so gut wie die alte Welt; in seiner bisherigen Lage und Verfassung aber, da Handel und Ackerbau ein leichteres und reichlicheres Auskommen gewährten, blieben sie unerkannt und unentwickelt.

Die Musik war vor diesem letzten Kriege noch ganz in ihrer Kindheit. Außer den Organisten in Städten und Schulmeistern auf dem Lande gab es keine Musikanten von Profession. Ein Neger mit einer zerbrochenen und verstimmten Geige war für die zahlreichste Versammlung die herrlichste Tanzmusik. Klaviere und ähnliche Instrumente waren in den Häusern der Reichen nur ein modisches Hausgerät. Während des Kriegs und nach demselben aber hat durch die von den verschiedenen Truppen zurückgebliebenen Musikkundigen sich der Geschmack weiter verbreitet, und man hat nunmehro in den größten Städten Konzerte und mit vollständiger Musik besetzte Bälle. Für Tanzmeister hat Frankreich gesorgt.

Die Einwohner von Philadelphia schienen mir noch etwas von der bedächtlichen Zurückhaltung, die ihnen Politik anfangs und während des Krieges in ihrem Betragen gegen Fremde annötigte, übrig behalten zu haben, und das teils aus Furcht, teils aus Abneigung gegen politische Dissentienten. Schon von jeher hat man zwar von Philadelphia gesagt, daß man da nicht mit der Leichtigkeit Zutritt und Bekanntschaften in Familien erhalten könne wie im benachbarten York, wovon aber hauptsächlich die sich auf ihre genaueren Freunde einschränkenden Quäkersitten Ursache waren. Unterdessen hat aber doch der Krieg, dem Amerika so vieles zu danken hat, und die Menge europäischer, besonders französischer Fremdlinge schon eine starke Revolution hierinnen bewirket. Bekennen muß ich aber auch, daß diejenigen unter den Philadelphiern, welche fremde Länder besuchet, ungleich verbindlicher und zuvorkommender sind als andere, die Höflichkeit für Zwang halten.

Das Betragen der Philadelphier ist übrigens und im ganzen noch eine Folge des Geistes der Freiheit, der ihnen von britischer Herkunft angeerbt ist, durch Verpflanzung auf amerikanischen Boden aber und nun durch den glücklichen Ausgang des Krieges neue Kräfte erhalten hat. Sie waren starke und unternehmende Republikaner von jeher. Freiheit war der Genius und Wunsch von Pennsylvanien und allen nordamerikanischen Staaten seit langen Jahren. Man hat so mancherlei und vieles über die Beweg- und Gelegenheitsursachen zu dem verflossenen Kriege und der Trennung der Kolonien vom Mutterlande gesagt, und mich deucht, doch die wahre und eigentliche übersehen. Man hatte sich's einmal in Amerika vorgenommen, einen Freistaat zu schaffen, und suchte nur Vorwand. England hätte mögen eine Beschwerde nach der andern heben, einer Forderung nach der andern nachgeben, man würde immer wieder neue gesucht und gefunden haben, um den endlichen Bruch zu bewirken.

Man denkt, handelt und spricht hier aus unmittelbarer Eingebung; der ärmste Taglöhner am Ufer des Delaware hält sich berechtigt, seine Meinungen in Religionssachen sowohl als im Politischen mit ebensoviel Freiheit vortragen zu dürfen wie der Gentleman oder der Gelehrte. Und im Grunde findet und bemerkt man gegenwärtig noch wenigen Unterschied unter den Einwohnern Philadephiens. Niemand gesteht zu, daß dem Gouverneur ein anderer Vorzug vor dem Privatmann zukäme, als insofern er die rechte Hand des Gesetzes ist, und diesem nur, dem Gesetze nämlich, sind die Ehrerbietungen gemeint, die man bei Gelegenheiten dem Gouverneur macht; denn das Gesetz behandelt und betrachtet alle Bürger gleich. Reichtum macht und erlaubt ebenfalls keinen wirklichen, keinen wesentlichen Unterschied, weil jedermann erwartet, zu einer oder der andern Zeit in diesem Betracht mit seinem reichern Nachbar auf gleichen Fuß zu kommen, und in der Erwartung erzeigt er ihm keine knechtische Hochachtung, sondern behandelt ihn mit einer offenherzigen, obgleich anständigen Vertraulichkeit. Dienste und Ehrenstellen gewähren dem, der sie bekleidet, nur so viel bedingten Vorzug, als nach jedes klugen Mannes Einsichten zur notwendigen Unterstützung der Ordnung und Regierung nötig ist. Aller Rang und Vorzug ist übrigens der Erwerb persönlicher Verdienste; angebornen Rang erkennt man nicht und widerstrebt ihm aus allen Kräften.

Luxus, welcher unter aufgeklärten freien Nationen unvermeidlich ist, herrschet auch hier, ohne jedoch die Arbeitsamkeit und Häuslichkeit zu verdrängen, und schränket sich vorzüglich noch auf Luxus des Leibes ein; Schöngeisterei, Empfindelei und dergleichen Äußerungen des Seelenluxus haben hier noch nicht überhand genommen.

Der Geschmack in der Kleidung ist im Hauptwerk englisch; höchst einfach, nett und reinlich. Feinstes Tuch und feinste Leinwand sind der größte Putz. Nur einige junge Herren, und besonders von der Armee, nähern sich dem französischen Zuschnitt, bei weitem aber überlassen sie sich nicht dem vorstehenden Flitterstaat, mit dem auch hier einige Franzosen sich auszeichnen. Das Frauenzimmer erlaubt sich wie allerwärts auch hier im Putz mehr Verschiedenheit, denn überall suchen sie zu gefallen. Man bringt ihnen jährlich gekleidete Puppen aus Europa, die stillschweigend das Gesetz der Mode bestimmen. Aber doch ist der Unterschied der Stände unter dem weiblichen Geschlechte durch bestimmte Trachten nicht ausgezeichnet; jede wählt nach ihrem Geschmack, Vermögen und Umständen.

Den Damen von Nordamerika sind schon von langer Zeit her von Reisenden und Einheimischen vorzügliche Lobeserhebungen in Absicht auf ihre Tugend und gutes Betragen gemacht worden. Man findet nicht leicht ein Frauenzimmer. Galante Auftritte sind wenig bekannt und noch weniger geübt. Eheliche Untreue von beiden Seiten wird sicherlich durch unauslöschliche Schande gerächet, und der Verbrecher, wennschon beträchtlich durch Reichtum, Ansehen oder andere Vorzüge beschützet, siehet sich bald seines Zutrauens und seiner Ehre beraubt.

Die Amerikanerinnen sind aber nichtsdestoweniger zur Freude geschaffen und genießen sie. Auch möchte wohl die in einigen Gegenden von Nordamerika, besonders in Neuengland, hergebrachte Gewohnheit zu *Bundlen* (bundle) unsern europäischen Schönen einen andern Begriff von der abendländischen Enthaltsamkeit geben. Dort ist es nämlich eingeführt, daß junge Mannsleute dem Gegenstand ihrer Liebe nächtliche Visiten abstatten; und der gute Name eines Mädchens leidet so wenig darunter, daß es nicht etwa verstohlen oder nachdem sie wirklich verlobt wären geschiehet, sondern mit Vorwissen der Eltern und je nachdem sich das Paar einander beliebt und kennenzulernen wünschet. Der Jüngling und das Mädchen bringen ungestört miteinander den Abend und die Nacht vor dem Kamin hin oder begeben sich ebenso unbesorgt miteinander zu Bette; im letztern Fall liegt ihnen bloß die Bedingung ob, daß sie sich nicht ausgekleidet dürfen antreffen lassen; und wenn ja die besorgte Mutter einige Zweifel gegen die strenge Tugend ihrer Tochter hätte, so versichert sie sich ihrer, wie man sagt, dadurch, daß sie ihre beiden Füße in einen großen Strumpf steckt und des Morgens nachsieht, ob auch dieser Keuschheitswächter noch an seinen gehörigen Platz ist, welcher aber doch ziemlich allgemein überflüssig ist, da dieser vertraute Umgang selten andere Folgen als die gesetzmäßige Verbindung hat, in welcher Absicht er begünstigt wird. Wenn man es von Amerika rühmet, daß andere Folgen eines genauen Umgangs beider Geschlechter seltener sind, so muß man auch erwägen, daß man allgemein mit weniger Bedenklichkeiten und frühzeitiger heiratet und daß Negersklavinnen in beinahe allen Häusern sind, die sich's zur Ehre rechnen, einen Mulatten auf die Welt zu bringen.

Fleißig und sparsam sein, wenigstens mehr als die Einwohner der südlichern Provinzen, ist übrigens der den Philadelphiern und größtenteils den Pennsylvaniern überhaupt allgemein zugestandene und unverkenntliche Charakter. Ohne ruhmredig zu sein, darf ich sagen, daß in Verbindung mit den Quäkern die deutsch-pennsylvanische Nation den meisten Anteil an dem Erwerbe dieses lobenswürdigen Volkscharakters habe.

Die deutsche Nation macht einen ansehnlichen, vielleicht mehr als den dritten Teil des Staats von Pennsylvanien aus. Die Quäker, welche vormals den Ton in politischen Angelegenheiten gaben, bemühten sich aus der Ursache, immer die Deutschen auf ihre Seite zu gewinnen, die durch das ganze Land zerstreut waren und sich durch ihre eingezogene, betriebsame und sparsame Lebensart ihre Achtung und Freundschaft erworben hatten. Die Quäker selber haben sich nicht sehr weit von Philadelphia entfernt; denn einzelne Glieder dieser Sekte lassen sich nicht gerne abgesondert nieder, sondern sie ziehen meistens in kleine Kolonien. Es war ihnen daher darum zu tun, die gute Gesinnung der abgelegenern Einwohner zu erhalten, und sie erreichten ihre Absichten durch das mit den Deutschen unterhaltene gute Einverständnis leichter, weil diese den übrigen englischen, schottischen, irländischen, schwedischen Kolonisten, einzeln genommen, an Zahl überlegen waren. Die Vorfahren dieser Deutschen kamen in ähnlichen Umständen hinüber nach Amerika wie noch viele vor und nach dem Krieg. Sie verließen nämlich ihr Vaterland aus Armut oder in Hoffnung, wenigstens bessere Glücksumstände zu finden und mit weniger Mühe reich zu werden. Viele, sehr viele haben auch wirklich ihre Wünsche erfüllet gesehen, obschon sie die erste Zeit zur Bezahlung ihrer Reisekosten, wenn sie nicht so viel Eigentum mitbrachten, sich auf bestimmte Jahre verdingen mußten. Vom unbedeutendsten Anfang haben sich die meisten in gute Umstände versetzet und viele sich Reichtümer erworben. Denn hier findet der arbeitsame Arme Gelegenheit genug zum Verdienst und der Faule keine Entschuldigungen. Arbeiten und Haushaltung betreffend, zeichnet sich auch gemeiniglich die Anlage eines Deutschen vor andern unter ähnlichen Umständen aus. Ein besseres, wärmeres Haus, bessere Umzäunung seiner Ländereien, bessere Gärten und vorzüglich besser verwahrte Scheunen findet man auf ihren Höfen und Ordnung und Aufsicht in allem, was den Ackerbau betrifft. Deutsche sind durchgehends in Amerika als arbeitsam bekannt, vorzüglich aber die aus Europa herübergekommenen, und man wünscht in allen Provinzen sich ihre Zahl vermehren zu sehen und schätzet sie durchgehends als gute Bürger, und ich darf sagen, daß man Pennsylvanien um die größere Menge beneidet, denn es ist allgemein zugestanden, daß ohne sie Pennsylvanien nicht das sein würde, was es ist. Da die meisten der deutschen Emigranten ursprünglich von niederer Herkunft und weniger Erziehung waren, so haben sie sich und ihre Abkömmlinge auch bis jetzt noch nicht sonderlich in Veränderung ihrer mitgebrachten Grundsätze ausgezeichnet. Sie verraten im ganzen wenig Eifer oder gar keinen, sich durch andere Wege als kleinen Handel, Handwerke oder Ackerbau hervorzutun. Sich des Erworbenen zum erlaubten Vergnügen, zur annehmlichen Bequemlichkeit zu bedienen, haben noch wenige gelernet, und andere tun es mit üblem Anstande. Der Mammon wird in alten Strümpfen, in unbehobelten Kisten versteckt, bis sich Gelegenheit findet, mehr Land zu kaufen, welches der einzige große Gegenstand ihrer Wünsche ist. In ihren Häusern, besonders auf dem Lande, leben sie sparsam, oft schlecht. Man vermißt unter ihnen die einfache, ungekünstelte Reinlichkeit der englischen Landleute, die sich anständige Bequemlichkeiten, ein mit guten Gerätschaften versehenes Haus und alles, was den *Gentleman* bezeichnet, zum Zweck und Belohnung ihrer Arbeiten machen und erlauben. Die Einrichtung eines deutschen Bauern in Pennsylvanien ist und bleibt gerade dieselbe wie in seinem Vaterlande, auch wenn er das bessere und schönere tagtäglich bei seinem Nachbarn siehet. Ein großer viereckigter Ofen, ein Tisch in der Ecke mit an der Wand befestigten Banken, alles rot bekleckset, und oben drüber ein Brett, mit der allgemeinen deutschen Bauernbibliothek, dem Kalender, Gesangbuch, Paradiesgärtlein, Habermann und der Bibel. Vergeblich sucht man bei ihnen nach andern Büchern, da es hingegen in den von Engländern bewohnten Hütten nichts Seltenes ist, wenigstens Trümmer vom Zuschauer, Journalen, Magazins oder Dictionnaires zu finden. Die höchste Wollust des deutschen Landmanns in Pennsylvanien ist – Trunk. Er fährt viele Meilen nach Philadelphia zu Markt, schläft da auf seinem Wagen, lebt von seinem mitgenommenen Käs und Brot; hat er aber gut verkauft, so kehrt er gewiß auf dem Rückweg in einer Schenke ein und trinkt im frohen Mut nun auch einmal ein Glas Wein – trinkt vielleicht auch das zweite und dritte, rechnet dann nicht mehr und läßt öfters seine ganze Losung im Wirtshaus.

Ihren Kindern geben sie wenig Erziehung und lassen sich nicht einfallen, ihre Söhne etwa auf der Kanzel oder im Gerichtssaale paradieren sehen zu wollen. Erst in diesem letztern Kriege, bei Errichtung einiger deutschen pennsylvanischen Regimenter, wurden einige mit dem Eifer, in einem etwas bessern Lichte zu erscheinen, entflammt und bestrebten sich nach Ehrenstellen. Ihr Umgang ist weder unterrichtend noch sonst gefallend, es sei denn, daß sie entweder in Deutschland eine bessere Erziehung genossen oder, wenn es Eingeborne sind, sich ganz englisch gebildet haben; dann sind sie aber auch nicht mehr Deutsche und entschlagen sich selber des Umgangs mit ihren Landsleuten. Auch in den Städten herrscht ganz ein anderer Ton in den deutschen Familien. Sie fühlen es, daß kein Unterschied der Stände ihnen einigen Zwang auflegt, und betragen sich, wie wenn der Bauer ein Edelmann wird. Ich habe nur eine oder zwei angenehme und verständige Frauen von deutscher Herkunft in Philadelphia kennengelernt, deren Gesellschaft wünschenswert war; sie sprachen aber auch wenig deutsch und hatten ihre Bildung nicht ihren Landsleuten zu danken.

Man findet einen auffallenden Unterschied zwischen deutschen und englischen Ungelehrten. Unter gleichen Umständen und gleichen Fähigkeiten hat letzterer immer mehr Kenntnisse, mehr Aberglauben und Vorurteile hingegen der erste; und im Politischen sogar verrät dieser mehr Unwissenheit. Dennoch ist das deutsche Landvolk äußerst eifersüchtig auf seine Freiheiten und auf seine Rechte, Mitglieder zur Assembly zu schicken, obgleich es ihnen oft an dazu tauglichen Leuten fehlt. Denn oft sind solche aus dem deutschen Landvolke erwählte und zur Assembly gesandte Mitglieder auch nicht einmal der englischen Sprache hinlänglich mächtig und bleiben daher beinahe allgemein bloß stumme Beisitzer, wagen es nie, ihre Meinungen öffentlich vorzutragen, und wenden sich, wenn Fragen sollen entschieden werden, weislich immer zum größten Haufen, indem sie so lange sich ruhig halten, bis sie sehen, auf welche Seite sich dieser wendet. Wirklich wissen sie öfters nicht, was die in der Assembly aufgeworfene Frage eigentlich betrifft, weil ihr bißchen Tinktur von englischer Sprache unzulänglich ist.

Dem bisherigen Mangel an guten und vervielfältigten Erziehungsanstalten und selbst an tauglichen Lehrern auf dem Lande, dem weitern Mangel an aufmunternden und zur

Nachahmung reizenden gelehrten und redlichen deutschen Männern aus allen Klassen, der unter voriger Regierungsform vorzüglich obwaltenden Verfassung, daß vorzügliche Bedienungen meist nur europäischen oder auch amerikanischen Engländern zuteil wurden, und die ganz und gar unbedeutenden Vorteile, die der bloße deutsche Gelehrte erwarten konnte, mögen freilich hauptsächlich Ursache sein, daß so wenig Eifer, sich über das Mittelmäßige zu erheben, die deutsche Nation in Amerika bisher belebte und daß sie lieber mit weniger Anstrengung ein gewisseres und sorgloseres Brot durch mäßige Handarbeit und Handel zu erwerben sich begnügen, als mit Büchern sich placken wollten.

Die Sprache, deren sich unsere deutschen Landesleute bedienen, ist ein erbärmlich geradebrechter Mischmasch der englischen und deutschen, in Ansehung der Worte sowohl als ihrer Fügungen. Erwachsene Personen, welche aus Deutschland herüberkommen, vergessen ihre Muttersprache zum Teil, indem sie eine neue zu lernen sich vergeblich bemühen; die eingebornen lernen ihre Muttersprache fast niemalen ordentlich und rein. Die Kinder der Deutschen, besonders in Städten, gewöhnen sich aus dem Gassenumgang ans Englische; von ihren Eltern werden sie in der einen Sprache angeredet, und sie antworten ihnen in der andern. Die nahe Verwandtschaft, die die englische mit der deutschen Sprache hat, hilft die Verwirrung befördern. Wenn jemand nicht sogleich das benötigte deutsche Wort finden kann, nimmt er ohne Bedenken das nächste beste englische dafür, und viele englische Worte sind ihnen schon so geläufig, daß sie solche zuverlässig für echt deutsche halten. In allen Gerichts- und Staatsangelegenheiten bedient man sich bloß der englischen Sprache. Diese wird dahero den deutschen Familien notwendig und durch Umgang und Nachahmung geläufig, so daß sie auch unter sich vielfach bald elend deutsch, bald noch elender englisch schwätzen, denn sie haben den besondern Vorzug vor andern Nationen, daß sie weder der einen noch der andern vollkommen mächtig sind. Die einzige Gelegenheit, wo die Deutschen einen ordentlichen Vortrag in ihrer eignen Sprache hören (denn Lesen ist nicht ihre Sache), ist in der Kirche. – Aber auch während der deutschen Predigt unterhalten sie sich einander in ihrem Bastard-Kauderwelsch. Es sind einige wenige abgesonderte Ortschaften und einzelne im Gebirge wohnende Landleute, die weniger Umgang mit Engländern pflegen und dahero zwar zuweilen ganz und gar kein Englisch verstehen, aber deswegen doch auch nicht besser deutsch sprechen. Das reinste und schönste Deutsch erhält sich in den Kolonien der Mährischen Brüder. – Zur Probe will ich meinen Lesern wörtlich mitteilen, was mir als einem Deutschen ein deutscher Bauer auf deutsch erzählet hat:

«Ich hab wollen», sagte er, «mit meinem Nachbar tscheinen (join)[1] und ein Stück geklaret (cleared) Land purtschasen (purchase)[2]. Wir hätten no doubt ein' guten Barghen (bargain) gemacht[3] und hätten können gut darauf ausmachen. Ich war aber net capable[4], so 'ne Summe Geld aufzumachen, und konnt nicht länger expekten[5]. Das tät mein Nachbar net gleichen und fing an, mich übel zu yuhsen (use on ill)[6], so dacht' ich, 's ist besser, du tust mit aus (to do without)[7].»

Aber es ist nicht genug, daß sie englische Worte ganz für deutsche an- und aufnehmen; als Schmart sein (smart, tätig, klug) – serben, geserbt haben (serve, dienen etc.), sondern sie übersetzen andere wörtlich und brauchen sie so: als absetzen statt abreisen, sich auf den Weg machen, vom englischen set off; *einen auf den Weg setzen*, einen auf den rechten Weg bringen, vom englischen put one in the road; *abdrehen*, sich vom Weg abwenden, vom englischen turn off; *aufkommen mit einem*, jemanden auf dem Weg einholen, vom englischen come up with one. – Oft nehmen sie ein gleichlautendes deutsches Wort für ein englisches, das einen ganz andern Sinn hat, wie *das belangt zu mir*, das gehört mir, nach dem englischen this belongs to me; obwohl doch das deut-

---

[1] vereinen, zusammentun.
[2] gerodetes Land kaufen.
[3] ohne Zweifel ein gutes Geschäft gemacht (A.d.H.).
[4] nicht fähig
[5] nicht länger warten.
[6] mich schlechtzumachen, mir übel nachzureden.
[7] du tust es allein (A.d.H.).

sche *belangen* und das englische belong ganz verschiedenen Sinn bezeichnen. – Es ist nicht der Mühe wert, mehr dergleichen Unsinn anzuführen, von welchem noch vielen meiner Landsleute die Ohren gellen. – Nicht genug aber, daß man elend spricht, man schreibt und druckt ebenso erbarmungswürdig. Die deutsche Buchdruckerei des Melchior Steiners liefert wöchentlich ein deutsches Zeitungsblatt, welches ebenso häufige wie traurige Beweise der erbärmlich verunstalteten Sprache unserer amerikanischen Landsleute enthält. Es sind hauptsächlich nur Übersetzungen aus englischen Blättern, aber so steif und so anglisiert, daß sie ekelhaft werden. Wenn wir sie rein deutsch schrieben, entschuldigen sich die Verfasser, so würden sie unsere amerikanischen Bauern weder verstehen noch lesen wollen.

Der Markt von Philadelphia verdient von jedem Fremden besucht zu werden. Nicht nur der außerordentliche Vorrat von Lebensmitteln erregt Verwunderung, sondern auch die Reinlichkeit und gute Ordnung, mit der man seine Sachen daselbst feilbietet. Das eigentliche Markthaus bestehet in zwei offnen Hallen, die sich von der ersten bis nach der dritten Straße erstrecken; nicht allein diese sind voll, sondern auch der übrige Raum zu beiden Seiten der Marktstraße und die benachbarten Straßen wimmeln von Käufern und Verkäufern. An den Abenden vor den Hauptmarkttagen, welche der Mittwoch und Sonnabend sind, werden alle Glocken geläutet. Die entfernten, besonders deutschen Landleute kommen mit großen, mit mancherlei Proviant beladenen bedeckten Wagen, auf denen sie zugleich ihren eigenen Mundvorrat und Futter für ihre Pferde mitbringen und darauf übernachten; eine Menge andere Karren und Pferde bringen den reichlichen Überfluß des Landes von allen Seiten herbei; alles ist tätig und lebhaft. Fleisch wird nicht allein von den Metzgern der Stadt, sondern auch von andern Landleuten gebracht; denn noch ist Amerika nicht mit ausschließenden Zunftrechten gestraft, und Polizeibediente werden nicht geschmiert. Die Amerikaner genießen wie die Engländer im ganzen mehr Fleisch als Vegetabilien, und der Markt liefert ihnen den ausgesuchtesten Vorrat auf das reinlichste ausgehauen. Außer den gewöhnlichen Fleischarten finden Europäer nach der Jahreszeit verschiedene ihnen unbekannte Gerichte wie Rakoons, Opossums, Fischottern, Bärenfleischschinken und -tatzen und vielerlei einheimische Vögel und Fische. An Gartengemüsern ist der Markt zwar reich, aber nicht mannigfaltig; man vermißt verschiedene unserer bessern europäischen Kohl- und Gemüsarten, während allerlei Melonen, vielerlei Kürbisse und auch Obst in großer Menge gebracht werden.

Hier hat der Krieg keine Zeichen von Mangel hinterlassen, es herrscht derselbe Überfluß wie vorher. Die Einwohner sind nicht nur gut gekleidet, sondern auch gut genährt, und durchweg verhältnismäßig besser als in Europa. Wenige Familien wird man antreffen, die nicht ihr schönes Weizenbrot, gutes und tägliches Fleisch und Geflügel, Zider, Bier, Rum reichlich zu genießen haben. Mangel drückt nur wenige. Arbeit wird bezahlt und man bedarf keiner Bettelvögte.

Noch während des Krieges hat man in Philadelphia mehrerlei Anstalten geordnet, an die man sonst in Kriegen wenig zu denken pflegt oder doch nur, wenn man mit Gewißheit dessen glücklichem Ausgang entgegensieht. Dahin gehört die Errichtung einer öffentlichen Bank, einer dem Handel im ganzen und dem einzelnen Kaufmann zu seiner Bequemlichkeit und Sicherheit gleich nützlichen Anstalt. Durch Unterzeichnung einer großen Anzahl bemittelter Personen und unter Verpfändung ihrer liegenden Güter ist sie hinlänglich gesichert. Sie ist zu gleicher Zeit eine Wechsel- und Leihebank. Als eine sichere Niederlage von barem Gelde erhält man für das ihr Übergebene Bancozettel (die kleinsten zu 10 Spanischen Talern), die in der Stadt und auf dem Lande für ihren Wert und für Bargeld ohne Widerrede genommen werden. Diese Bills sind zwar unterschrieben vom Präsidenten, Direktor und Compagnie der *Bank von Nordamerika*, man hat aber zu dieser letzten Benennung nur insofern recht, als diese in Nordamerika die erste war; denn einige andere Städte, Boston und Charleston, haben die wichtigen Vorteile dieser Anstalt für den großen Handel eingesehen und sind im Begriff, eigene für sich zu errichten. Die große Menge Spanischer Taler, die man in den letzten

Jahren des Krieges für amerikanisches Mehl von Havanna holte, und britische Guinees, die die gefangene und nichtgefangene Armee ins Land brachte, erleichterten die Errichtung der Bank. Die Guinees hat man alle sorgfältig beschnitten, um sie teils zu einem nähern Verhältnis mit den roulierenden übrigen Münzsorten zu bringen, teils um ihre Desertion nach ihrem Vaterland zu verhüten. Gegen gegebene Sicherheit können Handelsleute bare Summen aus der Bank entleihen. Die daher etwa einkommenden Zinsen und andere Vorteile werfen Beträchtliches ab. Den ersten Plan zu dieser Bank entwarf, wenn ich nicht irre, der berühmte Finanzier Bob Morris.

Statt einer Börse dient dermalen noch das Kaffeehaus, wo man um die Mittagsstunde die meisten in Geschäften begriffenen Personen antreffen, Nachrichten von eingekommenen oder abgehenden Schiffen, vom Verkauf oder von Nachfragen der verschiedenen Handelsartikel usw. haben kann.

Der Handel war um diese Zeit noch in sehr unbestimmter und unordentlicher Lage; man konnte nicht wohl absehen, wohin er sich vorzüglich wenden würde. Der noch ziemlich allgemeine und warme Haß gegen England schien auf der einen Seite zwar der französischen und andern um den Handel sich bewerbenden Nationen günstig zu sein, und um so mehr, da sie zugleich wohlfeilere Artikel lieferten. Auf der anderen Seite aber findet man ihre Manufakturwaren an innerer Güte den englischen nachstehend und ebensowenig nach englischer Form, Geschmack und Fleiß bearbeitet; und so wenig ist die allgemeine Vorliebe für englische Manufakturen unterdrückt, daß sie vielmehr durch Vergleich mit den Waren anderer Nationen neu belebt wird. Hierzu kommt noch, daß keine der handelnden Nationen so langen und so starken Kredit geben kann und will, wie ihn die Amerikaner von England zu haben gewohnt waren. Der Friedensschluß im Frühlinge 1783 lockte alsbald eine große Anzahl europäischer Schiffe aus verschiedenen Ländern nach Amerika. Nur wenige kamen dabei auf ihre Rechnung. Die meisten Unternehmer waren mit den gangbaren Waren und dem Geschmack der Amerikaner nicht bekannt; und bei so übersetzten Märkten hielt es schwer, die Waren entweder für bares Geld oder für Produkte umzusetzen. Bares Geld fing ohnehin schon gleich nach dem Frieden an, knapp zu werden; und die Amerikaner, gewohnt mit England auf langfristigen Kredit zu handeln, waren weder geneigt noch imstande, Schiffsladungen bar zu bezahlen. Landesprodukte waren nicht überall in solcher Menge zu haben, um vorteilhafte Rückladungen zu machen, und ihre Preise stiegen bei der starken Nachfrage bald so hoch, daß die Kaufleute bei ihrer Zurückkunft in Europa solche dort beinahe wohlfeiler als hier fanden. Die amerikanischen Kaufleute hatten, da man den Friedensschluß ziemlich gewiß vorhersah, bereits ihre Bestellungen in England gemacht; als sie aber gewahr wurden, daß sich so viele Deutsche, Holländer und Franzosen mit mancherlei Güter einfanden, so schrieben sie eiligst und insgeheim ihre Bestellungen in England ab; gaben aber zu gleicher Zeit jenen Fremdlingen zu verstehen, daß sie die nämlichen Sorten Güter, die sie gebracht hatten, stündlich von England erwarteten und auch aus andern Ursachen solche nicht brauchen könnten. Dadurch fanden sich diese auf Versuch ausgehenden Fremden genötigt, ihre Waren für jeden Preis durch öffentliche Versteigerungen loszuschlagen; die Amerikaner erhielten demnach die Waren unter dem Werte des Ankaufs und konnten, da die englischen Bestellungen größtenteils ausblieben, sie mit großem Vorteil absetzen. – So erreichten sie ihre Absicht und befanden sich wohl auf Unkosten der unerfahrnen Fremdlinge, ihrer dienstfertigen Freunde.

Pennsylvanien hat zwar keine anderen Landesprodukte, als die benachbarten Provinzen Jersey und New York auch haben; doch werden einige Artikel denen von andern Gegenden vorgezogen. Die vorzüglichsten sind Weizen, Mehl und Zwieback, Erbsen, kleine Bohnen, türkisches Korn, gesalzenes Rind- und Schweinefleisch, Speck und Schinken, Zungen, gedörrtes und geräuchertes Wildbret, gesalzene und getrocknete Fische (Shads und Heringe), Honig und Wachs, Häute und Pelzwerk, Eisen, Masten, Zimmerholz, Bretter, Balken, Schindeln, Faßdauben und fertig gebaute Schiffe. Die meisten dieser seiner einheimischen Erzeugnisse wurden ehemals nach den britischen westindischen Inseln gebracht, von woher Zucker, Branntwein, Baumwolle, Kaffee, Kakao, Mahagoni und Silber zurückgeholet und teils im Lande verbraucht, teils wieder im weitern Handel nach andern Kolonien und auch nach Europa verführt [wurden]. Von den eigenen Landeserzeugnissen wurden ehemals Weizen nach den südlichen Teilen von Europa, nach Spanien und Portugal, nach England aber Eisen, Hanf und Leinsamen, Leder, Pelzwerk, Schiffe und Schiffsgeräte mit Vorteil gebracht, weil auf einige dieser Artikel von der englischen Regierung den Amerikanern Prämien bezahlt wurden, andere aber an sich wohlfeiler konnten geliefert werden, als England solche anderwärts beziehen konnte, wozu noch dieses beitrug, daß die Amerikaner Manufakturwaren für den Betrag zurücknahmen und -nehmen mußten. Denn Pennsylvanien und ganz Amerika hatten weder damals noch jetzt beträchtliche eigene Manufakturen und werden aus dieser Ursache noch lange von Europa abhängen. Verschiedene Hindernisse stehen der Errichtung von Manufakturen im Wege: Mangel an nötigen Arbeitern, die noch immer mit größerm Vorteil fürs Ganze beim Landbau zu gebrauchen sind, weshalb auch ehemals die englische Regierung das Aufkommen des Manufakturwesens in seinen Kolonien mehr zurückzuhalten als zu befördern bedacht war. Es werden sich auch, so lange Land zu haben ist, wenige Personen finden, die sich den beschwerlichern, langweiligern und stetern Arbeiten, die bei Manufakturen gewöhnlich und notwendig sind, unterziehen wollen, da sie beim Landbau mit mehr Freiheit und im ganzen mit weniger Arbeit ihr Brot finden. Ein anderes Hindernis ist der hohe Lohn, den jede Klasse von Arbeitern verlanget und um so dreister verlanget, weil sie wissen, daß Mangel an Arbeitern besteht. Ein drittes Hindernis sind der Mangel an Geld und der ungewöhnlich hohe Zins, den man auf aufgenommene Kapitalien entrichtet; in Pennsylvanien und New York werden 6–7 Prozent, in Südkarolina acht und mehr bezahlt. Es hat die Erfahrung auch bereits hinlänglich bestätigt, daß man bis jetzt nichts in Amerika verfertigen kann, was nicht wohlfeiler von Europa geholt werden könnte. Amerika hat zwar selbst Rohstoffe für alle Gattungen von Manufakturen, aber bis nicht alles Land besetzt und so weit bevölkert ist, daß nicht mehr alle Hände beim Ackerbau angewendet werden können, wird es den größten Teil der gemeinen und luxuriösen Bedürfnisse von Europa holen müssen. Der Landmann bereitet sich zwar aus seiner Schafwolle etwas grobes Tuch und Leinwand aus seinem Flachs, aber dies ist nichts gegen die Erfordernisse des Ganzen. Hüte werden in verschiedenen Gegenden von Amerika, besonders aber in Philadelphia von vorzüglicher Güte und ganz aus Biberhaaren verfertiget, die auch im Lande allen europäischen vorgezogen werden. Nur sind sie eher zu dicht und zu schwer und behalten auch die Farbe nicht so gut wie die europäischen. Obwohl kein Mangel an Schustern in Amerika ist, so werden doch jährlich eine große Menge Schuhe hinübergebracht, besonders nach den südlichen Provinzen. Etwas grobes Papier wird in Amerika gemacht, aber nicht hinlänglich für den Aufwand nur der Zeitungsdrucker. Zuckerraffinerien sind in New York, in Philadelphia und in Neuengland – man hat hin und wieder den einheimischen Ahornzucker mit untergesotten. Rum- und Branntweinbrennereien sind allerwärts. Glasfabriken sind einige angelegt worden, die sich aber nicht alle erhielten.

Man sagt, daß man auch noch keine schickliche Erde zur Bereitung der Glasschmelzöfen in Amerika gefunden habe und daher die dazu nötigen Materialien bisher von England habe hinüberbringen müssen; man wird solche aber ganz sicher finden, sobald man sie zu suchen sich ernstlich angelegen sein läßt.

Ein französischer Regimentswundarzt war ebenjetzt im Begriff, eine Porzellanfabrik in Philadelphia zu errichten. Die dazu von Maryland geholte Tonart ist schön und fein, und einige geschmolzene kleine Proben von Porzellan fielen ebenfalls gut aus. Aber doch sind noch viele Schwierigkeiten zu überwinden, und der Preis des verfertigten Porzellans wird immer den des europäischen um vieles übersteigen müssen.

Es hat jemand Stahl aus amerikanischem Eisen in Philadelphia gemacht, der, wie zuverlässige Leute sagten, dem besten europäischen Stahl gleich sein sollte; es blieb aber beim

Versuche, und ich vermute daher, daß man auch hier keinen Vorteil gefunden.

Zu Anfang des Kriegs wurde Salpeter in Amerika gefertiget, aber, wie es schien, bloß aus Not, den Mangel des wohlfeilern europäischen zu ersetzen. – Denn sobald durch die Verbindung mit Frankreich die vorher verhinderte Einfuhr wieder etwas freier wurde, gab man die Verfertigung des inländischen Salpeters auf.

Ein ähnliches Schicksal hatten weitere Versuche in verschiedenen Zweigen von Manufakturen. Aber alles dieses beweist nur, daß Amerika in seiner gegenwärtigen Lage noch nicht das unternehmen kann, was es nach Verlauf einiger Menschenalter weniger schwer finden wird.

Während unserer Abwesenheit hatte sich eine Gesellschaft Schauspieler hier eingefunden. Schon seit vielen Jahren genoß Amerika an verschiedenen Orten diese Ergötzlichkeiten. Reisende Gesellschaften fanden sich abwechselnd in New York, Charleston und Westindien von Europa aus ein; und Philadelphia hatte daher, so wie New York, ein eigenes Schauspielhaus, obgleich die Quäker immer und von jeher dagegen protestierten. Die gegenwärtige Gesellschaft hatte sich erst seit einigen Jahren aus den Trümmern einer abgelebten gebildet und in Baltimore zuerst gezeigt. Den Sommer über hatten sie noch in New York die Anwesenheit der britischen Armee zu benutzen gesucht, aber mit geringem Beifall. Sie kamen nun hierher, wo ein neuer Unstern ihrer erwartete. Ein altes Gesetz des Staats von Pennsylvanien verbietet öffentliche Schauspiele. Als jenes Gesetz gegeben wurde, herrschten noch quäkerische Grundsätze allgemeiner als jetzt; denn Aufklärung verbreitet sich auch hier, und der lange Aufenthalt so vieler fremder Militär- und anderer Personen hat Geschmack, Sitten und Begriffe um vieles verändert und den Hang nach allen Ergötzlichkeiten ausgebreitet und vermehrt. Ein großer Teil der modernisierten Einwohner wünschte die Fortsetzung der Schauspiele, welchen sich der übrige als einer gesetzwidrigen und sittenverderblichen Neuerung heftig widersetzte; und nun war die allgemeine Frage: wird man die Schauspiele regierungsseitig gestatten oder nicht? – Die Assembly war seit kurzem versammelt – deren Mitglieder sind zumeist entweder Männer, die, auf dem Lande geboren und erzogen, nie Schauspiele gesehen und von deren Moralität folglich wenige oder unrichtige Begriffe haben, oder Quäker und andere Sektierer, die ihren Religionsgrundsätzen zufolge alle Vergnügungen der übrigen Welt mißbilligen. An diese Versammlung nun ergingen Vorstellungen und Bittschriften pro & contra, und von ihnen war das Urteil zu erwarten.

Eine von sehr vielen Einwohnern unterzeichnete Schrift erkläret die zu besorgende Erlaubnis der Schauspiele für eine verächtliche Beleidigung der Gesetze, für höchst sündlich nach einem eben nur geendigten Kriege, sagt: daß eine obrigkeitliche Genehmigung dieses eitlen, zügellosen und zerstreuenden Vergnügens die größte Undankbarkeit gegen die Vorsehung, eine ruchlose, verderbliche Unbesonnenheit voraussetzen würde, daß die Jugend dadurch verführt, zu Unmäßigkeit und allen lasterhaften Neigungen geleitet, der Geschmack an ordentlichen und tugendhaften Freuden des häuslichen und gesellschaftlichen Lebens verderbt werden würde; daß eheliche Untreue dadurch veranlaßt, Unordnung und Ausschweifungen in der bürgerlichen Gesellschaft vermehrt, die Ausbreitung und Beseitigung wahrer Religion hingegen dadurch verhindert würde, usw. Mit einem Worte, Schauspiele wurden als die Quelle und Schule aller Laster, als der gerade Weg zur Hölle und der gewisse Grund zum Verderben des Staates geschildert.

Das Haus [die Assembly] blieb unerschütterlich und untersagte die Fortsetzung der Schauspiele, die aber dem Gesetz zum Trotz noch eine Zeitlang weiter aufgeführt wurden. Man braucht in diesem Staate wie in mehrern andern, wo gegen jede Sache ein neues und ausdrückliches Gesetz gemacht werden muß, nur dessen buchstäblichem Verstand auszuweichen, und man hat ungestrafte Freiheit, des Gesetzes zu spotten. Konzerte waren nicht verboten, Lesen war nicht verboten und auch nicht Tanzen. Es wurden also Konzerte angekündigt, zwischen deren Akten ein gewähltes Stück sollte gelesen und mit einem Ballett beschlossen werden. Ich ging hin, um eines dieser Konzerte zu hören, und sah stattdessen das Trauerspiel Douglas. Die Musik war wie gewöhnlich, und die Schauspieler traten, jeder und jede, mit einem Blatt Papier in der Hand auf, welches sie nicht ansahen und zuletzt wegwarfen; im übrigen aber spielten sie ihre Rollen wie vorher. Dieses nun in einem Lande, das sich seiner Gesetze rühmet. Man widerruft das Gesetz nicht; man besteht nicht auf dessen Befolgung, sondern siehet ruhig zu, wie man Wege findet, ihm auszuweichen. So werden beide Parteien befriedigt; die eine hatte das Vergnügen, ein Gesetz zu geben, die andere, es zu verspotten.

Die Assembly von Pennsylvanien[1], welche, wie schon erinnert, gegenwärtig versammelt war, hielt ihre Sitzungen in einem geräumigen Zimmer des Staatenhauses. Die Türen sind für jedermann offen; ich hatte also ebenfalls das Vergnügen, sie einigemal zu besuchen; ich kann aber nicht sagen, daß ich sie, nach dem buchstäblichen Verstande, sitzen sahe. An dem obern Ende des Zimmers sitzt an einer Tafel und auf einem etwas erhöhten Stuhle der *Sprecher* oder der Präsident der Versammlung. Er machet den Vortrag der zu erwägenden Gegenstände, und an ihn und gegen ihn wenden sich die Redner, wenn sie ihre Meinungen über vorliegende Fragen eröffnen. Er ruft die Versammlung zur Ordnung (call to order), wenn er Unachtsamkeit oder störendes Geplauder bemerkt, und zur Frage (the question), wenn der Gegenstand genugsam pro & contra abgehandelt worden und nun durch die Mehrheit der Stimmen entschieden werden soll. Die Mitglieder sitzen auf Stühlen an beiden Seiten der Tafel und des Zimmers, aber selten ruhig und in allerlei Posituren; einige gehen, stehen, und die Mehrheit scheint ziemlich gleichgültig gegen das, was gesprochen wird, zu sein, wenn es nicht von besonderer Wichtigkeit ist oder sie es aus einer oder anderer Ursache genauer interessieret. Wenn die Stimmen gesammelt werden sollen, so stehen die bejahenden auf, die verneinenden bleiben sitzen. Den Mitgliedern deutscher Abkunft, wenn sie, wie es zuweilen der Fall ist, aus Mangel an gründlicher Kenntnis und Fertigkeit

---

[1] Sie nennt sich General Assembly of Representatives of the Freemen of Pennsylvania.

der reinern englischen Sprache das Abgehandelte entweder nicht gehörig begriffen haben oder sonst keine eigene Meinung darüber zu fassen wissen, gibt man Schuld, daß sie unschlüssig sitzen bleiben, bis sie sehen, ob die größere Anzahl der übrigen Glieder sitzet oder stehet, und dann erst dasselbe tun, um immer dem größten Haufen getreu zu bleiben. Jede Grafschaft wählet und schicket jährlich sechs Repräsentanten zur Assembly, ihre vollständige Zahl ist also 69; aber selten sind sie alle gegenwärtig.

Die Konstitution von Pennsylvanien weicht darin von den übrigen Staaten ab, daß sie außer dieser Assembly, welche die eigentliche gesetzgebende Macht ist, nicht wie die andern noch einen Senat oder ein Oberhaus (eine Nachahmung des Hauses der Lords in England), sondern einen Supreme Executive Council hat, dessen Präsident der Gouvernor ist und aus 12 Mitgliedern bestehet, welche ebenfalls in den Grafschaften abwechselnd gewählet werden. Auch hat Pennsylvanien ganz allein einen Council of Censors aufgestellet, zu welchem jede Grafschaft noch zwei andere Glieder wählet. Die Obliegenheit dieser Zensoren ist es, für die Erhaltung der Konstitution zu wachen, die Unternehmungen und Erfüllungen der Pflichten der Assembly und des Councils zu beobachten, Anmaßungen größerer Gewalt zu verhüten, alle Mißbräuche und nötigen Abänderungen zu rügen, Verbesserungen der Gesetze anzudeuten und die Verwaltung der Einkünfte des Staates zu untersuchen. – Aber weitere Nachrichten über alles das finden sich in den bekanntgemachten Konstitutionen der Vereinigten Staaten.

Über die öftern Sitzesveränderungen des Kongresses und besonders über dessen neuerlich beschlossenen jährlichen Wanderungen von Jersey nach Maryland und von Maryland nach Jersey hat man sich seither in den philadelphischen Zeitungen nicht wenig lustig gemacht. Unter dem Schutz einer beinahe unbeschränkten Pressefreiheit, welche bei ihrer rechtmäßigen Anwendung eine der solidesten Stützen der neuen Konstitution sein kann, werden tagtäglich zur Ergötzung des Publikums die bittersten Spöttereien über den hochmögenden Kongreß ungeahndet verschwendet. Der Pöbel, welcher Ungezogenheit für Freiheit hält, würde sowohl den Verfasser als auch den Drucker gegen jeden Angriff in Schutz nehmen, wie er erst kürzlich in einem Klagprozesse tat, welchen Bob Morris, der berühmte Finanzier, eines anzüglichen Artikels willen gegen den Drucker des Freeman's Journal anhängig machte.

Diese und andere ähnliche, sich häufig genug darbietenden Anekdoten würden wenigstens beweisen, daß man dieser souveränen Versammlung in Amerika eben nicht sonderliche Hochachtung und große äußere Ehrerbietung bezeige. Aber auch das politische Ansehen desselben hat, wie es sich aus andern Umständen ergibt, weder das nötige Gewicht noch die erforderliche Festigkeit. Mancherlei kränkende Unannehmlichkeiten entstehen daher aus dem sehr beschränkten Umfang seines Wirkungskreises für ihn. Von einem so enthusiastisch für Freiheit eingenommenen Volke war zu erwarten, daß es ihm nicht mehr als einen Schatten von Hoheit zugestünde. Die Vorrechte und das eigentliche Geschäft des Kongresses, insofern er die gemeinschaftliche Macht der Vereinigten Staaten vorstellet, sind: Krieg und Frieden zu schließen, Armeen aufzustellen und ihnen zu befehlen, Bündnisse mit fremden Mächten einzugehen, die Staatsverfassungen sämtlicher Staaten und ihre Verhältnisse zum Ganzen zu übersehen und zu wahren, die dazu benötigten Einkünfte zu fordern und zu verwalten und öffentliche Anlehen aufzunehmen. – Insoweit kann sein Wirkungskreis mit dem von andern souveränen Mächten verglichen werden, als er für das Wohl und die Sicherheit des Allgemeinen zu wachen verpflichtet ist. – Was aber die Anwendung der dazu erforderlichen Mittel betrifft, so stehen ihm tausend Schwierigkeiten im Wege. So berechtigten die Vereinigten Staaten den Kongreß, Summen aufzunehmen und die Ehre der Nation zu verpfänden; aber diese Summen wieder abzutragen, setzet man ihn außerstand. Jeder einzelne Staat hat für sich eine eigene unabhängige Regierung, welche für seine besondere Wohlfahrt und innere Sicherheit Sorge trägt, seine Gesetze, Polizei, Gerechtigkeitsausübung und alle anderen Anstalten, welche zur Beförderung des gemeinen Besten abzwecken und nicht unmittelbaren Einfluß auf die allgemeine Staatsverbindung haben, frei und nach eigenem Gefallen veranstaltet. Diesen Regierungen der einzelnen Staaten stehet es aber auch zu, sich allen Verordnungen und Vorschlägen des Kongresses, welche ihnen nicht behagen, zu widersetzen; und wenn es ihnen nicht zustünde, würden sie es doch tun.

Die vom Volke der Regierung jedes einzelnen Staates und die von diesen Regierungen dem Kongresse verliehene Gewalt ist beständigem Wechsel unterworfen, insofern nämlich, als die Mitglieder dieser Versammlungen von Zeit zu Zeit durch andere ersetzet werden. So übernimmt in beständiger Folge der Privatmann die Geschäfte eines Staatsmannes und kehret nach einiger Zeit wieder zurück, um einem andern Platz zu machen. Durch diese Einrichtung hat man sich gegen den Mißbrauch der höchsten Gewalt sichern wollen, die sich eine immer bleibende Gesellschaft von Staatsmännern erschleichen könnte. Jedes Mitglied einer Provinzial-Assembly wie auch des Kongresses wird sich hüten, einer Verordnung beizustimmen, der er sich als Privatmann zu gehorsamen weigern möchte. Er wird sich hüten, eine schwere Taxe aufzuerlegen, die ihm selber zur Last fallen muß, oder die öffentlichen Einkünfte übel zu verwenden, weil ihm das nämliche von seinen Nachfolgern schlecht gefallen würde.

Aber daher werden auch allgemeinnützige Anstalten langsamer befördert, wenn eigenes Interesse darunter zu leiden scheinet, und die schönsten und weisesten Entwürfe des Kongresses beschränkt. Denn er kann nicht Machtsprüche ergehen lassen, nicht willkürlich befehlen. Er kann nur unverbindliche Vorschläge machen und zur Einsicht appellieren und sich der Bewirkung seiner Absichten höchstens nur durch Einfluß, Kabalen, krumme Wege versichern. Der Kongreß ist sich seiner zunehmenden Schwäche und seines schwindenden Ansehens gar wohl bewußt und zögert nicht, die Notwendigkeit der Erweiterung seiner Vorrechte und seines willkürlichen Wirkungskreises dem Volke durch gedungene Schriftsteller vorzutragen und selber einen aus fortwährenden Mitgliedern bestehenden Kongreß zu empfehlen. Alle Zeitungen enthalten Aufsätze, worinnen das Unschickliche und Unbegründete des eifersüchtigen Verdachts bestritten wird, mit welchem man beinahe allgemein diese erlauchte Versammlung eines unersättlichen Durstes nach Hoheit beschuldiget.

Einen besondern Vorzug oder Rang vor ihren Mitbürgern gibt den Mitgliedern des Kongresses ihre Stellung eben nicht; auch kann sie nicht sehr einträglich genannt werden, denn die von den Staaten bewilligten Diäten betragen, außer den Reisekosten, kaum 1 Pfund Sterling täglich. Dennoch aber ist die Wahl zum Kongreß immer ehrenvoll an sich und bleibt auch nach dem Abgang davon ein rühmliches Andenken für sie und ein Zeugnis der Achtung und des Zutrauens, welches ihre Mitbürger in ihre Fähigkeiten und Diensteifer setzten.

Nichts hat so sehr das Vertrauen auf den Kongreß untergraben und sein Ansehen selbst bei seinen Freunden und Konstituenten geschmälert und nichts allgemeinern und bitterern Unwillen gegen denselben erreget wie seine auf die Staaten gehäuften Schulden, vor allem aber die traurigen Nachwehen, welche das unter seiner Gewährschaft ausgegebene Papiergeld hinterließ und welches, nebst den zur Erhaltung dessen stets wankenden Kredits getroffenen harten Maßregeln, den Verlust des besten Teils oder des sämtlichen Vermögens so vieler einst wohlhabender Familien und Personen zur leidigen Folge hatte. Vergeblich entschuldiget sich der Kongreß, daß ihm andere Auswege nicht zur Verfügung standen, das große Werk der Befreiung zu vollenden, und daß unumgänglich und sogar seiner Neigung entgegen das Wohl einiger Privatleute dem Wohl des Ganzen hätte geopfert werden müssen.

Es gab wohl eine Zeit, wo gedruckte Papierstücke dem Volke von eben dem Werte waren wie härteres gestempeltes Metall; denn der Gebrauch des Papiergeldes war schon vormals unter der königlichen Regierung und mit königlicher Genehmigung zur Erleichterung des Handels in allen Provinzen eingeführt und erhielt sich in barem Kurs, weil man das Publikum nicht überschwemmte, wie es der Kongreß nach den ersteren Jahren des Krieges zu leichtsinnig und zu überschwenglich tat. Wie man sie jetzt zu sehen bekommt, diese schmutzigen, zerfetzten, geflickten, unlesbaren Zettel, die man, ohne sich zu besudeln, kaum handhaben kann, verdienen sie doch noch einiger Achtung. Bloß die Hoffnung der zu erreichenden Absicht gab ihnen und bestimmte ihren Wert, und diese Hoffnung war in den ersten Jahren des Krieges freilich am lebhaftesten. Damals hatte auch noch das vom Kongreß und den Staaten ausgegebene Papiergeld sein volles Ansehen und war ohne Widerrede dem Golde und Silber gleich geschätzet. Da man aber diese Art zu münzen so leicht fand und bei jeder Gelegenheit immer neue und neue Millionen zur Bestreitung der Kriegsunkosten druckte, so fing auch dessen Kredit bald an zu wanken. Verschiedene Ursachen vereinigten sich nachher zu seinem allmählichen Verfall. Vergeblich suchte der Kongreß mit der ganzen Fülle seines Ansehens und durch wiederholte und nachdrückliche Verordnungen, dem verderblichen Übel zu steuern, aber alle Maßregeln blieben ohne oder ohne dauerhafte Wirkung.

Der Verlust, den die Besitzer des Papiergeldes durch dessen jährlich und täglich fallenden Wert erlitten, läßt sich nicht bestimmen, aber die Klagen darüber sind allgemein, groß und traurig. Unangenehm ist es wohl für den Kongreß selber, daß seine eifrigsten Anhänger und Freunde, verführt durch patriotische Leichtgläubigkeit an seine goldenen Verheißungen, am meisten dabei verloren. Und bedachtsam war es von den Mitgliedern der meisten Assemblys, daß sie sich in diesen papiernen Zeiten ihre Diäten nicht mit Papier, sondern mit natürlichen Landesprodukten bezahlen ließen, wie z. B. in Pennsylvanien mit Weizen, in Maryland und Virginien mit Tabak. Nach allem aber, was über das Papiergeld gesagt werden könnte, bleibt doch wahr, daß ohne diese den Untertanen abgedrungene und in seiner Verteilung freilich sehr ungleiche Beisteuer die Aufbringung der Kriegsunkosten dem Kongreß unmöglich gewesen wäre.

Wyoming

Ohne Zeitverlust eilten wir, so stark unsere Pferde auf dem Wege, welcher bald zum Versinken, bald zum Halsbrechen war, fortkommen konnten, um so mehr, weil uns Gewitterwolken drohten. Müde, naß und hungrig kamen wir in Wyoming an. Dieser Weg war ehedem ein bloßer indianischer Fußpfad und wurde erst durch Sullivans Expedition, welche von Wyoming 1779 gegen die Indianer ausging, nur so weit brauchbar gemacht.

Wyoming, das Etablissement dieses Namens, dessen Hauptort eigentlich *Wilksbury* genannt ist, liegt in einem außerordentlich fruchtbaren Tal an der Westseite der Blauen Berge und am östlichen Arm der Susquehannah, die sich gemächlich hindurchwindet. Vor etwa 20 Jahren kamen einige Neuengländer hierher, welchen bald mehr Leute von überallher und von allerlei Gehalt folgten, so daß sich in sehr kurzer Zeit schon bei 90 Familien hier niedergelassen hatten, welche anderwärts nicht wohl wohnen konnten oder durften. Es scheuchte die Furcht vor Gesetzen einige und lockte die vorzügliche Güte des Bodens andere in diese durch rauhe und unwegsame Gebirge von den übrigen bewohnten Gegenden abgeschnittene Wildnis, welche aber bei der schnell zunehmenden Zahl der Kommenden bald in schöne offene Gefilde umgeschaffen wurde. Erst nachher, als diese Kolonie anfing, wichtiger zu werden, entstanden Streitigkeiten über das Landeseigentum zwischen den Staaten von Connecticut und Pennsylvanien. Connecticut behauptete nämlich, daß dieser Landstrich in dem Umfang seines Schenkungsbriefes (Charters) liege, nach welchem in der Mitte des vorigen Jahrhunderts diesem Staat eine unter bestimmter südlicher Breite vom Atlantischen Meer ausgehende und westlich bis ans Stille Meer fortlaufende Linie zur Grenze gegeben wurde. Man kannte damals noch wenig von der Geographie des innern Landes, denn man gab kurz nachher in England andere Charters für die Staaten von New York, Jersey und Pennsylvanien, worinnen diesen, durch von Flüssen hergenommene Grenzbezeichnungen, deren Lauf man eben auch nicht kannte, ein großer Teil des in die Connecticuter Linie fallenden Gebietes zugeeignet wurde. Feindseligkeiten waren bei dieser Einrichtung unvermeidlich, und so war auch vor dem Ausbruch der Revolution ein immerwährender Privatkrieg zwischen den pennsylvanischen und neuengländischen Parteien zu Wyoming.

Gegen die streifenden Indianer wurden zu Anfang des Krieges eine Stockade und nachher ein kleines Fort in Wyoming, am Flusse, erbauet. Von hier ging jene große Expedition aus, welche von seiten der Amerikaner im Herbst 1779 gegen die Indianer unternommen wurde. Die damalige Untätigkeit der englischen Armee in New York erlaubte den Amerikanern desto mehr Muße, eine nachdrückliche Rache für die vielen Grausamkeiten und Unmenschlichkeiten zu beschließen, die von den Indianern lange und ungeahndet an den hintern Gegenden verübt worden. Ein kleines Korps mit einem Zug Artillerie, unter der Anführung des Generals Sullivan und dem Beistande einiger anderer bekannter Offiziere, unter denen General Irwin war, wurden dazu bestimmt. Einige andere kleinere Korps gingen zu gleicher Zeit von Pittsburgh und Albany aus, um sowohl die Hauptunternehmung zu unterstützen als auch die Aufmerksamkeit der Feinde abzulenken. Der eigentliche Gegenstand dieser Unternehmung waren die längst bekannten fünf oder sechs Nationen (wie sie verschiedentlich genannt werden), welche in den verborgensten Wüsten von Amerika eine Art republikanischer Verbindung darstellen. Die fünf Nationen bewohnen im Rücken der nördlichen und mittleren Kolonien einen weiten Bezirk zwischen den großen kanadischen Seen, Flüssen und undurchdringlichen Waldungen. Sie waren von jeher wegen ihres Muts und wegen der vorzüglichen Anhänglichkeit bekannt, mit der sie der Krone England ehemals gegen die Franzosen und sogar gegen ihre eigenen Landsleute in verschiedenen Kriegen öfters beigestanden hatten. Mit den Amerikanern waren sie zu Anfang des Krieges einen Vertrag eingegangen, worin sie sich zu Beachtung einer strengen Neutralität während der Streitigkeiten der Kolonien mit dem Mutterlande verpflichteten. Man gibt amerikanischerseits vor, daß diese Nationen damals sich erboten hatten, das Kriegsbeil gegen die Engländer zu ergreifen; aber dieses Anerbieten wäre mit bekanntem amerikanischem Großmut und Menschenliebe abgelehnt und allein Neutralität ausbedungen worden. Mutmaßlich hatten die Amerikaner diese Verträge nicht mit reichen Geschenken besiegelt. Daher kam es, daß die überwiegende englische

Freigebigkeit und der Einfluß, welchen Sir William Johnson und einige andere Personen auf diese Indianer hatten, sie bald dahin brachten, ihre friedliche Gesinnung und Versprechungen fahrenzulassen und ihrem angebornen und leicht zu reizenden Hange zum Krieg und zur Grausamkeit nachzuhängen. Sie nahmen bald den tätigsten Anteil an dem blutigsten Kriege und brachten Verheerung über alle die hintern oder an der Westseite der Gebirge befindlichen Anpflanzungen der Vereinigten Staaten. Die Oneida-Indianer, sagt man, waren die einzige Nation, welche ihrem Versprechen der Neutralität getreu geblieben oder der man wenigstens keine Feindseligkeiten gegen die Amerikaner zur Last legen konnte. Diese sollten dahero von der allgemeinen Verheerung, welche gegen die übrigen beschlossen war, ausgenommen werden. Denn nichts Geringeres als eine gänzliche Vertilgung und Ausrottung jener Nationen war die stolze Absicht dieser Expedition, sofern nämlich als dieses gegen einen Feind zu bewirken möglich sein würde, der sich nur selten finden oder stellen läßt und nur durch den Anschein von besondern Vorteilen sich zu zeigen gelocket werden kann. Man war im voraus überzeugt, daß man die Indianer gänzlich und weit von ihren gegenwärtigen Wohnplätzen zu fliehen nötigen müßte, um den zahlreichen, aber hilflosen Anbauern der hintern Gegenden einige Hoffnung von dauerhafter Ruhe und Sicherheit zu gewähren.

Die Truppen, die General Sullivans Zug ausmachten, versammelten sich im Wyoming. Schon bis dahin hatten sie sich erst durch die Wildnisse ihren Weg zu bahnen, um die nötigen Mund- und Kriegsvorräte hierher zu bringen, welche von hier aus auf Booten den Fluß hinauf nachgebracht werden und gelegentlich auf Packpferden den Truppen durch die Waldungen folgen sollten. Um diese Vorräte aufzubringen, hatte der Kongreß alle seine Kräfte aufgeboten und große Unkosten aufgewandt. Die Indianer, welchen diese furchtbaren Anstalten gar nicht unbekannt blieben, versammelten sich herzhaft und zahlreich an den Grenzen ihrer Landschaft. Sie hatten Buttler, Brand und Guy Johnson zu ihren Anführern und außer allen ihren verbrüderten und verbündeten Nationen noch eine Verstärkung einiger hundert Refugees oder, wie die Amerikaner sie nannten, Tories. Sie setzten sich in einen vorteilhaften Paß in den Waldungen zwischen Chemung und Newton, unweit des Teaogaflusses; hier errichteten sie eine Brustwehr oder vielmehr einen Verhack von mehr denn einer halben Meile Länge. In diesem Posten griff Sullivan sie im August 1779 an; und sie verteidigten sich so hartnäckig und tapfer, daß Sullivan erst nach einem zweistündigen warmen Gefechte und nicht ohne die wirksamste Unterstützung seines groben Geschützes sie zum Weichen bringen konnte. Er rühmte sich aber dennoch

Scouttrommel eines Tambour

eines so vollkommenen und betäubenden Sieges über die verbündeten Indianer, daß sie sich zu einem zweiten ernstlichen Gefecht während der darauffolgenden Verheerung ihres Landes nicht weiter reizen ließen. Dieses Gefecht öffnete nur den Weg zu dem Anfang von Sullivans eigentlichem Vorhaben. Aber erst war eine Menge anderer Schwierigkeiten zu überwinden. Um irgend etwas mit Nachdruck zu unternehmen, war es nötig, daß dieses Korps wenigstens einen Monat im Felde bleiben mußte, und das in einer gänzlich unbekannten Landschaft und wo nichts von irgendeinem der nötigen Unterhaltsmittel zu hoffen war. Und doch fand es Sullivan trotz aller angewandten Sorge, der Entfernung, der üblen Wege und andrer Umstände wegen unmöglich, kaum die Hälfte der für jene Zeit erforderlichen Provision zu bekommen; und hätte man die verlangte vollständige Menge auch gehabt, so fehlte es an Saumpferden, um solche fortzuschaffen[1], obgleich, um weniger Gepäck zu haben, das zum Unterhalt bestimmte Vieh mit der Armee getrieben wurde, denn gesalzenes Fleisch hatte man nicht. Das brennende Verlangen der Truppen, sich an den Indianern zu rächen, der Eifer der Offiziere und eine belebende Rede des Generals beseitigten alle Hindernisse; der Vorschlag zur Verminderung der täglichen Ration auf ein halb Pfund Mehl und ein halb Pfund frisches Fleisch wurde allgemein gebilligt und ohne Widerrede festgesetzt.

Ich würde mich weniger bei der Erzählung dieser Expedition aufgehalten haben, wäre sie nicht doppelt merkwürdig dadurch, daß man bei dieser Gelegenheit mehr Politik und einen höhern Grad von Kultur unter diesen Nationen antraf, als selbst diejenigen, die schon lange in ihrer Nachbarschaft und beinahe unter ihnen gelebt hatten, vermuteten. Sullivan fand mit Erstaunen, daß keine landeskundigen Wegweiser aufzutreiben waren; und es blieb ihm kein anderes Mittel übrig, um die Wege zu den Dörfern der Indianer zu finden, als ihren Fußtapfen ebenso nachzuspüren, wie man die eines wilden Tieres verfolget. Weil es aber ihre Gewohnheit ist, einer hinter dem andern zu marschieren, und der letzte immer die Fußtapfen seiner Kameraden und seine eigenen mit Blättern bedeckt, so wird auch diese Spur erschwert, und erfordert viele Übung, viel Geduld und ein scharfes Auge, um sie zu entdecken und zu verfolgen.

Der Grad von Kultur, welchen man um die Dörfer der Indianer bemerkte, übertraf nach Sullivans Bericht (dem ich es nachsage) alles, was man nach vormaligen Beobachtungen und nach den allgemeinen Begriffen von den Sitten und der Lebensart dieser Nationen zu erwarten Ursache hatte. Die Schönheiten ihrer Lage, die mehrmals Auswahl und Absichten verriet, die Größe, Bauart und Einrichtung ihrer Wohnungen fielen in diesen ganz neuen und unbekannten Gegenden zuerst auf. Sullivan berichtete (und die mündliche Erzählung des Generals Irwin bestätigte es mir nachher), daß ihre Wigwams oder Häuser nicht nur geräumig, sondern

---

[1] Und doch wurden an 1200 Pferde angegeben, welche bei dieser Expedition sollten aufgerieben und teils in den Wäldern verloren worden sein.

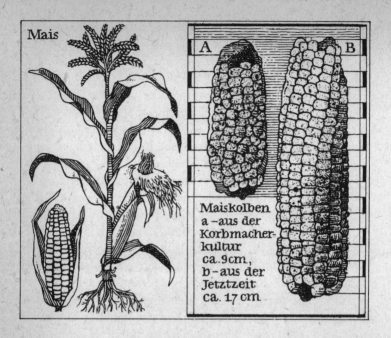

Mais

Maiskolben
a – aus der Korbmacherkultur ca. 9 cm,
b – aus der Jetztzeit ca. 17 cm

sogar nett waren, und er erwähnt verschiedentlich, daß sie ordentlich gezimmerte angetroffen. Die Größe ihrer Maisfelder erregte nicht weniger Bewunderung als der Fleiß, mit dem sie angebaut waren. Von beidem kann man sich einigen Begriff daraus machen, daß dieses amerikanische Korps das von ihm auf den Feldern zerstörte und vernichtete Korn auf 160 000 Bushel schätzte. Noch auffallender waren die Menge von Obstbäumen, welche man antraf und niederhieb, und die Größe und das wahrscheinliche Alter verschiedener dieser Obstgärten. Sullivan erwähnt, daß sie auf einer Stelle 1500 Obstbäume niederhauten, von welchen sehr viele ein hohes Alter zu verraten schienen. Er sagt zwar nicht, aus welchen Gattungen sie eigentlich bestanden; die größte Anzahl soll aber doch die Indianerpflaume gewesen sein.

Diese Umstände beweisen, daß diese Nationen eine nicht nur so ganz neuerliche Anlage zur Kultur gehabt haben, und rechtfertigen sie gewissermaßen gegen die Beschuldigungen, daß sie unfähig wären, ihre Handlungen für die Zukunft abzweckend zu machen. Von den Eingeborenen in Amerika ist es bekannt, daß sie die meisten der ehemals unter ihren Vorfahren bekannten Geschicklichkeiten und Künste, verschiedene Gerätschaften zu verfertigen, gänzlich verloren haben, seitdem die Ankunft der Europäer ihnen ähnliche Werkzeuge und Bedürfnisse zuführte und sie der Mühe, sie zu verfertigen, enthob.

Man endigte dieses Verheerungsgeschäfte in der dazu bestimmten Zeit, und wirklich hatte man auch keine Stunde zu verlieren. Vierzig indianische Dörfer wurden binnen diesem Zeitraum verbrannt, unter welchen Chinesee das größte war und 128 Häuser enthielt. Sowohl aus Sullivans Bericht als aus mündlichen Nachrichten scheint es, daß man diese bis dahin unbekannten und unbesuchten Gegenden gar nicht mit gleichgültigen Augen angesehen habe; man beschrieb es als ein vorzüglich schönes und fruchtbares Land. Nach einigen von Wyoming aus zurückgelegten Tagereisen fanden sich die Truppen nordwestlich in herrlichen Ebenen, welche sich bis nach den kanadischen Seen hin erstrecken und mit schönem, außerordentlich hohem Grase ganz bedeckt waren. Dennoch hatte diese äußerst mühsame, kostbare und blutige Expedition nicht den erwünschten und keinen andern Erfolg, als die erwähnte, beinahe übertrieben grausame Verwüstung. Die Indianer flohen überall vor ihren Verfolgern, ohne irgendwo nach jenem ersten Gefechte mehr standzuhalten, und gaben ihnen alles preis, aber sie folgten ihrem Feinde sogleich wieder auf dem Fuße nach, und alle Marodeure, Kranken und Verwundeten, oder wer sich sonst nur vom Korps entfernte, wurden ihre sicheren Schlachtopfer.

Bei der Erzählung des Ungemachs, welches die Indianer über die Bewohner dieser hintern Gegenden verbreitet haben, verzeihet man es ihnen gewissermaßen, wenn diese mit der äußersten Bitterkeit von diesen Nationen sprechen, ihnen ewige Feindschaft schwören und unzufrieden sind, daß der Kongreß Anstalten macht, Friede mit ihnen zu schließen; denn einstweilen sind sie nur durch den zwischen England und den amerikanischen Staaten geschlossenen Frieden von weitern Feindseligkeiten abgehalten worden. Obgleich zwischen den amerikanischen Staaten und den verschiedenen indianischen Nationen die gewöhnlichen Friedenszeremonien noch nicht beobachtet worden, so wagten es doch schon sehr viele Leute, die Susquehannah hinaufzureisen und sich der Gefahr, einem oder mehreren, vielleicht noch entrüsteten Indianern zu begegnen, auszusetzen. Ich habe aber in diesen Gegenden von keinem Beispiel gehört, daß die Indianer das gute Zutrauen, welches man zu ihnen hatte, mißbraucht oder den Frieden der Engländer, deren Bundesgenossen sie waren, gebrochen hätten. Jene Reisen wurden von Leuten unternommen, welche sich nach neuen Ländereien umsehen und zum Teil auch abmessen wollten, was ihnen gefallen würde. Zu der Absicht waren bereits verschiedene Landmesser (Surveyors) hier mit Aufträgen dazu angekommen. Spekulationes auf Land machen ist in Amerika ein eigener Handel einer gewissen Klasse von Leute, welche entweder einzeln oder in Gesellschaften große Distrikte Landes von den Indianern erhandeln und mit solchem nachher wuchern. Zu diesem Zweck werden landverständige Leute im voraus abgeschickt, um die vorteilhafteren Stellen auszusuchen, um welche sodann gehandelt wird. Die Indianer werden dabei gemeiniglich auf eine oder die andere Weise oft schändlich überlistet.

Pittsburgh

Von Millerstown sind's noch 32 Meilen nach dem Ohio. – Viele öde Hütten stehen am Wege, deren Bewohner aus Furcht vor den Indianern geflohen und noch nicht zurückgekommen waren. Die Gegend ist noch immer hügelig und uneben, aber es sind nur niedere wellenförmige Hügel; die Landschaft etwas offner und gar nicht unangenehm; der Boden fast durchgehends sehr gut. Alles nimmt, sobald man den Laurelhill zurückgelegt hat, einen bessern und fruchtbarern Anblick an, als das Land an der Ostseite der Gebirge hat.

Wir frühstückten in einem Hause, wo etliche Kinder schwerkrank an bösartigen Pocken lagen, die heuer arg in den hintern Gegenden wüteten und viele junge Leute weggerafft haben. Von da 10 Meilen längs dem Rücken eines dürren Hügels und ohne eine Hütte zu sehen; es sind aber doch verschiedene in den Tälern, und um der Trockenheit willen hat man die Straße nur über die Höhen geführt.

Einen steilen Berg hinab kamen wir nach Turkey-Creeck-Settlement, in einem schönen, aber engen Tale. Hier warf der Wirt, wie mehrmalen im Gebirge, den Pferden ungedroschenen Hafer bundweise vor; man erspart sich eine Mühe, wobei die reisenden Pferde zwar etwas verlieren, aber nicht der Wirt. – Man kommt über verschiedene Bäche, die nach ihrer Entfernung vom Fort Pitt benannt werden, so den 6-Meilen-, den 4-Meilen- und den 2-Meilen-Bach. Vom letzten aus führte der Weg längs dem Alleghany-Fluß. Es war schon Dämmerung, aber heiterer Himmel und die Landschaft offen und reizend, wozu der Anblick eines schönen Flusses, die Befreiung aus unaufhörlich beängstigenden Waldungen und das Vergnügen, am Ende des vorgesetzten Ziels zu sein, nicht wenig beitrug. In Pittsburgh wurden wir nach dem vornehmsten Gasthause, einer kleinen, schiefen, hölzernen Hütte am Monanghahela, gewiesen, dessen Außenseite gar wenig versprach; aber der Anblick mehrerer wohlgekleideter Herren und hochaufgesetzter Damen ließ uns nicht verzagen. Nicht uns wurde die Ehre, der erste Gegenstand ihrer Neugierde zu sein, sondern unserm Fuhrwerk, denn wir hatten diesen ganzen Weg in einem Karriol gemacht, was bis dahin für so gut wie unmöglich gehalten wurde.

Fort Pitt, ehemals Fort du Quesne, liegt auf einer Landspitze, vor welcher sich die Monanghahela und Alleghany, beides nicht unbeträchtliche Flüsse, vereinigen und von da aus unter dem Namen des Ohio durch die westlichen Gefilde nach dem Mississippi gehen. Nachdem im vorletzten Kriege dieser Platz und mit ihm die ganze ungeheure, zwischen den Gebirgen und dem Mississippi liegende Landstrecke an England überging[1], wurde 1760 zuerst ein kleiner Flecken nahe am Fort angelegt und dem damaligen Minister zu Ehren Pittsburgh genannt. Vorhero waren unter der fran-

---

[1] Gemeint ist der «Französisch-Indianische Krieg» von 1754–1763 (A. d. H.).

zösischen Besitzung nur einige Wildschützen und indianische Handelsleute da wohnhaft. Im Jahr 1763 erhoben sich die Indianer zu einem blutigen Krieg gegen die britischen Kolonien und überfielen unter andern auch diese Gegend; die noch geringzähligen Einwohner mußten ihre Häuser verlassen, sich ins Fort flüchten und das neue Städtchen den Feinden preisgeben, von denen es auch gänzlich zerstört wurde. Zwei Jahre darauf ward der Ort Pittsburgh nochmals und ordentlicher als vorher am östlichen Ufer des Monanghahela, etwa 300 Ellen vom Fort, angelegt; und dermalen zählet [er] ungefähr 60 hölzerne Häuser und Hütten, in denen nur etwas über 100 Familien leben, denn durch den Ausbruch des letztern Krieges wurde das anfängliche schnelle Wachstum des Ortes gehemmet. Das erste steinerne Haus wurde diesen Sommer gebaut; bald aber dürfte man mehrere gute Gebäude erblicken, weil dieser Ort begründete Aussicht hat, in der Folge groß und ansehnlich zu werden. – Öffentliche gottesdienstliche oder gerichtliche Gebäude sind noch nicht da. Es hält sich aber doch ein deutscher Prediger hier auf, der allen Glaubensgenossen dient; und der Staat von Pennsylvanien sendet nach der gewöhnlichen Landesverfassung jährlich ein- oder zweimal einen Richter hierher, um Rechts zu pflegen. – Die Einwohner sind den gegenwärtig vorwaltenden Umständen nach noch arm, aber auch äußerst untätig und träge, so sehr, daß sie unwillig werden, wenn man ihnen Arbeiten aufträgt und Geld zu verdienen gibt, nach welchem sie doch heißhungrig sind. Ihr Nahrungserwerb beschränkte sich bisher auf den Ackerbau und den Handel mit Häuten und Pelzwerk. Nunmehro aber, da schon sehr beträchtliche Niederlassungen tiefer hinab am Ohio angefangen sind, welche sich durch die täglich hinziehende große Anzahl Menschen unablässig und beträchtlich vermehren, so ziehen sie auch bereits vom Handel und dem Durchzug der Reisenden große Vorteile. Es kann der sehr vorteilhaften Lage zufolge nicht ausbleiben, daß Pittsburgh, so unbeträchtlich der Ort auch jetzt ist, künftig ein wichtiger Platz für den inländischen Handel werden wird. Der Ohio (la belle rivière) ist der einzige große Fluß in dem ganzen weitläufigen westlichen Lande zwischen den nördlichen

Seen, dem Gebirge und dem Mississippi, welcher alle anderen in sich aufnimmt, und, von hier an gerechnet, nach einem Lauf von 1188 englischen Meilen (unter 36° 43') sich in jenen ergießt. Von seinen beiden Hauptarmen kommt der Alleghany hoch oben von den kanadischen Gegenden herab, und durch ihn öffnet sich von hier aus, über Venango und durch verschiedene kleine Flüsse, eine vorteilhafte Verbindung mit den kanadischen Seen. Beinahe zu jeder Jahreszeit, sehr trockene nur ausgenommen, können Boote von 2–3 Fuß tief den Alleghany hinauf und in den French-Creek kommen, von wo aus nur ein kurzer Landweg nach dem Lake Erie ist.[1] Herabwärts können solche Boote auf dem Alleghany 50–60–100 Meilen an einem Tage zurücklegen. Man hat schon berechnet, daß durch diese Wege ebenso vorteilhafte Güter und Waren über den Lorenzfluß und die inländischen Seen wie auch über den Landweg von Pennsylvanien oder Maryland her zu beziehen und auszuführen wären. Längs den hintern Gebirgen Virginiens, von Süden heraus, kommt der Monanghahela und bildet also hier, wo er sich mit dem Alleghany vereinigt, den schicklichsten Ort zu einer Stapelstätte.

Die Gebirge erlauben mit der Zeit gar wohl, sehr bequeme Landstraßen zur Beförderung des Handels mit Philadelphia und Baltimore anzulegen, der noch überdies durch Flüsse[2] von beiden Seiten sehr abgekürzt werden kann. Man bezahlt gegenwärtig 40–50 Pennsylv. Schilling Fracht für den Zentner von Philadelphia nach Pittsburgh, einem Weg von 320 englischen Meilen, welche teure Fracht sich aber verringern würde, wenn die Fuhrleute Rückfracht fänden. Die vielen und beträchtlichen Ströme, welche die weitläufige Landschaft von den großen kanadischen Seen bis herab zu den westlichsten Gegenden der beiden Karolinen[3] durchkreuzen

---

[1] Nur eine Meile Landweg (portage) scheidet den Cayahogafluß, der sich in den Lake Erie und durch ihn in den St. Lawrence ergießt, vom Muskingum, der in den Ohio fällt.
[2] Wo der Potomac aufhört, schiffbar zu sein, bis zum nächsten schiffbaren Arm des Ohio sind es nur 60 Meilen.
[3] Die Bundesstaaten North Carolina und South Carolina (A. d. H.).

und von denen die meisten Lasten von 50 Tonnen und drüber tragen, vereinigen sich beinahe sämtlich im Ohio und erleichtern daher die Gemeinschaft zwischen den entlegensten Grenzen jener Bezirke. Dieser Reichtum an inländischen schiffbaren Gewässern wird freilich auch verhindern, daß Pittsburgh den Handel des westlichen Landes ganz alleine an sich ziehen können wird; aber den ansehnlicheren Teil davon wird es, unter andern günstigen Bedingungen, sich immer erwerben.

Ein Teil des nördlichen Pelzhandels wird diesem Orte nicht entgehen, obschon New York größere Hoffnung dazu hat und durch die noch bequemer gelegenen Flüsse Oneida, Mohawk und Hudson den weit wichtigern Teil an sich ziehen möchte. – Von Pittsburgh den Ohio und Mississippi hinab ist der Weg zwar lang, aber doch legt man ihn öfters schon in 14 Tagen von hier bis New Orleans an der Mündung des Mississippi zurück. Der Strom des Ohio ist schnell und trägt große Lasten im Frühlinge und im Herbst. Und dies wird doch der bequemste und einzige Weg zur künftigen Ausfuhr der Erzeugnisse dieser Gebirgsgegenden sein.

Das erste französische Fort, welches nur eigentlich Stokkade war und recht im Winkel der beiden Flüsse lag, ist längst eingegangen. Unter englischer Regierung wurde ein geräumigeres Werk von fünf Bastionen mit ausgemauertem Wall und Graben angefangen, aber es war noch nicht fertig, als die letzte britische Garnison es im Jahr 1774 verließ. Mit allen indianischen Nationen herrschte damals und schon lange vorher allgemeiner Friede; es wurden dahero dieser und andere inländische feste Plätze am Ohio, Wabash, Illinois und Mississippi als fernerhin unnütze angesehen und die Besatzungen weggezogen. Die Amerikaner, denen dieses Fort im letzern Krieg sehr zustatten kam, haben keine weitern Unkosten darauf verwandt, hielten aber der Indianer wegen beständig eine zureichende Besatzung hier, die eben jetzo auch wieder abzugehen im Begriff ist. Das Fort kann seiner Lage nach auch nur gegen Indianer Dienste leisten, denn es wird von verschiedenen nahen Hügeln gänzlich kommandiert, von welchen aus, [wie] man sogar behauptet, die Indianer ihre Pfeile bis in das Fort geschossen haben.

Ein anderes kleineres Fort war 30 Meilen von hier abwärts den Fluß, zu MacIntosh, und noch ein anderes zu Wheeling. Die hier unterhaltenen Besatzungen verschafften dem Ort einige Nahrung und machten ihn sogar lebhaft, denn hier hatte man während des Krieges Bälle, Spiele, Konzerte und Komödien, und das 400 Meilen westlich vom Ozean. Der Abreise so vieler schöner Herren und dem Aufhören so vieler Ergötzlichkeiten können dahero die Pittsburgher Damen nicht anders als mit betrübten Herzen entgegensehen.

Die Vereinigung des Alleghany und Monanghahela geschiehet beinahe unter einem rechten Winkel. Die Landspitze zwischen ihnen ist ein Sandhügel, von ihren Anschwemmungen entstanden, welcher abgeschliffene Kiesel und den nämlichen rötlichen Sand wie die hieherum gelegenen Gebirge enthält. Die Ufer sind vom Wasser auf 20–30 Fuß hoch; aber doch füllet sich im Frühlinge und Herbst dieses hohe Bette, und der Fluß tritt zuweilen noch darüber aus. Dann, versichert man aber auch, kann eine Fregatte von 20 Kanonen über alle sonstigen Hindernisse weg- und sicher den Fluß hinabsegeln, der dann beinahe durchgehends 25 Fuß und drüber Wassertiefe hat; die Geschwindigkeit des Stroms ist so, daß Boote gegen 100 Meilen täglich abwärtsgehen können. Im Ort hat man nur erst zween Brunnen, 35 Fuß tief, und diese sind oft wasserarm. Das Bette beider Flüsse lag ehemals ungleich höher und über nunmehro trockenem und bebautem Lande. Man bemerkt zwo oder drei sich hintereinander erhebende Landspitzen, die ganz genau die Figur und Richtung der noch gegenwärtig von den Flüssen bespülten Landspitzen haben. Man kann dahero sehr deutlich die abgestuften Vertiefungen der uranfänglichen höher gelegenen Flußbetten unterscheiden. – Beide Flüsse waren gegenwärtig an vielen Stellen so seicht, daß man durchreiten konnte.

Das seichte Wasser und unser kurzer Aufenthalt verhinderten, daß ich etwas von den Fischen dieser Gegenden zu sehen bekam. Man sagt, und es ist auch sehr wahrscheinlich, daß sämtliche an der Westseite der Gebirge entspringenden und durch den Mississippi mit dem Golf von Mexiko zusammenhängenden Flüsse nur einige wenige Arten von Fischen mit den Flüssen, welche von der Ostseite in den Ozean strömen, gemein haben sollen. Man hat eine Gattung Störe, die von den Stören im Delaware und Hudson abweichend beschrieben werden. Man sprach von großen Forellen und Hechten (Trouts & Pikes), welche den übrigen ähnlich sind. Der gelbe Pertsch (Perch, yellow Perch) soll hier sein. Eine Art Katzenfische, welche dem im Delaware so gemeinen Catfish (Silurus Catus L.) ziemlich ähnlich ist, wird von 30–50 Pfund schwer angetroffen, ja einige gaben vor, tiefer den Fluß hinab diese Art von 80–100 Pfund schwer gesehen zu haben. Die streichenden Fische, besonders die Shads

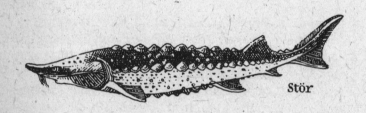

Stör

(Clupea Alosa L.), die in beinahe allen Flüssen der östlichen Küste im April und Mai weit landeinwärts gehen, und andere werden in diesen westlichen Flüssen gänzlich vermißt.

Eine besondere Schildkröte, die ich aber auch nicht ansichtig werden konnte, hält sich im Ohio und seinen Armen auf. Man nennt sie die weichschalige (softshell'd) oder grüne Schildkröte (green Turtle). Der höhere und mittlere Teil der Schale ist zwar hart, die Ränder aber sollen weich und biegsam sein, und die ganze Schale läßt sich zu einer Gallerte kochen. Die hintern Füße sollen wie bei den Seeschildkröten Schwimmfüße [haben], die vordern aber mit Fingern versehen sein, und das Fleisch soll eine gute Speise liefern. Auch die Schnappende Schildkröte (Snapping-Turtle) findet sich in den Gewässern des Ohio. Diese in Europa noch wenig bekannte Schildkrötenart ist an der östlichen Küste von Amerika und besonders in den mittlern Provinzen sehr verbreitet. Sie lebt in Sümpfen und an den Ufern kleiner Flüsse sowohl mit salzigem als auch süßem Wasser; sie schwimmt, gehet aber auch aufs Land; ich selbst fand eine bei New York im Walde auf einem dürren Hügel. Sie unterscheidet sich von allen andern ihres Geschlechts durch starke Einzähnungen am hintern Rande der schmutzig schwarzen Schale, durch das Brustbein, welches nicht wie bei den übrigen ein ganzes, den untern Teil bedeckendes Brustschild ausmachet, sondern nur die Gestalt eines breiten Kreuzes hat, und endlich noch durch den ungewöhnlich langen Schwanz; die Füße haben 5–4 Zehen; den langen Hals kann sie nach Gefallen verkürzen, aber auch mit einer großen Heftigkeit ausstrecken. Sie schnappet mit Ungestüm nach

›Green Turtle‹.

allem, was man ihr vorhält, wobei sie, sich auf die Hinterfüße stützend, gleichsam einen Sprung waget; auf Grund dieser Eigenschaft erhielt sie auch ihren Namen. Was sie mit ihrem scharfen Schnabel gepackt hat, lässet sie nicht leicht los, so lange sie Kräfte hat. Sie wird gegessen wie beinahe alle Arten dieses Geschlechts, und man findet welche von 2–3–4 Pfunden.

Die ganze Gegend um Fort Pitt ist hügelig, aber alle diese Hügel sind fruchtbar, mit gutem Boden und abwechselnd mit fetter Weide und starkstämmigem Holz bedeckt. Da dieses nicht so allgemein der Fall an der Ostseite der Gebirge ist, so findet auch fast jeder hierherkommende Fremdling die westlichen Gefilde angenehmer und vorzüglicher. Auf dem hohen Rücken des gegen den Monanghahela stoßenden Hügels sind Pittsburgh gerade gegenüber schon verschiedene Wohnungen und bebautes Land. Am Fuße dieses Hügels findet sich Marmor, welcher wahrscheinlich auf einer gneisartigen Felsart aufsitzt. Dieser Marmor ist bläulich; je höher aber am Berge hinauf, desto blässer wird er. Zugleich ist er härter, dichter und von feinerem Korn als der ihm an Farbe ähnliche gemeine Kalkstein an der Ostseite der Gebirge. Mitunter findet sich feiner und schöner leberfarbener Marmor. Man sagt, daß der davon gebrannte Kalk nicht so leicht Feuchtigkeit anziehe und nicht so bald an der Luft zerfalle; vielleicht ist die Ursache davon, daß er nicht sattsam gebrannt wird, wie man denn von tüchtigen Kalköfen in Amerika noch nichts weiß. Über dem Marmor liegt grober Schiefer, welcher aber in der Höhe feiner wird und in ein mächtiges Bette der schönsten Kohlen übergehet. Diese Kohlen werden wieder von einer Lage groben, tonigen, weichen und buntfarbigen Schiefers überlagert; dann folgt noch ein bis beinahe an den Rücken des Hügels [reichendes], viele Klafter hohes Lager eines blättrigen und sehr glimmerhaltigen Sandsteins.

Das ersterwähnte Kohlenbette in der Mitte des Hügels ist um desto merkwürdiger, da man sonst gewöhnlich nach Kohlen in der Tiefe graben muß; und es zeigt, welche wichtigen Veränderungen auf der Oberfläche dieser Gegenden sich ereignet haben. Diese Erscheinung allein beweiset, daß Amerika älter sein müsse, als es nach den willkürlichen Voraussetzungen einiger angesehener Männer scheinen sollte, denn es gehören Jahre dazu, bis ein so mächtiges Lager von Kohlen aus der angehäuften und veränderten Pflanzenerde (nach der allgemeinern Meinung) entstehe und dieses wieder mit so hohen Schichten anderer Gebirgsarten bedecket werde; wieviel mehr Jahre werden dann nicht noch erfordert, bis sich ein Fluß sein Bette 60–80 Fuß senkrecht tiefer und unter diesem Kohlenlager bereite?

Die größte Bequemlichkeit für die Einwohner entstehet aus dem sonderbaren Lager dieser Kohlenflöze. Die losgehauenen Kohlen werden nur in eine längs der steilen Wand des Hügels gefurchte Rinne geschüttet und hinab an den Rand des Flusses gerollet, wo sie unmittelbar in den daselbst bereitstehenden Booten aufgefangen werden. Das Bett dieser Kohlen ist 10–12–18 Schuhe mächtig und streicht durch den ganzen Hügel hin. Sie sind rein, leicht und glänzend, zwar nicht ganz so glasig wie die Wyominger, aber an Brennstoff reicher und ohne allen unangenehmen Geruch. Da man einen Teil der Feuerung für die Garnison aus diesem Hügel nimmt, so hat man schon eine ziemliche Strecke in denselben hineingearbeitet; der Bequemlichkeit halber schürft man aber immer wieder neue Orte auf. Übrigens sind die Kohlen das Eigentum der Landbesitzer, welche gegen die geringe Abgabe von einem Pence für den Bushel jedermann erlauben, nach Gefallen davon zu holen. Der große Vorrat davon wird bei der künftigen Bevölkerung dieser Gegenden dem allgemeinen Anbau des Landes ungemein vorteilhaft sein, weil man dann weniger auf Holzschonung wird zu sehen haben; er wird die Benutzung der hiesigen Mineralien erleichtern und selbst einen beträchtlichen Artikel zur Ausfuhr liefern. Es sind die Kohlen aber nicht etwa nur auf hier eingeschränkt, sondern meist alle Hügel an beiden Seiten des Ohio durch das ganze westliche Land und meist alle Täler im Gebirge enthalten Kohlenbetten.

Aber auch mit andern Mineralien sind diese entlegenen Gegenden reichlich und mannigfaltig versehen. Eisen und Blei findet sich vielfach um den Ohio und seine Arme. Blei bricht häufig zutage aus; am Siotto, 400 Meilen unter Pittsburgh, liegt eine große Menge davon; hier und an andern ähnlichen Stellen holen die Indianer sich ihren Kriegs- und Jagdvorrat; sie schmelzen die Minern nur bei ihren gewöhnlichen Feuern aus. Man hat hin und wieder Proben von Kupfer[1] gefunden und, wie die Sage ist, auch von Silber.

Bergöl (Petroleum) wird verschiedentlich angetroffen; besonders aber ist eine Quelle in der Nähe des Alleghany-Creeks, 90 Meilen von hier, reichlich damit gesättigt und der breite Creek noch weit davon mit dem aufschwimmenden Öle bedecket. In der Gegend der Crossings, an der Youghiagany (insgemein nur die Yach' genannt), arbeitet man an einer Grube, die Blei und Silber enthalten soll. Die Besitzer sind die Herren Downer und Lynch. Es hält sich ein Silberschmied dabei auf, welcher den Leuten silberne (und vorgeblich von diesem einheimischen Silber gearbeitete) Gerätschaften verkauft. Nach genauern Nachrichten aber scheint

---

[1] Am häufigsten erscheinet dieses Metall um den Lake Superior.

wohl dieser verschlagene Silberschmied die Leichtgläubigkeit der Landleute zu seinem guten Vorteil auszunutzen. – Überhaupt wird und muß man erst mit der Zeit die Schätze der Erde und alles zu Gewerbe, Handel und Haushaltung Nötige auf amerikanischem Boden mehr und mehr entdekken. Denn so wenig man noch davon kennet, so hat man doch bereits jetzo Grund zu behaupten, daß ihm nichts Wesentliches abgehe, und gute Hoffnung, das Mangelnde zu finden.

Einige indianische Familien von dem Stamme der Delaware wohnten dermalen dichte am Fort. In Gesellschaft eines Offiziers von der Garnison besuchte ich ihren Anführer, Colonel Killbuck. Bekanntlich sind die Indianer auf kriegerische Ehrentitel äußerst stolz und hören sich gerne Colonel und Kapitän nennen. Der Colonel, dem wir in einem schmutzigen und zerlumpten Hemde antrafen, war gestern von einer langen Jagd zurückgekommen und labte sich heute beim Trunk. Er sprach gebrochen englisch und holte mit stolzer Freude einige Briefe herbei, die ihm sein Sohn und seine Tochter geschrieben hatten, welche beide in Princeton auf Kosten des Kongresses erzogen werden.

Colonel Killbuck trennte sich mit einigen Familien seiner Nation am Anfange der Unruhen von seinen übrigen Landsleuten (welche sich größtenteils auf die Seite der Engländer wandten) und begab sich mit ihnen hierher. Diese waren unter allen Indianern beinahe die einzigen, die sich zur Partei der Amerikaner geschlagen hatten. – Ihre Wigwams waren nur für den Sommer von Stangen und Baumrinden aufgesetzt; auf den Winter, sagen sie, wollten sie sich wohl bessere bauen. Es waren etwa ein Dutzend Hütten. Ihre Lager von Bärenfellen waren an der Erde um das Feuer her gebreitet, welches überall in der Mitte brannte. Der Fleischtopf kommt nie vom Feuer, außer um geleeret und wieder gefüllt zu werden, denn sie essen immer, ohne sich an bestimmte Zeiten zu binden. Mit Bohnen, Maisstengeln und gedörrtem Wildbret, welches ihren vorzüglichsten Unterhalt ausmachet, waren alle Wände der Hütten behangen. Einer ihrer wichtigeren Männer war Kapitän Whiteye; dieser strotzte, in eine bunte wollene Decke gehüllt, mit Ringen in Nase und

Ohren und bunten Strichen im Gesicht köstlich und stattlich geschmückt, umher; denn er war nebst einem Montresor, einem Viertelindianer (Quarter-Blood-Indian), diesen Morgen zur Audienz beim kommandierenden Offizier gewesen. General Irwin hatte ihnen verschiedenemal schon und heute wieder zu verstehen gegeben, daß sie Erlaubnis haben, sich von hier zu entfernen, weil es nun Friede sei und ihr Aufenthalt hier aus mancherlei Ursachen lästig war; sie schienen aber gar nicht zum Abzuge geneigt und befürchteten vielleicht nicht den freundlichsten Empfang bei ihren Landsleuten.

Eine junge, wohlgebildete, kupferbraune Squah stampfte vor einer der Hütten in einem hölzernen Troge ihren Mais: ihr ganzer Anzug bestand aus einem engen, die Knie kaum erreichenden Röckchen von blauem Tuche und ohne alle Falten; ihr schwarzes straffes Haar hing frei über die Schultern herab, und Wangen und Stirne waren mit roter Farbe niedlich bekleckt. Sie schien sehr vergnügt in der Gesellschaft ihres Mitarbeiters, eines frischen jungen Burschen, der bis auf zwei an gehörigen Orten angebrachte schmale Tuchlappen übrigens ebenso nackt war wie die unbefangene Schöne. Andere Weiber waren mit Körbeflechten, mit Kornschälen oder andern Arbeiten beschäftigt, denn die Männer bekümmern sich bekanntlich um häusliche Beschäftigungen nicht. Den Überfluß ihrer erbauten Früchte, ihre Körbe und strohgeflochtenen Arbeiten verhandeln sie gegen Branntwein. Es waren einige gar nicht häßliche Gesichter unter ihnen und ihre Farbe nicht bei allen gleich braungelb. – Mistreß Grenadier, eine Indianerin, wohnt in einem eigenen, nach europäischer Manier gebauten Häuschen, im Baumgarten des Forts. Sie ist nicht mehr jung, aber noch hat sie Spuren einer verblühten Schönheit, durch welche sie ehemals zur Gesellschafterin eines englischen und nachher eines amerikanischen Generals erhoben ward. Ihre Tochter, mit allen Vorteilen der Jugend, ist so reizend nicht wie die Mutter. Sie ist durch Handel mit Indianern reich geworden und verfertigt noch immer Mokassins (Schuhe aus Büffelleder) und verschiedene schöne Arbeiten von gefärbtem Stroh zum Verkauf.

Die Indianer allgemein sind hier ebensosehr gehaßt wie beinahe durchgehends in Amerika. Dieser Haß aber gründet sich nicht immer auf gleiche, noch weniger auf durchaus billige Ursachen. – Man fängt an, weitläufig und gelehrt zu beweisen, daß sämtliche indianische Stämme, soviel ihrer noch durch das ganze weite Amerika zerstreut sind, nicht das entfernteste Recht auf das Land haben, worinnen sie und ihre Vorfahren seit undenklichen Zeiten wohnten. Es sind mir einige Aufsätze über diesen Gegenstand in dem United States Magazine vorgekommen, welche seltsam genug lauten. «Die ganze Erde», heißt es z. B. in einem von ihnen, «ist dem Menschen gegeben, und alle Adamskinder haben gleiches Recht daran, und zwar zu gleichen Teilen.»

Mokassin

Das Recht der frühern Besitznehmung und des angeerbten Besitzers wird lächerlich gemacht, und nach vielerlei Ausschweifungen läuft der Hauptbeweis darauf hinaus, «daß das Gesetz der Offenbarung dem Menschen nur unter einer bestimmten Bedingung Recht auf die Erde gegeben habe; diese Bedingung ist, daß er sie bauen soll im Schweiße seines Angesichts. Nun aber bauen die Indianer ihre weitläufigen Waldungen nicht im Schweiße ihres Angesichts, sondern jagen nur darin. Folglich ist es sonnenklar, daß sie kein Recht darauf haben und daß es erlaubt sei, sie nach Belieben daraus zu vertreiben. Denn es sei gleich lächerlich, ob man von den Büffeln und Rehen, welche die Wildnisse von Amerika durchstreifen, oder von den umherziehenden Indianern Land käuflich verlange; weil, wenn das Umherwandern in einem Walde Eigentumsrecht darauf gäbe, solches den Büffeln und Rehen ebensogut zustatten kommen müßte wie diesen Nationen.» Noch auf derselben Seite gestehet nun auch derselbe menschenfreundliche Verfasser, daß ein Deutscher, welcher am dickbevölkerten Rhein kein Stückchen Land für sich und seine Familie leer findet, im weniger bevölkerten Pennsylvanien jenem natürlichen Gesetze zufolge ein Stück Landes rechtmäßig und unentgeltlich allerdings fordern könne; aber weislich erinnert er zugleich, daß man's ihm nicht so geben würde. Darum, sagt er, weil zur allgemeinen Ruhe und zur Sicherheit des Eigentums in Staaten allgemeine Gesetze beliebt worden sind, nach welchen der eine nur einen Morgen Landes oder gar keinen und ein anderer Tausende besitzen mag, ohne daß dieser von jenem wegen der so ungleichen Verteilung des Eigentums befehdet werden darf.

Gibt es denn aber nicht ähnlicherweise angenommene, verjährte und heilige Eigentumsrechte zwischen Nationen und Nationen, welcher Farbe und Glaubens sie auch seien? Ist nicht dem einen billig, was dem andern recht ist? Trifft nicht der Vorwurf des Nichtanbauens weitläufiger Gefilde den Bürger der Vereinigten Staaten ebensowohl wie den Indianer, ohne daß man jenem das Recht seiner Besitzung deswegen streitig machet? – In seiner Verbitterung gegen die armen Indianer gehet derselbe Verfasser noch weiter, sagt: «Sie sind Teufel in Menschengestalt, ohne Treue und ohne Glauben, durch keine Gunstbezeugungen zu verbinden, ihren Versprechungen untreu, grausam im Kriege usw.» – Lauter Vorwürfe, die nicht die ursprünglichen Einwohner von Amerika alleine treffen. Dennoch aber fället er folgendes Urteil: «Diese Nationen sind so weit von der Menschheit ausgeartet, so unfühlbar gegen jede Empfindung von Großmut, so ausschweifend in allen ihren grenzenlosen Leidenschaften, so treulos, so unfähig, gesittet zu werden, daß es für die gute Ordnung und das Wohl der Welt gefährlich ist, sie länger darinnen wohnen zu lassen.» Der Verfasser bekennet laut, daß es ihm Vergnügen sein würde, ihre ganze Rasse vertilgt zu wissen – aus sonderbarer Milde aber bequemt er sich noch vorzuschlagen, «daß man, statt Friedenstraktate mit ihnen zu errichten und dadurch stillschweigend Volks-

und Besitzungsrechte ihnen zuzugestehen, sie geradezu nötigen soll, ohne weitere Umstände das Land ihrer Väter zu räumen, in die kalten Gefilde des Nordens sich zurückzuziehen und nicht wieder unterhalb der Quellen der in den Ohio und Mississippi fallenden Ströme sich blicken zu lassen. – Dort sollen sie schmachten und zugrunde gehen.» – Wer würde es erwarten, von einem Bürger nur soeben frei gewordener Staaten über Tausende seiner Mitmenschen mit so unverschämter Stirne ein so ungerechtes Urteil fällen zu hören?

Daß die Indianer gar nicht so aller Verbesserung unfähig sind, bewiesen die schon erwähnten, nicht fruchtlosen Bemühungen der Mährischen Brüder am Muskingum[1] und der französischen und spanischen Missionarien in Kanada und in Florida. Aber auch ohne den Einfluß der Religion, durch andere Veranlassung ist es häufig geschehen, daß hin und wieder indianische Familien anfangen, in der Nachbarschaft der Europäer zu wohnen und sich weniger mit der Jagd zu beschäftigen, welche ihre unstete und ungesellige Lebensart veranlaßt.

So leben noch jetzt auf Nantucket in bürgerlicher Gesellschaft die Nachkommen der ehemaligen dortigen Indianer und nähren sich wie die weißen Insulaner vom Walfischfange. Verschiedene Familien sind an der Küste von Massachusets zerstreut; und auf Long Island lebten noch vor kurzem einige andere Familien ruhig und harmlos vom Ertrag ihrer Maisfelder, vom Fischfang und vom Verkauf gefertigter Körbe. Das war der Fall noch in verschiedenen andern Provinzen, wo sie um der Fische und Clams willen sich lange an den Küsten und Flüssen aufhielten, bis die immer zunehmende Menge der europäischen Kolonisten sie verdrängte und sie sich nach den innern Gegenden zurückziehen mußten. Wahr ist es unterdessen, daß, wo sie auch ruhig und friedlich in europäischer Nachbarschaft zu wohnen sich gefallen ließen, sie doch niemalen oder selten Geneigtheit äußerten, die Sitten, Lebensart und Unterhaltsorge ihrer Nach-

---

[1] Vgl. biographische Angaben zu J. Heckewälder in den Vorbemerkungen zum folgenden Textauszug (A. d. H.).

barn ganz anzunehmen. Ob es ihnen am natürlichen Nachahmungsgeist und an Erkenntnis des Bessern mangelte oder ob ihr eigentümlicher Stolz, den sie in nicht geringem Maße besitzen, sie davon zurückhielt, will ich unentschieden lassen. Genug, sie suchten sich überall und in allem Betracht unabhängig zu erhalten und flohen dahero jede genauere Verbindungen und Gemeinschaft der Europäer, sobald sie die mindeste Unbequemlichkeit oder Zwang zu befürchten hatten. – Ihr moralischer Charakter ist aber bei aller ihrer Unbiegsamkeit nicht so schwarz, wie man ihn in Amerika schildert; und es scheinet, daß geborne Europäer, die näher mit ihnen bekannt zu werden Gelegenheit hatten, ihnen mehr Gerechtigkeit hierin widerfahren lassen als eingeborne Amerikaner, welche bei allen Gelegenheiten einen erblichen und bittern Haß gegen sie äußern. Sie besitzen und üben Tugenden, wofür sie selbst in ihrer armen Sprache keine Namen haben. Sie sind gastfrei und höflich und bezeugen Achtung jedem, der sich ordentlich gegen sie beträget; sie sind dankbar und erkenntlich, und wenn sie das nicht scheinen, so geschiehet es bloß, weil sie nicht gleichen Wert mit uns auf erzeigte Gefälligkeiten oder Geschenke setzen; sie sind standhafte und zuverlässige Freunde und ihrer Zusage getreu. Es würde nicht schwer sein, alles das mit Beispielen zu belegen, wenn ich Anekdoten sammeln wollte. Man kann ihnen kaum vorwerfen, daß sie jemals freiwillig und ungereizt Friede gebrochen haben, auf keine gewissenlosere Art wenigstens, als es bei andern und gesittetern Nationen herkömmlich ist. – Aber ihre Begierde nach Rache und Blut kennet, wenn einmal entflammt, auch keine Grenzen, bis sie für erlittenes Unrecht entschädigt zu sein oder sich selbst entschädiget zu haben glauben.

Ihre Kriege sind grausam und barbarisch; und damit sucht man unter andern die allgemeine Erbitterung gegen sie teils zu beschönigen, teils zu verbreiten und zu unterhalten, deren eigentliche und wahre Ursache aber Neid und Habsucht nach den von ihnen noch unabgetretenen und uneroberten Ländereien sind. Man eifert in Amerika gegen ihre mannlose und feige Weise, Krieg zu führen, aber man erlaubte und bediente sich aller Indianervorteile gegen europäische Feinde, wie sattsam aus der Geschichte des letztern Krieges bekannt ist. – Man nennt es unmenschlich, wenn die Indianer ohne Unterschied den streitbaren Mann, sein Weib und unschuldige Kinder und noch unschuldigeres Vieh morden; aber man gehet hin und übt die nämliche Rache an den Familien der Indianer; verbrennt ihre Wohnungen und verheert ihre Äcker, um das Abscheuliche ihrer Kriege durch christliche Beispiele zu rechtfertigen. Alle Treulosigkeit, Feigheit, Hinterlist und Verrätereien, Argwohn und Rachsucht, die man als das Auszeichnende des Charakters der Indianer mit grellen Farben schildert, werden sicher jedem Unbefangenen im mildern Lichte erscheinen, wenn man alles das Unrecht, welches sie ihrerseits erlitten, alles das Blut, das unter ihnen vergossen worden, und alle die Bequemlichkeiten und Freiheiten, deren sie durch die europäischen Kolonisten beraubt, die Gegenden, von denen sie verdrängt, und die verheerenden Krankheiten, welche unter sie gebracht worden, in Anschlag bringt. Sorgfältig erhalten sie die Erinnerungen an alle Bedrängnisse, allen Betrug und alle die zahllosen Beispiele von Überlistung und Blutvergießen, von Europäern unter ihnen verübet, und bewahren sie zur Warnung für ihre Nachkommen, die sie dadurch zu Rächern vergangener und zu Wächtern gegen künftige Eingriffe auffordern. – Doch es ist weder meine Absicht noch meine Befugnis, den Indianern das Wort zu reden. Ich überlasse es gerne denen, die nähern Umgang mit ihnen gepflogen und die wissen, daß sie sich, gleich allen andern Nationen, auf natürliche, auf verjährte, auf eingebildete Rechte stützen und auf ihren Begriffen angemessene Vorzüge stolz sind und danach ihre Handlungen und Betragen einrichten.

Die rohe Lebensart der Indianer findet doch auch unter Europäern ihre Liebhaber. Einer der noch in Pittsburgh lebenden Einwohner wurde in seiner Jugend von ihnen gefangen, lebte eine Zeitlang unter ihnen, und das Gefallen an ihren Sitten, ihrem sorgen- und geschäftslosen Leben hatte so stark sich seiner bemächtiget, daß, nachdem er nebst andern Gefangenen war ausgelöset worden, er heimlich wieder zu ihnen entrann und zum zweitenmal von seinen Anverwandten mußte abgeholet werden. Man hat viele Beispiele von solchen Gefangenen, die nicht zurückkehren mochten, ebensowohl wie von andern Europäern, welche ganz freiwillig sich unter sie begeben und gegen die ungezähmte Freiheit, welche der Indianer höchstes Gut ist, alle Vorteile einer gesittetern Gesellschaft und bequemern Lebens ohne Reue vertauschet haben.

Wilmington

Wilmington liegt dicht am Cape Fear River und niedriger als die allgemeine Sandfläche. Die Stadt zählet gegen 150 hölzerne, aber doch meistens wohlaussehende Häuser. Sie war auch einmal eine Zeitlang die Hauptstadt der Provinz[1] und ehemals im Besitz eines beträchtlichen Handels nach Westindien und den nördlichen Provinzen.

Am Tage nach unserer Ankunft wohnten wir einer öffentlichen Versteigerung bei, welche vor dem Courthouse gehalten wurde. Jährliche Mieten von Häusern wurden feilgeboten; und sehr mittelmäßige Häuser in der Marktstraße wurden, weil sie zu Handelsgeschäften vorteilhaft gelegen waren, für 60, 100 und 150 Pfund jährlichen Zins verlassen.

Nach diesem wurden Neger, ebenfalls durch öffentlichen Ausruf, auf 12 Monate gegen das höchste Gebot vermietet. – Eine ganze Familie, Mann, Weib und 3 Kinder, wurden für jährliche 70 Pfund vermietet; andere einzelne aber für 25, 30, 35 Pfund, nach Beschaffenheit ihres Alters, Stärke, Geschicklichkeit und Brauchbarkeit. In Nordkarolina rechnet man im Durchschnitt, daß ein Neger seinem Herrn jährlich ungefähr 30 Pfund Current (180 fl. Rhein.) einbringen müsse, weil dieses das Medium der gewöhnlichsten Mietpreise ist. In Westindien schätzt man den reinen Profit, welchen die Arbeit eines Negers seinem Herrn bringt, auf 25–30 Guineen, und in Virginien, nach Beschaffenheit des Landes, auf 10–12–15 Guineen im Jahre. – Die hiesige Unterhaltung eines Negers ist nicht kostbar, denn man gibt ih-

---

[1] Gemeint ist Nordkarolina (A. d. H.).

nen täglich nur ein Quart Mais und selten etwas Fleisch oder gesalzene Fische. Nur die Neger, welche zur Bedienung im Hause gehalten werden, haben sich einer bessern Verpflegung zu erfreuen. Gutgesinnte Herren kleiden ihre Neger jährlich einmal und geben ihnen einen Anzug von grobem wollenem Tuch, zwei grobe Hemden und ein Paar Schuhe. Aber die, welche die größten Herden davon haben, halten sie am schlechtesten, lassen sie meistens nackend oder in Lumpen laufen und gewöhnen sie soviel wie möglich zum Hungern, verlangen aber doch stete Arbeit. Wer einen Neger mietet, gibt auf der Stelle eine Verschreibung des Mietpreises, welcher nach Verlauf der Mietzeit bezahlet werden muß, sollte auch unterdessen der gemietete Neger krank gewesen oder weggelaufen sein. Der Mietende muß ferner die Kopfsteuer für den Neger bezahlen und ihm Kleidung und Nahrung geben. Ein Neger ist also ein Kapital, welches man zu sehr hohen Zinsen ausleiht, aber wegen Entlaufens und Sterbens freilich auch ein sehr unsicheres.

Andere Neger wurden verkauft, und das zu sehr verschiedenen Preisen, von 120 bis 160 und 180 Pfund; also zu 4–5 bis 6mal des mittlern jährlichen Mietlohns. Ihren Wert bestimmen Alter, Gesundheit und Fähigkeiten. Ein Faßbinder, welches unter den Pech- und Teersiedern ein unentbehrliches Gewerbe ist, kam seinem Käufer auf 250 Pfund und dessen 15jähriger, zu der nämlichen Arbeit erzogener Sohn auf 150 Pfund zu stehen. Der Vater wurde zuerst ausgeboten; die Besorgnis, daß sein Sohn einem andern Käufer zufallen und von ihm getrennt werden möchte, war ihm schmerzhafter als die Furcht, einen harten Herrn zu bekommen. «Wer mich kaufet», rief er unabläßlich, «muß auch meinen Sohn kaufen» – und es geschah, wie seine Vaterliebe es wünschte, denn sein Käufer war, wenn auch nicht aus Bewegungsgründen von Menschlichkeit oder Mitleiden, doch aus Rücksichten seines Vorteils dazu genötigt. Ein ältlicher Mann und sein Weib wurden für 200 Pfund hingegeben. Aber nicht immer sind diese armen Geschöpfe so glücklich, in Gesellschaft der Ihrigen verkauft zu werden; oft werden der Mann seinem Weibe, die Kinder ihrer Mutter entrissen, wenn es dem Vorteil des Käufers oder Verkäufers besser entspricht, und man achtet ihrer kläglichen Bitten nicht, womit sie ihre Trennungen zu verhindern suchen.

Man kann nicht ohne Mitleiden und Teilnahme diese armen Kreaturen da auf einem erhöheten Platz zur Schau ausgestellt sehen, wo sie von den Kauflustigen genau befühlt und besehen werden. Kummer und Verzweiflung blickt aus ihren Mienen, und sie müssen ängstlich abwarten, ob sie einem hartherzigen Barbaren oder einem Menschenfreunde zufallen werden. Ärgerliche und unanständige Fragen und Scherze erlaubt man sich bei dem Ausbieten der Negressen. Der Auktionator bemüht sich, die Stärke, Schönheit, Gesundheit, Geschicklichkeit, Treue und Nüchternheit und alle Tugenden seiner Ware auf das beste herauszustreichen, um sie desto höher an Mann zu bringen. Die ausgebotenen Neger hingegen widersprechen ebenso eifrig jeder guten Eigenschaft, die man von ihnen rühmet; klagen über Alter, über ausgestandes Ungemach und Krankheiten und versichern, man werde sich an ihnen verkaufen und sie wären kein so hohes Gebot wert, weil sie wohl wissen, daß, je teurer sie bezahlt werden, desto mehr Arbeit und Abnutzung man von ihnen erwartet.

Um die Verbesserung des Zustandes dieser Klasse von Menschen haben sich besonders die Quäker in Amerika schon lange, aber immer vergeblich bemüht. Noch kürzlich hatte einer von ihnen, ein Mitglied der virginischen Assembly, Mut und Menschenliebe genug, einen öffentlichen Antrag auf Freilassung der Negersklaven zu machen; es gelang ihm aber diesmal nicht.[1] Indessen aber die Quäker erwarteten, daß Obrigkeiten ihren wiederholten und menschenfreundlichen Vorstellungen Gehör geben und durch allgemeine Verordnungen die Leibeigenschaft der Afrikaner gänzlich aufheben sollten, haben einzelne Glieder dieser

---

[1] In Virginien ist nun wirklich die Sklaverei der Neger aufgehoben; es dürfen keine schwarzen Sklaven mehr eingeführt werden; man hat Schulen für ihren Unterricht und Gesellschaften errichtet, sie gegen die Härte ihrer Herren zu beschützen. – Ebenso hat man in Pennsylvanien allen Negersklaven die Freiheit erteilet, die seit der Independenzerklärung in dieser Provinz geboren wurden.

Gemeinden es für Gewissenssache gehalten, andere durch Beispiele zu einem so löblichen Zwecke zu ermuntern. Doch wurden gemeiniglich ihre wohlwollenden und edlen Absichten vereitelt. Ein reicher alter Quäker, welcher bei Richmond in Virginien lebt, schenkte allen seinen Sklaven die Freiheit, unter der Bedingung jedoch, daß sie bei ihm bleiben und gegen sehr billigen Tageslohn arbeiten sollten. Alle versprachen es heilig; sobald sie aber ihre Freibriefe hatten, verließen ihn die meisten. Ein anderer reicher virginischer Quäker gab ebenfalls seinen Negern die Freiheit und jeder Familie ein Stück Land, worauf sie sich durch ihre Arbeit, gegen Erlegung eines jährlichen Grundzinses wie andere Mietleute (Tenants) nähren konnten; sie fingen zwar an, solches zu tun, da sie aber die gewohnte strenge Aufsicht nicht mehr über sich fühlten und moralische oder religiöse Grundsätze, welche sie nicht kannten, sie nicht in der gehofften Ordnung hielten, an die sie vorher nur durch Zwang gewöhnt waren, so entsprach auch dieser Versuch den Absichten des guten Quäkers nicht, und er sah sich und seine Ländereien bald von seinen freigegebenen Negern verlassen. Man erzählt mehrere dergleichen Beispiele, um dadurch zu beweisen, wie sehr die Neger überhaupt unfähig wären, gehörigen Gebrauch von den ihnen zugedachten Vorteilen der Freiheit zu machen, und um die so ganz unbegründete Meinung von ihrer natürlichen Bestimmung zur Knechtschaft zu erhalten. Es ließen sich wohl ebensoviele Beispiele von freien Negern anführen, welche sich sittlich betragen und ordentlich und fleißig nähren; daß man dieses aber freilich nicht von allen sagen und erwarten kann, dafür liegt der Grund einzig und allein in der äußersten und vorsätzlichen Vernachlässigung der Erziehung ihrer Jugend; und die Neigung zur Trägheit, Dieberei und Untreue, welche man den Negern zur Last legt, sind die unvermeidlichen Folgen der Sklaverei. Man läßt sie aufwachsen wie anderes Vieh und lehrt sie keine andern Gebote kennen als den strengsten Willen ihres Herrn und keine andern Bewegungsgründe ihrer Handlungen als die Geißel. Man sagt, der Neger sei von Natur träge zur Arbeit, könne nur durch Zwang und strenge Aufsicht dazu gewöhnt werden und sei daher, sich selbst überlassen, ein unnützes und lästiges Mitglied für die übrige bürgerliche Gemeinheit. Es ist sehr wahrscheinlich, daß der Afrikaner von seinem Vaterlande, wo ihm die gütige Natur beinahe alles, was er zu seiner Erhaltung bedarf, freiwillig darbietet, keine große Neigung zu angestrengter und mühsam anhaltender Arbeit mitbringt; es läßt sich aber auch keine vernünftige Ursache einsehen, warum der gewaltsamerweise nach Amerika versetzte Neger das mit Eifer und Lust tun soll, was der amerikanische Pflanzer selber nicht tun mag, warum jener im bittern Schweiß seines Angesichts und bei höchst spärlicher Nahrung das Feld bebauen soll, damit dieser seine Tage in Ruhe und Wohlleben verprasse.

Charleston

Charleston ist eine der schönsten amerikanischen Städte; Philadelphia ausgenommen, stehet sie keiner andern nach, und ich weiß nicht, ob sie nicht dieser auf Grund ihrer ungleich heiterern und gefälligeren Anlage noch den Vorzug streitig machen möchte, wenngleich sie ihr an Größe und Volksmenge nicht beikommt. Sie enthält eine Menge geschmackvoller und niedlicher Gebäude, die aber meistens nur hölzerne sind. Diesen Umstand entschuldiget zwar zum Teil der diesen Gegenden eigene natürliche Mangel an Steinen; man besiehet aber übrigens keine Ursache, warum man hier nicht ebensowohl Backsteine zu den Gebäuden angewendet hat als in Philadelphia und New York, da die Materialien dazu ebensogut und ebenso reichlich wie an jenen Orten zur Hand sind. Die Anzahl der Häuser wird gegen 1500 geschätzt. Bei der Anlage der Häuser wird vorzüglich auf luftige und kühle Zimmer gesehen. Die meisten haben geräumige Höfe und Gärten, alle aber abgesonderte Küchengebäude, wie es durchgehends in den südlichen Provinzen, um Feuergefahr und Hitze zu vermeiden, gewöhnlich ist. Die Hauptstraßen sind geräumig, gerade und durchschneiden sich in rechten Winkeln; sie sind aber nicht gepflastert und daher doppelten Unbequemlichkeiten bei regnerischem und bei staubigem Wetter unterworfen. Die größte Länge der Stadt beträgt noch nicht völlig eine Meile.

Ihre Lage ist unter 32° 40′ nördlicher Breite und 83° 40′ westlicher Länge, auf einer Landspitze zwischen dem Cowper- und dem Ashleyfluß und auf derselben Stelle, wo Kapitän Sayle 1669 die ersten Pflanzer landete und mit ihnen sich niederließ, weil sie aus Furcht vor den Wilden weiter landeinwärts zu dringen nicht wagen durften. Der Plan zur Erbauung einer prächtigen Stadt wurde bald nachher von den Lords-Eigentümern, welchen König Karl der Zweite die Provinz Carolina verliehen hatte, entworfen und überschickt, aber bis jetzt noch nicht ganz zur Ausführung gebracht.

Beide genannten Flüsse sind zwar schiffbar, doch ist der Cowperfluß nur allein für Handelsschiffe, bis 20 Meilen über die Stadt hinauf, zugänglich. Kauffahrteischiffe finden zwischen der Stadt und einem kleinem Eilande im Cowperfluß bequemen und sichern Ankergrund. Dieser Teil des Flusses wird die Bay genannt, und längs dieser Seite der Stadt sind die Ufer mit vortrefflichen Werften von Kohlpalmen (Cabbage-trees) versehen. Den Eingang in den Hafen erschweret eine vorliegende Sandbank (Bar), welche Schiffe von mehr als 200 Tonnen, ohne sich zu erleichtern, nicht passieren können. Die vorteilhafte Lage der Stadt hat man zu ihrer Befestigung geschickt zu benutzen nicht unterlassen; sowohl gegen die Landseite als auch auf der südwestlichen Spitze war sie schon vor langer Zeit mit regelmäßigen gemauerten Werken versehen, welche während des Kriegs sowohl von den Amerikanern als auch den Engländern beträchtlich vermehrt und verbessert worden, nun aber auch wieder in Verfall geraten sind. Die Stadt hat von der Landseite nur einen Zugang, welcher durch ein Tor nebst einigen Verteidigungswerken, von Austernschalen und Kalk aufgemauert, verwahret ist.

Unter den öffentlichen Gebäuden der Stadt zeichnen sich das schöne Staatenhaus, die diesem gegenüber befindliche Hauptwache, die Börse und die beiden Kirchen, St. Philipp und St. Michael, vorzüglich aus, welche sämtlich nach guten Plänen errichtet sind. Zwei Reihen Baracken von Holz, für die ehemaligen englischen Besatzungen, werden dermalen nicht genützet. Der Turm der St. Michaelskirche ist 190 Fuß hoch und diente von jeher den einlaufenden Schiffen zum Wegweiser. Er war ehedem weiß angestrichen; der amerikanische Commodore Whipple hatte aber den Einfall, ihn auf der Seite nach der See zu, wo er sehr weit gesehen werden kann, schwarz bemalen zu lassen, um ihn den britischen Schiffen, deren Besuch man fürchtete, unsichtbar zu machen.

Der Name der Stadt ist nach dem letzten Frieden von Charlestown in Charleston umgeändert und sie zugleich zu einer City erhoben worden, da sie bis dahin nur den Rang einer Town hatte. Nach der englischen Verfassung werden nämlich nur jene Städte Cities genannt, welche einen Bischof haben und inkorporiert sind oder welche eigene ihnen verliehene Privilegien unter dem Vorsitze eines Mayor's und anderer Beamten ausüben und ein eigenes Stadtsiegel führen. Einen Bischof hat Charleston zwar nicht, aber die Würde eines Mayor's unter dem Namen eines Superintendenten ist ihr durch diese von der Provinzial-Assembly beschlosse Rangerhöhung gegeben worden.

Die Zahl ihrer Einwohner, welche ehemals auf 10–12 000 geschätzt wurde, wovon aber mehr als die Hälfte, vielleicht zwei Dritteile, Neger waren, kann gegenwärtig nicht genau bestimmt werden, weil man weder genaue Tauf- noch Totenlisten hat. Die Volksmenge hat sich überdies sowohl durch freiwillige Auswanderungen als auch durch die Verbannung vieler ihrer angesehensten königlich gesinnten Bürger beträchtlich vermindert. Zuverlässig aber ist die Zahl der weißen Einwohner ungleich geringer als die der Schwarzen, Braunen und Gelben, welche sich hier in allen Schattierungen finden.

Die Sitten der Einwohner von Charleston sind von denen der übrigen nordamerikanischen Städte ebensosehr verschieden, wie es die Produkte ihres Bodens sind. Die einträglichen Reis- und Indigoplantagen sind ergiebige Quellen des Reichtums für viele ansehnliche Familien, die sich daher dem Genusse aller Vergnügungen und Bequemlichkeiten überlassen, wozu ihr wärmeres Klima und bessere Umstände sie einladen. – Durchgehends herrscht hier eine feinere Lebensart, und mehr Höflichkeitsbezeugungen sind im Gange als in den nördlichern Städten. Man sagte mir das bereits in Philadelphia vorher, und ich fand es gegründet, so wie ich überhaupt auf der Reise hierher, je mehr ich mich von Pennsylvanien entfernte und tiefer herab in südliche Gegenden kam, etwas gefälligere Manieren unter den Landleuten wahrnahm. Man ist hier höflich, ohne pünktlich, steif und formal zu sein. Gar nichts Seltenes war es schon seit langem, daß die reichern Einwohner ihre Kinder beiderlei Geschlechts zur Erziehung nach Europa sandten. Dieses mußte auf die Verfeinerung der Sitten um so mehrern und allgemeinern Einfluß haben, da weder besondere Religionsgrundsätze, wie die der Presbyterianer in Neuengland oder der Quäker in Pennsylvanien, dem Genusse des Wohllebens im Wege standen, noch häusliche Umstände sie darin beschränkten. Der Luxus hat deshalb in Karolina die größten Fortschritte gemacht; und die Lebensart, Kleidung, Equipagen, Hausgeräte und alles verraten einen höhern Grad von Geschmack und Prunkliebe und weniger Sparsamkeit als in den nördlichen Provinzen. – Man hatte ein eigenes Schauspielhaus, in welchem reisende Gesellschaften von Zeit zu Zeit das Publikum unterhielten, es ging aber vor einiger Zeit im Feuer auf. Ein ähnliches unglückliches Schicksal widerfuhr einem zierlichen Tanzsaale. Ein französischer Tanzmeister war der Errichter dieses Gebäudes; die dazu benötigte Summe wurde ihm von dem ersten Geistlichen der Stadt vorgeschossen, der also kein Bedenken trug, zur Beförderung der Ergötzlichkeiten seiner Gemeinde behülflich zu sein, während in einem der neuengländischen Staaten der bloße Gedanke daran jeden Geistlichen würde entehrt haben. Man kennt, liebt und genießt hier alle Arten von Ergötzlichkeiten. Man hat öffentliche Konzerte, welche dermalen meistens durch deutsche und englische, von der Armee zurückgebliebene Musikverständige besetzt sind, denn unter den Eingebornen finden sich noch wenige Liebhaber und Kunstverständige. – Der Geschmack an geschlossenen Privatgesellschaften oder sogenannten Clubs herrschet hier sehr ausgebreitet. Man zählet bei 20 verschiedene Clubs, und die meisten Einwohner sind Glieder von mehr als einem. – Alle in England üblichen Spiele gehen auch hier in Schwang. – In Absicht auf Kleidung folgt man ganz dem englischen Geschmack; auch behalten die Geistlichkeit und Magistratspersonen ihre im Mutterland üblichen Trachten bei. Die Damen wenden alle Sorgfalt auf ihren Putz und Anzug und scheuen keine Kosten, immer die neuesten Moden aus Europa zu erhalten. Putzmacherinnen und Friseurs befinden sich hier wohl und sammeln Reichtümer.

Charleston wurde zu verschiedenen Malen bereits und durch entgegengesetzte Elemente mit gänzlicher Zerstörung bedroht. Ein großer Teil der Stadt ging zu verschiedenen Zeiten und mit Verlust ansehnlicher Vorräte von Kaufmannsgütern in Feuer auf. Zu andern Zeiten haben äußerst heftige und anhaltende Orkane ihren gänzlichen Umsturz befürchten lassen. Die niedrige Lage der Stadt setzet sie bei etwas lange anhaltenden nordöstlichen Stürmen den Gefahren tobender Überschwemmungen aus, indem diese Winde den nordwestlichen Lauf des längs der Küste und aus dem Mexikanischen Meerbusen heraufkommenden Golfstroms stemmen und ihn mit den Wassern des übrigen bewegten Ozeans gegen die flache Küste von Karolina treiben. Da durch dieselben Ursachen denn auch die zu beiden Seiten der Stadt vorbeiströmenden Flüsse aufgehalten werden, so schwellen die Wasser oft zu einer unglaublichen Höhe in sehr kurzer Zeit.

Obgleich der Boden um Charleston, der meistens aus Muscheln bestehet, wenig Fruchtbarkeit verspricht, so fehlt es doch nicht an merkwürdigen Beispielen, welche den schnellen Fortgang der Vegetation in demselben beweisen. Wärme und Feuchtigkeiten ersetzen, was der dürftige Boden nicht zu geben vermag.

Nächst dem Indigo ist der Reis die vorzüglichste Stapelware von Südkarolina. Diese Provinz und Georgia haben bis daher allein den Anbau davon ins Große getrieben; denn obgleich Nordkarolina und der südliche Teil von Virginia ebenfalls Gegenden hat, welche für diese Getreideart sich schicken, so hat man dessen Anbau dort doch noch immer zu sehr vernachlässiget. Der größte Anteil des in Nordamerika erzeigten Reises wurde nach den nördlichen Staaten von Europa verführt.

Der jährliche Gewinn von einem Acker (166 Ruten) Reislandes kann zu 8–12, auch 14 Pfund Sterlingen angenommen werden, nachdem der Preis des Reises hoch oder niedrig stehet. Es wird daher die Urbarmachung der dazu sich bequemenden Ländereien mit dem mehresten Eifer betrieben. Man bauet Reis, um mehr Neger kaufen zu können, und kauft Neger, um mehr Reis zu gewinnen.

In der Mitte des Februars eröffnete in Charleston die Assembly von Südkarolina ihre Wintersitzungen. Der Zutritt zu dieser Versammlung ist jedem bescheidenen Manne offen; und man wird sie selten ohne Teilnehmung und nie ohne Unterricht verlassen. Hier sprechen Männer ohne Menschenfurcht, ohne Zurückhaltung und mit fühlbarem Eifer für das Beste ihres Vaterlandes und ihrer Mitbürger. Die Regierungsform des Staats von Südkarolina ist bis auf einige Kleinigkeiten der Verfassung der übrigen Staaten gleich. Die ausübende Verwaltung der Gesetze ist in den Händen eines Gouverneurs, dem ein Gouvernor-Lieutenant und ein geheimer Rat beistehen, welche sämtlich um das andere Jahr von den Assemblys gewählt werden. Die gesetzgebende Macht bestehet aus dem Senate und dem Hause der Repräsentanten, welche alle zwei Jahre von dem Volke erwählet werden. Der Gouvernor [und der] Gouvernor-Lieutenant müssen zehn Jahre im Staate gewohnt haben und die geheimen Räte fünf Jahre. Jeder muß wenigstens ein Vermögen von 10 000 Pfund besitzen. Ein Senator muß 30 Jahre alt und fünf Jahre ein Bürger des Staats gewesen sein und wenigstens 2 000 Pfund im Vermögen haben. Ein Repräsentant im Unterhause muß 3 Jahre im Lande gewohnt und ebenfalls ein bestimmtes Vermögen besitzen. Wahlfähig zur Ernennung dieser Mitglieder der Regierung ist jeder freie weiße Mann, der ein Jahr im Staate gewohnt hat und dessen Abgaben der Landtaxe von 50 Acker Landes gleich sind. Die verschiedenen Kirchspiele und Grafschaften von Südkarolina stellen ungefähr 170 Mitglieder zur Assembly, die Stadt Charleston allein aber noch 30 mehr. Letztere Anzahl ist zwar im Verhältnis zur Volksmenge in der Stadt und im

Lande ungleich groß; auch wußte man dieses wohl, wählte aber doch am Anfange des Krieges diese größere Zahl, um desto sicherer eine Überzahl für den Krieg stimmender Mitglieder zu erhalten, weil die Einwohner der Stadt aus bekannten Ursachen mehr als die Landleute für den Krieg und dessen Fortsetzung geneigt waren. Die Mitglieder der Stadt sind größtenteils Rechtsgelehrte, ansehnliche Kaufleute oder andere wohlunterrichtete und verständige Männer, sie sind daher beredt, unternehmend und erhalten leicht das Übergewicht über die Abgeordneten des übrigen Landes, wo es auf Vortrag und ein wenig Kabale ankommt. Die völlige Anzahl der Abgeordneten ist niemals beisammen; die hintersten und ärmeren Distrikte scheuen die Unkosten, ihre sämtlichen Abgeordneten nach Charleston zu schicken. Die aber, welche erscheinen, wenn auch nicht Mut und Beredsamkeit genug haben, sich den Vorschlägen öffentlich zu widersetzen, welche ihnen nach ihrer Lage unangenehm oder lästig sein möchten, verstehen dennoch ihr Interesse hinlänglich, um wenigstens bei der Stimmensammlung ihre Einwilligung stille zu verweigern. Daher verwundert man sich oft, daß Vorschläge durchfallen, deren wahrscheinlicher Nutzen und Notwendigkeit von einigen Mitgliedern der Stadt oder der vordern Distrikte mit allem Schmuck der Rednerkunst sind dargestellet worden und wogegen von den Abgeordneten des Hinterlandes nichts öffentlich eingewendet worden ist. Oft sind sie doch ein wenig hartnäckig oder auch argwöhnisch, und es wird daher manchmal zum Besten einer guten Sache notwendig, sie durch unschuldige Nebenwege zu lenken. Zuweilen haben sie aber auch gegründete Ursache, sich zu widersetzen; dies war bei gegenwärtiger Versammlung einmal der Fall. Es sollte die Landtaxe erhöhet und durch den ganzen Staat gleichmäßig erhoben werden. Die Reis- und Indigoplantagen der vordern Gegenden warfen nun ungleich höhern Ertrag ab als die Weizen- und türkischen Kornfelder des Inlandes – die Besitzer der ersteren würden also jene Erhöhung gar nicht oder kaum gefühlt haben, wenn sie für die letztern eine unerträgliche Last würde geworden sein. Sie verlangten daher und mit allem Rechte, daß diese Taxerhöhung nicht nach dem Umfange des Landes, sondern nach der Güte und dem Ertrage desselben angeleget werden sollte.

Für das laufende Jahr 1784 hat die dermalige Assembly Anstalten und Wege (Ways & Means) getroffen, um die Summe von 104 000 Pfund Sterl. durch Auflagen erheben zu können, wenn es nötig sein sollte; vorläufig aber hat man nur auf 79 400 Pfund veranschlagt. Die Negertaxe[1] wurde von einem auf zween Dollars erhöhet, und noch war es in Betrachtung, ob nicht 3 Dollar noch zuträglicher wären; zumal da die gleichmäßige Erhöhung der Landtaxe von 1 auf 2 Dollar für 100 Acker nach starkem Widerspruche der Einwohner des Hinterlandes unterworfen [verworfen] war. Gegen eine größere Auflage auf Neger würden diese weniger einzuwenden haben, weil in den hintern und innern Gegenden des Landes wenige oder gar keine Neger gebraucht werden. Ungefähr 40 000 Pfund Sterl. betragen die Zivilausgaben des Staates. Der Gouverneur hat allein 1 000 Pfund an Besoldung, und die übrigen Bedienten des Staats sind alle verhältnismäßig bezahlt.

Außer diesen in die öffentlichen Staatskassen fließenden Abgaben waren noch andere Auflagen zur Unterhaltung der Polizeibedienten, Stadtwächter, Lampen etc. Hierzu waren besonders und eigentlich die Einkünfte bestimmt, welche von den in der Stadt arbeitenden Negern eingingen. Es mußte nämlich jeder Herr für seine Sklaven oder jeder freie Neger für sich selbst ein Erlaubniszeichen (a Badge) für seine Hantierung lösen. Dieses betraf aber nur die Neger, welche sich selbst vermieteten oder von ihren Herren vermietet wurden. Für einen Metzger wurden jährlich 40 Shill. Sterl. bezahlt. Für einen Zimmermann, Maurer, Grobschmied, Goldschmied, Wagner, Anstreicher, Fischer etc. jährlich 20 Shill. Für einen Schneider, Gerber, Riemschneider, Flaschner etc. 15 Shill. Für einen Matrosen, Büttner, Schuhmacher, Seiler etc. 10 Shill. Für jeden andern, nicht eigentlich bestimmten, vermieteten Neger – 5 Shill. Zur Er-

---

[1] Gemeint ist die Kopfsteuer, die ohne Unterschied des Alters erhoben wurde. Außerdem wurde der Erlös aller öffentlichen Versteigerungen, darunter auch von Sklaven, mit $2^1/_2$ Prozent besteuert (A. d. H.).

klärung dieser von Mietnegern erhobenen Taxe muß man wissen, daß in Virginien, in Karolina, Georgia sowie in Westindien diese Menschenklasse ein wucherndes Kapital für ihre Eigentümer ist, die, wenn sie nicht selber Beschäftigung für sie haben, solche vermieten und von dem Mietlohne leben, wie man anderwärts von Lehnpferden lebt. Der geringste Neger, wenn er kein eigentliches Handwerk oder irgendeine bestimmte Beschäftigung treiben kann, muß mit anderer grober Arbeit oder Taglohn seinen Unterhalt verdienen und davon seinem Eigentümer einen bestimmten Teil abgeben. Das wenigste ist, daß er täglich einen Shilling Sterling abliefert, er mag übrigens viel oder wenig verdient haben, und dabei hat er für seine Nahrung und Kleidung zu sorgen. Diese Bedingungen sind zwar nach der Güte des Eigentümers und der Geschicklichkeit des Negers verschieden; im Durchschnitt aber kann man annehmen, daß sich ein Mietneger jährlich auf 15–20 Prozent verinteressiere [verzinst]. Daher legen viele Müßiggänger ihr Vermögen in Negern an und lassen sich von ihnen ernähren und leben sorgenlos von ihrem sauern vermieteten Schweiße.

Die Assembly hatte einen Ausschuß eingesetzt, um die Liste der verbannten Bürger und ihres eingezogenen Vermögens genau zu prüfen, um solche nach Maßgabe ihrer angeschuldeten Verbrechen gegen den Staat entweder zurückkommen zu lassen oder noch weiter entfernt zu halten. Auch diese Untersuchung geschah bei offenen Türen. Die Gesinnungen der würdigsten und angesehensten Bürger und Gentlemen von Charleston gingen dahin, alle diejenigen, welche sich nicht sehr grober Vergehungen gegen den Staat schuldig gemacht hatten, so glimpflich wie möglich zu behandeln und ihnen gegen Erlegung von 10–20 Prozent ihres Vermögens die Rückkehr zu erlauben und die Sünde ihrer Anhänglichkeit an Großbritannien zu verzeihen; sie wollten, daß nur jene, welche in ihrem Eifer für die Sache des Königs sich eines erwiesenen Mordes schuldig gemacht oder andere wichtige Verletzungen der Amerikanischgesinnten durch Feuer, Verwüstungen u. dgl. veranlaßt hatten, der gänzlichen Hoffnung einer Wiederkehr in ihre Heimat beraubt sein sollten – und dieses würde von mehr als anderthalbhundert Personen, welche auf der schwarzen Liste stunden, nicht über 15 Personen betroffen haben. Diesen großmütigen Gesinnungen so vieler würdiger Männer widersetzten sich aber andere aus der niederen und roheren Volksklasse mit einer wahrhaft wütenden Hartnäckigkeit; sie atmeten nichts als bittere Rache und wollten von keiner Verzeihung hören.

Die Gesetze von Südkarolina begünstigen oder erkennen so wenig wie die der übrigen Staaten einen Unterschied der Stände. Wenn aber auch keine namentlichen Rangordnungen eingeführt sind, so bemerkt man dennoch, daß mancherlei Umstände und Verhältnisse beinahe das nämliche bewirken und einige Glieder der Gesellschaft näher und enger aneinander reihen und daß man diesen stillschweigend mehr oder weniger Vorzug zuerkennet. Amerika kennet keinen Adel, sondern hasset den Gedanken davon und verweigert die geforderte Achtung denen, die keinen andern Anspruch darauf haben als den ihrer Herkunft und Geburt. Es gibt aber eine Klasse von Bürgern, welche durch natürliche Geistesgaben, durch brauchbare Kenntnisse, durch Reichtum sich über die andern deutlich genug erheben, sich größeren Einfluß und Ansehen in mancherlei Lagen zu verschaffen und zu behaupten wissen und in manchem Betracht geradeso denken und handeln wie der Adel in andern Ländern.

Mißvergnügte Offiziere traf man dermalen hier in großer Menge an. Ihre Beweggründe, unzufrieden zu sein, waren triftig genug. Viele von ihnen hatten mehrere Jahre lang Gesundheit und Vermögen im Dienste ihres Vaterlandes zugesetzt und sahen sich nun ihrem Schicksale überlassen. Ein Major der südkarolinischen Truppen versicherte, daß er den ganzen Krieg hindurch nicht mehr als 70 Pfund bare Bezahlung erhalten, und, um seinem Posten und seiner Ehre gemäß leben zu können, genötiget gewesen sei, viele Neger und sogar Ländereien und diese nach der Lage der Umstände weit unter ihrem Wert zu verkaufen. Viele Offiziere bekamen für 2 und 3 Jahre nacheinander nicht einen blanken Schilling in ihre Tasche, und noch gegenwärtig ist die Bezahlung ihrer Forderungen an den Staat weit aussehend. Man muß sich daher nicht wundern, wenn man Urteile und

Worte ihnen entfallen höret, welche man von Männern nicht erwartet, von denen man geneigt war zu glauben, daß sie aus lauter Patriotismus fochten. Wäre es Patriotismus allein, was ihnen die Waffen in die Hand gab, so hätten sie hinlängliche Ursache, zufrieden zu sein, und mit der Selbstgenügsamkeit, mit welcher sie von dem glücklichen Ausgange ihres Krieges einseitig urteilen, konnten sie sich für reichlich bezahlt achten. Allein außer der Ehre, die Befreier ihres Vaterlandes zu heißen, verlangen sie doch auch Bezahlung und murren laut über deren Verzögerung. Was haben sie nun zum Voraus vor denen, welche sie mit dem beleidigenden Namen der Mietlinge zu entehren dachten?

Man kannte Amerika bisher bloß als ein den Geschäften der Handlung bestimmtes Land; bald aber wird man sehen, daß auch Wissenschaften und schöne Künste hier einen gedeihlichen Fortgang machen werden. Der nun eben geendigte Krieg hat bereits verschiedene Männer von Wichtigkeit und von so entschiedenen Talenten in Tätigkeit gesetzt, daß Amerika gewissermaßen auch von der Seite der Gelehrsamkeit gewonnen hat, obgleich der Krieg selber die Kultivierung der Wissenschaften eine Zeitlang unterbrach. Vor jener Periode konnten die zur Ruhe und Bequemlichkeit geneigten Söhne Amerikas der Mühe des Studierens sich überheben, weil Europa beinahe alle für öffentliche Ämter und Geschäfte erforderlichen Männer stellte. Im Kriege selbst waren seine Jünglinge auf andere Weise beschäftigt, und indem man für Freiheit focht, konnten die Erziehung der Jugend und gelehrte Anstalten nicht die ganze Aufmerksamkeit der Regierungen beschäftigen.

Unterdessen aber, da dieser Weltteil nunmehr das Ziel seiner Wünsche, Unabhängigkeit, besitzet, so muß es künftig die zur Erhaltung des Staatsgebäudes und der Wohlfahrt des Ganzen erforderlichen gelehrten Glieder aus seinen eigenen Bürgern wählen. Die Revolution hat eine Menge neue Quellen von Ansehen und Ehre eröffnet und dem Fleiße verschiedene neue Bahnen gebrochen; durch sie werden daher auch die Bürger der neuen Staaten zum Betriebe aller Wissenschaften aufgefordert. Amerika braucht von nun an Krieger, Staatsmänner, Schriftgelehrte, Ärzte und Rechtskundige, welche alle die nötigen Vorbereitungen in Schulen und Akademien erhalten müssen. Amerika muß Geschichtsschreiber haben, um die Taten seiner Söhne auf die Nachwelt zu bringen; es muß unterrichtete und einsichtsvolle Männer haben, wenn seine Rathausversammlungen Achtung und seine Waffen Nachdruck haben sollen. Es würde Unehre für so viele Staaten sein, wenn sie noch lange untätig zusehen wollten, daß Fremdlinge sie in jeder Wissenschaft belehren und unterrichten, daß Fremdlinge die Beschaffenheit ihres Vaterlandes erklären und ihre natürlichen Seltenheiten für sie aufsuchen sollten. So viele verschiedene, noch wenig bekannte Gegenden enthalten sicher noch Gegenstände genug, den fleißigen Naturforscher zu reizen. Die Gebirge und Erzgänge sind noch wenig bekannt, die Kräfte so mancher vielversprechender Pflanzen ungeprüft. Warum sollte, wie bisher, der amerikanische Gelehrte sich bloß auf die Erfahrungen anderer stützen und nicht die Natur seines eigenen Vaterlandes studieren? Die Einrichtung der Regierungsform dieser freien Staaten und ihre Pressefreiheit öffnen für Redner, für Kritiker und für das Studium der Menschen überhaupt ein weites Feld.

Künste und Wissenschaften haben bisher einen bessern Fortgang und fruchtbarern Boden in den nördlichen Gegenden von Amerika gefunden. Unter den neuengländischen Presbyterianern fanden sie vormals und noch izt viele eifrige Verehrer; Boston und Cambridge hatten immer sich mehrerer gelehrter Männer zu rühmen. Auch soll Geschmack an Musik, Malerei und schönen Wissenschaften überhaupt dort schon lange allgemeiner sein. Die nächsten in der Zeitfolge waren die Pennsylvanier. – In den südlichen Provinzen haben die Wissenschaften die langsamsten Fortschritte gemacht. In Virginien hatte man zwar seit vielen Jahren ein Kollegium zu Williamsburg; die Lehranstalten wurden aber vormals sehr schläfrig betrieben. In den Karolinen sind außer den gewöhnlichsten niedern Schulen bisher noch keine höhern Schulen zum Unterricht der Jugend angeordnet gewesen. Aber man fühlt auch nunmehr die Notwendigkeit davon, und es wurde in der diesmaligen Sitzung der Assembly ein Vorschlag zur Errichtung einer Akademie für höhere Wissenschaften gemacht. Viele angesehene Mitglieder unterstützten diesen Entwurf mit allem Eifer, konnten ihn aber nicht durchsetzen. Die Mehrheit der Stimmen neigte sich auf die Seite einiger anderer Glieder, welche der Meinung waren, daß das warme Klima von Karolina dem Studieren ungünstig sei, und es für besser hielten, studierende Jünglinge nach auswärtigen Akademien zu schicken. Die Verteidiger dieser letztern Meinung waren nicht Gelehrte von Profession wie jene, welche den Vorschlag machten; das Ungereimte jenes Entwurfs von der Wärme des Klimas liegt zu klar zutage, als daß es einer Erörterung bedürfte. Man hielt es nicht für unschicklich oder für vergeblich, die zartere Jugend in den ersten Anfangsgründen menschlicher Kenntnisse und der Religion zu unterrichten. Wenn Kinder in diesem warmen Lande Fähigkeit haben, ihrem Alter und Kräften angemessene Begriffe fassen zu können, welches ihnen niemand abspricht, warum nicht auch Jünglinge bei reifern Kräften der Seele und des Körpers und eines Körpers, der als eingeboren der Wärme und ihrer Wirkungen schon gewissermaßen gewohnt ist. Es würde übel für die Wissenschaften gestanden haben, wenn man von jeher in andern warmen Ländern ebenso gedacht hätte wie man in Karolina denkt. Haben nicht alle Wissenschaften zu einer oder der andern Zeit in andern Weltgegenden geblühet, wo man einer ebenso brennenden Sonne ausgesetzt war? Und es war gewiß nicht immer die Schuld des Klimas, wenn Gelehrsamkeit in solchen Ländern in Verfall geriet oder unterdrückt wurde – politische und religiöse Ursachen trugen mehr dazu bei. – Wer beweisen wollte, daß es schwer oder unmöglich sei, in Karolina sich Begriffe und Kenntnisse zu erwerben, der müßte auch beweisen, daß es ebenso schwer oder unmöglich sei, die anderwärts erworbenen Kenntnisse daselbst in Übung zu bringen. Aber niemand in Karolina trägt Bedenken, auch an dem heißesten Sommertage seinen Arzt um Rat zu fragen oder rechtlichen Anspruch von dem Richter zu erbitten. – Wenn auch, was ich gar gerne zugebe, zu anhaltendem und tiefem Nachdenken die erschlaffende Hitze der eigentlichern Sommermonate ungünstig ist, so folget doch noch nicht, daß, was für einen oder etliche Monate Hindernisse machet, für das ganze Jahr Entschuldigung sei. Man hat noch keine Unbequemlichkeit davon gefunden, daß man in Williamsburg eine hohe Schule errichtet, wo der Grad der Wärme im Sommer wenig unter der karolinischen sein kann.

Um etwas zur Ermunterung der Jugend beizutragen, haben die Richter und der Intendant von Charleston unterdessen den Unterricht einiger Jünglinge übernommen; und diese üben sich auch wöchentlich einmal unter den Augen jener verdienstvollen Männer im Reden aus dem Stegreife und im Disputieren über allerlei Rechtsfragen. Jünglinge, die sich den Gerichten widmen wollen, haben außerdem keinen andern Weg, als sich bei einem der Rechtskundigen für einige Jahre in die Lehre zu begeben, wo sie aber ihre meiste Zeit mit unnützem Kopieren zubringen müssen und wenig mehr als Formalien erlernen; so werden sie zwar zu erträglichen Advokaten (Attorney's), aber nicht zu eigentlichen Rechtsverständigen (Lawyer) gebildet.

Die Einwohner von Charleston leben geschwind und lassen nicht gerne irgendeine der Vergnügungen dieses Lebens ungenossen. Wenige gelangen daher zu einem hohen Alter.

Die häufigen Fieber, welche jeden Sommer und Herbst so allgemein herrschen und nur wenige verschonen, sind allein hinlänglich, die dauerhaftesten Konstitutionen durch öftere Wiederholungen zu zermalmen; wahrscheinlich trägt aber auch der etwas freie Gebrauch starker Getränke, zumal unter der geringern und arbeitenden Volksklasse, viel zur Verkürzung des Lebens bei. Viele der hiesigen Einwohner werden beinahe jährlich von Wechselfiebern befallen, und andere entgehen ihnen nur durch die Menge von China, welche sie vorbauungsweise dagegen nehmen. Es ist fast zur Mode geworden, in den Fiebermonaten immer Chinarinde zu kauen oder wenigstens täglich einige Prisen davon zu schlucken. Ansteckende Krankheiten sind dahingegen desto seltener; eine Pest oder pestähnliche Krankheit kennt man in Amerika noch gar nicht.

Das männliche Geschlecht ist unter diesem Himmelsstriche im ganzen mehrern und gefahrvollern Krankheiten ausgesetzt als das weibliche, oder vielmehr setzen sie sich denselben selbst aus, weil sie sich ungleich mehr Ausschweifungen aller Arten erlauben und ihren Leidenschaften freiere Zügel lassen. Männer sterben daher häufig in der Blüte ihrer Jahre und hinterlassen junge und reiche Witwen für andere. Die meisten befördern ihren Tod durch unvorsichtigen Gebrauch geistiger Getränke, in welchen sie Erquickung und Stärkung gegen die erschlaffende Wirkung des heißen Klimas suchen. Karolina würde ein liebes Land für manchen Zecher sein; man lehrt hier, daß man in den warmen Monaten wenig denken und arbeiten und reichlich trinken

Tonkrug mit Vogelmotiv

müsse. Ein sehr mäßiger und eingeschränkter Gebrauch der gegornen und geistigen Getränke scheinet allerdings in heißen Gegenden zur Unterstützung der natürlichen Kräfte ersprießlich und erforderlich zu sein. Unglücklich aber ist das hier und anderwärts in Amerika herrschende Vorurteil, daß ein freier Genuß derselben der Entkräftung im warmen Wetter vorbeuge und den Körper durch vermehrte Ausdünstung kühle; da sie im Gegenteil die äußere brennende Hitze der Sonne durch inneres unnatürliches Feuer vermehren, zu gefährlichen Fiebern und Entzündungen Veranlassung geben und durch übermäßiges Schwitzen die besten Säfte des Körpers verzehren. Patriotische Ärzte in Amerika eifern gegen diese schädliche Gewohnheit, und es ist zu wünschen, daß ihre menschenfreundlichen Vorstellungen Eindruck machen und dem tödlichen Mißbrauch dieser unter gehöriger Einschränkung und Vorsicht nützlichen Getränke Einhalt tun mögen. D. Rusch in Philadelphia versichert, daß die Hälfte der Krankheiten, deren Ursache in der heißen Witterung gesucht wird, vielmehr im Mißbrauch starker Getränke zu finden sei, welche um diese Zeit als Stärkungsmittel verschlungen werden.

Der Aufwand von Rum oder Zuckerbranntwein ist in Amerika durchaus sehr beträchtlich, besonders aber in den südlichen Gegenden, weil man hier kein einheimisches Getränke bereitet. Zider ist unter den Landleuten der mittlern und nördlichen Gegenden das gemeinere Getränk. Der Gebrauch des Biers ist größtenteils noch auf die Städte eingeschränkt, und nur in Pennsylvanien und Maryland trifft man in den Landstädten, deren Bewohner größtenteils Deutsche sind, gutes einheimisches Bier an. Nirgendwo aber fehlt es an Rum und Whisky oder Obstbranntwein. Die Mannigfaltigkeit von Getränken, zu welchen der Rum Gelegenheit gibt, ist groß, und es würde ein langes Verzeichnis erfordern, sie alle herzuzählen.

Der Zustand der karolinischen Negersklaven ist im allgemeinen bedrängter und härter als ihrer nördlichen Brüder. In den Reisplantagen wird ihnen bei kümmerlicher Nahrung schon lästigere und mehr Arbeit zugemessen; und die Behandlung, die sie von ihren Aufsehern und Eigentümern erfahren, ist willkürlich und oft tyrannisch. In Karolina (und in keinem andern der nordamerikanischen Staaten) hat die harte Begegnung vormals schon verschiedene Aufstände unter ihnen veranlaßt. Man ist hier weniger um ihre sittliche Verbesserung, Erziehung und Unterricht bekümmert, und Südkarolina scheinet noch wenig geneigt, die löblichen und wohltätigen Verordnungen ihrer Schwesterstaaten in Rücksicht auf die Neger nachzuahmen.[1] Es ist ein hinlänglicher Beweis von der nachteiligen Lage, in welcher sich diese Geschöpfe hier befinden, daß sie sich nicht in derselben Proportion wie die weißen Einwohner des Landes vermehren,

---

[1] In Charleston selber hat man eine Gesellschaft für den Sklavenhandel nach der Küste von Afrika errichtet, und es sind in der Zeit von zwei Jahren nach dem Friedensschluß bei 3000 Neger (zur großen Betrübnis der übrigen Staaten) auf dem dasigen Markte öffentlich eingebracht und verkauft worden.

obgleich ihnen das Klima angemessener und natürlich ist. Ihre Anzahl muß beständig durch neue Rekrutierungen ersetzt werden; zwar erfordert der immer zunehmende Anbau von neuem Lande auch mehrere arbeitende Hände, und die vorgebliche Notwendigkeit der Einfuhr frischer Sklaven könnte zum Teil dahin gerechnet werden; bei genauerer Untersuchung bestätigt es sich aber doch, daß die Fortpflanzung und Vermehrung der Neger in den nördlichen Staaten, wo sie glimpflicher behandelt werden, ungleich beträchtlicher ist. – Die Gentlemen auf dem Lande haben unter ihren Negern, wie die russischen Edelleute unter ihren Leibeigenen, ihre meist benötigten Handwerker – Schuster, Schneider, Zimmerleute, Schmiede u. dgl. –, deren Arbeiten sie also um den möglichst geringsten Preis oder beinahe um nichts haben. – Es ist beinahe keine Hantierung und Gewerbsart, die nicht auch von Negern, teils freien, teils leibeigenen, erlernet und betrieben würde; die letztern werden

Topfwaren im Stil der Irokoianer

von ihren Eigentümern für Tagelohn vermietet. Charleston wimmelt von Negern, Mulatten und Mestizen; ihre Anzahl übersteigt die der weißen Einwohner um vieles, sie werden aber unter scharfer Zucht und Ordnung gehalten, und die Polizei hat ein wachsames Auge über sie. Es dürfen sich nirgendwo mehr als 7 männliche Negersklaven beisammen antreffen lassen; ihre Tanz- und anderen Gesellschaften müssen um 10 Uhr abends aufbrechen; ohne Erlaubnis ihrer Eigentümer darf ihnen niemand weder Bier noch Wein oder Branntwein verkaufen. – Es sind viele freie Neger und Mulatten hier. Ihre Freiheit erhalten sie, wenn sie durch eigenen Fleiß sich so viel erwerben, um sich loskaufen zu können, oder es wird ihnen die Freiheit bei dem Absterben ihrer Herren oder bei andern Gelegenheiten geschenkt. Nicht alle wissen sich ihrer Freiheit zu ihrem Vorteil zu bedienen; viele überlassen sich dem Müßiggang und Ausschweifungen, welche sie endlich zu listigen Betrügereien und zum Stehlen verleiten. Sie sind außerdem der Eitelkeit außerordentlich ergeben und lieben es, sich soviel wie möglich zu schmükken und aufzuputzen und sich vornehm zu gebärden.

Die Feier des Sonntags wird in Charleston strenge beachtet. Kein Kaufladen darf geöffnet werden; keine Art von Spiel oder Musik ist erlaubt, und während des Gottesdienstes gehen Wächter umher, welche jedermann (der nicht etwa in den dringendsten Geschäften oder Krankenbesuchen begriffen ist), den sie müßig in der Straße wandeln antreffen, anhalten und ihn nötigen, in irgendeine Kirche zu gehen oder 2 Schillinge und 4 Pence zu bezahlen; keinem Sklaven darf an diesem Tage Arbeit aufgelegt werden.

Die neue Kolonie Kentucky

Ich nehme keinen Anstand, die Nachrichten, welche ich, diese Kolonie betreffend, in Pittsburgh zu sammeln Gelegenheit hatte, hier mitzuteilen. Schon vor und sogar während des Krieges haben sich nach und nach, aber doch in einem Zeitraum weniger Jahre, nahe an 20 000 Seelen aus den vordern Gegenden über die Berge begeben, um jene beträchtlichen Anpflanzungen vermehren zu helfen, und noch ziehen jetzt nach geendigtem Kriege täglich und auf allen Straßen eine Menge Menschen dahin; überall begegneten sie uns. Verschiedene sind die Ursachen dieser allgemeinen Auswanderungen; teils um den im Kriege angefangenen und noch immer steigenden Taxen zu entgehen; Hang zu zwangloser, uneingeschränkter Lebensart, Furcht vor Strafen und Gesetzen, Not und Ebenteurerei; häufig aber auch die redliche Absicht, für eine anwachsende Familie zu sorgen. Der Besitzer eines kleinen Gutes in den vordern Gegenden verkauft solches; für den Erlös kann er sich das Eigentum von

6–8–10mal soviel Land jenseits der Berge erwerben, so daß er jedem seiner Kinder ein ebenso großes Gut, wie er selber hatte, zu hinterlassen imstande ist; nachdem er es erst mit ihrer Hilfe in urbare Verfassung gesetzt hat.

Kentucky ist ein ansehnlicher Fluß; er entspringt im Alleghany-Gebirge unter dem Namen Warrior's branch, nimmt einige andere Wasser auf, und nach einem Wege von mehr als 400 Meilen vereinigt er sich mit dem Ohio und ist bei seiner Mündung an 200 Ellen breit. Sein Strom ist durchgehends weit und tief und nicht reißend. Seine Ufer sollen überall das beste Land und die ihn beschattenden Waldungen das schönste Nutzholz enthalten. Vom dem Flusse hat die ganze und weitläufige Kolonie den Namen; die aber aus den allgemein anlockenden Ursachen doch um dessen Mündung am dichtesten und zahlreichsten besetzt ist. Wie gewöhnlich, bestehen die ersten Häuser dieser Kolonisten nur aus übereinander gelegten Blöchern, die aber doch die Kugeln der Indianer abhalten, gegen welche bisher sie immer auf ihrer Hut sein mußten.

Ein gewisser Henderson erwarb sich eine vorzügliche Achtung unter den ersten dasigen Ansassen; er brachte sie zur Beachtung einiger allgemeiner Gesetze und legte den Grund zu einer eigenen republikanischen Verfassung; und es wird in der Folge die Frage sein, ob sie die Oberherrschaft des Staats von Virginien, auf dessen Gebiete sie wohnen, anerkennen werden oder nicht. Das schnelle Anwachsen des Volkes in diesen hintern Gegenden erregt schon die Wachsamkeit und Besorgnis der vordern Provinzen. Pennsylvanien hat daher bereits ein Gesetz gemacht, wodurch es für Hochverrat erklärt wird, wenn man sich irgend unterstünde, unabhängige Gemeinschaften in seinen westlichern Gebieten zu errichten. Es wird dennoch schwer sein und bleiben, sowohl für den Kongreß als auch die einzelnen Staaten, diese aufkeimenden westlichen Staaten von sich abhängig zu erhalten, welche, da sie keine wichtigen Vorteile von den Vereinigten Staaten zu hoffen haben, niemals geneigt sein werden, ihren Befehlen zu gehorchen und ihre Lasten tragen zu helfen. Diese vermeintlichen Untertanen werden ohne Zweifel, sobald sie sich stark genug fühlen, dem Beispiele der

Mutterkolonien folgen und ebenso unabhängig zu sein verlangen und werden. Und haben sie nicht ebensoviel Recht dazu?

Viele dieser neuen Kolonisten finden doch, wenn sie auch schon halb Amerika durchzogen haben, noch in Kentucky keine bleibende Stätte; einige dieser rastlosen Leute ziehen von da, versicherte man mich, noch weiter nach dem Illinois, Wabash und Mississippi und mengen sich unter die dort noch übrig gebliebenen französischen Kolonisten. Diese beständigen Auswanderungen, deren kein Ende sein wird, solange irgendwo Land um wenig oder nichts zu haben ist, verhindern die Aufnahme der Manufakturen in den Kolonien; denn es ist dem Geiste dieses und des gesamten amerikanischen Volkes angemessener, auf eigenem Lande sich nach Notdurft bei weniger Arbeit lieber zu nähren, als für Tagelohn und bei steter Arbeit besser zu leben. Dieses Umherziehen und dieser Hang, sich auf eigne Faust in den entfernteren Gegenden zu nähren, ist nicht ohne Nutzen für die ordentlichere und betriebsamere Klasse von Menschen, welche jener Stellen einnehmen und ihre angefangenen Arbeiten fortsetzen. – Roh und ungebildet sind diese hintersten Kolonisten; aber sie ersetzen, was ihnen an guten Sitten, an Verträglichkeit, Ordnung und gesellschaftlichen Tugenden allenfalls nach strengerer Forderung abgehen

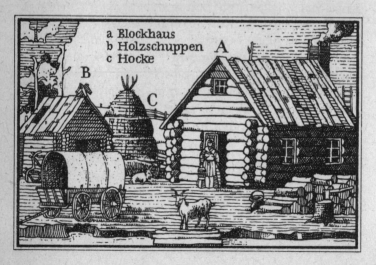

möchte, durch Unerschrockenheit und Mut. Abgehärtet durch ihre Lebensart und nicht an sonderliche Bequemlichkeiten gewöhnt, sind sie am fähigsten, bei Gelegenheiten den Einfällen feindlicher Indianer zu widerstehen; und oft dankt ihnen der zurückgelegene Landmann die Sicherheit und Ruhe, in der er seinen Acker bebauet.

Der Handel dieser neuen Kolonien dürfte in der Folge vielleicht nicht unbeträchtlich sein. Die rohen Produkte ihres meist guten Bodens müssen ihnen ihre fremden Bedürfnisse verschaffen. Jene werden sie den Strom hinabschicken und diese am bequemsten von oben herabkommen lassen. Denn es ist außerordentlich langweilig und beschwerlich, den Mississippi und Ohio aufwärts zu befahren. Auf dem ersteren haben die Spanier von jeher bereits verschiedene, aber fruchtlose Versuche gemacht, die Gegenfahrt des Stroms zu erleichtern. Im Verhältnis zu dem ungeheuren Innenland ist der Ohio und Mississippi dennoch nicht zulänglich, Reichtum und Überfluß überall gleich zu verteilen. Volksreiche und mächtige Staaten werden diese westlichen Gegenden wahrscheinlich entstehen sehen; aber die wichtigern und schneller bereichernden Vorteile des ausländischen Handels werden den vordern Kolonien an der Küste allein zustatten kommen. Überdem liegen dermalen noch Ursachen zu großen Hindernissen für den Handel dieser Innenlande darin, daß die Mündung des Mississippi, des einzigen das ungeheure Land durchströmenden Hauptflusses, ganz in den Händen der Spanier ist. Diesen muß und wird die Nachkommenschaft der neuen westlichen Staaten freizumachen suchen.

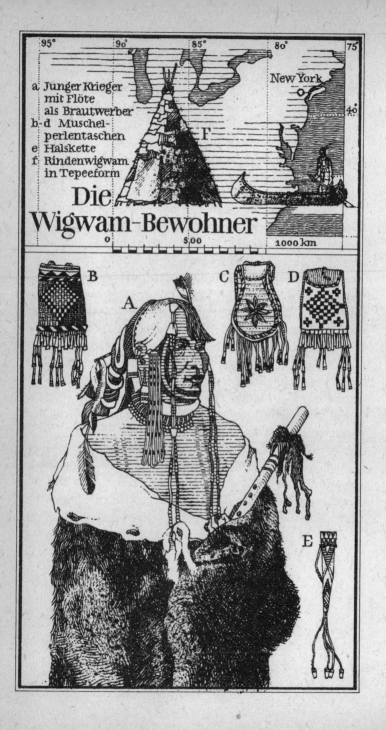

a Junger Krieger mit Flöte als Brautwerber
b–d Muschelperlentaschen
e Halskette
f Rindenwigwam in Tepeeform

Die Wigwam-Bewohner

Johann
Heckewälder

Indianische
Völkerschaften

Vorbemerkung

Johann Gottlieb Ernst Heckewälder[1] (1743–1823) stammte von deutschen Eltern, die in Mähren gebürtig waren, aber ihre Heimat als Angehörige der verfolgten Evangelischen Brüderkirche verlassen hatten. Sein ganzes Leben verbrachte er in engster Gemeinschaft mit diesen Brüdern, die als Angehörige der erneuerten Brüderkirche, sich nunmehr Brüdergemeine nennend, von Herrnhut (Oberlausitz) aus in vielen Ländern Missionsarbeit leisteten. Er wurde zu Bedford (England) geboren, wo sein Vater Prediger der Brüdergemeine war, und besuchte dort deren Schulen. Nachdem sein Vater von Herrnhut den Auftrag erhalten hatte, mit seiner Familie nach Amerika zu gehen, verbrachte er vom elften Lebensjahr an sein gesamtes weiteres Leben – seine seßhafte Zeit – wieder fast ausschließlich in Gemeinwesen der «Brüder», die in Amerika als Mährische Brüder oder Moravians bekannt waren. Ebenso wie die Menschen seiner engsten Umgebung weitgehend Deutsch sprachen, blieb auch Johann Heckewälders Muttersprache Deutsch. Aber er gehörte bereits zu den typischen Vertretern einer Übergangsgeneration; denn wenn auch die Mährischen Brüder in Amerika noch in enger Verbindung mit ihrer Zentrale in Herrnhut standen, so wuchsen sie doch fest in ihre neue Heimat hinein. Heckewälder war ebenso *noch* Deutscher, wie er *bereits* Amerikaner war.

Johann Heckewälder überragt in bezug auf die Intensität seines Reisens alle anderen in diesem Buche von uns vorgestellten Autoren. Eine von ihm im Alter aufgestellte Berechnung ergibt, daß er dreißigmal die Alleghanies, ein auch heute noch als verkehrsfeindlich bezeichnetes Gebirge, überquert und daß er zwischen 1762 und 1813 weit über

---

[1] Diese Schreibweise findet sich u. a. in seiner von der Herrnhuter Brüdergemeine herausgegebenen Autobiographie. Geläufiger ist heute die amerikanisierte Form Johann oder John Heckewelder. In französischen Werken wird er als Jean Heckewelder vorgestellt.

30 000 Meilen, das sind rund 48 500 km, zurückgelegt hat, im wesentlichen auf dem Pferderücken und im Flußboot. Die ihm geläufigste Route führte von Bethlehem in Pennsylvanien über Reeding, Harrisburg und Bedford nach Pittsburgh. Von dort aus reiste er gewöhnlich nach Nordwesten zu mehreren Ortschaften dicht südlich des Eriesees, insbesondere zu den Missionsniederlassungen der Brüdergemeine am Muskingum und dessen Quellfluß Tuscarawas.

Dieses Land zwischen Ohio und Eriesee, das in der zweiten Hälfte des vorigen Jahrhunderts den Schauplatz für blutige Auseinandersetzungen zwischen Engländern und Amerikanern, zwischen vorrückenden Kolonisten und Indianern sowie zwischen verschiedenen Indianerstämmen bildete, war Heckewälder besonders vertraut. Eine andere Route führte ihn 1792 von Pittsburgh den Ohio abwärts bis Louisville (Fort Steuben) und von dort auf den Buffalo Trace nach Vincennes am Wabash-Fluß. Schließlich hatte Heckewälder wiederholt in Oberkanada zu tun. Dabei reiste er vom Ausgangspunkt Bethlehem nordwestlich, kreuzte den Eriefluß und erreichte nördlich des Eriesees Fairfield am Thames River.

Heckewälder war kein Forschungsreisender im engeren Sinne; die meisten seiner Reisen unternahm er im Auftrage der Brüdergemeine, die ihren amerikanischen Hauptsitz in Bethlehem in Pennsylvanien hatte und von dort aus eine rege Missionstätigkeit, besonders unter den Delaware-Indianern, betrieb. Dafür war Heckewälder vorbereitet worden, seit er mit vierzehn Jahren die Schule verlassen hatte, zunächst dadurch, daß er als Missionarsanwärter auf den Feldern der Gemeine arbeitete und bei einem Küfer in die Lehre ging. Gleichzeitig wurde er, wie bei den Herrnhuter Brüdern üblich, durch eine theologische Ausbildung für Laien für seine eigentliche Aufgabe geschult.

Es scheint dem jungen Heckewälder nicht leicht gefallen zu sein, sich dem Auftrag seiner Kirchenleitung und Glaubensbrüder unbedingt zu fügen. Eine Zeitlang zog es ihn als Küfer nach New York. Er war bereits geneigt, nach England zurückzukehren, entschloß sich dann aber doch, als Missionar tätig zu werden.

Viele Jahre war Heckewälder einfacher Kurier zwischen der Missionszentrale in Bethlehem und den Missionsstationen in der westlichen Wildnis sowie Gehilfe der Missionare. Die im Sinne seines kirchlichen Auftrags ihn am meisten befriedigende Zeit fiel wohl in die Jahre 1773 bis 1777, während der er die Missionsstation Schönbrunn am Tuscarawas River leitete, Indianerkinder unterrichtete sowie am Ausbau des Ortes, in den Werkstätten und auf den Feldern mitarbeitete. Hier vertiefte Heckewälder seine Kenntnisse der Delawarensprache so, daß er sie perfekt sprechen konnte. Er begleitete Trupps seiner indianischen Freunde in die nähere und weitere Umgebung und gewährte ihnen dabei Schutz vor Weißen. Aber das friedliche Idyll in Schönbrunn währte kurz, und die Mehrzahl seiner Missionarsjahre erfüllte Hekkewälder Aufgaben, die für ihn qualvoll waren: er half den ihm anvertrauten Indianern bei der Flucht, geleitete sie an vermeintlich sichere Orte, sammelte die in kriegerischen Zeiten auseinandergelaufenen Missionsindianer, baute zerstörte Orte wieder auf und füllte die durch Ermordung von Missionsindianern entstandenen Lücken durch Gewinnung neuer Täuflinge auf.

Heckewälders Wirken unter den nordamerikanischen Indianern wurde ebenso sinnlos wie das der anderen Herrnhuter Missionare, und obendrein stand er im Schatten des berühmteren Brüdermissionars Zeisberger, der in die Literatur als «Apostel der Indianer» eingegangen ist. Heckewälder war kein feuriger Prediger wie Zeisberger, eher bescheiden und zurückhaltend, und kam in der geistlichen Rangordnung über den Diakon nicht hinaus. In der Herrnhuter Leitung der Brüdergemeine fand er keine besondere Wertschätzung. In den dort in unserem Jahrhundert herausgegebenen missionsgeschichtlichen Werken sucht man seinen Namen vergeblich. Das trug dazu bei, daß er in Deutschland jahrzehntelang in Vergessenheit geriet.

Die Wiederbesinnung auf Heckewälder ging von den USA aus, wo man den Wert seiner Schriften für die Aufhellung der eigenen Vergangenheit und insbesondere für die indianische Lebensart vor der Zerstörung der Stammesgesellschaft erkannte. Dazu kam, daß er sich in den Gründerjahren der Union als amerikanischer Patriot bewährte. Obwohl die Brüdermissionare Anweisung hatten, sich im Unabhängigkeitskrieg neutral zu verhalten, sandte er, wie Horst Hamecher, gestützt auf neuere amerikanische Einschätzungen, schreibt[1], «besonders während der Jahre 1780 bis 1781 ... mehrfach Botschaften durch vertrauenswürdige indianische Läufer an die Befehlshaber in Pittsburgh. Darin machte er über Bewegungen des Feindes, seine Stärke, seine Bewaffnung usw. genaue Angaben. Diese wurden dann häufig der Anlaß zu wirksamen Gegenmaßnahmen.»

1781 wurden Heckewälder und andere Missionare von feindlichen Indianerstämmen, die von britischen Offizieren angeleitet wurden, gefangengenommen und auf Befehl des britischen Gouverneurs nach Detroit gebracht, wo sie sich wegen des Vorwurfs der Spionage zu verantworten hatten. Den Missionaren konnte keine Schuld nachgewiesen werden, doch wurde Heckewälders Missionssiedlung während seiner Abwesenheit von amerikanischer Miliz überfallen und der größte Teil der christlichen Indianer ermordet.

1786 beendete Heckewälder seine aktive Missionarstätigkeit. Aber er unternahm weiter ausgedehnte Reisen, zweimal auch im Auftrag des Amtes für Indianerangelegenheiten der Vereinigten Staaten. Die erste dieser Reisen war die eingangs erwähnte im Jahre 1792 zum Wabashfluß. Auf Grund eines von Präsident Washington unterzeichneten Befehls begleitete Heckewälder den amerikanischen General Putnam zu dessen Verhandlungen mit Indianerstämmen. Seine Aufgabe war es, die wegen des Verhaltens der Siedler aufgebrachten Indianer zu beschwichtigen, sie zum Stillhalten und möglichst zum Rückzug zu bewegen und damit den Siedlern vorteilhaftere Bedingungen zu verschaffen. Heckewälder übernahm die Vermittlerrolle im Bewußtsein, dadurch Auseinandersetzungen zu verhüten, die sowohl für die Indianer als auch für die Siedler schlimme Folgen gehabt hätten.

Ermutigt durch den Erfolg dieser Unternehmungen be-

---

[1] In dem von ihm herausgegebenen fotomechanischen Nachdruck von Johann Heckewälders «Indianische Völkerschaften», Kassel 1975.

schloß die Regierung der Vereinigten Staaten, im folgenden Jahr eine förmliche Gesandtschaft unter General Lincoln zu den Irokesenhäuptlingen zu schicken, die an den Großen Seen zusammengekommen waren. Auch daran war Heckewälder im Staatsauftrag beteiligt. Die Abreise erfolgte im Frühjahr 1793 in Philadelphia. Von dort reiste man über New York, Albany und die Großen Seen nach Detroit, das sich aber noch, ungeachtet des Friedensschlusses mit den Vereinigten Staaten, in den Händen der Engländer befand, so daß die Abordnung ihren Zweck nicht erreichen konnte. Ein Jahr später drang General Wayne mit einem starken militärischen Aufgebot in das Land dieser Stämme ein und schlug sie so, daß sie zur Unterwerfung genötigt waren.

Heckewälder besuchte in den Jahren 1797–1800 noch viermal die Missionssiedlungen am Ohio und übernahm 1801 die Verwaltung einer Indianerreservation bei Gnadenhütten in der Nähe von Detroit, wohin schließlich die christlichen Indianer vom Muskingum umgesiedelt wurden. In all diesen Jahren erwarb er ein umfangreiches Wissen über die Indianer. Nachdem er fast vierzig Jahre unter ihnen oder in ihrer nächsten Umgebung gelebt hatte, kannte er wie kein akademisch gebildeter Indianerforscher aus persönlicher Anschauung Leben und Lebensumstände zahlreicher Stämme.

Seine erste Publikation war noch kein wissenschaftlicher Reisebericht. Alle Herrnhuter Missionare waren angewiesen, auf ihren Reisen Tagebuch zu führen und Berichte für ihre Missionsleitung zu verfassen. Heckewälder hielt sich strikt an diese Anweisung und hat wahrscheinlich zahlreiche nüchterne Berichte und Analysen nach Bethlehem gesandt, die nicht zur Veröffentlichung bestimmt waren. Eines dieser Reisejournale, das über seine Reise zum Wabashfluß im Jahre 1792, wurde jedoch 1797 von M. C. Sprengel, dem Herausgeber bedeutender geographischer Werke seiner Zeit, in Halle/Saale verlegt.[1] Obwohl Heckewälder nichts oder we-

---

[1] Reisejournal des Herrn Johann Heckewälders von der Brüdergemeine von Bethlehem in Pensilvanien nach dem Posten St. Vincent am Wabashfluß im nordwestlichen Gebiet der vereinigten Staaten von Nordamerika. In:

nig getan hat, um diesem Tagebuch einen für die Veröffentlichung gefälligen Anstrich zu geben, erhält der aufmerksame Leser Kunde von den Sitten und der Denkart der Indianer, von ihren Lebensverhältnissen, der Unsicherheit der im Ohiogebiet noch weit verstreut wohnenden ersten weißen Ansiedler, von den durch Kolonisten und Indianern gegeneinander begangenen Grausamkeiten kurz nach Erlangung der Unabhängigkeit der USA, wofür es nur wenige vergleichbare Quellen gibt.

Heckewälder war zu bescheiden, um von sich aus wissenschaftliche Ambitionen zu entwickeln. Als zahlreiche Amerikaner ihn baten, ihnen seine Erfahrungen und Kenntnisse zu vermitteln, äußerte er sich zunächst brieflich, dann in Aufsätzen und Artikeln. Dadurch wurde man auf ihn aufmerksam und gewann ihn zum Mitglied der Amerikanischen Gelehrtengesellschaft. Nachdem er sich 1815 auf sein Altenteil in Bethlehem zurückgezogen hatte, begann er, die meist deutsch verfaßten und daher den Amerikanern nicht zugänglichen Archivalien der Brüdergemeine in Bethlehem wissenschaftlich auszuwerten. In einer einzigartigen Synthese von eigenen Erfahrungen und Verarbeitung der Berichte seiner Missionarskollegen entstanden neben missionsgeschichtlichen Studien grundlegende Werke über die Indianer des östlichen Nordamerika, darunter eine Monographie über die Indianerstämme, die einst Pennsylvanien und seine benachbarten Staaten bewohnten, sowie Spezialschriften zur indianischen Etymologie. Während das «Reisejournal» zuerst in Deutschland erschienen war, gingen bei den folgenden Veröffentlichungen die amerikanischen Ausgaben voran. Die Übersetzung seiner Indianer-Monographie ins Deutsche und Französische erfolgte jedoch für damalige Verhältnisse sehr schnell.

Kennzeichnend für seine Schriften ist die Sympathie, die er den Indianern entgegenbringt, besonders den Delawaren, mit denen er als Missionar die innigsten Beziehungen unter-

---

Auswahl der besten ausländischen geographischen und statistischen Nachrichten zur Aufklärung der Völker- und Länderkunde von M. C. Sprengel, Siebenter Band, Halle 1797.

halten hatte, während er den Irokesen merklich kritischer gegenüberstand. Diese unterschiedliche Bewertung fand auch Eingang in die «Lederstrumpfbände» des amerikanischen Erfolgsschriftstellers James Fenimore Cooper, der selbst niemals mit Indianern in engere Berührung gekommen war und manches bei Heckewälder entlehnte.

Heckewälders Anteilnahme am Schicksal der Indianer bewirkte, daß er von deren Feinden verdächtigt, beschimpft und für unglaubwürdig erklärt wurde. Wissenschaftler von Rang verwiesen dagegen auf seine allen anderen Autoren überlegenen eigenen Anschauungen, die sich in seinen Werken widerspiegeln. Das bedeutet aber auch, daß Heckewälders Aussagen nicht in jeder Hinsicht allgemeingültig sind; insbesondere wird man seinen Deutungen nicht in allen Fällen folgen können.

Unsere Textauswahl enthält einige Kapitel aus Heckewälders «Accounts of the History, Manners and Customs of the Indian Nations». Den Auszügen liegt die 1821 in Göttingen veröffentlichte deutsche Fassung zugrunde, die unter dem Titel «Johann Heckewelder's Nachricht von der Geschichte, den Sitten und Gebräuchen der Indianischen Völkerschaften, welche ehemals Pennsylvanien und die benachbarten Staaten bewohnten» erschien. Auf die Wiedergabe weitschweifiger Fußnoten wurde verzichtet.

Indianische Völkerschaften

Erzählung der Indianer vom Betragen der Europäer

Weitläufig und traurig sind die Klagen, welche die Indianer über die Undankbarkeit und Ungerechtigkeit der Europäer führen. Sie wiederholen sie gern und tun dies immer mit jener Beredsamkeit der Naturmenschen, welche, von einer kräftigen und vielsagenden Sprache unterstützt, in unsern verfeinerten Idiomen nicht nachgeahmt werden kann. Oft habe ich diesen Beschreibungen ihrer schweren Drangsale zugehört, bis ich mich beschämt fühlte, ein *weißer Mann* zu sein.

Sie sind meistens sehr umständlich in diesen Erzählungen und beobachten dabei einen hohen Grad von Ordnung und Regelmäßigkeit. Sie fangen mit den Virginiern an, welche sie die *langen Messer* nennen und welche die ersten europäischen Anbauer in diesem Teil des amerikanischen Kontinents waren. «Wir waren es», sagen die Lenape, «die Mahikander und die ihnen verwandten Stämme, die sie so freundlich aufnahmen, als sie zuerst unser Land betraten. Wir nahmen sie bei der Hand und hießen sie willkommen, sich an unsrer Seite niederzulassen und als Brüder mit uns zu leben. Wie aber vergalten sie unsre Gutherzigkeit? Sie sprachen uns anfangs nur um ein wenig Land an, auf welchem sie Brot für sich und die Ihrigen gewinnen und Weide für ihr Vieh haben konnten, und wir traten es ihnen bereitwillig ab. Bald verlangten sie mehr, auch dies gaben wir ihnen. Sie sahen in den Wäldern das Wild, welches der große Geist uns zu unsrer Nahrung gegeben hatte, und auch dies wollten sie haben. Sie drangen in die Wälder, um Wild aufzusuchen, sie entdeckten Stücke Landes, die ihnen gefielen; diese Ländereien wollten sie gleichfalls haben, und da wir nicht geneigt waren, sie fahren zu lassen, weil wir sahen, daß sie schon mehr hatten, als für sie nötig war, so nahmen sie uns dieselben mit Gewalt und trieben uns weit von unsrer vorigen Heimat weg.

In der Folge kam der Dutcheman zu Manahachtanienk[1] an. Der große Mann wünschte anfangs nur ein klein, klein Stück Land, nicht größer, als was eine Ochsenhaut bedecken würde, um Gartengewächse für seine Suppe zu ziehen. Hieran hätten wir ihre trügerische Gemütsart schon erkennen können. Die Ochsenhaut wurde in schmale Streifen zerschnitten und bedeckte nun freilich nicht, aber umschloß ein großes Stück Land, welches wir ihnen törichterweise abtraten. Sie hatten Gartengewächse auf diesem Lande ziehen wollen, statt dessen aber pflanzten sie Kanonen darauf, nachher baueten sie befestigte Häuser und machten sich zu Herren der Insel, begaben sich dann den Strom hinauf, zu unsren Feinden, den Mengwe, schlossen ein Bündnis mit ihnen, überredeten uns durch ihre boshaften Kunstgriffe, unsre Waffen abzulegen, und trieben uns zuletzt ganz aus dem Lande.

Als die Yengeese[2] zu Machtitschwanne[3] ankamen, sahen sie sich überall nach gutem Lande um, und wenn sie gut gelegene Striche fanden, nahmen sie dieselben sogleich und ohne Umstände in Besitz. Es befremdete uns wohl, aber wir ließen sie dennoch fortfahren, denn es schien uns nicht der Mühe wert, um ein wenig Land Streit anzufangen. Als sie aber am Ende unsre Lieblingsplätze, die für unsere Fischereien am besten gelegen waren, angriffen, so entstanden blutige Kämpfe: wir würden zufrieden damit gewesen sein, daß die weißen Leute ruhig neben uns gewohnt hätten, sie nahmen uns aber bald so viel ab, daß wir deutlich einsahen, wir würden alles verlieren, wenn wir uns nicht widersetzten. Die Fehden, welche wir gegeneinander führten, dauerten lang und waren grausam. Wir wurden wütend, wenn wir sahen, daß die weißen Leute unsre Freunde und Verwandten, die

---

[1] Manhattan oder die Insel New York.
[2] Dies ist der von den Indianern korrumpierte Ausdruck für English (Engländer), woher vermutlich der Spottname «Yankee» kommt.
[3] Dieser Name bedeutet «eine Inselgruppe, wo überall zwischen den Inseln Kanäle sind, in welchen man mit Booten fahren kann». Die Indianer glauben, daß die weißen Leute hieraus den Namen Massachusetts gemacht haben. Die Benennung verdient als Beispiel, wie vielsagend die Sprache der Indianer ist, bemerkt zu werden.

sie zu Kriegsgefangnen gemacht hatten, auf ihre Schiffe brachten und mit in die See fortnahmen – wir wußten nicht, ob, um sie zu ersäufen oder um sie in ihrem Vaterlande als Sklaven zu verkaufen; gewiß aber ist, daß keiner von allen jemals wieder zurückkehrte oder daß von irgendeinem je wieder etwas gehört wurde. Zuletzt eigneten sie sich das ganze Land zu, was der große Geist uns gegeben hatte. Einer unsrer Stämme war genötigt, bis weit jenseits Quebec auszuwandern, andre zerstreueten sich in kleineren Haufen und suchten Zufluchtsörter, wo sie sie finden konnten; einige kamen nach Pennsylvanien, noch andre zogen weit nach Westen hin und vermischten sich mit anderen Stämmen.

Für manche von diesen war Pennsylvanien ein letzter und ein herrlicher Zufluchtsort. Aber auch hier beunruhigten sie die Europäer und zwangen sie zum Auswandern, wiewohl sie aufs freundlichste und herbergsamste waren empfangen worden. An welchem Ufer des Lenape wihittuck[1] die weißen Leute auch landen mochten, immer wurden sie von unsren Voreltern als Brüder empfangen, welche ihnen Land zum Bewohnen gaben und selbst für sie auf die Jagd gingen und ihnen Fleisch aus den Wäldern zubrachten. So war unser Betragen gegen die weißen Männer, die dies Land bewohnten[2], bis unser älterer Bruder, der große und gute *Miquon*[3], kam und uns Worte des Friedens und des Wohlwollens hören ließ. Wir traueten seinen Worten, und sein Andenken wird noch unter uns verehrt. Es dauerte aber nicht lange, so wurde unsre Freude in Traurigkeit verkehrt. Unser guter Bruder Miquon starb, und diejenigen seiner treuen Ratgeber, die ihm gleichgesinnt waren und wußten, was zwischen ihm und unsern Voreltern stattgefunden hatte, fanden nicht länger Gehör; die Fremden[4], welche ihre Stelle eingenommen hatten, redeten zu uns nicht mehr davon, daß wir als Brüder beieinander wohnen sollten; sie vergaßen die Freundschaft, welche der große Mann gestiftet hatte und

---

[1] Der Fluß Delaware.
[2] Die Schweden und Holländer.
[3] William Penn.
[4] Landhändler und Glücksritter.

welche bis ans Ende der Zeit hatte dauern sollen; sie strebten jetzt nur danach, uns alles Land durch Gewalt oder Betrug abzunehmen; und wenn wir sie daran zu erinnern versuchten, was unser guter Bruder gesagt hatte, so wurden sie böse und schickten zu unsern Feinden, den Mengwe, sie zu einer Ratsversammlung zu entbieten, welche sie mit uns zu Lanhauwake[1] halten wollten, wo sie uns beim Schopf nehmen und tüchtig schütteln sollten. Die Mengwe kamen, die Ratsversammlung wurde gehalten, und in Gegenwart der Weißen, die ihnen nicht widersprachen, sagten sie uns, daß wir Weiber wären und daß sie uns dazu gemacht hätten; daß wir kein Recht an irgendeinem Teil des Landes hätten, weil es sämtlich ihnen zugehörte; daß wir weichen müßten und daß sie als eine besondre Gunst uns erlaubten, uns tiefer landwärtsein niederzulassen, an dem Ort, den sie selbst uns anwiesen zu Wyoming.»[2]

So erzählten diese gutmütigen Indianer mit einer Art von schwermütigem Vergnügen die lange Geschichte ihrer Leiden. Wenn sie alle diese kummervollen Umstände durcherzählt haben, pflegen sie sich gewöhnlich bittren, aber nur zu gerechten Bemerkungen über die Leute aus Europa zu überlassen. «Wir und die uns verwandten Stämme», sagen sie, «lebten in Friede und Eintracht miteinander, ehe die weißen Leute in dieses Land kamen. Unser Versammlungshaus (council house)[3] erstreckte sich weit nach Süden und nach Norden. In der Mitte desselben pflegten wir von allen Seiten herzukommen, um die Friedenspfeife miteinander zu rauchen. Als die weißen Leute im Süden anlandeten, empfingen wir sie als Freunde; wir taten das nämliche, als sie im Osten ankamen. Wir waren es, unsre Voreltern waren es, die sie willkommen hießen und ihnen vergönnten, sich neben ihnen zu setzen. Das Land, wo sie sich anbauten, war unser Eigentum. Wir meinten, der große Geist möchte sie uns in irgendeiner guten Absicht zugeschickt haben, und sie müß-

---

[1] Easton.
[2] Dies geschah wirklich bei der Unterhandlung, welche im Juli und November 1756 zu Easton gehalten wurde.
[3] Dies bedeutet hier: Bezirk verbundener Stämme (Volksverein).

ten deshalb gute Leute sein. Wir irrten uns aber, denn sobald sie nur festen Fuß in unsrem Lande bekommen hatten, fingen sie an, unser Versammlungshaus niederzureißen[1] – erst an einem, darauf an dem andern Ende, und zuletzt, als die Zerstörer einander im Mittelpunkt begegneten, wo das Feuer unsres Vereins noch hell brannte, taten sie es weg[2] und löschten es aus mit unsrem eignen Blute – mit dem Blute derer, die sie mit uns[3] aufgenommen, die sie willkommen in unsrem Lande geheißen hatten! Das Blut dieser rann in Strömen in unser Feuer und löschte es so völlig aus, daß auch nicht ein Funke übrig blieb, ein neues Feuer anzuzünden; wir wurden genötigt, davonzugehen und uns jenseits des großen Morasts[4] zu begeben und zu unsrem guten Oheim[5] Delamattenos zu flüchten, der uns einen Strich Landes zum Bewohnen wohlwollend überließ. Wie lang es uns wird vergönnet werden, an diesem Zufluchtsorte zu verbleiben, weiß allein der große Geist. Die Weißen werden sich nicht zufrieden geben, bis sie den letzten Mann von uns ausgerottet und uns ganz von dem Erdboden werden vertilgt haben.»

Ich habe hier nur eine kleine Probe von den Beschuldigungen, welche sie gegen die weißen Leute vorbringen, angeführt. Es gibt einzelne unter ihnen, die alles, was sich zwischen den Weißen und den Indianern, seitdem erstere in diesem Lande ankamen, zugetragen hat, auswendig wissen und das Ganze dieser Geschichte mit einer unnachahmlichen Leichtigkeit und Beredsamkeit erzählen. Auf den Tafeln ihres Gedächtnisses bewahren sie diese Denkwürdigkeiten für die Nachwelt. Einst, im April 1781, mußte ich erstau-

---

[1] D. h. den Volksverein aufheben, den gemeinsamen Verkehr durch ihre Dazwischenkunft verhindern oder stören.
[2] D. h. die zu friedlichen Zwecken versammelten und verbündeten Leute umbringen.
[3] Dies bezieht sich auf die Ermordung der Conestogo-Indianer, welche, wiewohl von einem anderen Stamme, doch mit ihnen die weißen Leute an ihren Küsten willkommen geheißen haben.
[4] Die Waldgründe (glades) am Alleghany-Gebirge.
[5] Den Huronen oder Wyandots, welche eine Mundart der Irokesensprache reden.

nen, als ich einen ihrer Redner, einen angesehenen Befehlshaber aus der Nation der Delawaren, dies ganze Feld durchwandern und die ausgezeichnetsten Vorgänge, welche früher stattgefunden hatten, aufzählen und dann mit diesen Worten schließen hörte: «Ich gebe zu, daß es unter den Weißen gute Leute gibt, sie stehen aber mit den schlechten in keinem Verhältnis; die schlechten müssen die stärkeren sein, denn sie regieren. Sie tun, was ihnen gefällt. Sie machen diejenigen, die eine andre Farbe haben als sie selbst, zu Sklaven, wiewohl sie von ebendem großen Geist, wie sie selbst sind, erschaffen werden. Sie möchten auch uns zu Sklaven machen, wenn sie können, da sie es aber nicht können, so bringen sie uns um! Auf ihre Worte kann man sich nicht verlassen. Sie sind nicht wie die Indianer, die nur so lange, als der Krieg dauert, Feinde, im Frieden aber Freunde sind. Sie können zu einem Indianer sagen: Mein Freund, mein Bruder! können seine Hand ergreifen und in demselben Augenblick ihn vernichten. Und so werdet auch ihr (er wandte sich zu den christlichen Indianern) in kurzem von ihnen behandelt werden. Erinnert euch, daß ich euch heute gewarnt habe, gegen solche Freunde, wie sie es sind, auf eurer Hut zu sein. Ich kenne die langen Messer, man kann ihnen nicht trauen.»

Elf Monate, nachdem der Befehlshaber diese prophetische Rede gehalten hatte, wurden 96 von ebendiesen christlichen Indianern und unter diesen etwa 60 Weiber und Kinder an derselben Stelle, wo diese Worte waren ausgesprochen worden, durch dieselben Menschen, auf welche er angespielt, und auf dieselbe Weise, wie er sie beschrieben hatte, ermordet.

*Weiteres Schicksal der Lenape
und der ihnen verwandten Stämme*

Nach der Ermordung der Conestogo-Indianer hielten es die *Lenni Lenape*[1] um ihrer Sicherheit willen für gut, sich von

---

[1] So nennen sich die Delaware-Indianer selbst (A. d. H.).

den Niederlassungen der Weißen im Innern des Landes gänzlich zurückzuziehen und in die Wildnisse an der Susquehanna zu begeben. Die Regierung fühlte es wohl, daß sie außerstande wäre, irgendeiner Anzahl von Indianern, sie möchten Christen sein oder nicht, in dem angebauten Teile der Provinz Schutz zu gewähren, und riet deswegen den christlichen Indianern, welche während der letzten Unruhen nur mit Mühe gegen ein ähnliches Schicksal wie die Conestogo waren gesichert worden, sich in das entlegene Land zurückzuziehen. Dies taten sie auch. Sie baueten sich zu Wyalusing an, welches damals die den weißen Einwohnern am nächsten liegende Niederlassung der Indianer wurde – nämlich 150 Meilen nördlich von Philadelphia und etwa 100 Meilen von den letzten Niederlassungen der Weißen jenseits der Blauen Berge entfernt. Alle übrigen zu diesem Stamme gehörenden Indianer nebst den Naticokes wohnten damals höher an der Susquehanna hinauf. Ungefähr 5 Jahre lang genossen die Indianer an diesem Flusse des Friedens, und die christlichen Indianer lebten hier und in einer 30 Meilen weiter aufwärts angelegten Niederlassung in Ruhe, erbaueten sich Häuser und eine geräumige Kirche, pflanzten Obstbäume und nahmen ausgedehnte Landstriche in Kultur. Als sie sich aber mit den schönsten Hoffnungen auf die Zukunft schmeichelten, wurden sie benachrichtigt, daß die sechs Nationen das ganze Land, auch das, was sie bewohnten, mit eingeschlossen, den Engländern verkauft hätten. Sie sahen bald, worauf es bei dieser heimlichen Verhandlung, wovon ihnen nicht die geringste Nachricht war gegeben worden, angelegt wäre und was für Nachbarn sie haben würden, wenn sie blieben, wo sie jetzt wohnten, weshalb sie beschlossen, sämtlich nach dem Ohio zu ziehen, an welchem sich niederzulassen sie schon vor der großen Ratsversammlung ihrer Nation waren eingeladen worden. Zweihunderteinundvierzig begaben sich demzufolge sogleich nach dem Muskingumfluß, wo ihnen ein geräumiger Landstrich überlassen wurde, nämlich ein Teil des Gebiets, welches vormals von den Wyandots ihrem Volk war zugewiesen und versichert worden. Die übrigen zu ihnen gehörigen Indianer an der Susquehanna folgten bald nach, von denen sich einige hier, andere dort anbaueten; die Monseys aber vereinigten sich wieder mit ihrem eignen Stamme, der lange zuvor schon ausgewandert war und sich an den Quellgewässern des Alleghenyflusses niedergelassen hatte. Auf diese Weise wurde die ganze Gegend östlich von dem Allegheny-Gebirge von ihren ursprünglichen Bewohnern völlig geräumt.

Die Delawaren wurden hierdurch auf einmal von ihren unruhigen Nachbarn, den Irokesen, befreit, welche darauf gerechnet hatten, daß sie sich in ihrer Nähe, in einer Gegend, die sie schon bestimmt hatten, niederlassen würden. Sie fanden sich aber betrogen, denn mit allen ihren schönen Reden konnten sie die Lenape hierzu nicht überreden, sondern diese gaben ihnen zu verstehen, daß sie nicht länger Lust hätten, einem Volke Gehör zu geben, von welchem sie so lange und so oft wären hintergangen worden.

Dies geschah im Jahre 1772, wenige Jahre vor dem Anfang des Revolutionskrieges. Während dieses kurzen ruhigen Zeitraums nahm die Zahl der christlichen Indianer am Ohio schnell zu, und man hatte noch nie zuvor eine so günstige Aussicht gehabt, daß Wohlstand und Zivilisation auf die Dauer bei ihnen würden gegründet werden. Die Revolution aber machte diesen Hoffnungen ein Ende, und diese günstige Gelegenheit ging verloren, vielleicht ohne je wiederzukehren. Es war nicht die Schuld der amerikanischen Regierung, denn diese wünschte aufrichtig, daß die Indianer sich neutral halten möchten, und gab ihnen wiederholt den Rat, sich nicht in den Streit der Kolonien mit dem Mutterlande zu mischen. Glücklich wäre es gewesen, hätte die britische Regierung auf gleiche Weise gehandelt; diese befolgte aber einen anderweitigen Plan. Die armen betrogenen Indianer wurden mit in einen Krieg gezogen, an welchem sie durchaus kein Interesse hatten, wodurch nicht nur ihre Volksmenge nach und nach vermindert wurde, sondern durch welchen sie auch das Verlangen, ein zivilisiertes Volk zu werden, verloren. Denn die Amerikaner, welche am Ende aufs äußerste gegen sie erbittert wurden und alle Indianer als ihre Feinde betrachteten, schickten von Zeit zu Zeit gegen sie Mannschaften aus, um sie auszurotten. Die Ermordung der christlichen Indianer am Muskingum im Jahre 1782 vollendete ihre Entfremdung. Diejenigen, welche noch blieben, wurden zur Verzweiflung gebracht; am Ende zerstreueten sie sich.

Es ist mir nicht möglich, die Zahl der jetzt noch übrigen Lenni Lenape oder Delawaren mit Sicherheit anzugeben. Soviel ich erfahren habe, sind sie sehr zerstreut, eine Anzahl, hauptsächlich vom Stamme der Monsey, wohnt in Oberkanada, andre befinden sich in der Provinz Ohio und noch andre an den Gewässern der Wabash im Gebiet der Indiana. Eine beträchtliche Anzahl ist über den Mississippi gezogen, zwischen den Jahren 1780 und 1790 fingen schon die Auswanderungen an. Wie groß die Zahl der Delawaren möge gewesen sein, als die Europäer zuerst in dieses Land kamen, ist nicht leicht anzugeben; alles, was ich anführen kann, ist dies, daß schon im Jahre 1760 die ältesten Leute unter ihnen zu sagen pflegten, es wären anjetzt nicht so viele Hunderte wie ehedem Tausende. Seit jenem Zeitpunkt haben sie sich beträchtlich vermindert. Ich sah sie selbst in dem Zeitraum von 1754 bis 1760 zu Hunderten auf einmal, und *Loskiel* erzählt, daß mehr als 800 in einem Jahr zu Bethlehem gespeist wurden. Im Jahre 1762, wo ich zu Tuscorawas am Muskingum wohnte, hatten sie sich an diesem Flusse und an den Armen desselben angebaut, auch wohnten sie am Cayahoga-Fluß, welcher sich in den See Erie ergießt, wo sie seitdem eine kleine christliche Niederlassung hatten, welche Pilgerruh hieß.

Die Shawanos oder Sawanos.[1] Die Geschichte dieser Völkerschaft wird hier angegeben hauptsächlich nach den Erzählungen alter Indianer vom Stamme der Mahikander, welche sagen, daß sie ehedem das Land im Süden, Savannah in Georgien und die beiden Florida, bewohnten. Sie waren ein unruhiges Volk, welches Lust zu Kriegen hatte und beständig mit irgendeinem der benachbarten Stämme im Kriege lebte.

---

[1] General J. Gibson glaubt, Sawano sei ihr rechter Name; sie werden von den übrigen Indianern so benannt, weil sie südliches Volk sind. Schawaneu bedeutet in der Lenape-Sprache der *Süden*; Schawanachau der Südwind. Gewöhnlich heißen sie (im Englischen) Shawanese.

Zuletzt schlossen ihre Nachbarn, der beständigen Beunruhigung müde, ein Bündnis miteinander, um sie auszurotten. Hierdurch kamen die Shawanos in eine gefährliche Lage und baten deshalb um Erlaubnis, das Land verlassen zu dürfen; dies wurde zugestanden, und sie flüchteten sogleich nach dem Ohio. Hier bauete sich die Hauptmasse an und sandte Abgeordnete an die Mahikander, ihren älteren Bruder, mit dem Gesuch, sich bei den Lenni Lenape, ihrem Großvater, zu verwenden, daß er sie in seinen Schutz nehmen wolle. Dies taten die Mahikander mit Bereitwilligkeit und schickten selbst eine Anzahl ihrer eigenen Leute, welche ihren «jüngeren Bruder» in das Land der Delawaren einführen sollte. Da sich die Shawanos unter dem Schutz ihres Großvaters in Sicherheit befanden, hatten manche von ihnen keine Lust, weiter ostwärts zu ziehen, sondern viele von ihnen blieben am Ohio, von denen sich einige so hoch am Flusse hinauf anbaueten, als wo Long Island (die lange Insel) liegt, oberhalb welcher nachher die Franzosen Fort Duquesne, jetzt Pittsburgh, erbauet haben. Diejenigen, welche weiter zogen, wurden von ihrem Oberhaupte mit Namen Gachgawatschiqua begleitet und baueten sich vorzüglich an und in der Nähe der Gabeln [der Nebenflüsse] des Delaware an, einige wenige zwischen diesen und dem Zusammenfluß des Delaware und des Schuylkill und einige selbst an der Stelle, wo nun Philadelphia steht; andre wurden von den Mahikandern in ihr eignes Land geführt, wo sie durch Zwischenheiraten ein Volk mit ihnen wurden. Als sich die an dem Delaware vermehrt hatten, kehrten sie nach Wyoming an der Susquehanna zurück, wo sie eine beträchtliche Anzahl von Jahren wohnen blieben.

Indessen vermehrte sich die Zahl derer, die am Ohio zurückgeblieben waren, und fing mit der Zeit wiederum an, den Nachbarn lästig zu werden. Zuletzt zogen sie über das Allegheny-Gebirge, fielen über die Lagerplätze der Lenape am Juniataflusse her, verübten mehrere Mordtaten und gingen mit der Beute davon. Es wurde bald entdeckt, von wem der Anfall herrührte, aber die Lenape hatten damals die Stelle «des Weibes» übernommen und durften sich auf keinen Krieg einlassen. Sie konnten nichts weiter tun, als die fünf Nationen um Schutz ersuchen, welches sie auch taten, in der Erwartung, daß sie die Beleidiger sogleich verfolgen und eine exemplarische Strafe über sie verhängen würden. Allein die fünf Nationen fanden für dieses Mal Mittel, ihrer Forderung auszuweichen.

Diesem Plane gemäß blieben die Lenape ruhig bis zum Frühjahr und begaben sich nun mit ihrer tapfersten Mannschaft nach dem festgesetzten Punkt. Wie groß aber war ihr Erstaunen, als sich ihre angeblichen Beschützer nicht sehen ließen! Sie argwöhnten Verrat und hatten ganz recht – denn da sie nun sogleich auf die Städte der Shawanos losgegangen waren, voll Eifer, eine exemplarische Rache zu üben, so hatten sie bei ihrer Ankunft wider alles Erwarten den Verdruß zu sehen, daß die Feinde, so schnell sie nur konnten, in ihren Kanus den Ohio hinabfuhren. Einige flüchteten zu Lande, weil sie vermutlich nicht Boote genug hatten, sie sämtlich aufzunehmen und fortzuführen; diese verfolgten sie nun, griffen sie an, schlugen sie tüchtig und machten mehrere zu Gefangenen.

Einige Zeit nachher fingen die Shawanos, welche am nördlichen Arm der Susquehanna wohnten, an, sich nach und nach wegzubegeben, erst nach dem westlichen Arm dieses Flusses und der Juniata hin und darauf nach dem Ohio, so daß zum Anfange des Französischen Krieges im Jahre 1755 alle, bis auf wenige Familien, bei welchen sich ihr Oberhaupt Paxnos aufhielt, nach dem Ohio hingezogen waren, wo sie sich mit ihren Landsleuten in dem Kriege gegen die Engländer vereinigten.

Im Jahre 1763 wurde zwischen Großbritannien und Frankreich Frieden geschlossen. Der unruhige Geist der Shawanos aber ließ ihnen nicht zu, stillzubleiben; sie fingen gegen ihre südlichen Nachbarn, die Cherokesen, Krieg an, welche, indem sie ihre Feinde verfolgten, aus Irrtum zuweilen über die mit den Shawanos in demselben Lande wohnenden Lenape herfielen, die auch durch die Shawanos in einen Krieg mit jener Nation verwickelt wurden, der einige Zeit fortdauerte. Da die Mengwe um diese Zeit auch mit den Cherokesen Krieg führten und öfters mit ihren Gefangenen und ihren Skalps durch der Shawanosen Land zurückkehrten, so wurde unter ihnen allen ein kriegerischer Geist unterhalten, bis endlich im Jahre 1768 die Cherokesen um eine Erneuerung der ehemaligen Freundschaft zwischen ihnen und den Lenape, ihrem Großvater, nachsuchten – und da dies zustande kam, so bewirkten letztere durch ihre Vermittlung einen Frieden auch zwischen den Cherokesen und den fünf Nationen.

Da die Shawanos keine Lust hatten, den Krieg mit den Cherokesen allein fortzusetzen, auch von ihrem Großvater wegen der Anstiftung dieser Unruhen einen Verweis bekommen hatten, so unterwarfen sie sich willig den Vorschriften der Lenape und blieben von dieser Zeit an mit allen Nationen in Frieden, bis zum Jahre 1774, wo sie in einen Krieg

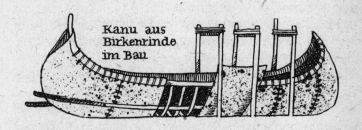

Kanu aus Birkenrinde im Bau

mit dem Volke von Virginien verwickelt wurden, wozu die durch weiße Leute verübten Mordtaten die Veranlassung gaben. In diesem Falle, glaube ich, kann man nicht sagen, daß sie der angreifende Teil waren, aber ihr Durst nach Rache war so groß und die beleidigten Mengwe neben ihnen schrien so laut um Wiedervergeltung, daß sie mit großer Entschlossenheit den Krieg mit den Virginiern anfingen – welcher jedoch nur von kurzer Dauer war, da man ihnen einen gleichen Grad von Mut und Entschlossenheit entgegensetzte, weshalb die Shawanos nach einem heftigen Treffen zwischen den entgegengesetzten Parteien an der Mündung der großen Kanhawa oder nahe dabei und nachdem mehrere ihrer Städte von den Virginiern waren verwüstet worden, abermals genötigt wurden, Frieden zu schließen. Dieser dauerte nicht lange, da sie sich kurz nach dem Anfang der Revolution mit den Briten gegen die Amerikaner vereinigten und seitdem immer unsre Feinde blieben, ohne je einen dauerhaften Frieden zu schließen, bis zu der denkwürdigen Übereinkunft, welche im Jahre 1795 nach der entscheidenden Niederlage der Nationen durch den verstorbenen General Wayne geschlossen wurde.

Die Shawanos verloren einen großen Teil ihrer Mannschaft während dieser Streitigkeiten, dieser ward aber gewissermaßen ersetzt durch einzelne Leute von andern Nationen, die sich mit ihnen vereinigten. So gingen während des Revolutionskrieges etwa 100 unruhige Cherokesen, welche durch ihr eignes Volk nicht dahingebracht werden konnten, mit den Amerikanern Frieden zu halten und ebendeswegen aus dem Lande verjagt wurden, zu den Shawanos über, so wie auch andre von den fünf Nationen sich zu ihnen schlugen oder ihre Nachbarn wurden.

Man hält die Shawanos für gute Krieger und Jäger. Sie sind voll Mut, hohen Sinnes und männlich und weit sorgsamer, einen Vorrat von Verteidigungsmitteln für einen unvorhergesehenen Fall in Bereitschaft zu halten als irgendeine andre Nation, von der ich gehört habe. Ihre Sprache läßt sich weit leichter lernen als die der Lenape und kommt der Sprache der Mohicans, Chippeway und anderen verwandten sehr nahe. Sie setzen gewöhnlich den Akzent auf die letzte Silbe.

Die Nanticokes. Die Delawaren sagen, daß die Völkerschaft aus demselben Stamme mit ihnen entsprungen sei, und diese Tatsache wurde von White, einem ihrer Oberhäupter, mit dem ich persönlich bekannt gewesen bin, als begründet anerkannt. Sie nennen die Delawaren ihren Großvater, und ich werde die Geschichte der Nanticokes erzählen, so wie ich sie aus dem Munde des genannten White selbst gehört habe.

Da jeder Indianer Freiheit hat, sich eine Beschäftigung zu erwählen, wie es ihm gefällt, so zogen es die Voreltern des White, nachdem die Lenape in ihr Land gekommen waren, vor, ihren Unterhalt durch Fischfang und Fallenstellen an den Ufern der Flüsse und Baien wie auch durch Verfolgung des Wildes in den Wäldern zu gewinnen. Sie teilten sich also in kleine Haufen und suchten die für ihren Zweck gelegensten Plätze auf. In der Folge wurden sie sehr zahlreich, teils durch gewöhnliche Vermehrung, teils durch Vereinigung einer Anzahl von den Lenape mit ihnen, und verbreiteten sich über einen ausgedehnten Landstrich. Auf diese Weise entstanden aus ihnen abgesonderte Volkshaufen, die verschiedene Namen führten. Die Canai, sagen sie, stammten von ihnen ab und bauten sich in der Entfernung an den Ufern des Potomac und der Susquehanna an, wo sie auch ihre Wohnsitze hatten, als die weißen Leute zuerst in Virginien ankamen; sie begaben sich aber um dieser willen weiter weg und bauten sich höher hinauf an der Susquehanna an, nicht weit von der Stelle, wo nachher John Harris eine Fähre anlegte. Der Hauptzweig oder die eigentlichen Nanticokes wohnten damals an der östlichen Küste von Maryland, wie es jetzt heißt. Zuletzt nahmen die hereindringenden weißen Leute so zu, daß sie einen andern Aufenthalt zu suchen genötigt waren, und da sich ihr Großvater selbst infolge des gewaltigen Hereinströmens der Weißen zurückzog, so folgten sie dem Rat der Mengwe und wandten sich sogleich nach den weiten Ebenen bei Wyoming, wo sie sich abgesondert anbauten im Angesicht der Städte der Shawanos – während andre den Fluß weiter hinaufgingen und sich in der Gegend von Chemenk (Shenango) und Shummunk niederließen, wohin sie sämtlich beim Anfange des Französischen Krieges auswanderten. Der Stamm des White wohnte hier bis zum Ausbruch des Revolutionskrieges, worauf er sich nach einer Gegend begab, welche dem britischen Gebiete näherlag, da er die Partei der Engländer ergriffen und sich zu den Fahnen derselben versammelt hatte. White selbst hatte sich einige Jahre vor dem Kriege mit den christlichen Indianern zu Schechschequon vereinigt und blieb bei ihnen. – Nie war die Abnahme seines Stammes derart gewesen, sagte White, wie seit der Ankunft der weißen Leute im Lande. Das Volk ging zugrunde, teils durch Krankheiten, welche jene mitbrachten: durch die Blattern, durch die venerische Krankheit; teils durch den unmäßigen Genuß hitziger Getränke, wodurch viele hingerafft wurden.

Diese Nanticokes hatten die seltsame Gewohnheit, die

Gebeine ihrer verstorbenen Verwandten von dem Begräbnisorte nach einem Aufbewahrungsplatze in dem Lande ihres Aufenthalts zu bringen. Man weiß, daß sie in früheren Zeiten von Wyoming und Chemenk nach dem östlichen Ufer von Maryland gingen, um von hier die Gebeine ihrer Toten abzuholen – selbst die Leichen nahmen sie, wenn sie auch noch nicht völlig verweset waren und das Gebein erst abgekratzt werden mußte, ehe sie es fortführen konnten. Ich erinnere mich, daß ich sie in den Jahren zwischen 1750 und 1760 mit solchen Gebeinen beladen gesehen habe und daß es einen widrigen Geruch verbreitete, wenn sie damit durch Bethlehem zogen.

Man sagt auch von ihnen, daß sie eine giftige Mischung sollen erfunden haben, wodurch sie die Bewohner einer ganzen Niederlassung umbringen könnten, und man beschuldigte sie, in Zauberkünsten sehr geschickt zu sein. Es ist gewiß, daß man sie aus diesem Grunde sehr fürchtet. Ich habe Indianer gekannt, die festiglich glaubten, daß es Leute unter ihnen gäbe, die, wenn sie wollten, eine große Armee vernichten könnten, bloß dadurch, daß sie dieselbe anhauchten. Diejenigen unter den Lenape und andren Stämmen, die auf Zauberkräfte Anspruch machen, sagen, daß sie ihre Wissenschaft von den Nanticokes erlernt hätten. Es ist ihnen nicht zuwider, im Rufe der Hexenmeister zu stehen, denn dies macht sie bei den Nachbarn gefürchtet.

Ihr Volksname ist nach der Aussage ihres Oberhauptes White eigentlich Nentégo. Die Delawaren nennen sie Unéchtgo und die Irokesen Sganiateratieh-rhone. Die Namen haben einerlei Bedeutung und bezeichnen Wassermänner (Water people) oder Küstenbewohner (Sea shore settlers). Sie führen außer andern Namen auch Beinamen, welche ihnen in Beziehung auf ihre Beschäftigung sind beigelegt worden. Die Mohicans z. B. nennen sie Otayáchgo und die Delawaren Tayachquáno, welche beide Wörter in der Sprache, welcher sie angehören, eine Brücke oder einen trocknen Weg über einen Fluß bedeuten, welches darauf anspielt, daß sie sich dadurch auszeichnen, häufig Bäume abzuhauen und über die Flüsse zu legen, um ihre Fallen darauf zu befestigen. Sie heißen auch oft die Fallensteller (the trappers).

Im Jahre 1785 war dieser Stamm so zusammengeschmolzen, daß die ganze Masse desselben, welche sich versammelte, um ihr bejahrtes Oberhaupt White, der damals bei den christlichen Indianern am Huronflusse nördlich von Detroit wohnte, zu besuchen, keine 50 Mann betrug. Sie begaben sich damals durch Kanada nach dem Miami-Gebiet, um sich neben den Shawanos infolge einer von diesen erhaltenen Einladung anzubauen.

Die Mahicanni oder Mahikander. Diese einst große und berühmte Völkerschaft ist auch samt den zahlreichen aus ihr entsprungenen Stämmen beinahe gänzlich verschwunden; sie sind durch den Krieg, die Blattern und andre Krankheiten aufgerieben worden, und eine große Anzahl hat durch die Einführung hitziger Getränke ihr Leben eingebüßt. Der Überrest hat sich geflüchtet oder in abgesonderten Haufen nach verschiedenen Gegenden hinbegeben, wo sie anjetzt zerstreut wohnen oder sich unter andern Völkerschaften verloren haben. Schon im Jahre 1762 war eine Anzahl von ihnen nach dem Ohio ausgewandert, wo ich mit dem Oberhaupte derselben, von den Weißen «Mohican John» (Johannes der Mahikander) genannt, bekannt wurde. Andre haben sich nach den Ufern des St. Lawrence (Lorenzo) geflüchtet, wo eine Menge derselben den Irokesen ist einverleibt worden, deren Abkömmlinge dort jetzt noch wohnen als eine gemischte Rasse, die man unter dem Namen der Cochnewago-Indianer kennt. Mehr als hundert von ihnen, welche in den Kolonien Connecticut und New York wohnten, sind, nachdem sie durch die Bemühungen der Brüder das Christentum angenommen haben, zwischen 1742 und 1760 nach Pennsylvanien ausgewandert, wo sie in der Folge den Delawaren einverleibt wurden. Eine beträchtliche Anzahl wanderte um das Jahr 1734 vom Hudsonflusse aus und bauete sich zu Stockbridge in Massachusetts an; zwischen 1785 und 1787 begaben sie sich nach Oneida in dem Lande der sechs Nationen und nannten ihre Niederlassung New Stockbridge. Ehe sie hierhin zogen, hatte sich ihre Anzahl nach und nach vermindert. Im Jahre 1791 betrug sie nicht mehr als 191 Personen. Ehemals waren sie in Connecticut sehr zahlreich, und in dem Jahre 1799 fanden sich noch 84 Individuen von ihnen im Bezirk New London als ein Überrest von einer ehemals großen und blühenden Niederlassung. Es ist wahrscheinlich, daß sie jetzt größtenteils, wenn nicht gänzlich untergegangen sind.

Man glaubt, daß die Mahicanni dieselbe Nation sind, welche in der Geschichte von New England unter dem Namen Pequods oder Pequots so berüchtigt geworden sind. Der Prediger Jonathan Edwards, vormaliger Präsident des Union College (eines akademischen Instituts) zu Schenectady im Staate New York, gab im Jahre 1788 in einer Flugschrift einige Bemerkungen über ihre Sprache heraus, welche im

Steinpfeife mit Holzrohr/Pfeifentasche

Jahre 1801 zu New York aufs neue sind gedruckt worden. Sowohl diese kleine Abhandlung als auch die Übersetzung der Bibel in die Natick-Sprache von dem ehrwürdigen Eliott und ebendesselben Grammatik dieser Sprache setzen es außer allen Zweifel, daß die Sprache der Mohicans und die der übrigen Indianer in New England mit jener der Lenni Lenape aus einer Quelle entsprungen sind.

Allgemeiner Charakter der Indianer

Der Indianer betrachtet sich selbst als ein Wesen, welches von einem allmächtigen, weisen und gütigen Mannitto (Geist oder Wesen) erschaffen worden; alles, was er besitzt, alles, was er genießt, sieht er an als ihm durch den großen Geist, der ihm das Leben gab, zum Gebrauch verliehen. Er hält es daher für seine Pflicht, seinen Schöpfer und Wohltäter zu verehren und anzubeten, die bisherigen Wohltaten desselben mit Dank zu erkennen, für die gegenwärtigen Segnungen dankbar zu sein und die Fortdauer seines Wohlwollens sich zu erflehen.

Als Wesen, die allen Tieren und lebendigen Geschöpfen überlegen sind, fühlen sie ihre Wichtigkeit; ehe sie weiße Leute oder Menschen von andrer Farbe, als die ihrige ist, sahen, betrachteten sie sich als Gottes Lieblinge und glaubten, wenn der große Mannitto auf Erden wohnen könnte, so würde er sich zu ihnen gesellen und ihr Oberbefehlshaber (great Chief) sein.

Der Indianer glaubt auch, daß er von seinem Schöpfer hoch begünstigt worden sei, nicht nur insofern er eine andre Gestalt, auch andre geistige und körperliche Vermögen als die Tiere erhalten hat, sondern auch insofern er imstande ist, sie alle zu überwältigen und zu regieren, selbst die von ungeheurer Größe, von der wildesten Gattung; und wenn er daher seinen Schöpfer auf seine Weise verehrt, so vergißt er nicht, in seinen Gebeten auch darum zu flehen, daß er mit Mut möge ausgerüstet werden, seine Feinde zu bekämpfen und zu besiegen, unter welche er auch alle wilden Tiere rechnet; und wenn er irgendeine Heldentat vollbracht hat, so pflegt er nicht zu vergessen, dieselbe als einen Beweis der göttlichen Gunst anzuerkennen, indem er dem großen und guten Mannitto ein Opfer bringt oder indem er öffentlich bekennt, daß der glückliche Erfolg allein dem Mut zuzuschreiben sei, welcher ihm von dem allmächtigen Geist verliehen worden. Durchgängige Verehrung des großen ersten Urhebers aller Dinge und lebhaftes Gefühl der Dankbarkeit für die von ihm verliehenen Wohltaten machen also einen von den hervorstechenden Zügen aus, welche das sich selbst überlassene Gemüt des Indianers auszeichnen.

Die Indianer begnügen sich nicht damit, diese ersten Pflichten gegen den Herrn über alles, so gut sie können, zu beobachten, sondern sie bemühen sich auch, den Absichten zu entsprechen, welche er, wie sie meinen, bei der Schöpfung der Welt hatte. Sie glauben, daß er die Erde und alles, was darin ist, für das allgemeine Wohl des menschlichen Geschlechts hervorbrachte; als er das Land, welches er ihnen zuteilte, mit Überfluß von Wild versah, so geschah dies nicht zum besten einiger weniger, sondern zum besten aller. Alles wurde den Menschenkindern zu gemeinschaftlichem Gebrauch gegeben. Was auf der Erde lebt, was auf der Erde hervorwächst, alles, was sich in den Flüssen und Gewässern der Erde findet, ist allen zusammen gegeben worden, und jeder hat Anspruch auf seinen Anteil. Aus diesem Grundsatze fließt Gastfreundschaft wie aus ihrer Quelle. Sie ist auch bei den Indianern keine Tugend, sondern eine unerläßliche Pflicht. Sie suchen also keine Entschuldigung hervor, um dem Geben zu entgehen, sondern helfen dem Mangel ihrer Nachbarn bereitwillig von dem ab, was sie zu eignem Gebrauch in Vorrat haben. Sie geben und sind gastfreundlich gegen alle ohne Ausnahme und teilen beständig untereinander und selbst mit dem Fremden auch bis auf den letzten Bissen. Sie würden sich lieber selbst mit leerem Magen niederlegen, als sich nachsagen lassen, daß sie ihre Pflicht versäumt und dem Mangel des Fremdlings, des Kranken oder des Dürftigen nicht abgeholfen hätten. Der Fremdling hat Anspruch auf ihre Gastfreundschaft, teils weil er von seiner Familie und seinen Freunden entfernt ist, teils weil er sie mit seinem Besuche beehrt hat und mit einem guten Eindruck auf sein Gemüt wieder von ihnen gehen sollte; der Kranke und Arme, weil es ihm zukommt, aus dem allgemeinen Vorrat unterstützt zu werden. Denn war das Fleisch, welches man ihm reichte, aus dem Walde gekommen, so gehörte es allen gemeinschaftlich zu, ehe der Jäger es zu sich nahm; war es Getreide oder Gemüse, was man ihm gab, so wuchs es aus dem gemeinschaftlichen Boden auf, doch nicht durch menschliche Macht, sondern durch die des großen Geistes. Überdies betrachten sie sich allesamt aus dem Grunde, daß sie alle von einem Vater abstammen, als eine große Familie, deren Mitglieder zu aller Zeit und bei allen Gelegenheiten dienstfertig und gütig gegeneinander zu sein verbunden wären und sich so dem allgemeinen Familienhaupte, dem großen und guten Mannitto, wohlgefällig machen müßten.

Es sei mir erlaubt, dies durch ein Beispiel zu erläutern: Im Jahre 1777 führten einige reisende Indianer ihre Pferde auf meine kleine Wiese, die ich zu Gnadenhütten am Muskingum besaß, um während der Nacht darauf zu grasen. Am Morgen redete ich sie an und fragte, warum sie das getan hätten, und suchte ihnen begreiflich zu machen, wieviel Schaden sie mir verursacht hätten, zumal da ich willens gewesen wäre, die Wiese in ein paar Tagen abzumähen. Als ich meine Beschwerde vorgetragen hatte, antwortete einer von ihnen: «Mein Freund, du scheinst Anspruch auf das Gras, welches meine Pferde gefressen haben, zu machen, weil du es eingezäunt hattest; nun sag mir aber einmal, wer hat das Gras wachsen lassen? Kannst du das Gras wachsen lassen? Ich glaube nicht, und niemand kann es außer dem großen Mannitto; er läßt es für deine und für meine Pferde wachsen! Siehe, Freund! Das Gras, welches auf der Erde wächst, das Wild in den Wäldern gehört allen zu! Sage, hast du niemals Wildbret oder Bärenfleisch gegessen?» – «Jawohl, oftmals!» – «Nun, hast du denn jemals gehört, daß ich oder irgendein andrer Indianer sich darüber beschwerte?» – «Nein!» – «So laß es dich denn nicht bekümmern, daß meine Pferde nur ein einziges Mal von dem Grase, welches du dein nennst, gegessen haben, da doch das Gras, welches meine Pferde aßen, ebensowohl wie das Fleisch, welches du aßest, den Indianern von dem großen Geist ist gegeben worden. Überdies, wenn du nur darauf merken willst, wirst du finden, daß meine Pferde nicht all dein Gras gefressen haben; aber doch will ich, der Freundschaft wegen, meine Pferde nie wieder in deine Wiese führen.»

Die Indianer sind nicht nur gerecht, sie sind auch in mancher Hinsicht ein großmütiges Volk und können die Kranken und Bejahrten wegen Mangel an Kleidung nicht leiden sehen. Sie geben solchen wohl eine Bettdecke, ein Hemd, ein Paar Mocksens [Mokassins] usw. Sonst schenken sie nicht als mit der Absicht, ebensoviel wiederzubekommen, und lassen es den Empfänger merken, was es sein müsse. Wenn sie Geschenke an Fremde machen, so sind sie mit einer Kleinigkeit zum Andenken zufrieden; wenn sie aber an einen Handelsmann etwas schenken, so erwarten sie dafür den doppelten Wert, denn sie sagen, der könne es wohl tun, da er sie so oft betrogen habe.

Sie behandeln einander mit Höflichkeit und zeigen viel Gefühl, wenn sie nach einer Abwesenheit wieder zusammentreffen. Wenn sie einander des Vormittags begegnen, so pflegen sie einander damit zu grüßen, daß sie sagen: «Guten Morgen!» (a good morning to you) und des Nachmittags: «Guten Abend!» Bei dem Händedruck beobachten sie genau die unterscheidenden Benennungen der Verwandtschaft und sprechen sie zu gleicher Zeit aus, z. B.: Guten Morgen, Vater, Großvater, Onkel, Tante, Vetter und so fort bis auf den kleinsten Enkel herab. Sie haben auch die Gewohnheit, bejahrte Personen, mit denen sie nicht verwandt sind, mit dem Namen Großvater und Großmutter zu begrüßen, nicht in dem Ton der Herablassung oder der verstellten Geringschätzung, sondern als ein aufrichtiges Merkmal der Achtung, die sie für das Alter haben. Die gewöhnliche Art der Begrüßung solcher, die keine Verwandten sind, geschieht durch das Wort: Freund! Wenn indessen junge Leute zusammenkommen, so bedienen sie sich solcher Benennungen, welche ihren Jahren oder ihrem Stande angemessen sind: Sie sagen z. B.: Guten Morgen, Kamerad, Günstling, Geliebter usw. Selbst die Kinder grüßen einander mit Zärtlichkeit. «Ich freue mich dich zu sehen», ist die gewöhnliche Art, wie die Indianer einander anreden nach einer kürzeren Abwesenheit; nach einer längeren Abwesenheit aber, bei der Rückkehr eines Abgesandten oder eines Kriegers von einer bedenklichen oder gefährlichen Unternehmung haben sie mehr zu sagen; ersterer wird auf die herzlichste Weise gegrüßt, etwa mit folgendem Ausdruck: «Ich danke dem großen Geist, daß er uns das Leben bis auf diesen Tag unsers glücklichen Wiedersehens erhalten hat! Ich freue mich wirklich recht sehr, dich zu sehen.» Worauf der Ankommende zu erwidern pflegt: «Du redest die Wahrheit; durch die Gnade des großen und guten Geistes wird es uns vergönnet, einander wiederzusehen. Ich freue mich ebensosehr, dich zu sehen.» Zu einem Krieger würde man sagen: «Ich freue mich, daß der große Geist dein Leben erhalten und dir eine glückliche Rückkehr zu den Deinigen verliehen hat.»

Sie sind nicht zänkisch und nehmen sich beständig in acht, einander nicht zu beleidigen. Wenn einer sich durch ein Wort, welches einem andern unversehens entfallen ist, beleidigt oder beschwert findet, so pflegt er zu sagen: «Freund, du hast gemacht, daß ich argwöhnisch auf dich geworden bin» (was soviel anzeigt, als daß er anfängt, an der Aufrichtigkeit seiner Freundschaft zu zweifeln). Wenn dann der andre sich erklärt und versichert, keine böse Absicht gehabt zu haben, so ist wieder alles gut. Schlägereien finden unter ihnen nicht statt; so etwas, sagen sie, schickt sich nur für Hunde und für Tiere. Doch sind sie Freunde vom Spiel und von Scherzreden, aber immer sorgsam, nicht zu beleidigen.

Sie sind sinnreich, satirische Bemerkungen vorzubringen, welche freilich Lachen erregen, aber doch selten oder nie beleidigen. Wenn sie z. B. einen schlechten Schützen mit seiner Flinte in den Wald gehen sehen, pflegen sie ihn wohl zu fragen, ob er ausginge, um Fleisch zu holen, oder gegen andre zu äußern: nun werden wir Fleisch bekommen, denn der und der ist auf die Jagd gegangen (meinen dies aber nicht!). Wenn sie sehen, daß ein Feigherziger sich an einen zum Kriege abgehenden Haufen anschließt, fragen sie ihn wohl ironisch, wann er wieder zurückkehren würde (sie meinen, daß er wohl zurückkehren werde, ehe er noch den Feind gesehen), oder sagen auch wohl zueinander: «Wird er mit seinen Skalps dieses Weges zurückkommen?»

Echter Witz, den man kaum bei einem wilden Volk erwarten sollte, findet sich bei ihnen nicht selten. Ich habe z. B. gehört, daß sie die Engländer und Amerikaner mit einer Schere vergleichen, einem Werkzeug, welches aus zwei völlig gleichen scharfschneidigen Messern besteht, deren jedes gegen das andere zu gleichem Zwecke, nämlich zum *Zerschneiden*, anwirkt. Nach der Einrichtung dieses Instruments könnte es, sagen sie, scheinen, als ob diese zwei Messer, wenn die Schere zugemacht würde, mit ihren Schärfen aufeinander treffen und sich abstumpfen müßten. Aber nicht doch! Sie zerschneiden nur, was zwischen sie kommt. Ebenso machen es die Engländer und Amerikaner, wenn sie gegeneinander Krieg führen; nicht sie selbst, sondern wir armen Indianer, die zwischen ihnen sind, gehen dabei zugrunde. Auf diese Weise bekommen sie unser Land, und wenn sie das haben, wird die Schere zugemacht und bis auf weiteren Gebrauch weggelegt.

Sie zeichnen sich durch ihre Achtung gegen das Alter aus. Bei allen ihren Zusammenkünften, sowohl den öffentlichen als auch den besondern, beweisen sie die größte Aufmerksamkeit auf die Bemerkungen und den Rat der Alten; keiner wird es unternehmen, ihnen zu widersprechen oder sich auf irgendeine Weise zu widersetzen oder nur zu reden, wenn er nicht besonders dazu aufgerufen wird. Die Alten, sagen sie, haben während der ganzen Zeit unsrer Lebensdauer und selbst lange vor unsrer Geburt gelebt, sie haben also nicht nur alle die Kenntnisse, die wir besitzen, sondern noch ein gut Teil mehr. Wir müssen daher unsre unvollkommneren Ansichten ihrer Erfahrung unterordnen. Auf den Reisen wird immer einer von den Ältesten vorangehen, wenn nicht irgend jemand besonders hierzu bestimmt worden ist. Wenn ein solcher sich der Jagd wegen irgendwo verweilt oder wenn alle, um sich auf einige Zeit zu lagern oder irgendwo zu bleiben, haltmachen – so sind auch alle mit dem Orte zufrieden und bezeugen, daß er wohlgewählt sei.

Sie haben ein lebhaftes, angebornes Gefühl von Gerechtigkeit, wodurch sie zuweilen zu Handlungen bewogen werden können, die von einigen heroisch, von andern romantisch und von nicht wenigen vielleicht barbarisch genannt werden dürften. Der letzte ist indessen ein vieldeutiger, unbestimmter Ausdruck, welcher, wenn es überhaupt einen Sinn hat, vielleicht so erklärt werden möchte, daß damit *etwas, was bei uns anders* ist, angezeigt würde. Wie dem auch sein möge, jenes Gefühl findet sich zuverlässig bei den Indianern, und da ich es nicht besser als durch die Wirkungen, die es hervorbringt, beschreiben kann, so will ich mich damit begnügen, über diesen Gegenstand eine Geschichte anzuführen, welche sich im Jahre 1793 in einem Indianerdorfe, 9 Meilen von Montreal, genannt La Chine, zutrug und mir in dem nämlichen Jahre von Herrn La Remée, einem französischen Kanadier und Einwohner des genannten Orts, den ich für einen äußerst wahrheitsliebenden Mann halte, ist erzählt worden. Ich befand mich damals auf meiner Rückreise von Detroit, in Gesellschaft von General Lincoln und einigen andern Herren, die bei der Erzählung gegenwärtig waren und ihr vollkommen Glauben schenkten. Ich hielt sie damals für so anziehend, daß ich sie in meinem Tagebuch niederschrieb, aus welchem ich sie nunmehr entlehne:

Es fanden sich in dem genannten Dorfe La Chine zwei ausgezeichnete Indianer, der eine durch seine Größe – er maß 6 Fuß 4 Zoll –, der andre durch seine Stärke und Rüstigkeit. Als diese einstmals einander auf der Straße begegneten, und zwar in Gegenwart eines Dritten, so redete der erste den andern auf eine stolze Weise in so beleidigenden Ausdrücken an, daß der zweite dies nicht so hinnehmen konnte: Er nannte ihn einen Feigherzigen, sagte, daß er in allen Stücken tief unter ihm stände, und reizte seinen Zorn so sehr, daß letzterer, unfähig, sich länger zu bezwingen, auf der Stelle erwiderte: «Du hast mich gröblich beschimpft, aber ich will es dir wohl wehren, so etwas je wieder zu tun», und in demselben Augenblick stach er ihn mit seinem Messer durch den Leib, so daß er tot neben ihn hinfiel. Das ganze Dorf kam hierdurch sogleich in Bewegung, und ein zahlreicher Haufe von Indianern versammelte sich, während der Mörder, der sich neben der Leiche hingesetzt hatte, sein Schicksal kaltblütig erwartete, welches kein andres als augenblickliche Ermordung sein zu können schien, zumal da der ganze Haufe schrie: «Schlagt ihn tot, schlagt ihn tot!» Obgleich er nun auch seinem Leibe und seinem Kopfe eine Haltung gab, ganz wie einer, der sich anschickt, den Streich des Tomahawk zu empfangen, so trat doch keiner hervor, um die Hand an ihn zu legen, sondern, nachdem man den toten Körper weggeschafft hatte, ließ man ihn allein. Als er nun hier den erwarteten Todesstreich nicht empfing, begab er sich nach einer mehr besuchten Stelle des Dorfs und legte sich da auf die Erde hin, in der Hoffnung, daß man hier um so eher ein Ende mit ihm machen würde. Die Zuschauer aber, nachdem sie ihn angeschaut hatten, entfernten sich sämtlich wieder. In dem Gefühl, daß er sein Leben verwirkt habe, und voll Verlangen, aus dem Zustand der Ungewißheit erlöset zu werden, entschloß er sich, zu der Mutter des Verstorbenen, einer bejahrten Witwe, zu gehen, und diese redete er mit folgenden Worten an: «Frau, ich habe deinen

Sohn erschlagen; er hatte mich freilich beschimpft, aber es war doch dein Sohn, und sein Leben war dir teuer. Ich übergebe mich daher anjetzt deinem Willen. Bestimme, wie du es gehalten haben willst, und erlöse mich bald aus meinem Elende.» – Die Frau erwiderte hierauf: «Du hast freilich meinen Sohn, der mir teuer und die einzige Stütze meines Alters war, erschlagen. Ein Leben ist also dahin, aber um deswillen auch das deinige zu nehmen, kann mir nichts nützen noch meine Lage verbessern. Du aber hast einen Sohn, willst du mir den statt des Erschlagenen geben, so soll alles getilgt sein.» – Der Mörder versetzte: «Mutter, mein Sohn ist noch ein Kind von 10 Jahren und kann dir von keinem Nutzen sein, sondern wird dir vielmehr Last und Mühe verursachen; aber hier bin ich, wirklich imstande, dich zu ernähren und zu unterstützen; wenn du mich als deinen Sohn annehmen willst, so soll von meiner Seite nichts fehlen, dir dein Leben angenehm zu machen, solange es dauert.» – Die Frau ging den Vorschlag ein, nahm ihn sogleich als ihren Sohn an und versetzte die ganze Familie in ihr Haus.

Wir müssen nun aber auch die andre Seite des Gemäldes sehen! Man kann nicht anders als zugeben, daß die Indianer, überhaupt genommen, rachsüchtig und grausam gegen ihre Feinde sind; daß sie, selbst wenn die Schlacht geendigt ist, eine kaltblütige Rache an ihren wehrlosen Gefangnen üben; daß es ihnen in ihren Kriegen gleich gilt, welcher Mittel sie sich bedienen, um ihren Widersachern zu schaden und sie zu vernichten; daß Kriegslist und Überraschung ebensooft von ihnen angewandt werden wie offenbare Gewalt. Dies ist alles wahr. Des Lichts der einzig wahren christlichen Religion beraubt, nicht zurückgehalten durch die Gebote und nicht geleitet durch das Beispiel des Gottes des Friedens, geben sie zu Zeiten der Heftigkeit ihren Leidenschaften zu sehr nach und begehen Taten, welche dem Auge des Menschenfreundes Tränen auspressen. Alles erwogen aber, sind wir besser als sie? Diese Frage verspare ich für ein eigenes Kapitel.

Regierung

Ungeachtet die Indianer kein Gesetzbuch haben, nach welchem ihre Regierung sich richtet, so finden doch ihre Oberhäupter wenig oder keine Schwierigkeit, sie zu regieren. Ihnen zur Seite stehen geschickte und erfahrne Ratsmänner, Leute, die auf das Wohl ihrer Nation sinnen und denen ebensosehr wie den Oberhäuptern an der Wohlfahrt derselben gelegen ist. Das Volk verläßt sich ganz auf sie und glaubt, daß alles, was sie tun oder beschließen, recht und dem Ganzen zuträglich sein müsse.

Stolz darauf, daß sie so fähige Männer zur Besorgung ihrer Nationalangelegenheiten besitzen, bekümmern sich die Indianer wenig um das, was jene vornehmen, denn sie wissen, daß das Resultat ihrer Beratungen zu gehöriger Zeit werde bekanntgemacht werden, und halten sich versichert, daß es ihren Beifall erhalten werde. Dies Resultat wird dem Volke im Namen des Oberhaupts durch den Sprecher bekanntgemacht. Das Volk wird zu dem Ende zusammengerufen und versammelt sich in dem Rathause (council house). Wird es alsdann als nötig gefunden, einen Beitrag an Wampum zu fordern, um die Entscheidung der Oberhäupter zur Ausführung zu bringen, so gibt die ganze Versammlung den nötigen Beitrag mit Freuden.

Die Oberhäupter tragen fleißig Sorge, alle wichtigen Beratschlagungen und Verträge, welche sie zu irgendeiner Zeit mit andern Völkerschaften geschlossen haben, zu ihrer eignen Nachricht und für die folgenden Geschlechter aufzubewahren. So konnten sie in den Jahren zwischen 1770 und 1780 genau anführen, was mit William Penn und ihren Voreltern bei der ersten Zusammenkunft und nachher verhandelt worden, wie auch die Verhandlungen, welche mit den Oberbefehlshabern, die ihm nachfolgten, stattfanden. In der Absicht, ihr Gedächtnis gleichsam zu erfrischen, und um einen oder mehrere von ihren fähigsten jungen Leuten in diesen Angelegenheiten zu unterrichten, versammeln sie sich ein- oder zweimal im Jahr. Bei diesen Gelegenheiten kommen sie immer an einem auserwählten Platze in den Wäldern, nicht weit von der Stadt, zusammen, wo ein Feuer angezündet wird und ihnen zu gehöriger Zeit Lebensmittel hinausgebracht werden. Da werden denn auf einem großen Stück Baumrinde oder auf einer Decke alle Urkunden in einer solchen Ordnung niedergelegt, daß sie sogleich jede einzelne Rede unterscheiden können, gerade wie wir den Inhalt eines schriftlichen Aufsatzes aus der Aufschrift, die er führt, erkennen. Wenn irgendeine Schrift auf Papier oder Pergament mit den Wampumgürteln oder -schnüren zusammengeheftet ist, so ersuchen sie einen Vertrauten aus den weißen Leuten, wenn sie einen solchen haben können, ihnen den Inhalt vorzulesen. Ihr Sprecher, der immer unter solchen, die mit vorzüglichen Fähigkeiten begabt sind, ausgewählt wird und der auch zu dem Geschäfte schon ist angeleitet worden, steht alsdann auf und sagt mit vernehmlicher Stimme und mit dem Ernst, welchen der Gegenstand erfordert, den Inhalt her, einen Satz nach dem andern, bis er alles, was zu der Sache gehört, vorgetragen hat. Von der Weise, auf welche die Wampumgürtel oder -schnüre von dem Sprecher in der Hand gehalten werden, hängt viel ab. Das Umkehren des Gürtels, welches stattfindet, wenn er seine Rede zur Hälfte geendigt hat, ist ein wesentlicher Punkt[1], obgleich dies nicht bei *allen* Reden nach Gürteln vorkommt; wenn dies aber der Fall ist und auf eine gehörige Weise geschieht, so kann man daraus ebensogut wissen, wie weit der Redner in seiner Rede gekommen ist wie bei uns durch einen Blick auf die Seitenzahl eines Buchs oder einer Flugschrift während des Lesens – ja, ein guter Redner wird imstande sein, auf einem Gürtel die Stelle bestimmt anzugeben, welche jeden einzelnen Satz enthält, gerade wie wir eine Stelle in einem Buche angeben. Die Gürtel und

---

[1] Als der berüchtigte Anführer Pontiac in den Jahren zwischen 1760 und 1768 einen Platz verabredet hatte, die Stadt und Besatzung von Detroit zu überfallen und abzuschneiden, zu eben der Zeit, wo er eine eindringliche Friedensrede an den damaligen Kommandanten, Major Gladwyn, hielt, sollte das *Umkehren* des Gürtels das Signal zum Angriff für seine Leute sein, welche alle ihre zuvor bis zur Länge großer Pistolen abgekürzten Flinten unter ihren Deckkleidern versteckt hatten. Dies ist mir von einigen der achtungswürdigsten Einwohner von Detroit und von den Indianern selbst erzählt worden.

Schnüre werden, wenn der Sprecher mit ihnen fertig ist, wieder an das Oberhaupt abgeliefert, von welchem sie sorgfältig in einer dazu bestimmten ledernen Tasche oder einem Beutel (speech-bag) aufbewahrt werden.

Eine Botschaft von Wichtigkeit wird gewöhnlich durch einen untergeordneten Befehlshaber, durch einen Ratsmann oder durch den Sprecher an den Ort ihrer Bestimmung abgesandt, zumal wenn eine Antwort sogleich erwartet wird. In andern Fällen, wenn z. B. eine Antwort auf eine Rede nachgeschickt werden soll, werden zwei geschickte junge Leute dazu erwählt, einer um die Botschaft oder Antwort abzuliefern, der andre, um achtzugeben, daß, während sein Gefährte redet, nichts vergessen oder ausgelassen werde. Ist es eine geheime Botschaft, so macht man ihnen zur Pflicht, sie *unter die Erde* zu nehmen oder zu ziehen, d. h. überall keinem Menschen bekanntzumachen außer dem, an welchen sie gerichtet ist. Wenn man zu ihnen sagt, sie sollten mit der Botschaft oder Rede *in die Erde hinabsteigen* und an dem Orte, wo dieselbe vorzutragen ist, wieder hervorkommen, so heißt dies soviel, als von ihnen fordern, sich zu hüten, auf dem Wege von jemand gesehen zu werden und deshalb alle gebahnten Wege zu meiden und durch die Waldungen zu reisen.

Kein Oberhaupt nimmt Rücksicht auf *Gerüchte*, wenn sie auch die Zeichen der Wahrheit an sich tragen sollten. Bis daß er *amtlich* und in gehöriger Form von einer Sache ist unterrichtet worden, wird ein Chief immer, wenn man ihn über den Gegenstand befragt, zur Antwort geben: er habe es nicht gehört. Das Gerücht wird bis dahin von ihm angesehen wie *der Gesang eines Vogels, der vorbeigeflogen* ist; sobald er aber amtlich durch eine Wampumschnur von irgendeinem entfernten Befehlshaber oder sonst einem Mann von Einfluß, dessen Posten ihm Anspruch auf Glaubwürdigkeit gibt, von der Sache ist benachrichtigt worden, wird er sagen: «*Ich habe es gehört*» und wird sein Verhalten danach einrichten.

Die Indianer überhaupt und insbesondre ihre Oberhäupter bedienen sich mancher bildlicher Redensarten, welche zu verstehen mehrere Belehrung erfordert. Wenn eine Völkerschaft, durch Botschafter oder sonst, zu einer andren auf diese Weise redet, so wird dies wohl verstanden, wenn sie aber zu weißen Leuten, die an eine solche Sprache nicht gewöhnt sind, auf diese Weise reden, so sind Erklärungen nötig.

Ihre Wampumgürtel sind von verschiedener *Größe* sowohl hinsichtlich der Länge als auch der Breite. Weiße und schwarze Wampum sind bei ihnen im Gebrauch. Die erstere Art bedeutet alles, was *gut* ist, wie Frieden, Freundschaft, Wohlwollen usw. Die letztere Art deutet das Gegenteil an; zuweilen, wenn man die weißen nicht anschaffen kann, dienen jedoch auch die schwarzen zu Friedensbotschaften. Ehe man sie indessen hierzu gebraucht, müssen die Schnüre mit

Penn-Wampumgürtel

= Darstellung der Flüsse und Gebirge

Kalk, weißem Ton oder irgend etwas Weißfärbendem bestrichen werden. Die Friedenspfeife, welche entweder aus rotem oder schwarzem Stein gemacht ist, muß auch weiß gefärbt werden, ehe sie bei solchen Gelegenheiten hervorgezogen und gebraucht werden darf.

Landstraßen von einer befreundeten Völkerschaft zur anderen werden gewöhnlich auf dem Gürtel durch eine oder durch zwei Reihen von weißem Wampum, welche durch die schwarzen, und zwar in der Mitte von einem Ende bis zum andern, herlaufen, bezeichnet. Es zeigt an, daß sie in gutem Vernehmen miteinander stehen und freundschaftlichen Verkehr miteinander unterhalten.

Ein schwarzer Gürtel mit dem in roter Farbe darauf angebrachten Zeichen einer Axt ist ein Kriegsgürtel (war belt), welcher, wenn er einer Völkerschaft mit einem Ende oder einer Rolle Tabak zugeschickt wird, eine Aufforderung ist, sich in einem Kriege mitanzuschließen. Wenn eine so aufgeforderte Völkerschaft von dem Tabak raucht und sagt: er raucht sich gut, so hat sie ihre Einwilligung gegeben und gehört von dem Augenblicke an zu den Verbündeten. Weigert sie sich aber zu rauchen, so würde alle weitere Überredung ohne Wirkung bleiben. Es hat sich doch aber zuweilen zugetragen, daß Kriegsbotschafter es versuchten, eine Völkerschaft zu überreden und zu nötigen, den Gürtel anzunehmen, indem sie ihn auf die Schultern oder über die Schenkel des Anführers legten; dann aber warf ihn dieser, nachdem er ihn, ohne ihn mit der Hand zu berühren, abgeschüttelt hatte, mit einem Stock hinter ihnen her, gerade als ob er

Penn-Wampumgürtel = Vertrag zur Gründung Pennsylvaniens

eine Kröte oder eine Schlange aus dem Wege schleuderte.

Wiewohl sie sich bei ihren Ratsversammlungen nicht nach der Sitte der weißen Leute niedersetzen, so kann man doch die Haltung, die sie annehmen, nicht unanständig nennen. Dem Auftrage, den sie zu erfüllen haben, getreu, vernachlässigen sie das Äußre, da dieses dem Volke keinen Vorteil bringen kann. Sie setzen sich ohne bestimmte Ordnung um das Ratsfeuer, der eine lehnt sich so, der andre anders über, so daß ein Fremder bei dem Anblick der Versammlung denken mochte, sie achteten nicht auf das, was vorgetragen wird, oder wären des Bleibens müde. Dies ist jedoch nicht der Fall, auch so, wie sie dasitzen, haben sie Gelegenheit, auf das Gesagte zu merken und den Gegenstand der Beratung zu erwägen. Da ist nichts zu sehen, was ihre Aufmerksamkeit zerstreuen könnte. Sie sind ganz Ohr, auch wenn sie die Sprecher nicht starr ansehen. In der Tat, nichts kann sie von dem Gegenstande, über den beratschlagt wird, abziehen, es sei denn, daß das Haus, in welchem sie versammelt sind, Feuer faßte oder ein Feind sie angriffe.

Um die Richtigkeit dieser Bemerkung zu beweisen, will ich die folgende Tatsache anführen, welche in dem Winter von 1785 bis 86 zu Detroit stattfand:

Zwei äußerst verwegene Mörder von der Nation der Chippeway hatten mehrere Monate lang die Stadt und die Gegend durch ihre Drohungen und ihre kühnen, in dem Settlement (der Europäerstadt) verübten Mordtaten in Furcht gesetzt. Sie wurden ergriffen, und nachdem zuvor ihre eignen Oberhäupter gerufen und in dem Rathause waren versammelt worden, wurden sie vor den Kommandanten geführt, wo wir sie die Worte aussprechen hörten, daß sie noch nach den Gesetzen ihres Vaters (der Engländer) mit dem Tode bestraft werden sollten. Hierauf sprang der jüngere von den beiden Gefangenen, welcher der Sohn des älteren war, von seinem Sitze auf, brach mit Gewalt durch die Tür hindurch und versuchte mit einem Messer oder Dolch, den er unter seinem Deckkleide verborgen gehalten, sich durch die Wache, welche man, um ihr Entweichen zu verhüten, vor der Tür und auf der Straße aufgestellt hatte, einen Weg zu bahnen. Bei diesem Versuch wurde er indessen erstochen und fiel nieder – wodurch viel Bewegung draußen und nicht geringe Unruhe unter den Zuschauern und den Beamten der Regierung im Hause verursacht wurde. Keiner aber von den Indianer-Chiefs, deren mehrere gegenwärtig waren, rührte sich auf seinem Sitze oder sah nur umher oder nur einer auf den anderen, sondern alle blieben in ihrer vorigen Stellung sitzen und rauchten ihre Pfeife, als ob nichts vorgefallen wäre.

Wiewohl es zuzeiten einzelne in einer Völkerschaft gibt, welche den Rat und die Anweisung der Oberhäupter nicht achten, so finden solche doch nicht Unterstützung genug, daß sie sich den Maßregeln der Regierung widersetzen könnten. Gewöhnlich werden sie als entartete Geschöpfe betrachtet, die es nicht wagen dürfen, sich zu den andern zu gesellen, und deswegen einzeln umherlauern und allerlei kleinen Schaden zu stiften suchen, wie etwa Kleinigkeiten oder Lebensmittel wegzustehlen. Sobald sie aber weitergehen und berüchtigte Diebe oder Mörder werden, betrachtet man sie als eine Schande für die Nation, und da sie gewissermaßen von ihr ausgestoßen werden, haben sie auch keine Ansprüche mehr auf den Schutz derselben.

Im Jahre 1785 ermordete ein Indianer dieser Art einen Herrn Evans zu Pittsburgh, und als ihm nach einer Gefangenschaft von mehreren Monaten das Urteil gesprochen werden sollte, so wurden die Oberhäupter seiner Nation (der Delawaren) eingeladen, bei dieser Verhandlung gegenwärtig zu sein, dem Urteilsspruche beizuwohnen, auch, wenn sie wollten, zur Verteidigung des Beklagten zu reden. Diese Oberhäupter aber, anstatt zu erscheinen, wie gewünscht worden war, sandten den Zivilbeamten jenes Orts folgende lakonische Antwort: «Brüder, ihr habt uns benachrichtigt, daß N.N., der einen von euren Leuten zu Pittsburgh ermordete, in kurzem nach den Gesetzen eures Landes gerichtet werden soll, und ihr begehrt, daß einige von uns bei diesem Urteilsspruche gegenwärtig sein möchten. Brüder! Da wir wissen, daß N.N. immer ein sehr schlechter Mensch gewesen ist, so wünschen wir nicht, ihn zu sehen. Wir raten euch deswegen, ihn nach den Gesetzen eures Landes zu richten und ihn aufzuhängen, so daß er nie wieder zu uns zurückkehren möge!»

Ich will diese Materie mit noch einer Anekdote beschließen. Als die Indianer-Nationen in dem Winter 1788 bis 89 bei dem Fort Harmer an der Mündung des Muskingum versammelt waren, wo eine Übereinkunft geschlossen werden sollte, so wurde an einem Morgen ein Indianer von der Seneca-Nation am Ufer des Flusses tot gefunden. Cornplantér, damaliges Oberhaupt der genannten Nation, welcher einige Unruhe unter den Beamten und Einwohnern des Orts bemerkte und besorgt war, daß die Mordtat zu dieser Zeit und an diesem Ort viel Störung verursachen möchte, machte am Morgen seine Aufwartung bei dem Gouverneur und ersuchte ihn wegen des Umstands, der in der vorigen Nacht stattgefunden hätte, unbekümmert zu sein, denn der Ermordete wäre ein Mensch gewesen, an dem nichts läge. Dies sollte mit andern Worten soviel anzeigen, daß ihn seine Nation wegen seines schlechten Betragens nicht anerkennen wollte und daß sein Tod kein Verlust für sie sein würde.

Geselliger Umgang

Es ist eine auffallende Tatsache, daß sich die Indianer in ihrem ungebildeten Zustande so gegeneinander betragen, als ob sie ein zivilisiertes Volk wären. Ich bin in vielen Fällen Zeuge gewesen von ihren Zusammenkünften, von stundenlangen Verhandlungen und Unterredungen, die sie miteinander hatten, von ihren gemeinschaftlichen Arbeiten, von ihrem Jagen und Fischen in Gesellschaften oder Haufen. Ich habe gesehen, wie sie ihr erlegtes Wild, ihr Wild- und Bärenfleisch, ihre gefangnen Fische unter sich teilten, auch wenn sie manche Teile machen mußten, aber ich kann mich keines Falls erinnern, so sie in Streit gerieten oder die Art

a Lachs-
schlepphaken
b Dorschhaken

der Verteilung mißbilligten. Im Gegenteil empfangen sie selbst bei solchen Gelegenheiten ihren Anteil mit Dankbarkeit, sie sagen: «anischi» – «ich bin dankbar», als ob es ein Geschenk wäre, was ihnen gegeben würde.

Sie zeigen zuverlässig (ich rede von den Männern) Achtung füreinander, welches bei allen Gelegenheiten sichtbar wird; sie kommen öfters in der Absicht zusammen, sich miteinander zu unterreden, und ihre Geselligkeit scheint eine Erholung für sie zu sein und die gute Kameradschaft zu erneuern. Ihr allgemeiner Grundsatz, daß Gutes und Böses in einem Herzen nicht miteinander vereinigt sein oder zusammenwohnen können und deshalb in keine Berührung miteinander kommen dürfen, scheint ihnen bei allen Gelegenheiten zur Richtschnur zu dienen. So sind sie auch, wenn sie reisen, es sei in kleinerer oder größerer Gesellschaft, heiter und lassen sich die Unfälle, die ihnen begegnen möchten, nicht kümmern; nie sind sie ungeduldig, zänkisch und beschuldigen auch nie irgendeinen oder einer den andern, daß er den Unfall durch sein Versehen oder sonst veranlaßt habe. Selbst wenn einer seine ganze Habe durch die Nachlässigkeit oder Sorglosigkeit des andern verlieren sollte, werden sie nicht in Hitze geraten, sondern den Verlust geduldig ertragen, weil sie bei sich selbst denken, daß jener sich selbst schon genug darüber kränkt und daß es daher unbillig sein würde, seinen Schmerz noch zu vermehren. Sie urteilen bei allen Gelegenheiten mit Ruhe und machen einen bestimmten Unterschied zwischen einem zufälligen Versehen und einer absichtlichen Handlung; wenigstens ist dies ihr Bestreben. Ersteres sagen sie, kann von einem jeden begangen werden, man sollte es daher nicht hoch aufnehmen oder bestrafen; letzteres hingegen, da es freiwillig, mit Vorbedacht und in böser Absicht verübt wurde, sollte die gehörige Bestrafung empfangen.

Um dies zu erläutern, werde ich einige hierher gehörige Fälle, die mir bekannt geworden sind, anführen: An einem Morgen früh kam ein Indianer in das Haus eines andren, der noch im Bett lag, und wünschte seine Flinte zu einer Morgenjagd zu leihen, weil die seinige nicht imstande wäre; der Eigentümer gab sogleich seine Einwilligung und sagte: «Da mein Gewehr nicht geladen ist, so wirst du ein paar Kugeln aus jenem Beutel mitnehmen müssen!» – Indem nun jener das Gewehr herabnahm, ging es durch irgendeinen Umstand los, und der ganze Schuß traf den Kopf des Eigentümers, der noch auf dem Bette lag und nun den Geist aufgab. Das Gewehr war also, wie sich zeigte, ohne Wissen des Eigentümers geladen, und das Schloß war so gelassen worden, daß es bei einer bloßen Berührung losgehen mußte. Ein Geschrei wurde von allen Seiten im Hause gehört: «O, das Unglück!» – Als unglücklicher *Zufall* aber wurde die Sache immerfort betrachtet und auch behandelt.

Ein Jäger ging aus, um einen Bären zu schießen, da sich einige dieser Tiere in der Nähe hatten sehen lassen. In einem dunklen Teil des Waldes sah er in der Entfernung etwas Schwarzes sich bewegen, welches er für den Bären hielt, da er das ganze Tier nicht sehen konnte; er feuerte los und fand, daß er ein schwarzes Pferd totgeschossen hatte. Sobald er den Irrtum gewahr wurde, gab er dem Eigentümer Nachricht von dem Vorgefallnen, indem er zugleich sein Bedauern bezeugte, daß er nicht ein einziges Pferd besäße, womit er ihm das getötete ersetzen könnte. «Was», sagte der Indianer, dessen Pferd erschossen worden war, «denkst du, daß ich ein Pferd von dir annehmen würde, wenn du mir auch eins geben könntest, da du mich hinlänglich überzeugt hast, daß du das meinige durch einen unglücklichen Zufall totschossest? Nein, das nicht, denn eben ein solches Unglück könnte auch mir begegnen!»

Ein bejahrter Indianer war ausgegangen, um einen Welschenhahn zu schießen; er hielt aber ein schwarzes Schwein in dem Gebüsch dafür und schoß es tot. Durch Nachfrage entdeckte er den Eigentümer desselben und zeigte ihm den Fall an, indem er sich erbot, das Schwein zu bezahlen. Dies wollte indessen der andre nicht nur nicht annehmen, sondern, nachdem er das Fleisch ins Haus geholt hatte, gab er ihm eine Keule ab, weil er bei sich selbst dachte, daß der arme Mann sowohl wegen der ihm widerfahrnen Täuschung, sich nun bald mit dem Welschenhahn gütlich zu tun, als auch wegen der Ehrlichkeit, mit welcher er von der Sache Nachricht gegeben hätte, von Rechts wegen von dem Erlegten seinen Anteil haben müßte.

Zwei Indianer fuhren in einem großen Kanu bis auf eine gewisse Entfernung des Muskingum herab. Einige andre, die zu Lande nach demselben Orte hingegen, redeten jene an und ersuchten sie, die schweren Sachen, die sie bei sich hätten, wie Kessel, Äxte, Hacken usw., in ihr Kanu zu nehmen. Bereitwillig taten jene dies, hatten aber das Unglück, daß ihr Boot in den Klippen bei White Eyes's Falls (wie der Platz heißt) scheiterte, wodurch die ganze Ladung verlorenging, während die Leute sich selbst nur durch Schwimmen ans Ufer retteten. Es wurde nun zur Frage gebracht und von allen Seiten erwogen, ob die Leute in dem Kanu, die das Eigentum der andren in Verwahrung genommen und durch ihre Nachlässigkeit alles verloren hätten, nicht verbunden wären, den Verlust zu vergüten. Die Frage wurde aus folgenden Gründen verneinend entschieden: 1. Weil die Leute im Kanu die Sachen an Bord genommen hätten in der angenehmen Hoffnung, ihren Mitmenschen dadurch gefällig zu sein, ohne irgendeine Belohnung für diesen Dienst zu erwarten. 2. Weil sie zwar die Gefahr und den Verlust hätten vermeiden können, wenn sie das Kanu oberhalb des Wasserfalls ausgeladen und es zu Lande (welches nur eine kleine Entfernung ist) weitergetragen hätten, wie sonst gebräuchlich, wenn der Wasserstand es nicht zuläßt, gerade durchzufahren; daß aber diejenigen, die zu Lande reisten, wenn sie im Kanu gewesen wären, ebenso wie sie selbst würden versucht haben durchzufahren, welches zuweilen glücklich geschieht, und dann ebenso unglücklich wie sie würden gewesen sein. 3. Weil die Leute im Kanu auch alle ihre eignen Habseligkeiten mit an Bord gehabt und auch mit verloren hätten, welche ihnen doch ebensoviel wie jenen die ihrigen wert wären, woraus erhellte, daß sie gehofft hätten, ohne Schaden durchfahren zu können und folglich den Verlust nicht vorsätzlich oder absichtlich sich selbst und andern verursacht haben könnten, weswegen die Sache einem unglücklichen Zufall ganz allein müsse zugeschrieben werden.

Dies ist die Denkungsart der Indianer, wenn sie unversehens ein Unfall trifft, wodurch andre Schaden leiden. Sie sind bereit, ein Versehen zu entschuldigen, und in solchen Fällen mehr zum Mitleiden als zur Bestrafung geneigt. In Ansehung derer aber, die absichtlich und vorsätzlich die Rechte andrer verletzen und ihnen Schaden verursachen, denken und handeln sie auf ganz verschiedene Weise. Ein boshafter Mensch wird allgemein verachtet, und wenn er sich in gute Gesellschaft eindrängt, so werden die übrigen, ohne ein Wort zu sagen, einer nach dem andern davongehen und ihn allein lassen, damit er sich, so wie man es beabsichtigt, gedemütigt fühle. Gegen Mörder und Diebe haben sie kein Mitleiden und bestrafen sie nach der Beschaffenheit ihrer Verbrechen, wo nicht öffentlich, so doch im stillen, denn man betrachtet solche als eine Beschwerde und einen Schandfleck für das Volk, und so sehr wurden dergleichen Leute ehemals unter den Delawaren verachtet, daß es vor der Ankunft der weißen Leute etwas Seltenes war, von einem solchen Menschen unter ihnen zu hören.

Ich glaube nicht, daß es ein Volk gibt, was aufmerksamer als die Indianer auf die gewöhnlichen Höflichkeiten im Umgang mit anderen wäre. Dies aber entgeht gewöhnlich wegen Mangel an Bekanntschaft mit ihrer Sprache wie auch mit ihren Sitten und Gewohnheiten der Beachtung der Reisenden. In mehr als 100 Fällen habe ich mit Verwunderung und mit Vergnügen die Aufmerksamkeit beobachtet, welche man einer Person bei ihrem Eintritt in das Haus zu beweisen pflegt. Zuerst ladet man den Ankommenden ein, sich zu setzen, mit den Worten: «Setze dich, mein Freund!», wenn es ein Fremder oder kein Verwandter ist, im letzteren Falle setzt man die gehörige Benennung hinzu. Man läßt niemals eine Person stehen, für alle sind Sitze da, und wenn auch ein Dutzend nacheinander eintreten sollten, so bekommt jeder einen Sitz und der Fremde, wenn es ein Weißer ist, den besten. Danach wird der Tabaksbeutel umhergereicht, eine Pfeife ist das erste, was zum Genuß geboten wird, wie bei uns ein Glas Wein oder Branntwein. Ohne daß zwischen dem Mann und seiner Frau ein Wort gewechselt wird, geht letztere hin und bereitet für die Gesellschaft etwas zu essen, und wenn sie es den Besuchenden aufgetragen hat, wird sie sich in eines Nachbars Haus begeben, um der Familie zu sagen, mit was für einem Besuche ihr Mann beehrt worden, ohne jemals darüber zu murren, daß die Gäste die Lebensmittel aufzehren, selbst wenn sie diese für ihr Haus zugekocht haben sollte, da sie den freundschaftlichen Besuch wohl der geringen Mühe und Unkosten wert hält.

Es ist wahr, daß sie von ihren Landsleuten die Erwiderung einer solchen Aufmerksamkeit und Gastfreiheit erwarten; dies ist indessen nicht ihre Hauptabsicht, denn ich habe viele Fälle bemerkt, wo an keine Erwiderung zu denken war, wo die Armut sie nicht zuließ oder wo die Entfernung des Wohnortes es dem Besuchenden unmöglich machte, seinem Wirt dieselben Höflichkeiten zu erweisen. Wenn weiße

Leute auf solche Weise behandelt werden und ihnen die beste Bewirtung, die nur das Haus vermag, zuteil wird, so mögen sie sich davon versichert halten, daß dies nichts andres ist als ein Beweis der Achtung gegen sie und daß die Aufmerksamkeiten, welche man ihnen beweist, keine eigennützige Absichten zum Grunde haben.

Politische Kunstgriffe

In der Behandlung ihrer Nationalangelegenheiten zeigen die Indianer ebensoviel Fertigkeit und Gewandtheit wie vielleicht irgendein andres Volk auf Erden. Wenn eine den Staat betreffende Botschaft von einer benachbarten Nation an sie gelangt, welche ihnen nicht gefällt, so bemühen sie sich gewöhnlich, eine in so zweideutigen Ausdrücken abgefaßte Antwort darauf zurückzugeben, daß es schwerhält, ihre

geflochtener Korb in Form einer Vase

wahre Meinung zu ergründen. Sie halten dies für die beste Art, einen Vorschlag abzufertigen, der ihnen nicht ansteht, weil doch diejenigen, die ihn machen, auf einige Zeit wenigstens nicht recht wissen werden, wie die Antwort gemeint, ob sie günstig oder ungünstig sei, und folglich über ihre Maßregeln unschlüssig bleiben müssen, bis sie die wahre Meinung entdeckt haben. Auf diese Weise sind manche Unternehmungen gänzlich verhütet worden, und die Sachen sind geblieben, wie sie vorher waren.

Man möchte vielleicht vermuten, daß ein solches unaufrichtiges Verfahren gegeneinander als Beleidigung aufgenommen werden und so Mißvergnügen und Streit unter den verschiedenen Parteien erregen könnte. Dies ist indessen nicht der Fall, da in solchen Botschaften nie etwas Beleidigendes vorkommt; und da keine Beleidigung beabsichtigt wird, so findet man auch keine. Sämtliche Indianer betrachten dies als ein zur Staatskunst gehöriges Verfahren, als eine Übung, welche auf Schärfung des Verstandes abzielt, welche sie sehr lieben. Es verschafft ihnen Gelegenheit, über Sachen von Wichtigkeit tief und gründlich nachzudenken und ihren Scharfsinn an den Tag zu legen, wenn sie etwa den geheimen Sinn einer ihnen zugeschickten Antwort ausfindig gemacht oder die wahre Meinung einer zweideutigen Antwort enträtselt haben.

Zur Zeit des Revolutionskrieges war ich Zeuge einer sonderbaren Anwendung politischer Kunstgriffe zwischen zwei großen Männern aus der Nation der Delawaren, die sich beide als mutige und tapfere Krieger ausgezeichnet und den Ruhm großer Anführer im Kriege erlangt hatten. Der genannte Krieg hatte es für die Indianer notwendig gemacht, auf ihre gegenwärtige und künftige Sicherheit Bedacht zu nehmen. Dem Kapitän White Eyes vom Stamme Schildkröte, der an die Spitze seiner Nation gestellt worden war, lag die Wohlfahrt derselben sehr am Herzen. Er neigte dazu, dem vom amerikanischen Kongreß gegebenen Rat zu folgen, nämlich neutral zu bleiben, und riet daher seinen Leuten, mit beiden Parteien Freundschaft zu halten und gegen keine von beiden die Waffen zu ergreifen, um nicht in Unruhen verwickelt zu werden, welche am Ende ihren Untergang herbeiführen könnten. Auf der andern Seite war Kapitän Pipe vom Stamme Wolf, dessen Wohnsitz 15 Meilen weit entfernt war, wo er sein Ratsfeuer hatte, andrer Meinung und neigte sich auf die Seite der Briten. Er war ein schlauer, ehrgeiziger Mann, doch fehlte es ihm nicht an Seelengröße. Seine Gedanken waren aber damals voll von den Kränkungen, welche die Indianer von den Amerikanern seit ihrer ersten Ankunft in das Land erlitten hatten; sein Herz sehnte sich nach Rache, und er hatte Lust, die Gelegenheit dazu, welche sich ihm nun darbot, zu ergreifen. Er bezeugte seine Bereitwilligkeit, dienlichen Maßregeln zur Rettung seines Volkes beizutreten, doch nicht solchen, wie sie sein Antagonist vorschlug. Was seine eigentliche Absicht wäre, erklärte er nicht öffentlich, insgeheim aber suchte er allem, was von jenem vorgeschlagen wurde oder geschah, entgegenzuarbeiten.

White Eyes war indessen ein verständiger, aufrichtiger Mann und wegen der Mittel nie in Verlegenheit, seine Maßregeln zu unterstützen und sich aus den Schlingen zu ziehen, mit welchen Kapitän Pipe ihn von allen Seiten umringt hatte. So standen sie länger als zwei Jahre gegeneinander: Pipe immer insgeheim arbeitend und seine Kundschafter gegen den andern wach erhaltend – White Eyes freimütig und öffentlich handelnd, als ob er von dem, was der andre gegen ihn auszuführen suchte, gar nichts wisse. Endlich trug sich ein Umstand zu, welcher die Maßregeln, welche Kapitän Pipe zu nehmen wünschte, zu rechtfertigen schien. Im Jahre 1778 entkam eine Anzahl weißer Leute von der Partei, die wir Tories nennen, und unter welchen M'Kee, Eliott, Girty und mehrere andre waren, aus Pittsburgh und sagten zu allen Indianern, wohin sie nur kamen: Sie müßten sich unverzüglich bewaffnen und aufbrechen, müßten alle Amerikaner, wo sie sie immer fänden, ermorden, denn diese hätten beschlossen, alle Indianer totzuschlagen und sich ihres Landes zu bemächtigen. White Eyes, der nicht glaubte, was diese Leute sagten, riet seinen Leuten, ruhig zu bleiben, denn dieser Bericht könne nicht begründet sein. Pipe dahingegen rief seine Leute zusammen und erklärte in einer Rede, die er an sie hielt, jeden für einen Feind seines Vaterlandes, der sich unterstände, sie von dem Kriege gegen die Amerikaner abzuraten; wer es täte, sagte er, müsse zu Tode gebracht werden. Kapitän White Eyes kam nicht aus der Fassung. Er versammelte sogleich seine Krieger und sagte ihnen: Wenn sie wirklich die Absicht hätten, zu Felde zu ziehen, wie er bemerkte, daß einige Anstalt dazu machten, so sollten sie ohne ihn nicht gehen. Er hätte friedliche Maßregeln befolgt, um die Nation von gänzlichem Untergange zu retten. Wenn sie aber glaubten, daß er unrecht hätte, und umherstreifenden Flüchtlingen, die ihm als solche bekannt wären, mehr Glauben beimäßen als ihm, der die wahre Beschaffenheit der Dinge kenne; wenn sie entschlossen wären, dem Rat solcher Leute zu folgen und gegen die Amerikaner auszuziehen, so wollte er mit ihnen ausziehen; er wollte sie anführen, sich an die Spitze stellen und der erste sein, der fiele. Sie hätten also nur zu entscheiden, was sie tun wollten; er wäre in seinem Gemüte fest entschlossen, seine Nation nicht zu überleben, den Überrest eines elenden Lebens nicht zuzubringen in Klagen über die gänzliche Vernichtung eines braven Volkes, welches ein besseres Schicksal verdiente.

Diese lebhafte und zugleich gefühlvolle Rede machte einen solchen Eindruck auf die Zuhörer, daß sie einmütig erklärten, sie wollten seinen Befehlen gehorchen und auf sonst niemand, es möge ein Weißer oder einer von ihrer Farbe sein, als auf ihn hören. Als dies dem Pipe durch seine Kundschafter hinterbracht wurde, geriet er gänzlich in Verwirrung und wußte nicht, was er tun sollte.

Wenige Tage darauf erhielt die Ratsversammlung der Delawaren die freundschaftlichste und schmeichelhafteste Botschaft von dem Befehlshaber und dem indianischen Agenten zu Pittsburgh, welche sie warnen ließen, «den nichtswürdigen Leuten, die ihnen in der Nacht entlaufen wären, kein Gehör zu geben und sich von der unerschütterlichen Freundschaft der amerikanischen Regierung versichert zu halten». Pipe wurde hierdurch so beschämt und nahm sich dies so zu Herzen, daß er bald darauf die Maske abwarf und seinen Leuten erlaubte, auszugehen und die Amerikaner zu ermorden, worauf er sich mit ihnen in der Folge nach Sandusky unter den Schutz des britischen Gouvernements begab. Nachher erkannte er, wie unpolitisch sein Betragen gewesen war. Er wünschte, es zurückzuziehen, aber es war zu spät. Er hatte sich von seinen durch das Andenken an voriges Unrecht aufgeregten Leidenschaften hinreißen lassen und war so zu einem unüberlegten Verfahren verleitet worden. Vielleicht trug auch seine Eifersucht gegen Kapitän White Eyes, dessen Überlegenheit sein Hochmut nicht ertragen konnte, hierzu bei. Pipe war gewiß ein Mann von Seelengröße, White Eyes aber war nach meiner Meinung noch größer.

Auf solche Weise führen indianische Staatsmänner ihre Sachen gegeneinander aus, ohne Zeitungskämpfe, ohne Herabwürdigung andrer, ohne persönliche Zänkereien oder offenbare Beschimpfungen. Ihr Scharfsinn, wenn er in einer guten Sache angewandt wird, verschafft ihnen gewöhnlich den Sieg. In einer schlechten Sache aber fehlt es nicht, daß sie entdeckt werden und unterliegen, wie Kapitän Pipe zu seinem Unglück so schmerzlich erfuhr.

Heiraten und Behandlung der Frauen

Viele glauben, nach der Arbeit, welche sie die indianischen Frauen verrichten sehen, daß sie gewissermaßen als Sklavinnen behandelt würden. Diese Arbeiten sind in der Tat hart im Vergleich mit den Geschäften, welche in der zivilisierten Welt dem weiblichen Geschlechte auferlegt werden; sie sind indessen nichts mehr als der ihnen bei jeder Berücksichtigung und aller gebührenden Begünstigung billig zukommende Anteil an den Mühseligkeiten, welche mit einem Leben im Zustande der Wildheit verbunden sind. Das Weib übernimmt also jenen Anteil nicht nur freiwillig, sondern auch freudig, und da die Frauen nicht verbunden sind, länger bei ihren Männern zu bleiben, als es ihnen gefällt oder gelegen ist, so kann man nicht annehmen, daß sie sich mit ungerechten oder ungleichen Lasten würden beschweren lassen.

Die Ehen werden bei den Indianern nicht wie bei uns auf zeitlebens geschlossen; man ist von beiden Seiten darüber einverstanden, daß beide Teile nicht länger miteinander leben werden, als solange sie einander anstehen. Der Ehemann darf sein Weib entfernen, sobald es ihm gefällt, und die Frau auf gleiche Weise ihren Mann verlassen. Mit der Verheiratung sind daher auch keine Gelübde, keine Versprechungen oder irgendeinige Zeremonien verbunden. Der Indianer nimmt seine Frau gleichsam auf die Probe, doch mit dem Vorsatze im Herzen, sie nicht zu verlassen, wenn sie sich gut beträgt, und vorzüglich nicht, wenn er Kinder von ihr hat. Die Frau, die dies erkennt, tut von ihrer Seite alles

a Indianerfrau am Webstuhl c Maisauslese
b Maisstampfen in einem Mörser aus Holz

Mögliche, um ihrem Manne zu gefallen, vorzüglich wenn er ein guter Jäger oder Fallensteller ist, der sie durch seine Geschicklichkeit und seine Anstrengung zu ernähren und durch seine Stärke und Herzhaftigkeit zu schützen vermag.

Wenn eine Ehe geschlossen wird, so sind beiden Teilen die einem jeden obliegenden Pflichten und Arbeiten bekannt. Es wird angenommen, daß der Mann ein Wohnhaus erbauen und die nötigen Gerätschaften zum Arbeiten, wie Äxte, Hacken usw., anschaffen müsse, daß er für ein Kanu und auch für Schüsseln, Näpfe und andre im Haushalt nötige Gefäße zu sorgen habe. Die Frau hat gewöhnlich einen oder zwei Kessel und einige andre Küchengerätschaften, welche sie mitbringt. Der Ehemann hält sich als Haupt der Familie verpflichtet, sie durch seine körperliche Anstrengung zu ernähren; die Frau übernimmt als seine *Gehilfin* die Feldarbeiten und ist weit entfernt, diese für bedeutender zu halten als diejenigen, welche der Mann zu verrichten hat, insofern sie vollkommen überzeugt ist, daß er mit seiner Flinte und seiner Falle an jedem Ort, wo nur Wild ist, eine

Familie würde erhalten können. Auch betrachten die Frauen ihre Geschäfte nicht als eine ihnen auferlegte schwere Bürde, da sie sich selbst sagen, daß ihre Feldarbeit sie höchstens sechs Wochen im Jahre beschäftigt, während die Arbeit der Männer das ganze Jahr hindurch fortgehe.

Wenn ein Paar kürzlich ist verbunden worden, so gibt sich der Ehemann, ohne hierüber ein einziges Wort zu sagen, recht viele Mühe, seiner Frau zu gefallen und durch wiederholte Beweise von seiner Geschicklichkeit in der Kunst zu jagen sie bemerken zu lassen, daß sie mit ihm glücklich sein könne und nie Mangel haben werde, solange sie mit ihm haushält. Bei Tagesanbruch wird er mit seiner Flinte davongehen und oft um die Zeit des Frühstücks mit einem Hirsch, einem Welschenhahn oder sonst einem Stück Wild zurückkehren. Er sucht es zu zeigen, daß er imstande ist, Lebensmittel ins Haus zu bringen, so oft er will, und die Frau, stolz darauf, einen so geschickten Jäger zum Manne zu haben, gibt sich die äußerste Mühe, ihm zu Diensten zu sein und sich ihm wohlgefällig zu machen.

Die Geschäfte der Frauen sind nicht drückend oder beschwerlich. Mütter geben ihren Töchtern zu den Pflichten Anleitung, auf welche sie sonst in reifern Jahren durch den gesunden Menschenverstand schon geführt werden würden. Ihre Arbeit im Hause ist unbedeutend, selten haben sie auf mehr als auf einen Topf oder Kessel achtzugeben. Im Hause gibt es nichts zu scheuern, und nur weniges muß gewaschen werden und dies auch nicht oft. Ihre Hauptbeschäftigungen sind, das Brennholz zu hauen und nach Hause zu tragen, die Felder zu bearbeiten, das Getreide auszusäen und einzuernten, das Korn zur Suppe in Mörsern zu stampfen und Brot zu backen, welches in der Asche gar gemacht wird. Wenn sie mit ihren Männern auf einen Zug oder nach den Jagdlagerplätzen gehen und keine Pferde bei sich haben, so tragen die Frauen einen Packen auf dem Rücken, welcher oft schwerer aussieht, als er in der Tat ist. Er besteht gewöhnlich aus einer wollnen Decke (blanket), einer bereiteten Hirschhaut zu Schuhen (mokisens), aus einigen Küchengerätschaften und einigen Lebensmitteln. Ich habe nie gehört, daß eine Indianerin über die Beschwerde, ein solches Bündel, welches sowohl für ihre als auch ihres Mannes Bequemlichkeit und Erhaltung bestimmt ist, tragen zu müssen, geklagt hätte.

Die Bestellung des Landes, das Herbeischaffen des Brennholzes, das Zerstampfen des Korns wird häufig von den Frauen in Gesellschaft andrer verrichtet; ungefähr so, wie das Enthülsen der Früchte, das Ausstopfen der Decken (quilting) und mehrere andre Zeitvertreibe (wie man zu sagen pflegt) in den Vereinigten Staaten, hauptsächlich ostwärts, häufig vorgenommen werden. Auf diese Weise geht die Arbeit leicht und schnell vonstatten, und wenn sie abgetan ist oder auch zuweilen in den Zwischenstunden sitzen sie beisammen und tun sich gütlich an den Speisen, welche von der Person oder Familie, für welche sie arbeiten, sind zubereitet worden und welche der Mann aus der Waldung herbeizuschaffen zuvor Sorge getragen hat, denn dies wird als eine Hauptsache angesehen (daß es am Essen nicht fehle), weil sich gewöhnlich mehr oder weniger Frauenspersonen bei der Arbeit befinden, die vielleicht seit langer Zeit keinen Bissen Fleisch gekostet haben, nämlich Witwen oder Waisen oder sonst Personen in dürftigen Umständen. Selbst das Schwatzen, welches bei der gemeinschaftlichen Arbeit unter den Weibern stattfindet, macht ihnen ein großes Vergnügen, und deswegen suchen sie, so lange als möglich bei solcher Arbeit zu bleiben, indem sie bei allen den Einwohnern des Dorfes, die Land zu bestellen haben, die Runde machen.

Wenn die Ernte eingesammelt worden ist, welches mit Ende September geschehen zu sein pflegt, so haben die Frauen wenig mehr zu tun, als Holz zu holen und zu kochen, bis sie zu Ende Februar oder zu Anfang März, je nachdem die Jahreszeit ist, alsdann auf ihre Zuckerbereitungsplätze ziehen, wo sie aus dem Zuckerahorn Zucker kochen. Wenn die Männer hier für diese Zeit ihre Hütten aufgebauet oder ausgebessert, auch alle die Tröge (Zuckerformen) von verschiedner Größe verfertigt haben, so fangen die Weiber mit dem Zuckerkochen an – die Männer aber gehen auf Wild aus, um diese Zeit gewöhnlich fette Bären, die ihre Winterlager noch nicht verlassen haben. Sind die Männer zu Hause, so pflegen sie mitunter den Weibern bei der Einsammlung des Saftes zu helfen, auch in ihrer Abwesenheit nach dem Kessel zu sehen, damit der Sirup nicht überkoche.

Wenn ein Mann wünscht, daß seine Frau um ihn sei, während er in den Wäldern jagt, so braucht er ihr nur zu sagen, daß er an dem oder dem Tage nach dem oder dem Platze gehen und da eine Zeitlang jagen wolle, und er kann sich darauf verlassen, daß Lebensmittel und alles, was sonst nötig ist, alsdann in Bereitschaft und gehörig gepackt sein wird, um nach dem Orte hingetragen zu werden. Der Mann kann nämlich, sobald er in die Waldung tritt, auf nichts anders achten als auf das Wild und darf daher mit keiner Last beschwert sein – hat er einen Hirsch angeschossen, so muß er ihn vielleicht meilenweit verfolgen und ihn eigentlich zu Tode jagen; darum sorgt die Frau für das Gepäck, trägt es nach dem Lagerplatz und fängt da sogleich an, sich der Haushaltungsgeschäfte anzunehmen, als ob sie zu Hause wäre. Sie gibt sich überdies Mühe, soviel Fleisch, als sie nur kann, zu trocknen (an der Luft zu dörren), sammelt den Talg sorgfältig zusammen, hilft bei der Bereitung der Häute, sucht soviel wilden Hanf, als möglich ist, zusammen, um Stricke, Traggürtel, Beutel und andre notwendige Dinge zu verfertigen, sammelt Wurzeln zum Färben ein, kurz, tut alles, was sie vermag, damit ihr Mann für weiter nichts zu sorgen haben möge als für die wichtige Hauptsache, Fleisch für die Haushaltung anzuschaffen.

Alles zusammengenommen, so ist die Anstrengung der Frauen auf keine Weise der ihrer Männer gleichzuschätzen. – Wollte ein Mann einen Teil der weiblichen Geschäfte mit übernehmen, so würde er notwendig unter der Last erliegen, und seine Familie würde natürlicherweise mit ihm leiden müssen. Auf seiner Anstrengung bei der Jagd beruhet ihre Existenz; und um nun geschickt zu sein, jene rauhe Beschäftigung mit Erfolg zu treiben, muß er seine Glieder so geschmeidig wie möglich zu erhalten suchen; er muß sich hüten, daß sie nicht durch Arbeit steif werden und daß er immer Stärke und Geschwindigkeit genug haben möge, sich der Jagd zu widmen und die Beschwerden derselben zu ertragen; denn die Anstrengungen auf der Jagd greifen den Körper weit mehr an als Arbeit mit den Händen. Weder stehende Gewässer noch Flüsse, seicht oder tief, zugefroren oder offen, dürfen einen Jäger aufhalten, wenn er einen angeschossenen Hirsch oder einen verwundeten Bär, wie dies oft der Fall ist, verfolgt. Er hat auch keine Zeit, sich zu besinnen, ob nicht vielleicht sein Blut zu erhitzt sei, als daß er sich ohne Gefahr in einen kalten Strom stürzen dürfte, denn das Wild, dem er nachsetzt, läuft so schnell wie möglich davon. Mancher gefährliche Unfall stößt ihm oftmals als Jäger und als Krieger (denn er ist beides) zu, und selten bleiben die schmerzlichen Folgen, wie z. B. Gicht und Schwindsucht, aus, denn nicht immer werden dieselben durch das

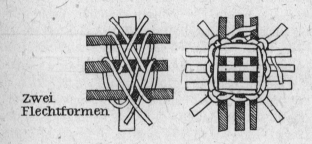

Zwei Flechtformen

Schwitzhaus (sweat house), worauf sie stark bauen und wohin sie sich oft nach einer ermüdenden Jagd oder einer kriegerischen Unternehmung der Gesundheit wegen begeben, gewiß verhütet oder gänzlich behoben.

Der Mann überläßt gewöhnlich die Häute und das Pelzwerk, welche ihm die Jagd verschafft, der Sorge seiner Frau, welche sie für die Bedürfnisse des Haushaltes, so gut sie kann, verkauft oder vertauscht, wobei sie nicht vergißt, ihrem Manne dasjenige, was er nötig hat, zu besorgen, der ihr dafür, wenn er es aus ihrer Hand empfängt, auf die freundschaftlichste Weise Dank bezeugt. Sind Schulden gemacht worden, entweder durch die Frau allein oder durch Mann und Frau gemeinschaftlich, oder sollte etwa der Ankauf eines Pferdes nötig sein, so wird soviel beiseite gelegt, wie zur Abbezahlung der Schulden oder zur Anschaffung des Pferdes hinreicht.

Wenn eine Frau ihre Kornernte eingebracht hat, so wird

der Vorrat als ihrem Manne zugehörig betrachtet, der, wenn er etwa notleidende Verwandte haben sollte, ihnen davon so viel, wie ihm gutdünkt, abgeben darf, ohne seine Frau darüber zu befragen oder ihr Mißfallen zu fürchten; sie ist nämlich fest überzeugt, daß ihr Mann dieses Bedürfnis immer wieder werde anschaffen können, wenn es nötig sein sollte. Auch der Zucker, den die Frau aus dem Zuckerrohr kocht, wird als Eigentum des Mannes betrachtet.

Es findet sich nichts in dem Hause oder der Familie eines Indianers, das nicht einen besondern Eigentümer hätte. Jedes Mitglied der Familie weiß, was ihm zugehört, von dem Pferde oder der Kuh an bis auf den Hund, die Katze, die Kätzchen und Küchlein herab. Eltern machen ihren Kindern Geschenke und diese wieder ihren Eltern. Ein Vater wird zuweilen seine Frau oder eines seiner Kinder ersuchen, ihm ihr Pferd zu leihen, um auf die Jagd zu reiten. Ein Nest junger Katzen oder ausgebrüteter junger Hühner hat oft ebensoviel besondre Eigentümer, wie einzelne Tierchen dazu gehören. Um eine Henne mit ihrer Brut zu kaufen, muß man oftmals mit mehreren Kindern handeln. Während also der Grundsatz der Gütergemeinschaft in dem Staate herrschend ist, wird auf diese Weise das ausschließliche Eigentumsrecht in den Familien anerkannt. Dies bringt recht gute Wirkungen hervor, denn infolge hiervon wird für jedes lebendige Geschöpf gehörig gesorgt; auch wird dadurch die Freigebigkeit unter den Kindern gefördert, welche bei reiferem Alter ihnen zur Gewohnheit wird.

Ein Indianer sieht seine Frau gern hübsch gekleidet, welches beweist, daß er sie lieb hat, wenigstens wird es so aufgenommen. Wenn seine Frau die Häute und das Pelzwerk, welche er durch die Jagd erworben hat, verhandelt, setzt der Mann sich wohl in einiger Entfernung nieder, um zu bemerken, was sie sich aussucht und wie sie mit dem Handelsmann eins wird. Wenn sie etwas findet, wovon sie glaubt, daß es sich für ihren Mann schicke oder ihm Vergnügen machen werde, so unterläßt sie nie, es für ihn einzuhandeln; sie sagt ihm, daß sie es für ihn gewählt habe, und er ist nie unzufrieden.

Je mehr ein Mann für seine Frau tut, desto mehr wird er

geachtet, vorzüglich von den Weibern, die alsdann sagen: «Dieser Mann hat seine Frau wirklich lieb!» Einige Männer verfertigen in müßigen Stunden Näpfe und hölzerne Löffel und überlassen sie ihren Frauen.

Wenn eine kranke oder schwangere Frau zu irgendeiner Speise Lust hat, es mag sein, was es will, und wie schwer sie auch immer anzuschaffen sein möge, so macht sich der Ehemann sogleich auf und sucht, sie ihr zu besorgen. Ich weiß, daß ein Mann 40 oder 50 Meilen weit ging, um das Gelüst seiner Frau nach einer Schüssel Kranichbeeren zu befriedigen. Im Jahre 1762 war ich Zeuge von einem merkwürdigen Beispiel dieser Neigung der Indianer, den Begehren ihrer

Schärpe aus Wolle

Frauen Genüge zu tun. Es war damals Hungersnot im Lande, und eine kranke Indianerin bezeigte ein großes Verlangen nach einem Gericht Welschkorn. Ihr Mann hatte gehört, daß ein Handelsmann zu Unter-Sandusky ein wenig davon besäße, und gleich machte er sich zu Pferde dorthin auf den Weg (eine Entfernung von 100 Meilen) und kam mit einem Hutkopf voll Welschkorn zu Fuß zurück, denn er hatte sein Pferd für das Korn vertauscht und trug den Sattel nach Hause. Eichhörnchen, Enten und andre dergleichen Leckerbissen, wenn es am schwierigsten ist, sie zu bekommen, sind die Dinge, wonach die Frauen zu Anfange ihrer Schwangerschaft gewöhnlich gelüstet; der Ehemann aber wird in allen solchen Fällen darauf ausgehen und keine Mühe sparen, das Verlangte anzuschaffen.

In andren Fällen pflegen die Männer und ihre Frauen sich wenig um die besondern Geschäfte eines jeden von ihnen zu bekümmern; die Frau aber, die es weiß, daß der Vater seine Kinder sehr liebt, ist immer darauf gefaßt, ihm irgendeine unterhaltende Anekdote von dem einen oder andern derselben zu erzählen, zumal wenn er eine Zeitlang abwesend gewesen ist.

Es trägt sich äußerst selten zu, daß sich ein Mann herabläßt, sich mit seiner Frau zu zanken oder Scheltworte gegen sie auszustoßen, wenngleich sie ihm gerechte Ursache dazu gegeben haben sollte. In solchen Fällen wird etwa der Mann, ohne ein einziges Wort zu sagen oder zu erwidern, sein Gewehr nehmen, ins Holz gehen und dort eine Woche, zuweilen auch 14 Tage bleiben, indem er von seiner Jagd lebt, ehe er wieder nach Hause kommt. Er weiß, daß er seine Frau für ihr Betragen gegen ihn nicht härter bestrafen kann, als wenn er sich auf einige Zeit von ihr entfernt. Denn hierdurch wird sie nicht nur in einen Zustand der Ungewißheit gebracht, da sie nicht wissen kann, ob er zurückkehren wird, sondern sie wird auch als eine schlechte, zänkische Frau berüchtigt. Der Mann sagt nämlich in solchen Fällen seiner Frau nicht, wie er sonst, wenn sie gut mit ihm steht, nie zu tun unterläßt, um welche Zeit er zurückkehren wird, und die Nachbarn beschämen alsdann die Frau, indem sie, schnell etwas argwöhnend, nicht unterlassen, solche Fragen an sie zu richten, die sie entweder nicht vermag oder sich schämt zu beantworten. Wenn der Mann am Ende zurückkehrt, so sucht sie ihm durch ihre Aufmerksamkeit zu zeigen, daß sie ihr Betragen bereuet hat, wiewohl keiner von beiden ein einziges Wort über das, was vorgefallen ist, ausspricht. Da nun auch die Kinder, wenn einige da sind, bei der Rückkehr des Vaters sich an ihn hängen und ihn durch ihre Liebkosungen besänftigen, so ist er auch um ihrer willen bereit, der Mutter zu verzeihen oder ihr wenigstens nichts Unangenehmes zu sagen. Sie ist indessen nunmehr ernstlich gewarnt worden und muß sich in ihrem Betragen künftig wohl vorsehen, damit ihr Mann nicht etwa ganz wegbleiben und eine andre Frau nehmen möge. Er würde sie vielleicht schon damals gänzlich verlassen haben, wenn er keine Kinder von ihr gehabt hätte; in diesem Fall aber würde er sein Eigentum mit sich genommen haben.

Wenn ein Indianer von einer Reise oder nach langer Abwesenheit zurückkehrt, pflegt er beim Eintritt in das Haus zu sagen: «Ich bin zurückgekehrt!», worauf die Frau erwidert: «Ich freue mich!», und wenn er dann einen Blick umhergeworfen, nach den Kindern gefragt und vernommen hat, daß sie sich sämtlich wohl befinden, wird er sprechen: «Ich bin froh!», und dies ist für das Mal die ganze Unterhaltung zwischen Mann und Frau; auch erzählt er jetzt nichts von dem, was ihm auf der Reise begegnet ist, sondern erwartet die Mahlzeit, welche seine Frau für ihn bereitet. Nach einiger Zeit, wenn die Leute aus dem Dorfe sich vor seinem Hause versammelt haben, hört seine Frau mit den übrigen seine Geschichte der Länge nach.

Ehen werden auf verschiedene Weise eingeleitet und geschlossen. Die beiderseitigen Eltern, wenn sie eine Zuneigung zwischen zwei jungen Leuten bemerkt haben, unterhandeln für sie. Gewöhnlich machen hiermit die Eltern des Bräutigams den Anfang, die Mutter ist die Unterhändlerin für ihn und tritt ihr Geschäft damit an, daß sie eine gute Wildkeule oder ein Stück Bärenfleisch oder etwas Ähnliches in das Haus, wo die Braut wohnt, hinbringt und dabei nicht vergißt zu erwähnen, daß ihr Sohn das Wild erlegt habe. Wenn die Mutter der Braut die Heirat billigt, erwidert sie das Geschenk damit, daß sie auch eine gute Schüssel Essen zubereitet, aber von solchen Nahrungsmitteln, als durch die Arbeit der Frau gewonnen werden, wie Bohnen, Welschkorn und dergleichen; dies bringt sie in das Haus, wo der Bräutigam wohnt, und sagt dabei: «Dies ist von meiner Tochter Felde, und sie hat es auch zurechtgemacht!» Wenn nun die Mütter in der Folge einander die angenehme Nachricht mitteilen können, daß die jungen Leute gesagt haben, was ihnen geschickt worden wäre, sei *sehr gut* gewesen, so hat die Sache ihre Richtigkeit! Es ist ebensogut, als ob der junge Mann zu dem Mädchen gesagt hätte: «Ich bin imstande, dich beständig mit Fleisch zu versorgen!», und als ob sie darauf erwidert hätte: «Und solche guten Nahrungsmittel vom Felde werde ich dir verschaffen!» Von dieser Zeit an werden nicht nur ähnliche Geschenke von beiden Seiten wiederholt, sondern auch die Eltern werden gegenseitig mit Kleidungsstücken als Erwiderung für das Empfangene be-

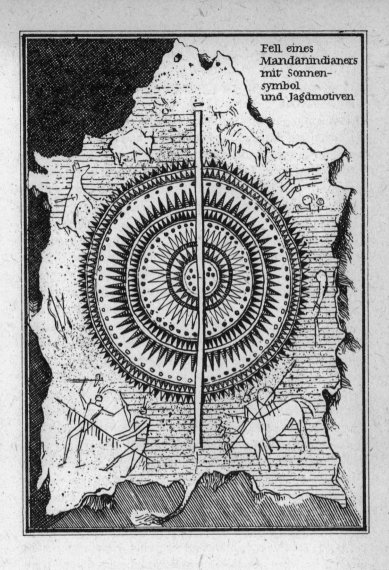

Fell eines Mandanindianers mit Sonnensymbol und Jagdmotiven

schenkt, und die jungen Leute bekommen davon immer ihren Anteil. Bei täglich zunehmender Freundschaft zwischen den beiden Familien verrichten sie nunmehr ihre häuslichen und ihre Feldarbeiten gemeinschaftlich, und wenn die jungen Leute eins geworden sind, beisammen zu wohnen, so versehen sie die Eltern mit nötigen Gerätschaften, wie z. B. mit einem Kessel, mit Schüsseln oder Näpfen wie auch mit dem, was die Küche erfordert, nicht minder mit Äxten, Haken und dergleichen für die Feldarbeit.

Männer, die keine Eltern mehr haben, um für sie zu unterhandeln, oder sonst die Angelegenheit für sich abzumachen wünschen, haben zwei einfache Wege, um ihren Zweck zu erreichen. Der erste ist der, zu der Frauensperson, welche sie zu heiraten wünschen, hinzugehen und zu sagen: «Wenn du es zufrieden bist, so will ich dich mir zur Frau nehmen!» Fällt die Antwort bejahend aus, so geht sie entweder sogleich mit ihm oder findet sich bei ihm auf einem verabredeten Platz und Zeitpunkt ein.

Die andre Art, in die Ehe zu treten, wird man aus folgender Anekdote entnehmen können: Ein bejahrter Indianer, der mehrere Jahre lang viele seiner Tage unter den weißen Leuten sowohl in Pennsylvanien als auch in New Jersey zugebracht hatte, machte einst im Jahre 1770 die Bemerkung, daß die Indianer es nicht nur weit leichter hätten, sich eine Frau zuzulegen, als die Weißen, sondern auch dabei sicherer wären, eine gute zu bekommen: «Denn», sagte er in seinem gebrochenen Englisch, «Weißmann freit, freit – vielleicht ein ganzes Jahr lang – vielleicht zwei Jahre, ehe er heiratet – nun ja! Kann sein, hat dann bekommen sehr gute Frau, kann sein, nicht! Kann sein sehr böse! Wie aber, wär's nun eine böse, keift, sobald des Morgens aufwacht, keift den ganzen Tag, keift bis schläft – alles eins! Er muß ihn [sie][1] behalten. Weißmann hat Gesetz, darf seine Frau nicht wegwerfen, wenn er [sie] auch noch so böse ist, muß ihn [sie] immerfort behalten! Ei – wie macht es Indianer? Indianer, wenn er eine fleißige Dirne[2] sieht, die er leiden mag, geht hin zu ihm [ihr], legt seine beiden Zeigefinger dicht nebeneinander, macht zwei aussehen wie eins – sieht Dirne ins Gesicht – sieht ihn [sie] lächeln – was ebensogut ist, als ob

---

[1] Die Fürwörter haben in der indianischen Sprache kein femininum. Nekama ist das persönliche Fürwort, es steht für er (he) und sie (she). Will man das Geschlecht unterscheiden, so müssen die Wörter: Mann (man) oder Frau (woman) hinzugefügt werden. Also nekama lenno bedeutet er oder dieser Mann – nekama ochqueu sie oder diese Frau.

[2] squaw – der gewöhnliche Name einer jungen Indianerin. Das Wort wird abgeleitet von ochqueu – Frau.

er [sie] sagte: Ja! – So nimmt er ihn [sie] mit sich nach Hause – keine Not böse sein – Dirnchen weiß zu wohl, was Indianer tut, wenn es böse – es wegwerfen und andre nehmen! Dirnchen mag gern Fleisch essen – kein Mann – kein Fleisch! Dirnchen alles tun, dem Mann zu gefallen, er auch tun, was Dirnchen gefällt – leben glücklich.»

Kriege und ihre Ursachen

Es ist ein feststehender Grundsatz bei den Indianern, daß Böses vom Guten nicht kommen könne, daß kein Freund einem Freunde etwas zuleide tun werde und daß daher derjenige, der dem andern Unrecht oder Schaden zufügt, *ein Feind* sein müsse. Wie auf einzelne, so wird dies auch auf Nationen, Stämme und andre unabhängige Verbindungen von Menschen angewandt. Wenn Indianer an andern Mordtaten verüben, sich ihr Land zueignen, indem sie eine Gewohnheit daraus machen, in ihre Grenzen zu kommen und ihnen das Wild zu entziehen, wenn sie die Jagdlagerplätze andrer berauben oder mit einem Wort sich irgendeines ungerechten Angriffs schuldig machen, so kann man sie für nichts anders halten als für *Feinde*. Sie werden auch dafür erklärt, und die beeinträchtigte Nation hält sich für berechtigt, sie zu bestrafen. Ist gemordet worden, so wird auf ebendiese Weise Rache genommen. Ist ein geringeres Unrecht verübt, so wird an das Oberhaupt der Völkerschaft, zu welcher der Übeltäter gehört, eine Botschaft geschickt, um anzufragen, ob die Tat, worüber Beschwerde geführt wird, infolge einer Bevollmächtigung geschah, und wenn nicht, um eine Erinnerung zu geben, daß dergleichen nicht wieder möge zugelassen werden. Ist ein Diebstahl oder ein andres dem gleiches Unrecht geschehen, so wird zu gleicher Zeit auf Ersatz angetragen, und die Oberhäupter werden ersucht, ihren «jungen Leuten» zu verbieten, etwas der Art wieder zu tun, da sie sonst die Folgen davon würden zu gewärtigen haben.

Es gibt Stämme unter den Indianern, welche auf ein ausschließliches Recht, innerhalb gewisser Grenzen zu jagen,

Anspruch machen und nicht dulden wollen, daß andre diese Grenzen überschreiten und ihnen *ihr* Wild, wie sie es nennen, wegnehmen. Es sind Fälle vorgekommen, wo solchen Übertretern, wenn sie nach empfangner gehöriger Warnung sich wieder haben betreten lassen, Nasen und Ohren sind abgeschnitten und sie an ihre Oberhäupter sind geschickt worden, um diesen zu sagen, das nächste Mal, wo sie wieder kämen, würden sie ohne ihre Skalps nach Hause geschickt werden. Als die christlichen Indianer von der Lenape-Völkerschaft während einiger Jahre auf dem Gebiet der Chippewäer jenseits Detroit wohnten, wohin sie sich geflüchtet und wo sie um ihrer Sicherheit willen Erlaubnis hatten zu wohnen, klagten die Chippewäer, ungeachtet sie ihnen Achtung bewiesen und sie Großvater nannten, doch beständig darüber, daß sie ihnen ihr Wild totschössen. Sie hatten nichts dagegen, daß sie den Acker baueten, aber jeden Hirsch, jeden Rakun und andres Tier, welches sie töteten oder fingen, gab ihren Wirten Anlaß zum Mißvergnügen, und infolge davon drangen sie so oft in sie, ihr Land zu verlassen, daß sie zuletzt wegzogen.

Wenn die Indianer beschlossen haben, wegen einer von einer andren Nation verübten Mordtat Rache zu nehmen, so suchen sie gewöhnlich auf einmal einen kühnen Streich auszuführen, um ihre Feinde in Schrecken zu setzen. In dieser Absicht dringen sie in das feindliche Land so tief hinein, wie sie nur können, ohne entdeckt zu werden, und wenn sie ihren Streich geführt haben, lassen sie einen Streitkolben neben dem Erschlagenen liegen und machen sich so schnell wie möglich davon. Dieser Streitkolben wird absichtlich hinterlassen, damit der Feind wissen möge, welcher Nation die Tat zuzuschreiben sei und damit er seine Rache nicht an einem unschuldigen Stamm nehmen möge. Hierdurch wollen sie aber zugleich auch anzeigen, daß, im Fall keine Maßregeln genommen werden sollten, den ersten Beleidiger ausfindig zu machen und zu bestrafen, dieses Werkzeug dazu dienen werde, die erlittne Beleidigung zu rächen, oder mit andern Worten, daß ihnen unverzüglich der Krieg werde erklärt werden.

Wenn der vermeintliche Feind friedlich gesinnt ist, so

wird er in solch einem Falle eine Gesandtschaft an die beeinträchtigte Nation mit einer angemessenen Entschuldigung abschicken. Gewöhnlich läßt das Oberhaupt sagen, daß die Tat, worüber man sich beschwere, ohne sein Wissen, durch einige seiner unbesonnenen jungen Leute sei verübt worden, daß dazu überall kein Vorschub oder einige Vollmacht sei gegeben worden, daß sie von ihm und seinem Rate aufs äußerste mißbilligt würde und daß es ihm leid tun würde, wenn deswegen ein Friedensbruch zwischen beiden Völkerschaften stattfinden sollte, da er im Gegenteil den Frieden wünsche; daß man bereit sei, die Beleidigung wiedergutzumachen, durch Trauer über den Erschlagenen mit dessen Verwandten und durch anderweitige Befriedigung derselben. Solch ein Anerbieten wird gewöhnlich angenommen, und alle Uneinigkeiten zwischen beiden Parteien werden auf solche Weise berichtigt, und sie sind wieder Freunde wie vorhin. Würde indessen die Völkerschaft, von welcher die Beleidigung ausgegangen, sich weigern, Entschuldigungen zu machen und um Frieden nachzusuchen, so wird sogleich Krieg erklärt und mit Lebhaftigkeit geführt.

Verschiedene Arten, den Feind zu überfallen

Mut, List und Vorsicht sind die wesentlichen und unerläßlichen Eigenschaften eines indianischen Kriegers. Wenn der Krieg einmal angefangen worden ist, so strebt ein jeglicher danach, jene Eigenschaften vor andern an den Tag zu legen dadurch, daß er den Feind unvermutet beschleicht oder ihn auf mancherlei Weise täuscht und überrascht. Wenn sie sich dem Lande eines Feindes nähern, so bemühen sie sich, soviel wie möglich die Spur ihrer Fußtritte zu verbergen; zuweilen zerstreuen sie sich und marschieren ganze Tage und länger in mäßigen Zwischenräumen voneinander, treffen jedoch des Nachts wieder zusammen und unterhalten dann auch eine Wache. Zu andern Zeiten marschieren sie in der Indianerlinie (Indian file), wie man es genannt hat, ein Mann hinter dem andern her, so daß jeder sorgfältig in die Fußstapfen des andern tritt, damit ihre Anzahl nicht aus den

Fußstapfen geschlossen werden könne. Je näher sie dem Feinde zu sein glauben, desto aufmerksamer sind sie, harten, steinigen und felsigen Boden zu wählen, auf welchem der Fußtritt keine Spur zurückläßt. Auf weichem und mit Gras bewachsenem Boden würden die Spuren sie bald verraten, denn wenn die Grashalme oder die Pflanzen nur im mindesten verbogen sind oder die geringsten Zeichen haben, daß darauf getreten worden, wird dieses beinahe gewiß bemerkt werden, denn hierin besitzt das Auge eines Indianers eine Schärfe und Schnelligkeit, wirklich zum Erstaunen.

In einigen Fällen hintergehen sie ihre Feinde durch Nachahmung der Töne oder des Geschreis eines Tieres wie etwa des Hirschkalbes oder des Welschenhahns. Dies können sie außerordentlich gut, daß sie in dem ersten Falle sogar die Hirschkuh, in dem letzteren den zum Paar gehörigen Gatten an den Ort hinzulocken vermögen, wohin sie es wünschen. Auf diese Weise gelingt es ihnen, zuweilen die Feinde nach dem Orte hinzuziehen, wo sie im Hinterhalte liegen oder Gelegenheit haben, sie zu umzingeln. Solche Kriegslist kann indessen nicht zu jeder Jahreszeit angewandt werden, mit dem Welschenhahn gelingt es nur im Frühling und mit der Hirschkuh nicht länger als etwa bis Johannis. So finden sie sich leicht auch wieder zusammen, wenn sie sich in den Waldungen zerstreut haben, indem sie den Schlag einiger Vögel nachahmen, z. B. der Wachtel und der Drossel zur Morgen- oder Abendzeit und vorzüglich bei Nacht das Geschrei der Eule. Das Geschrei der Eule wird von Zeit zu Zeit wiederholt, bis sie alle beisammen sind.

Es ist zuverlässig, daß die Indianer nach den Fußstapfen und nach andern Merkmalen und Zeichen, die nur von ihnen wahrgenommen werden können, ohne Schwierigkeit zu entdecken vermögen, nicht nur daß Männer diesen oder jenen Pfad oder irgendeine Marschlinie gegangen sind, sondern sie können auch unterscheiden, zu welcher besondern Völkerschaft diese Männer gehören und ob es ihre Feinde oder Freunde sind. Sie machen zu Zeiten auch Entdeckungen, indem sie abgelegene Örter (obscure places) durchsuchen, und verschaffen sich dadurch Kenntnis von den Ab-

sichten des Feindes. Ja, es gibt solche unter ihnen, die sich dafür ausgeben, daß sie unter verschiedenen Spuren von menschlichen Fußtritten die verschiedenen Nationen, welcher eine jede Spur angehöre, unterscheiden könnten. Ich will es nicht unternehmen, soviel zu behaupten, will aber eine Anekdote erzählen, welche ich für vollkommen wahr halte, zum Beweise des außerordentlichen Scharfblicks der Indianer in dieser Hinsicht.

Zu Anfang des Sommers im Jahre 1755 wurde etwas weniger als 5 Meilen von Shamokin von einer Anzahl Indianer eine äußerst grausame und entsetzliche Mordtat an 14 weißen Pflanzern unerwartet verübt. Die noch übrigen Weißen beschlossen in ihrer Wut, sich durch die Ermordung eines Delawaren, der zufällig dort anwesend war und auf keine Weise Gefahr ahnte, zu rächen. Er war ein erklärter Freund der Weißen, wurde auch von diesen geliebt und geschätzt und hatte zum Beweise hiervon von ihnen den Namen Luke Holland bekommen, unter welchem er auch allgemein bekannt war. Dieser Indianer, gewiß, daß seine Nation zur Zeit eines tiefen Friedens nicht fähig wäre, einen solchen schändlichen Mord zu begehen, sagte zu den wütenden Kolonisten, daß er versichert wäre, die Delawaren hätten durchaus keinen Anteil daran, sondern die Tat rühre von einigen boshaften Mingoes oder Irokesen her, von denen so etwas wohl zu geschehen pflege, um Unschuldige in Verdacht und Ungelegenheit zu bringen. Alle seine Vorstellungen aber waren vergeblich, er konnte die erbitterten Gemüter, die bloß auf Rache bedacht waren, nicht überzeugen. Zuletzt erbot er sich, er wolle, wenn sie ihm einige Mannschaft mitgeben wollten, mit diesen ausgehen, um die Mörder aufzusuchen, und hielte sich versichert, daß er sie an ihren Fußstapfen und andren ihm bekannten Zeichen entdecken und sie dadurch überzeugen würde, daß die Täter zu den 6 Nationen gehörten. Dieser Vorschlag wurde angenommen. An der Spitze einer Anzahl Weißer machte er sich nun auf den Weg und brachte sie auf die Fährten. Nicht lange, so befanden sie sich in dem felsigen Teil eines Gebirges, wo keiner von den Weißen imstande war, eine einzige Fußspur zu entdecken, auch wollten sie nicht einmal glauben, daß je ein menschlicher Fuß auf diesem Boden gestanden habe, weil sie oft über Spalten in den Felsen hinüberspringen und zuweilen darüber hinkriechen mußten. Nun fingen sie an zu glauben, daß ihr indianischer Führer sie in diese schroffe Gebirgsgegend gebracht habe, um dem Feinde Zeit zu geben, zu entkommen, und sie drohten ihm mit augenblicklichem Tode, sobald sich diese seine verräterische Absicht bestätigen würde. Der Indianer, seinem Versprechen getreu, fing nun an, sich alle Mühe zu geben, sie zu überzeugen, daß ein Feind durch diese Gegend, in welche er sie führte, wirklich gegangen wäre; hier zeigte er ihnen, daß das Moos auf dem Felsen von einem menschlichen Fuß wäre niedergetreten, dort, wie es wäre abgerissen und fortgezogen worden, ferner wies er auf Kiesel und Steinchen hin, welche durch den Fußtritt aus ihrer Lage wären gestoßen worden, fand trockne Zweige, auf welche getreten worden und die davon zerbrochen wären, und an einer Stelle wollte er sogar sehen, daß ein indianisches Deckkleid über den Felsen hingeschleift und die daliegenden Blätter mitgenommen oder aus ihrer Lage gebracht habe, so daß sie nicht mehr platt auflägen wie an andern Stellen, welches alles der Indianer imstande war, im Marschieren zu bemerken, ohne nur einmal stillzustehen. Als er nun zuletzt an dem Fuße des Gebirges auf weichen Boden kam, wo die Fußstapfen tief waren, so

Skalp
Tomahawk

bestimmte er danach, daß die Feinde acht an der Zahl wären, und da die Spur ganz frisch war, so schloß er, daß sie in keiner großen Entfernung gelagert sein müßten. Dies zeigte sich als völlig begründet, denn als sie auf die Anhöhe auf der andern Seite des Tals gelangten, sahen sie die Indianer in ihrem Lager. Einige hatten sich schon zum Schlafen niedergelegt, andre zogen ihre Gamaschen (leggings) aus, um sich zur Ruhe zu begeben, und die Skalps, die sie mitgenommen hatten, waren zum Trocknen aufgehängt. «Sehet», sagte Luke Holland zu seinen erstaunten Gefährten, «da ist der Feind! Nicht von meiner Nation, sondern Mingoes, wie ich euch nach der Wahrheit gesagt habe. Sie sind in unsrer Gewalt, in weniger als in einer halben Stunde werden sie alle in tiefem Schlafe liegen. Wir brauchen kein Gewehr abzufeuern, sondern können auf sie losgehen und sie tomahawken! Wir sind beinahe zwei gegen einen, Gefahr ist also nicht zu befürchten. Gehet zu, und ihr werdet euch aufs vollständigste rächen können.» Die Weißen aber, von Furcht übermannt, hatten keine Lust, dem Rat des Indianers zu folgen, sondern drangen in ihn, sie auf dem nächsten und besten Weg zurückzuführen. Dies tat er, und als sie spät abends nach Hause kamen, so gaben sie an, die Zahl der Iro-

Köcher/Bogen/Pfeile

kesen wäre so groß gewesen, daß sie nicht hätten wagen dürfen, sie anzugreifen.

Diese Erzählung gebe ich so, wie ich sie von Luke Holland selbst vernahm und damals aufschrieb. Ich war mit diesem Indianer über 20 Jahre lang bekannt gewesen und kannte ihn als einen rechtschaffnen, verständigen Mann und als einen Freund der Wahrheit. Ich glaubte deswegen damals, was er mir sagte, und glaube es auch noch jetzt. Ich machte auch einmal von diesem Manne Gebrauch, um einen Herrn, der jetzt zu Pittsburgh wohnt, aus der Gefahr, von einem Trupp Krieger ermordet zu werden, zu retten. Luke Holland führte ihn sicher durch den Wald, von dem Muskingum bis an den Ohio. Er fand auch einmal eine Uhr, die mir von Pittsburgh durch einen Mann geschickt wurde, der sich auf dem Wege betrank und die Uhr in dem Walde verlor, etwa 50 Meilen weit von meinem Wohnort entfernt. Luke Holland ging darauf aus, sie zu suchen, und da er die Spur des Mannes, dem sie war mitgegeben worden, entdeckt hatte, verfolgte er sie, bis er das Verlorne fand, welches er mir wieder zustellte.

Friedensboten

Solange die amerikanischen Indianer im freien und ungestörten Besitz des Landes, welches Gott ihnen gab, gelassen wurden und selbst noch lange Zeit, nachdem die Europäer sich in ihrem Gebiet angebaut hatten, gab es kein Volk auf Erden, was gegen den unverletzlichen Charakter der Gesandten oder, wie sie bei ihnen heißen, der *Friedensboten*, eine heiligere Ehrfurcht bewies, als von ihnen geschah. Es ist nur zu bekannt, daß ungefähr seit der Mitte des letzten Jahrhunderts eine große Veränderung hierin stattgefunden hat, deren Ursache, was mir leid tut zu sagen, die Indianer uns ganz allein zur Last legen.

Die Unverletzlichkeit der Person eines Gesandten ist eines von den heiligen Grundgesetzen des Naturrechts, welches der allmächtige Schöpfer dem Herzen eines jeden Menschen eingeprägt hat. Die Geschichte lehrt uns, daß die rohesten und wildesten Nationen es zu aller Zeit anerkannt und befolgt haben. Es ist eine bedauernswürdige Wahrheit, daß alle Verletzungen desselben, wovon Nachrichten vorhanden sind, dem zivilisierten Menschen oder seinem verderblichen Beispiel zugeschrieben werden müssen.

Unter unsern Indianern waren alle Stämme immer darüber einverstanden, daß einem Abgesandten, und wenn er auch von der feindseligsten Völkerschaft käme, nicht nur Achtung, sondern auch Schutz gebühre. Einen solchen, ich will nicht sagen, ermordet, sondern nur wissentlich übel behandelt zu haben, war bei ihnen ein unverzeihliches Verbrechen. Kriegerbanden wurden immer angewiesen, wenn sie auf ihrem Wege von einer Nation zur andern einen Abgesandten antreffen sollten, ihm nicht nur Schutz, sondern auch gute Aufnahme zu gewähren und für ein sicheres Geleit zu der Völkerschaft, an welche er abgeschickt worden war, zu sorgen. Ebenso fand der Abgesandte einer Nation, mit der sie im Kriege begriffen oder uneins geworden waren, auch im Fall der größten Erbitterung und der festgenommenen Entschließung, «nicht hinzuhören», d. i. in ihre Vorschläge, wie sie auch immer sein möchten, nicht zu willigen, immer noch Schutz, und sie pflegten zu einem solchen Mann des Friedens in ihrer ausdrucksvollen Sprache zu sagen, «sie hätten ihn unter ihre Flügel oder ihre Achsel gestellt, wo er vollkommen sicher wäre». Es gehörte mit zu ihrem religiösen Glauben, daß Friedensboten unter der besondern Beschirmung des großen Geistes ständen, daß es gesetzwidrig wäre, ihnen übel zu begegnen, und daß die Nation, die sich eines so schweren Verbrechens schuldig machte, zuverlässig dafür gezüchtigt werden würde durch unglücklichen Erfolg oder wohl gar durch gänzliche Niederlage im Kriege. Mehrere Beispiele sind daher vorgekommen, daß Abgesandte die allerdrohendsten Botschaften, z. B. man wäre entschlossen, einen Krieg auf Blut und Vernichtung zu führen, und kein Quartier würde gegeben werden – wieder mit zurücknehmen mußten, ohne daß die Gesandten selbst die geringste Beleidigung oder Verhöhnung erfuhren; vielmehr wurden sie, solange sie im Feindeslande blieben, beschützt und bekamen sicheres Geleit bis zu ihrer Nation hin oder wenigstens bis soweit, daß sie von den feindlichen Kriegern nichts mehr zu fürchten hatten, und man gab ihnen die nötige Zeit, um ihre Wohnungen zu erreichen, ehe irgend etwas Weiteres unternommen wurde, damit sie Anzeige davon machen könnten, der Waffenstillstand habe ein Ende und der Krieg nehme wieder seinen Anfang. Ich habe von Abgesandten gehört, die mit einer Botschaft folgenden Inhalts zurückgeschickt wurden: «Ich lasse in euren Busen zurückgehen unbeschwert und unverletzt die Boten, welche ihr mir gesandt habt. Die Antwort auf die Rede, die sie mir von euch überbracht haben, werdet ihr von meinen jungen Kriegern erfahren, die auf dem Wege sind, euch zu besuchen!» Von welcher Art dieser angekündigte Besuch sein sollte, läßt sich leicht erraten. Die Botschaft war im Grunde eine Kriegserklärung mit einer offnen Anzeige, daß ein Einfall in Feindesland unverzüglich stattfinden werde.

Wie verschieden hiervon das jetzige Betragen der Indianer sei, habe ich nicht nötig anzuführen. Wir erinnern uns noch des unglücklichen Schicksals der Herren Truemann, Freeman und Hardin. Diese drei achtungswürdigen Amerikaner wurden im Jahre 1792 mit Parlamentärflaggen und mit Friedensvorschlägen an die Indianer abgeschickt und wurden alle drei freventlich ermordet. Wem ist es zuzuschreiben, daß solche entsetzlichen Dinge jetzt stattfinden? Ich will mir nicht anmaßen, zu urteilen, doch lasset uns hören, was die Indianer sagen.

Die Hauptursachen dieser großen Veränderung, welche sie angeben, sind in folgenden drei Punkten enthalten:

1. Daß die weißen Leute sich in ihre Nationalangelegenheiten gemischt haben, indem sie der einen Völkerschaft vorschrieben, wie sie die andre behandeln, ja, wie sie mit ihr reden und was sie ihr sagen sollte, wodurch ihre Nationalunabhängigkeit gänzlich vernichtet würde. Daß sie selbst eine indianische Völkerschaft ermuntert und unterstützt haben, die Oberherrschaft über alle andren nicht nur sich anzumaßen, sondern wirklich auch auszuüben.

2. Daß die Weißen die Indianer als ein verächtliches Volk behandeln und dem geheiligten Charakter der Abgesandten selbst keine Achtung beweisen, sondern sie ebenso

wie ihre Oberhäupter in mehreren Fällen ohne Unterschied ermordet haben.

3. Daß sie sogar dasjenige, was unter ihnen für äußerst heilig und unverletzlich gehalten wird, ihre Ratsfeuer, entweihet, ja sie wohl ausgelöschet haben (wie sie sich ausdrükken) mit Strömen des edelsten Bluts ihrer Nation, mit Hintenansetzung ihrer Versicherungen und ihrer feierlichsten Zusagen. Kurz, daß ihr ganzes Betragen ihnen so vorgekommen sei, als ob sie ihnen sagen wollten: «Wir bekümmern uns nicht um euch – wir verachten euch! Es ist uns an nichts als an eurem Lande gelegen, und das wollen wir haben!»

Auch fällt es ihnen nicht schwer, wenn man sie dazu auffordert, die besondern Ungerechtigkeiten, worüber sie sich beklagen, genauer anzugeben. Aus einem weitläufigen Verzeichnisse solcher Beschwerden will ich nur einige als die hervorstechendsten auswählen:

1. Der Schutz, den man gegen sie (den Hauptvölkerstamm) den Irokesen gewährte, indem man diese ermunterte, sie zu beschimpfen, sie als Weiber zu behandeln und eine tyrannische Oberherrschaft über sie auszuüben.

2. Die Ermordung der Conestogo-Indianer gerade an dem Ort, wo damals ein Ratsfeuer brannte, wo in früheren Zeiten Unterhandlungen mit ihnen waren gehalten, wo noch ein Jahr vor jenem Morde, im Jahre 1762, ein Friede mit ihnen war abgeschlossen worden – ja, gar in dem Lande ihres Bruders Miquon, im Lande der Quäker in Pennsylvanien.

3. Der abscheuliche Mord, welcher in den Jahren von 1776 bis 1779 an dem großen und sehr geschätzten Shawano-Oberhaupt Cornstalk zu Kanhawa verübt wurde, da man doch wußte, daß er sich hier infolge eines friedlichen und löblichen Geschäftes aufhielt.

4. Das Schießen auf einen ausgezeichneten Shawano im Jahre 1774 bei seiner Rückkehr von Pittsburgh, wodurch er schwer verwundet wurde, der doch aus Freundschaft und Menschenliebe mehrere weiße Handelsleute nach jenem Orte hingeführt und gegen eine Bande wütender Indianer, an deren Verwandten die weißen Leute die schrecklichsten Mordtaten verübt hatten, beschützt habe.

5. Der Angriff auf das friedliche Lager der delawarischen Oberhäupter auf der Insel zu Pittsburgh, wobei ein *Gesandter* und mehrere andre ermordet wurden.

6. Die Ermordung der christlichen Indianer am Muskingum mitsamt dem Oberhaupt von Achsinning (der stehende Stein) durch Williamson's Bande, da man doch die hier ermordeten Personen als Freunde der Weißen kannte.

Die Indianer erzählen noch viel mehr Gewalttätigkeiten an *Abgesandten*, an Besuchenden und andern *freundschaftlich* gesinnten Indianern, deren schmerzliche Aufzählung ich dem Leser lieber ersparen will. Durch diese Reihe ungerechter und grausamer Handlungen sind die indianischen Nationen endlich zu dem Schlusse geleitet worden, daß die Amerikaner in ihren Herzen feindselig gegen sie gesinnt sind und daß sie also, wenn sie ihnen Friedensboten schicken, keine andre Absicht haben, als sie in eine eingebildete Sicherheit einzuwiegen, um sie dann desto leichter überfallen und vernichten zu können. Eine Folge dieser Überzeugung war das unglückliche Schicksal der drei Herren, welche ich vorhin erwähnt habe.

Verträge

Wenn die Indianernationen nach langen und blutigen Kriegen zusammenkamen, um ihre Streitigkeiten auszugleichen oder einen Frieden miteinander zu schließen, so war es in früheren Zeiten ihre löbliche Gewohnheit, zum Zeichen ihrer Aufrichtigkeit von dem Orte, wo die Friedensstifter ihre Sitzung hielten, alle Kriegswaffen und die Werkzeuge der Zerstörung jeder Art und Form zu entfernen; «denn», sagten sie, «wenn wir an einem guten Werke arbeiten, so muß nichts Böses sichtbar sein. Wir sind zusammengekommen, um zu verbergen und zu vergessen, die zerstörende Waffe zu *begraben* und dem Auge ganz zu entziehen; wir werfen das unselige Werkzeug von uns weg, welches unsern Weibern und Kindern so viel Kummer verursacht und so viele Tränen veranlaßt hat. Es ist unser ernstlicher Wunsch und unsre Hoffnung, daß es nie wieder möge aufgegraben werden.» So genau waren sie in diesem Punkte, daß, wenn nur ein einziges Waffengerät wäre gesehen worden, während über einen Vertrag unterhandelt wurde, es ihr Gemüt würde beunruhigt haben, da es ihnen ehemalige Vorfälle ins Andenken gerufen und anstatt ihre Herzen durch die Aussicht auf einen baldigen Frieden froh zu machen (wie sie sagen), sie im Gegenteil mit Kummer würde erfüllt haben.

Sie wollten nicht einmal irgendein Waffengerät innerhalb der Grenzen ihres Ratsfeuers dulden, wenn sie versammelt waren, um über die gewöhnlichen Regierungsangelegenheiten zu beratschlagen. Es möchte, sagten sie, einen üblen Einfluß haben und die Absicht ihrer Zusammenkunft vereiteln. Es könnte irgendeinen von den Anwesenden schüchtern machen und diejenigen, die eine gerechte Klage oder Vorstellung anzubringen hätten, verhindern, freimütig zu sagen, was sie auf dem Herzen hätten. Wilhelm Penn, sagten sie, richtete sich nach dieser alten Sitte ihrer Vorfahren, wenn er mit ihnen unterhandelte, und versammelte sie unter dem Schatten einer Baumgruppe, wo die Vögelchen auf den Zweigen in lieblichen Tönen zwitscherten. Zur Erinnerung an diese Zusammenkünfte (welche den Indianern immer werte Andenken sind) versammelten sie sich häufig in den Wäldern an einer schattigen Stelle, derjenigen, wo sie mit ihrem Bruder Miquon zusammenkamen, so ähnlich als möglich, und da lagen denn alle seine «Worte», d. i. Reden, nebst denen seiner Nachkommen, auf einer Decke oder einem reinen Stück Baumrinde, und mit großem Vergnügen gingen sie dieselben nacheinander sämtlich durch. Dieser Gebrauch (dem ich mehrmals beiwohnte) hat fortgewährt bis zum Jahre 1780, wo die damals stattfindenden Unruhen demselben ein Ende machten, vermutlich auf immer.

Diese angenehmen Erinnerungen, diese geheiligten Gebräuche sind nicht mehr. «Wenn wir mit den weißen Leuten unterhandeln», sagen die Indianer anjetzt, «so ist der Platz, wo die Gesandten zusammenkommen sollen, nicht mehr in unsrer Wahl. Wenn man uns auffordert, einen Frieden zu schließen (und was ist es für ein Frieden!), so findet die Zusammenkunft nicht mehr statt in dem schattigen Hain, wo die unschuldigen kleinen Vögel durch ihren muntern Gesang uns zu besänftigen und erheitern, uns zur Freundschaft und Eintracht zu stimmen und gleichsam Anteil nehmen zu wollen scheinen an dem guten Werk, um deswillen wir versammelt sind. Es ist auch nicht mehr das heilige Haus der Ratsversammlung, wo wir eingeladen werden zusammenzukommen, nein, es ist vielmehr einer der fürchterlichen Plätze, von Wällen und Gräben umgeben, wo die zerstörendste von allen Waffen, wo die Kanonen ihren weiten Schlund gegen uns öffnen, als ob sie bereit wären, uns zu verschlingen, und auf solche Weise finden wir uns verhindert, unsre

Pfeifenkopf aus Holz

Meinung freimütig zu sagen, wie Brüder es eigentlich tun sollten.»

«Wie kann also», sagen sie, «in solchen Ratsversammlungen einige Aufrichtigkeit stattfinden? Wie kann ein Vertrag verbindlich sein für Personen, die man auf solche Weise zwingt, dem, was man ihnen in einem festen Gefängnisse an den Mündungen der Kanonen vorsagt, zuzustimmen: wo die Bestimmungen des Vertrags immer nur einseitig sind, wo auf der einen Seite alles nur Bewilligung ist und auf der anderen sich nichts von Freundschaft zeigt?» Betrachtungen dieser Art, worauf sie sich berufen und auf welche sie immer wieder zurückkommen, sind es, wodurch die Verträge, welche sie mit den weißen Leuten schließen, alle ihre Kraft verloren haben, so daß sie sich nicht länger dadurch verbunden achten, als überlegene Gewalt sie dazu zwingt. Haben sie hierin recht oder unrecht? Der unparteiische Leser möge entscheiden!

Johann W.
von Müller

Reisen in den
Vereinigten Staaten
(1856)

Vorbemerkung

Johann W. von Müller (1824–1866), ein gebürtiger Württemberger, trug den Titel eines Barons. Schon früh fühlte er das Bedürfnis, sich der Jagd und der Forschung zu widmen, obwohl sein ererbtes Vermögen nicht ausreichte, bessergestellten adligen Vorbildern nachzueifern. Dennoch unternahm er nach Studien an den Universitäten Bonn, Heidelberg und Jena in den Jahren 1843 bis 1849 mehrere Reisen, die ihn nach Algerien, nach Marokko und in die Nilländer führten.

Für die zuletzt genannte Afrikareise, deren Ziel Kordofan im Sudan war, suchte Müller einen im Schießen, Sammeln und Präparieren von Tieren erfahrenen Begleiter. Seine Wahl fiel auf den fünf Jahre jüngeren Alfred Edmund Brehm, den späteren Verfasser von «Brehms Tierleben», mit dem Müller bereits Vogelbälge ausgetauscht hatte. Die kleine, schlecht ausgerüstete «Müllersche Expedition» verließ am 6. Juli 1847 Triest und erreichte am 8. Januar 1848 Khartoum.

Das Verhältnis zwischen Müller und Brehm war wiederholt gespannt: Als Müller am Nil seine Unzufriedenheit über die von Brehm herbeizuschaffende Ausbeute an Vogelbälgen äußerte, war Brehm so tief gekränkt, daß es fast zum Bruch zwischen beiden gekommen wäre. Und als Müller Ende Januar 1849 mit reicher Expeditionsbeute zurückfuhr, während Brehm im Sudan blieb, um auf Müllers Rechnung eine zweite, besser ausgerüstete Reise nach Innerafrika zu unternehmen, geriet Brehm in eine schwierige Lage: Monatelang wartete er vergeblich auf Nachrichten von Müller, der zwar immer große Pläne hatte, dem es aber meist an Geld fehlte. Nachdem sich Brehm in Afrika verschuldet hatte, erhielt er im März 1851 die Mitteilung, daß Müller bankrott sei.[1]

---

[1] Auszüge aus Brehms Reisebericht in: Zwischen Mittelmeer und Tschadsee, Reisen deutscher Forscher des 19. Jahrhunderts durch Nord- und

Brehm erzielte auf dieser Expedition die bedeutenderen wissenschaftlichen Ergebnisse, doch auch Müller äußerte sich über seine afrikanischen Reisen in den Mitteilungen der Sitzungsberichte der Akademie der Wissenschaften zu Wien (1849) und im Journal of the Royal Geographical Society of London (1850); ferner erschienen seine «Fliegenden Blätter aus meinem Tagebuch» (1852), «Beiträge zur Ornithologie Afrikas» (1853) und andere Veröffentlichungen, mit denen er besonders als Zoologe einen guten Ruf gewann. 1852 gründete er den zoologischen Garten in Brüssel und 1854 den in Marseille.

1856 trat Müller eine neue Reise an, die ihn nach Nord- und Mittelamerika führte. Aus Andeutungen in seinem darüber verfaßten Bericht kann geschlossen werden, daß ihm diese Unternehmung mit Unterstützung des Herzogs Friedrich Paul Wilhelm zu Württemberg (1797–1860) ermöglicht worden war, der selbst naturwissenschaftliche und geographisch-ethnographische Neigungen hatte und über seine 1822 bis 1824 unternommene Fahrt zum Mississippi, Ohio und Missouri ein ernst zu nehmendes Werk veröffentlicht hatte.[1] 1856 trafen Herzog Paul und Johann W. von Müller in New York zusammen.

Während Müller in den USA und Kanada mehr der lebhaft interessierte Tourist blieb, trieb er in Mexiko wissenschaftliche Studien. Die Ergebnisse dieser Reisen wurden allerdings dadurch geschmälert, daß wesentliche Materialien auf dem Transport verlorengingen. Wir geben im folgenden neben anderen Beiträgen Müllers dessen Beschreibung von New York wieder[2], eine hervorragende Schilderung jener Stadt, die als Eingangstor der Vereinigten Staaten Mitte des vorigen Jahrhunderts bereits auf dem Wege war, eine Metropole von Weltrang zu werden, während tie-

---

Zentralafrika, hg. von Herbert Scurla, Verlag der Nation, Berlin, 4. Aufl. 1970.

[1] Paul Wilhelm, Herzog von Württemberg, Reise nach dem nördlichen Amerika in den Jahren 1822 bis 1824, Stuttgart 1835.

[2] J. W. v. Müller, Reisen in den Vereinigten Staaten und Mexico, 3 Bände, Leipzig 1864/65.

fer im Innern des Landes noch Zustände des «wilden Westens» herrschten.

Auch später reiste Müller noch, so durchstreifte er 1865 Spanien, aber sein früher Tod verhinderte eine Auswertung in wissenschaftlicher oder literarischer Form.

Reisen in den Vereinigten Staaten (1856)

New York, die Empire-City

Der Anblick New Yorks, während wir in dem kleinen Nachen dem Lande zuruderten, war ein in der Tat überwältigender. Vor uns eine undurchdringliche Masse menschlicher Wohnungen mit unzähligen Türmen und Kuppeln, links und rechts breite Wasserströme, mit Tausenden von Segeln bedeckt; jenseit der breiten Strommündung des Hudson das wellenförmig ansteigende New Jersey nebst dem freundlichen Hoboken, zwei Vorstädten von New York, und im Hintergrunde der schmale, blaue Saum der sogenannten Hudson-Hochlande.

Eine Droschke, in die ich mit dem Zuruf: «Astor-House!» einstieg, arbeitete sich mit meiner Person mühsam durch den dichten Knäuel von Menschen und Wagen. Ich passierte Broadway. Die Toledostraße in Neapel, die Boulevards in Paris, Cheapside, Strand und Piccadilly oder Londonbridge sind gewiß belebt; aber ihre Frequenz bleibt weit hinter dieser in einer Länge von zwei Stunden mit einer fünf- und sechsfachen Reihe von Fiakern, Equipagen und Fuhrwerken aller Art bedeckten Straße zurück. Unwillkürlich erinnerte ich mich an die bekannte Anekdote über Esterházy, dem ein englischer Lord seine Schafherden mit der Frage zeigt, ob der Fürst in seinem Lande wohl so viele Schafe besitze, worauf Esterházy ihm erwidert, er selber habe mehr Schäfer als der Lord Schafe.

«Astor-House!» betonte der Kutscher.

Nur die Aufschrift des Gebäudes vergewisserte mich, daß ich wirklich vor einem Hotel hielt, denn der ungeheuere, aus kolossalen Granitquadern aufgeführte Bau mit seinen schießschartenähnlichen Fenstern glich weit eher einer Festung. Ich drängte mich durch den die Eingangstreppe überflutenden Menschenstrom und gelangte in die sogenannte Office.

Hinter einem langen Comptoirtisch standen drei Commis.

New York

a Der Broadway um 1870
b Zeitungsjunge mit Tragetasche
c Teil der Freiheitsstatue auf Bedloe Island

Ich verlangte ein Zimmer, worauf einer derselben das Fremdenbuch hinschob und, nachdem ich mich eingeschrieben, mir ein mit einer Nummer beschriebenes Blättchen Papier reichte. Ich sah ihn fragend an, er mich nicht weniger erstaunt.

«Do you not understand, Sir?»

«No, Sir.»

«Gegen Vorzeigung dieser Nummer heute abend in der Office erhalten Sie Zimmer Nr. . . . . angewiesen.»

Nur mit Mühe gelang es mir, sogleich ein Zimmer zu bekommen. Da in den Vereinigten Staaten kein Herr sein Zimmer im Hotel anders als zum Schlafen benutzt, so ist die große Mehrzahl der Räume kaum zum Wohnen eingerichtet, und das ganze Inventar besteht meist nur aus Bett, Tisch und Stuhl.

Dagegen enthält jedes Hotel außer den gemeinschaftlichen Speisesälen verschiedene Räume für den Aufenthalt der Fremden während des Tages. Unter diesen verdient die erste Erwähnung das Bar-Room. Es ist der besuchteste aller Räume des Hauses. Ein langer Schenktisch mit einer großen Batterie aus Branntwein- und Likörflaschen bildet das ganze Ameublement. Vor dem Tisch stehen stumm und eckig, rauchend und kauend, schnupfend und spuckend die Konsumenten, ein Glas nach dem andern jener verschiedenartigen Zusammensetzungen hinabstürzend.

Unter den vielen unangenehmen Gewohnheiten der Amerikaner ist die des beständigen Tabakkauens eine der widerlichsten. Der echte Yankee bis zu den besten Ständen hinauf – falls man in Amerika überhaupt von bessern Ständen sprechen kann – führt, wenn er nicht gerade raucht, stets ein Priemchen Tabak im Munde. Dies zwingt ihn, von Zeit zu Zeit eine ekelerregende braune Jauche auszuspucken, wobei er sich nicht im geringsten geniert; ja durch Übungen hat er im Spucken Virtuosität erlangt. Er spuckt zwischen drei bis vier Personen durch, ohne sie zu berühren, und setzt sich mit einem Freunde an eine Türe und spuckt eine halbe Stunde lang um die Wette ins Schlüsselloch. Dies alles ginge noch; wenn er aber über den Tisch wegspuckt, an dem wir unsern Kaffee nehmen, hört die Sache auf, ergötzlich zu sein.

An weitern Räumen finden wir im Hotel einen Schreibsalon, seine Korrespondenz zu besorgen, einen Lesesalon mit allen möglichen Journalen, einen Rauchsalon, einen Konversationssalon und häufig auch einen Zeichnen- und Malsalon, dessen Wände mit schlechten Gemälden in überbreiten Goldrahmen behängt sind. Hier findet man den Tag über die männlichen Gäste des Hauses auf Diwans oder den Stühlen herumliegen, denn die Position, welche wir Sitzen nennen, kennt der wahre Yankee nicht. Entweder er rennt, steht oder liegt, und zu letzterm gebraucht er stets drei Stühle, und nur im schlimmsten Falle begnügt er sich mit zweien. Wäre unglücklicherweise nur ein einziger vorhanden, so weiß er sich auch zu helfen. Im Sommer zieht er den Stuhl ans Fenster und legt die Füße auf die Fensterbank; im Winter stemmt er die Füße gegen den Ofen und verbindet mit der horizontalen Lage das unterhaltende Vergnügen, den Ofen mit seiner braunen Tabaksbrühe zu bespucken.

Als weitere öffentliche Räumlichkeit des Hotels dürfen wir des Ladies'-Saloon nicht vergessen, den ohne weibliche Protektion kein männlicher Fuß betreten darf.

Die Mahlzeiten werden gemeinschaftlich eingenommen. Um 7 Uhr morgens ist das erste Frühstück: Tee, Kaffee, Schinken, Fische, heiße Maiskuchen (hot rools) usw.; um 11 Uhr steht der Lunch parat, wo Turkey, Muttonchop und andere kalte Braten die Hauptrolle spielen; die Hauptmahlzeit findet um 2 oder 3 Uhr statt. Eine gute Viertelstunde, ehe die Glocke des Hotels oder an ihrer Stelle ein chinesischer Tamtam das Zeichen zum Essen gibt, sind die wohlverschlossenen Türen des Speisesaals schon von einer kompakten Menge Hungriger belagert. Zum Behuf der Toilette und zur einstweiligen Unterhaltung hängt an den Türpfosten an dicker eiserner Kette hier ein großer Kamm, dort eine kolossale Haarbürste. Kaum ertönt das erste Signal der Glocke, so werden die Türen mit Sturm genommen, und alles stürzt auf den Tisch zu, wo fast das ganze Mahl schon serviert steht, die Suppe in einer Tasse neben jedem Teller, da sie zwischen dem Mahle geschlürft wird statt des Weins, den der Amerikaner selten über Tisch genießt. Sobald der Sitz eingenommen ist, langt jeder links und rechts, reißt von Gerichten an sich, was er fassen kann, und füllt seinen Teller damit hoch auf. Süß und sauer, salzig und bitter, dick und dünn, alles durcheinander. Was liegt daran? Man attackiert mit kaltem Mute und bleibt immer Sieger des Schlachtfeldes. Nachdem der Magen in möglichst kurzer Zeit mit Speisen angefüllt ist, springt jeder auf und rennt hinaus. Das ist das sogenannte Gentlemen's-Ordinary. Außerdem gibt es in jedem guten Hotel ein Ladies'-Ordinary, wobei es viel ruhiger und anständiger zugeht. Daß es übrigens auch Herren der bessern Gesellschaft gestattet ist, an letzteren teilzunehmen, bedauerte ich erst erfahren zu haben, als es für mich zu spät war, Gebrauch davon zu machen.

Abends um 6 Uhr wird der Tee serviert und um 10 Uhr endlich nochmals ein Nachtessen eingenommen. Hunger kann niemand leiden, da es für den täglichen festen Preis des Hotels freisteht, an allen Mahlzeiten teilzunehmen. Der Board eines New Yorker Hotels ersten Rangs beträgt 4–6 Dollar pro Tag.

Eine spezifisch amerikanische Erfindung sind die Bride- oder Wedding-Rooms, mit möglichstem Luxus und Komfort eingerichtete Schlafzimmer für Brautpaare. Wenn schon der Gebrauch, die verschämte Braut in der Kirche und bei dem darauffolgenden Festmahl der Neugier auszusetzen, mißfällt, so sind die amerikanischen Bride-Rooms und die täglich unter den lokalen Mitteilungen zu lesenden Nachrichten: «Herr N. N. hat die vergangene Nacht im Wedding-Room des Hotels X. mit seiner neuvermählten Gattin zugebracht», in der Tat Anstand und Sitten verletzend.

Es gibt Familien, welche jahraus, jahrein die Hotels bewohnen und gar kein eigenes Hauswesen haben. Der Mann fand es vorteilhaft, bei seiner Verheiratung das Geld für Möbel, Spiegel und Teppiche zu sparen, und der Frau gefällt das Gasthausleben, weil sie, ohne Dienstboten überwachen und um die Haushaltung sich kümmern zu müssen, den ganzen Tag auf die Lieblingsbeschäftigung der amerikanischen Frauen, das Spazierengehen oder den Schaukelstuhl (rocking-chair), verwenden kann. Kommen während dieser Wirtschaft Kinder, so wachsen diese auf und werden groß, ohne jemals ein elterliches Haus gekannt zu haben.

Welchen Einfluß diese Lebensweise auf Gemüt und Erziehung der Kinder ausübt, läßt sich denken. Dem Deutschen mit seinen Begriffen von gemütlichem Familienleben mag eine solche Existenz so fabelhaft als widerwärtig vorkommen, und doch versichere ich, so ist's, – ihr wißt, «wo die Huronen wohnen».

Am Morgen des folgenden Tages besuchten mich dem Versprechen gemäß meine beiden jungen Reisegefährten vom «Saratoga», um mir ein Stück von New York zu zeigen und mich in ihre Familien einzuführen. Da unser Gepäck sich noch an Bord des «Saratoga» befand und, ehe es ausgeliefert wurde, die Visitation der Douane zu passieren hatte, begaben wir uns zuerst nach dem Pier 13, wo unser Schiff jetzt lag. Der Kapitän war bereits zu seiner Familie aufs Land gereist, dagegen sagte uns der Steuermann, der Zollbeamte werde in einer halben Stunde an Bord sein. Unbenutzt läßt kein Amerikaner eine halbe Stunde vergehen; der Steuermann mußte deshalb bis zum gegenüberliegenden Bar-Room mitgehen und zahlreiche Drinks annehmen, bis wir den Zollbeamten an Bord kommen sahen.

In der Nähe der Docks halten stets die Car-Men mit einspännigen Karren, um Waren in die Stadt zu befördern. Einem derselben übergaben wir unser sämtliches Gepäck, händigten ihm nebst dem Fuhrlohn die Adressen, wohin es abzuliefern sei, ein und kümmerten uns, nachdem wir Notiz von seiner Nummer genommen hatten, nicht weiter um ihn. Man kann dies in New York stets ohne Besorgnis tun, da die Car-Men von der Polizei streng überwacht sind.

Langsam schlenderten wir dem East River zu, der Brooklyn von New York trennt, aber trotz seines Namens kein Fluß, sondern ein Meeresarm zwischen Long Island und dem Festlande ist und seinen Namen nur im Gegensatz zum Hudson oder North River führt, der die nördliche Seite New Yorks bespült. Zwischen Brooklyn und New York hat der East River stellenweise nur eine Breite von 20 Minuten. Weiter nördlich gegen Connecticut zu erweitert er sich, so daß er bald nicht mehr vom Ozean zu unterscheiden ist. Seine Tiefe ist bis an die Ufer hin gleichmäßig und so bedeutend, daß sie selbst den größten Schiffen genügt; aber ein gefährliches Felsenriff, das sogenannte Herl oder Hell-Gate, macht die Einfahrt für die aus Europa kommenden Schiffe so gefährlich, daß alle die Fahrstraße zwischen Long Island und Staten Island vorziehen.

Brooklyn bildet nur eine Vorstadt von New York, und zahlreiche Dampffähren stellen die Verbindung zwischen beiden Städten beinahe so gut wie feste Brücken her. Die frequenteste Fähre ist die Fulton-Ferry, die täglich von 100 000 Menschen benutzt wird, während außer ihr die South-, die Catharine-, die Jackson-, die Hamilton-Avennue- und endlich die Peckslipp-Ferry ebenfalls täglich viele Tausende von Menschen hin- und herbefördern. Trotz dieser großartigen Verbindungsmittel kommt es im Winter bei Eisgang und Nebel nicht selten vor, daß man zwei oder drei Stunden braucht, um von einem Ufer auf das andere zu gelangen. Man hat deshalb oft daran gedacht, die beiden Städte entweder durch eine Kettenbrücke oder einen Tunnel zu verbinden. Das erstere Projekt erwies sich aus technischen Gründen als unausführbar; zum letzteren reizte zwar die Eifersucht gegen England nicht wenig an, allein da die Ausführung desselben ohne Zweifel eine ebenso schlechte Spekulation wäre als die des Brunnelschen Themsetunnels und die praktischen Amerikaner keine Freunde vom Geldwegwerfen sind, ließ man das Projekt fallen.

Mühsam nur wanden wir uns durch die dichte Menschenmasse, welche die breiten Trottoirs von Fulton-Street bedeckt, zum Ferry-Boat, das uns fünf Minuten später in Brooklyn ans Land setzte. Die Hights, obwohl nur 70 Fuß über dem Meer, gewähren dennoch einen schönen Blick über Stadt und Umgegend. Wie ein ungeheures Damebrett liegt New York ausgebreitet, unten der East River mit seinen Tausenden von Schiffen; rechts aufwärts das nahe Williamsburg nebst den vielen, im obern Teile des Sundes liegenden Inseln; links abwärts die große, prächtige Hudsonbai mit dem stattlichen Governors Island (einer kleinen, mit Festungswerken bedeckten Insel unterhalb der Südspitze von New York) und das bis in die weiteste Ferne hinaus mit Villen besäte Staten Island.

Meine jungen Freunde wünschten, mich in ihre Familien

einzuführen, und ich muß gestehen, daß ich den Tag angenehm zubrachte.

Am Nachmittag machten wir eine Spazierfahrt durch Brooklyn. Unter den Gebäuden zeichnet sich die aus weißem Marmor aufgeführte City-Hall (das Rathaus) aus. Es hat eine Fronte von 162 Fuß Länge, eine Tiefe von 102 Fuß und eine Höhe von 70 Fuß und wird von einem 153 Fuß hohen Dome gekrönt, dessen Besteigung eine prachtvolle Aussicht belohnt. Am eitelsten sind die Bewohner von Brooklyn jedoch auf ihre 70 Kirchen, die zwar mit großer Pracht und enormen Kosten aufgeführt wurden, von denen aber auch nicht eine künstlerischen Wert hat; denn alle sind nichts als architektonische Quodlibets ohne Geist und Geschmack.

Weit interessanter waren mir das Atlantic-Dock und Navy-Yard; ersteres umfaßt einen Raum von 40 Morgen, ist so tief, daß es doppelt so große Schiffe, als man gewöhnlich baut, aufnehmen könnte und soll das größte Schiffswerft der Welt sein. In enger Verbindung mit ihm steht die Navy-Yard, d. i. das Kriegsflottenmagazin der Vereinigten Staaten. Das ganze ausgedehnte Werk wird durch ein Dry-Dock gekrönt, in welchem man die größten Linienschiffe zur Ausbesserung trockenlegen kann. Die Navy-Yard allein, mit ihren Werkstätten, Vorratshäusern und der damit verbundenen Kadettenschule, die tüchtige Seeoffiziere liefert, bedeckt ein Areal von nahezu 100 Morgen an der Wallaboutbai.

Schon die Engländer hatten hier eine große Schiffsstation. Als 1775 der Krieg zwischen England und seinen amerikanischen Kolonien ausbrach, rückte der englische Oberbefehlshaber, General Hove, an den Hudson vor und besetzte New York und Brooklyn, das damals noch eine kleine Ansiedelung war. Die gemachten Gefangenen wurden von den Engländern auf den Schiffen in der Wallaboutbai eingesperrt und so schlecht behandelt, daß nach und nach über 12 000 derselben zugrunde gingen.

Während der Unabhängigkeit der Vereinigten Staaten wuchs das kleine Brooklyn nach und nach an und zählte im Jahr 1808 bereits 4402 Seelen. Plötzlich erinnerte man sich der 12 000 für die Freiheit Gestorbenen, sammelte und verschloß ihre Gebeine auf dem großen Felde der Toten in 13 Särgen, überschrieben mit den Namen der 13 Staaten, welche den Unabhängigkeitskrieg durchgefochten hatten, und errichtete endlich über der gemeinschaftlichen Gruft ein Monument.

Brooklyn nahm seit dieser Zeit reißend zu: Im Jahre 1820 hatte es 7175 Einwohner; 1830: 15 396; 1840: 36 233; 1850: 96 833. Seitdem aber das ebenfalls an die Wallaboutbai grenzende Williamsburg, das bis 1854 eine eigene Korporation bildete, mit Brooklyn verschmolz, ist die Bevölkerung auf mehr als 200 000 Seelen angewachsen.

Den folgenden Tag machte ich durch Empfehlungsbriefe die Bekanntschaft des Dr. Ludwig, eines Advokaten dem Berufe nach, vor allem aber als Linguist und Geograph verdienten Mannes. Er zeigte mir unter anderm ein druckreifes Manuskript mit dem Titel: «Literature of American aboriginal languages», das 370 amerikanische Ursprachen mit 524 Dialekten behandelt. Diese ausführliche und gründliche Arbeit hatte er der Ethnological Society in New York vorgelegt und zur Verfügung gestellt. Allein Dr. Ludwig war ein Deutscher, und statt mit Dank sein Anerbieten anzunehmen, hielt die Gesellschaft während eines ganzen Jahres keine Sitzung, so daß der Autor endlich ermüdet sein Werk zurückzog, um es in England zu publizieren.

Mit der größten Bescheidenheit äußerte sich der vortreffliche Mann über die Wirksamkeit der Deutschen Gesellschaft in New York, deren Präsident er war. Sie wurde kurz nach Beendigung des Freiheitskrieges auf Veranlassung des General Steuben durch den protestantischen Pfarrer Kuntze gegründet, in der Absicht, eingewanderten mittellosen Deutschen unter die Arme zu greifen und Arbeit zu verschaffen. Die Geldmittel der Gesellschaft werden durch freiwillige Beiträge der Mitglieder beschafft, und nicht zu leugnen ist es, daß sie sehr viel Gutes gestiftet hat. Ein ähnliches Institut besteht in Philadelphia schon seit 1764, und New Orleans, St. Louis und Baltimore folgten dem gegebenen Beispiel.

Ich trank zum ersten Mal amerikanischen Wein und fand ihn recht gut. Die in der Neuen Welt mit europäischen

Traubensorten gemachten Versuche sind meist verunglückt. Der Grund scheint der Nachtfrost zu sein, der selbst in den wärmern Gegenden häufig stärker ist, als der Weinstock erträgt. Bei denjenigen Reben aber, welche ausdauern, erhält die früher nackte Unterseite des Blattes einen dichten, wolligen Überzug, als ob die Natur selbst die Notwendigkeit eines Schutzes gegen die Kälte erkennte. Der schlechte Erfolg mit europäischen Reben lehrte, sich an die einheimischen Arten zu halten und zu suchen, sie zu veredeln, was auch mit der Catawhatraube sowie mit ihrer Schwester Isabella gelang. Dennoch hat der Weinbau sich nur in wenigen Gegenden eingebürgert, und der eingeborene Amerikaner überläßt diesen Kulturzweig fast ganz den eingewanderten Deutschen.

Wirklich angenehme Abende brachte ich in Niblos Garten zu, ein großartiges Etablissement am Broadway, mit Lokalitäten zu Theatern, Konzert- und Ballsälen eingerichtet, wo alle bedeutendern Künstler der Ferne, sobald sie nach New York kommen, sich eine Räumlichkeit zu sichern suchen, und das französische Theater des Gartens vereinigte in geschmackvoll dekoriertem Saale die eleganteste und reichste Gesellschaft vor einer ausgezeichneten Bühne.

Ich hatte Empfehlungsschreiben an die Familie in New York, Fifth Avenue. Wer New York kennt, weiß, daß «in Fifth Avenue wohnen» soviel heißt als mindestens einmal Millionär sein; denn nur die höchste Aristokratie des Landes, d. h. die allerreichsten Leute, haben hier Wohnungen. Die Häuser sind mit verschwenderischer Pracht überladen, ein gepuderter Portier steht am Einfahrtstore, goldbetreßte Diener laufen die teppichbelegten Treppen auf und ab, alles soll einen möglichst aristokratischen Anstrich tragen, und sogar bei uns außer Mode gekommene Formen sind wieder aufgenommen. Aber man kann sich nichts Lächerlicheres denken als die aristokratischen Zerrbilder einer Noblesse ohne Geburt, ohne Tat, ohne Benehmen, ohne Gesinnung, ohne geistige Überlegenheit, ohne jeden andern Titel als den, welchen Gott weiß wie zusammengehandelte Dollarstücke geben können; dabei ist nichts fader als die eitle Hochachtung, die diese üppigen Republikaner dem Europäer von Adel zollen. Ein Fremder von Stande, der ihm empfohlen oder ein Dejeuner, vielleicht gar ein Diner in seinem Hause annimmt, flicht ein schönes Blatt in die Chronik des Hauses, und der beglückte dominus tractans verfehlt gewiß nicht, so vielen Bekannten als möglich en passant zuzuflüstern: «Ich muß nach Hause, my friend, der Baron, erwartet mich», oder: «Count Soundso, my friend, ißt heute mit uns zu Mittag.»

Die Familie, bei welcher ich eingeführt war, glich jedoch in nichts den ungebildeten Geldaristokraten, von denen ich hier spreche; alle Glieder derselben waren vielmehr unterrichtet, anspruchslos und bescheiden, die Töchter liebenswürdig und nebenbei sehr schön.

Große Schönheiten sind in New York unter den vornehmern Ständen nicht selten, nur fehlen ihnen durchweg zwei schätzbare Requisite: schöne Zähne und kleine Füße. Die erstern soll der unausgesetzte Genuß von Eis verderben; für den Mangel der letztern weiß ich keinen Grund, doch sagt die alte Regel: Aux pieds et aux mains on reconnait la race.

Im Interesse etwaiger Heiratslustiger aber sei's gesagt: die amerikanischen Schönheiten verblühen rasch; ihre Bildung beschränkt sich darauf, ein wenig französisch parlieren und ohne Ausdruck einige Klavierstücke spielen zu können, und von Haushaltung verstehen sie nie das Geringste. Wer daher für die verblühte Schönheit in Gemüt, Geist und angenehmer Häuslichkeit Ersatz zu finden hofft, verrechnet sich gewaltig. Nicht ganz so schlimm steht die Geldfrage; denn sind die Eltern sehr reich, ist die Tochter einziges Kind, so bringt sie bei ihrer Heirat wenn auch keine Aussteuer, doch wenigstens die Aussicht mit, die lieben Eltern zu beerben, vorausgesetzt, daß diese sterblicher sind als das Glück amerikanischer Spekulanten.

Nach dem Frühstück fuhr die elegante Equipage vor, und in Begleitung der liebenswürdigen Familie sollte ich das Wunder New Yorks, die Croton-Wasserleitung, besichtigen. In der Nähe der vierzigsten und zweiundvierzigsten Straße fanden wir zwei Reservoirs, 20 Millionen Gallonen Wasser haltend, eine Quantität, groß genug, ohne neuen Zufluß auf fünf Tage den Verbrauch der Stadt zu bestreiten. Von hier verzweigt sich ein ungeheures Röhrensystem, welches das Wasser in alle Straßen und bis in die höchsten Stockwerke der Häuser führt, wozu, da die Reservoirs 100 Fuß höher liegen als das Ende der Stadt bei der Battery, der eigene Druck der Wassermasse vollkommen genügt. Von diesen beiden kleinern Wasserbehältern fuhren wir zum «großen» Reservoir, das zwischen der sechsundachtzigsten und neunzigsten Straße angelegt wurde, bei einer Länge von 1826 Fuß und einer Breite von 836 Fuß einen Raum von 35 Morgen einnimmt und 150 Millionen Gallonen Wasser faßt, deren plötzlicher Erguß eine Überschwemmung veranlassen würde. Während wir von hier aus dem Wege nach High Bridge folgten, teilte mir mein Gastfreund die Geschichte dieser Wasserleitung mit, die ich flüchtig wiederhole.

Bis zum Jahr 1840 hatte die gute Stadt New York kein anderes Wasser als das in Zisternen gesammelte, da die flache Manhattaninsel, auf der die Stadt erbaut ist, keine Quellen besitzt und das Graben artesischer Brunnen erfolglos versucht worden war. Schon im Jahre 1835 hatte ein großer Brand an Gebäuden und Waren einen Schaden von über 20 Millionen Dollars angerichtet und die Väter der Stadt zur Überzeugung gebracht, daß man zu ernsten Maßregeln greifen müsse, um sich vor Wassermangel und der Wiederholung eines solchen Unglücks sicherzustellen. In der Grafschaft West Chester entspringt der Crotonfluß, der sich noch vor wenigen Jahren in den Hudson ergoß. Sein ungewöhnlich reines und angenehm schmeckendes Wasser fesselte die Aufmerksamkeit. Pläne wurden entworfen, approbiert, und da in Amerika der erste Grundsatz heißt: Go ahead! (Vorwärts!), so war in kurzem der ganze Fluß samt allen Gerechtigkeiten von Mühlen und Fabriken den Besitzern abgekauft und augenblicklich in Arbeit genommen.

Einige Meilen oberhalb seiner Mündung wurde er abgedammt, so daß ein fünf Meilen langer Teich entstand, der 500 Millionen Gallonen Wasser faßte. Aus diesem Teiche mußte Berge durchbohrend, Täler überbrückend, ein gemauerter Kanal das Wasser 30 Meilen weit bis zum Harlemflusse führen, der, vom Hudson sich abzweigend, in den Sund oder East River fällt und die Landzunge, auf der New

York erbaut ist, zur Insel macht; und die zur Tragung des Aquädukts über den Harlem erforderliche Brücke bedurfte einer Länge von 1450 Fuß. Kein leichtes Stück Arbeit! Allein Geld und Intelligenz brachten das Riesenwerk in kaum drei Jahren zu Ende.

Diese Brücke, die mit Recht den Namen High Bridge verdient, erhielt eine Höhe über Wasserspiegel von 114 Fuß, und 15 Pfeiler, acht von 80 und sieben von 50 Fuß Spannweite, tragen die Bogen, welche den in das obenerwähnte große Reservoir mündenden fünf mächtigen Eisenröhren zur Unterlage dienen.

Das ist die Wasserleitung des Crotonflusses: ein großes, wenn auch bei weitem nicht das größte Werk dieser Art, vergleicht man es mit dem Aquädukt von Rocquefavour, den mein verstorbener Freund, Hr. von Mont-Richer, baute, um Marseille mit gutem Trinkwasser zu versorgen.

Am Harlemflusse, bei High Bridge, hat ein spekulativer Kopf ein Hotel errichtet. Der Mann hat richtig kalkuliert und macht brillante Geschäfte; jeder Fremde, der hinausfährt, um das Wunder der New Yorker anzustaunen, muß, um der schönsten Ansicht zu genießen, dort einkehren.

Die Tour hatte mich beinahe einen ganzen Tag gekostet, doch hatte ich keine Ursache, es zu bereuen, da sie mir zugleich einen richtigen Überblick über die Größe New Yorks verschaffte.

Ein Areal von mindestens einer deutschen Quadratmeile muß als städtischer Bauplatz betrachtet werden. Bis jetzt ist etwa nur ein Viertel desselben mit Gebäuden bedeckt, allein sämtliche Straßen sind ausgelegt, und wenn das Wachstum der Stadt im bisherigen Maßstabe fortgeht, wird sie in weniger als hundert Jahren die ganze Insel bedecken und nicht weniger als vier Millionen Einwohner zählen. Wem dies zu hoch gegriffen scheint, werfe einen Blick auf den Gang der bisherigen Entwicklung New Yorks.

Die Entdeckung der Insel Manhattan und der sich vor ihr ausdehnenden Bai durch Kapitän Henry Hudson, der auch dem Flusse seinen Namen gab, fällt in das Jahr 1609. Hudson, obgleich geborener Engländer, stand in Diensten der holländischen Compagnie und nahm deshalb auch von ihr im Namen Hollands Besitz. Im Jahre 1613 gründete auf ihr die holländische Regierung eine Kolonie, errichtete zu deren Schutz auf der äußersten Südspitze der Insel, der heutigen Battery, ein kleines Fort und ließ sich von den Indianern, wie die Chroniken berichten, die Insel förmlich abtreten, wofür diese 10 Hemden, 30 Paar Strümpfe, 10 Gewehre, 30 Pfund Pulver, 30 Beile, 30 Kessel und eine kupferne Bratpfanne eintauschten und über den glücklichen Handel ins Fäustchen lachten.

Nach und nach erweiterte sich die Kolonie unter dem Namen New-Amsterdam, doch bestand sie noch im Jahre 1656 aus nur 120 Holzbaracken und etwa 1000 Einwohnern. Acht Jahre später, 1664, eroberte Richard Nicholls den ganzen Küstenstrich im Namen Englands, und wenn auch die Holländer im Jahre 1673 sich der Herrschaft abermals bemächtigten, so mußten sie doch schon das Jahr darauf wieder abziehen. Von nun an blieb das Land ringsherum im Besitze der Engländer, und als König Karl II. es seinem Bruder, dem Herzog von York, zum Geschenk machte, wurde die Kolonie umgetauft und erhielt den Namen New York.

Unter der neuen Herrschaft ging es mit dem Wachstum der Stadt nicht viel besser; oft hatten die Kolonisten Lust, ganz wegzuziehen, da ihr geiziger Oberherr, der Herzog von York, sie allzu hart bedrückte. Im Jahre 1689, nach der Vertreibung der Stuarts, wurde New York samt dem anstoßenden Lande zur unmittelbaren Provinz der britischen Krone erklärt, und nun hob sich der Handel, so daß es im Jahre 1696 bereits 100 Inhaber von kleinern Schiffen zählte. Im Jahre 1711 wurde in der heutigen Wall Street ein Sklavenmarkt errichtet, der aber traurige Folgen für die Einwohner hatte, denn schon das Jahr darauf empörten sich die importierten Schwarzen, zündeten die Stadt an allen vier Ecken an und töteten viele Weiße. Sobald man der Insurrektion Herr geworden war, folgte die Vergeltung; 119 Schwarze wurden aufgehängt, die übrigen aber aufs strengste bestraft und fortan in Ketten gehalten.

Unter dem Titel «The New-York Gazette» erschien 1725 die erste Zeitung, ein kleiner Wisch, der wöchentlich einmal ausgegeben wurde.

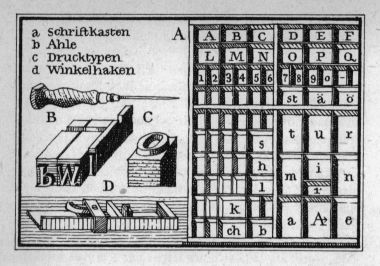

Im Jahre 1731 betrug die Einwohnerzahl 4522. Das Jahr darauf wurde die erste Postkutschenverbindung mit Philadelphia und vier Jahre später eine solche mit Boston hergestellt.

Während des Unabhängigkeitskrieges hatte New York sehr viel zu leiden, allein um so schneller stieg die Stadt, als die Herrschaft der Engländer ein Ende hatte.

Im Jahre 1807 wurde das erste Dampfboot erbaut, und von nun an nahm die Schiffahrt wie die Bevölkerung einen reißenden Aufschwung.

Im Jahre 1810 zählte man bereits 96 373 Einwohner, und zehn Jahre später war diese Zahl auf 123 706 gestiegen. Im Jahre 1825 wurde der Eriekanal vollendet; durch dieses großartige Werk steigerte sich der Handel New Yorks ins Unendliche, und in gleichem Verhältnis wuchs die Menschenzahl.

Im Jahr 1830 zählte man bereits 202 589 Einwohner, 1840: 312 710, 1850: 515 507. Die Einwohnerzahl von Brooklyn, Williamsburg usw. ist hier nicht mit inbegriffen, denn die gesamte Einwohnerzahl im Jahre 1850 betrug 652 649. Zur Zeit meines Aufenthalts wurde die Einwohnerzahl auf 850 000 angeschlagen, jedenfalls aber wird New York bis zum Jahre 1860 eine Million Einwohner oder darüber zählen.[1]

Der Markt einer Stadt hat für den Fremden stets etwas Unterhaltendes und Belehrendes, da er hier Sitten, Gebräuche, Bedürfnisse und Produkte des Landes vor sich liegen sieht, wenn er nur die Gabe besitzt, das Dargebotene mit Verstand und Urteil aufzufassen.

Der größte Markt ist der Washingtonmarkt, der in der Nähe des Hudson liegt und durch die West Street in zwei große Vierecke abgeteilt wird, von denen das obere, dem Broadway nahe liegende, für den Detail-, das untere, unmittelbar an den Hudson stoßende, für den Engrosverkauf bestimmt ist. Die Stände sind alle unter Dach und die verschiedenen zur Befriedigung des muntern Appetits der Empire City dienenden Gegenstände nach Gattung und Art in Quartiere verwiesen. Fleisch, Fisch, Geflügel, Gemüse,

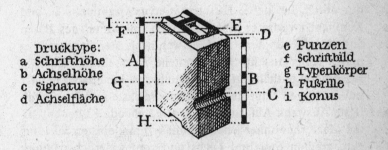

Obst, alles hat sein besonderes und wieder für sich abgeteiltes Reich; Ochsen-, Hammel-, Kalb- und Schweinschlächter haben ihre eigenen Quartiere, wo die zierlichen, appetitlichen Auslagen der Pariser Boucherien mit den massenhaften, grotesk verzierten Vorräten der englischen Fleischer abwechseln und die geschäftig schnelle Bedienung, die Reinlichkeit und Ordnung überall angenehm berühren. Welch ein Gegensatz zu den Fleischmärkten Algeriens und Ägyptens, die ich vor Jahren zuweilen auf die Gefahr hin besuchte, den Appetit nach Fleisch auf lange Zeit zu verlieren!

---

[1] Die Voraussetzung, daß die Stadt New York im Jahre 1860 über eine Million Einwohner zählen werde, hat sich vollkommen bewahrheitet, denn der neueste Zensus ergibt die Zahl 1 188 023.

Aber welcher Massen bedarf es, eine so ungeheuere Stadt zu verproviantieren! Die Wälder und Swamps von West, Nord und Süd senden ihre geflügelten Bewohner in solcher Menge, daß nur der Weihnachtsmarkt Venedigs ähnliche Massen bietet. Zwar sind die heimischen Tauben, Enten, Hühner, Gänse nicht sehr stark vertreten; aber die wilden See-, Sumpf-, Canevas-, Karoline-, Eis-, Löffel-, Schell- und Gott weiß was für Enten noch bilden homerische Hekatomben und Schnepfen, Rebhühner, Krammetsvögel den Vortrab langer Zeilen glatter, weißgeputzter wilder Turkeys (Truthühner) von solcher Größe, daß die stattlichen dindes truffées bei Chevet und Befour sich neben ihnen nur als Miniaturausgaben ausnehmen würden. Ein großer Turkey bildet auf den Tafeln der reichern Amerikaner stets die Staatsschüssel, da unser europäisches Hoch- und Schwarzwildbret nur durch die kleine Hirschart Cervus virginianus L. und Kaninchen vertreten ist, wenn auch im Winter des Bären fette Keule auf dem Markte, wohin sie den langen Weg meist selber macht, keine seltene Erscheinung ist. Der Fischmarkt enthält nur wenig Flußfische, bietet aber bei der unmittelbaren Nähe des Meeres die reichste und mannigfaltigste Auswahl. Auf langen Tischen stehende Kübel enthalten Meeresbewohner jeder Gattung, vom kleinsten Stint bis zum größten Stör und Lachs und vom widerlichen, einer blauen Schlange gleichenden Seeaal bis zur reinlichen, die glatte weiße Unterseite wie eine große Schüssel nach oben kehrenden Scholle; von dem schönen roten Meerhahn bis zu den seltsamen Hammer- und Tintenfischen, Polypen und Quallen, deren unheimliche Gestalt den Neuling bei dem Gedanken schaudern macht, sie zu verschmausen.

Ein Kranz von Hummer-, Austern-, Garnelen- und Schildkrötenverkäufern umgibt den Fischmarkt, und damit das Gelüste nach den schön rotgekochten Hummern und den frischen, hier so wohlfeilen Austern gleich Befriedigung finde, sind in unmittelbarer Nähe Stände, bei denen ganze Berge, besonders der letztern, roh, gekocht und gebraten serviert und ebenso schnell durch neue Zufuhren ersetzt werden, als sie verschwinden.

Der Gemüse- und Obstmarkt gibt eine Idee von der

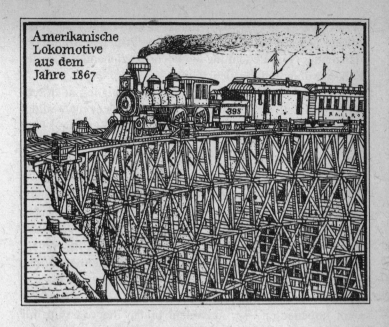

Amerikanische Lokomotive aus dem Jahre 1867

schnellen und regelmäßigen Verbindung zwischen New York und dem tropischen Süden. Die Bermudas-Inseln liefern die trefflichsten Kartoffeln, und dieselben Schiffe, welche Kubas lechzenden Bewohnern in großen Blöcken das Eis des Nordens zuführen, bringen von dort Ananas, Bananen, Orangen, Guajaven, Kokosnüsse und im Winter junge Frühgemüse aller Art zurück, und diese Spenden der Tropen, meist zu teuer für die bescheidene Börse des Europäers, sind hier so billig, daß selbst der Ärmste auf ihren Genuß nicht zu verzichten braucht.

Nicht selten sieht man respektable Herren in modischem Anzuge mit einem Korbe unter dem Arm die nötigen Einkäufe selbst besorgen. Die amerikanische Hausfrau hält es weit unter ihrer Würde, auf den Markt zu gehen, und will sich der Hausherr von der Köchin nicht himmelschreiend prellen lassen oder seine Haushaltung in ein Hotel oder boarding-house verlegen, so muß er nolens volens selbst auf den Markt gehen. Sonnabends sind die Märkte, die sonst um Mittag leer und verlassen erscheinen, bis Mitternacht offen, da die puritanisch-strenge Sonntagfeier und der am Vorabend ausgezahlte Wochenlohn der Arbeiter an diesem Tage auf die Märkte treibt, die mit verzehnfachten Vorräten bei glänzender Gasbeleuchtung ein höchst anziehendes Bild des Volksgewühls und Getriebs bieten.

Der untere Engrosmarkt hat täglich womöglich noch größere Vorräte als der obere am Sonnabend, da er nicht allein zur Verproviantierung der Detailhändler der Stadt und Umgegend dient, sondern hier auch die zahlreichen Dampfer und Segelschiffe vor dem Auslaufen ihren Gesamtproviant für die Reise einkaufen.

Interessant war mir die Bekanntschaft des Hrn. Lawrence, eines Ornithologen, der eine kleine Sammlung von Vögeln besitzt und mir verschiedene wertvolle Mitteilungen machte. Die Sammlung, obgleich der Zahl nach nur 2000 Exemplare in 750 Spezies zählend, enthält sehr viele Seltenheiten, unter andern eine Suite von 150 Spezies Kolibris sowie die von Lawrence neuentdeckten und publizierten Arten, deren Zahl nicht unbedeutend ist; außerdem bilden die von ihm mit Vorliebe gesammelten Albinos oder weißen Varietäten ebenfalls eine interessante Seite des Kabinetts.

Auf dem Heimwege von Hrn. Lawrence wäre ich um ein Haar durch den Eifer der New Yorker Feuerwehrmänner zu Brei gestampft worden. Bis vor kurzer Zeit war dieses Institut von den europäischen Löschanstalten himmelweit verschieden. Die Löschmannschaften bestehen in den Städten der amerikanischen Union aus Freiwilligen, unter welche die Söhne der reichsten Familien sich aufnehmen lassen, und sind in Kompanien mit eigenen Spritzen und Löschgeräten eingeteilt. Sobald ein Feuerzeichen ertönt, bestrebt sich jede Kompanie, mit ihrer Spritze die erste auf der Brandstätte zu sein; aber diese wie die dazu gehörigen Wagen mit Eimern, Schläuchen usw. werden nicht von Pferden, sondern von den jungen Leuten selbst gezogen, die mit ihrer teuern Last im wütendsten und rücksichtslosesten Lauf und häufig auf den Trottoirs der Straßen dem Feuer zueilen und alles ohne Erbarmen niederrennen und unter die Füße treten, was ihnen in den Weg kommt, so daß es bei keinem Brande ohne Verwundungen, manchmal nicht ohne tödliche Verletzungen abgeht. Ein Verwundeter aber, der es sich beigehen ließ zu klagen, würde dem geheiligten Institut der Fire-Men gegenüber bei keinem Gericht recht bekommen. Auf der Brandstätte selber entsteht meist der ärgste Unfug. Angenommen, die Kompanie A findet die Kompanie B oder C bereits auf dem Platze. Da sich die Kompanien alle gegenseitig aufs gründlichste hassen und anfeinden, so benutzt man die gute Gelegenheit, die alte Rechnung zu saldieren, läßt das Haus ruhig abbrennen und prügelt sich weidlich durch. Nicht immer ist pure Eifersucht die Ursache des gegenseitigen Hasses; häufig geben politische Motive die Veranlassung, da die verschiedenen Kompanien auch ebenso vielen politischen Fraktionen angehören; und daraus erklärt sich die bedeutende Rolle, welche die New Yorker Feuermannschaft, die zum mindesten aus 14 000 Köpfen besteht, bei allen Wahlen spielt.

Wohin törichter Wetteifer und die Sucht, der erste an der Brandstätte zu sein, den New Yorker fortreißen kann, sahen wir an Mr. John Pratt. Dieser würdige Herr steht nicht mehr in der ersten Jugendblüte und besitzt ein kolossales Vermögen; dennoch kennt er kein größeres Vergnügen als das, bei allen Feuersbrünsten mitzuwirken. Er trägt stets seine Fire-Men-Kleidung und legt diese selbst des Nachts nicht ab. Sein eigener Hydrophor steht stets fertig an seiner Tür. Bei Nacht wacht ein von ihm angestellter Nachtwächter, um ihn beim ersten Feuersignal zu wecken, damit er, mit seinen vier Dienern vor den kleinen Hydrophor gespannt, wie ein Besessener nach dem Brandplatze rennen kann. Sein höchster Wunsch soll sein, bei einer Feuersbrunst ums Leben zu kommen.

Unter den Sehenswürdigkeiten von New York erwähne ich noch der Astor-Bibliothek, ausgezeichnet nicht sowohl durch ihren Umfang, da sie bis jetzt erst 100 000 Bände zählt, als vielmehr durch ihre elegante Ausstattung und die Liberalität, mit welcher sie jedermann ohne Unterschied der Person geöffnet ist. Der Stifter derselben, Johann Jakob Astor von Walldorf bei Heidelberg, kam im Jahre 1783 mit allerlei zurückgesetzten Waren, die er um eine sehr mäßige Summe in London eingehandelt hatte, nach Amerika, um sich bei einem Bruder in Baltimore niederzulassen. Ehe das

Schiff jedoch die genannte Stadt erreichte, fror es in der Chesapeakebai ein, und Astor mußte mit allen übrigen Passagieren auf dem Schiffe bleiben. Während dieser beinahe drei Monate dauernden Gefangenschaft kamen öfters Jäger, Trapper und Pelzhändler an Bord, die Astors kleines Warenlager zu sechsfach höherm Preise ankauften und mit kostbarem Pelzwerk bezahlten. Hierdurch auf die Wichtigkeit des Pelzhandels aufmerksam gemacht, kehrte er sofort um und verwertete in London seine Schätze mit abermals zehnfachem Gewinn. Rasch reiste er nun nochmals nach Amerika zurück, begab sich jedoch näher an die Quelle des Pelzhandels, nach Montreal, und kaufte dort tüchtig, schnell und wohlfeil ein.

Ausschließlich sich diesem Handel widmend, sah er sein Vermögen innerhalb zehn Jahren bereits auf eine Million Dollars angewachsen; statt sich aber damit zurückzuziehen und in Ruhe und Frieden zu leben, wie mancher andere getan hätte, setzte Astor sein Geschäft fort und entwarf die großartigsten Pläne. Seinen Bemühungen gelang es, die Mackinaw-Compagnie zu stürzen und von der Regierung ein Privilegium für eine große Genossenschaft, die Amerikanische Pelzcompagnie, zu erlangen. Diese Gesellschaft bestand jedoch nur scheinbar; ihr wahrer Name war J. J. Astor; er allein gab das Geld her, er allein leitete das Ganze, und die Titularmitglieder hatten nichts zu tun, als seinen Willen zu befolgen und einen Anteil des Gewinns als Lohn für ihren Gehorsam einzusäckeln. Bald stand Astor so, daß er keine heimische Konkurrenz mehr zu fürchten hatte. Dagegen begann die englische Nordwest-Compagnie ihm Sorge zu machen, weil gegen ihr enormes Kapital nicht leicht aufzukommen war. Durch geschickte Machinationen gelang es ihm jedoch, die gefürchtete Gegnerin nicht nur unschädlich zu machen, sondern auch ihre sämtlichen Privilegien in seine eigene Hand zu bekommen.

Der größte und umfassendste Plan, den Astor entwarf, scheiterte an dem Verrat zweier Schotten, MacDougal und MacKenzie mit Namen, die er früher mit Wohltaten überhäuft hatte und die ihn um vier Millionen Dollars brachten; allein weit entfernt, sich hierdurch entmutigen zu lassen, setzte er seine Spekulationen fort, und zwar so glücklich, daß er bei seinem Tode, im März 1848, ein Vermögen von 40 Millionen Dollars hinterließ. Sein Sohn, der mit einer Schwester sich in die Erbschaft teilte, ist übrigens noch viel reicher, da er sein sämtliches Kapital in Grundbesitz der Stadt New York anlegte und der Wert dieser Grundstücke sich seit 1848 um mehr als das Vierfache erhöht hat.

Der Leser wird mir diese Abschweifung verzeihen, nicht weil sie den steinreichen amerikanischen Rothschild betrifft, sondern weil sie zeigt, wozu Tätigkeit, Sparsamkeit und vor allem Intelligenz in der kurzen Spanne Zeit eines Menschenlebens genügt.

Am letzten Tage meines Aufenthalts in New York fuhr ich noch einmal nach dem auf der rechten Seite des Hudson liegenden Hoboken hinüber, das zwar eine Vorstadt New Yorks zu sein scheint, aber zum Staate New Jersey gehört. Freundlich, doch still und einsam, scheint es geschaffen, sich von dem aufregenden Gewühle der Empire City zu erholen. Angenehme Spaziergänge ziehen sich die Ufer des Hudson entlang und bieten einen Genuß, den New York trotz seiner Schätze nicht bieten kann: frisches, dem Felsen entsprudelndes Quellwasser! Wer aber glaubt, an dieser Gottesgabe so ohne weiteres sich laben zu dürfen, vergißt, daß er sich im Yankeelande befindet. Die Quelle ist an einen Neger verpachtet, der für jeden Trunk seinen Cent erhebt. Ex fonte melior haustus, gern und oft verweilte ich bei ihr, und mit schwerem Herzen sagte ich ihr heute Lebewohl, um in das Gewühl von New York zurückzukehren und die Vorbereitungen zu meiner auf den folgenden Tag festgesetzten Abreise zu treffen.

Baltimore und Washington

Am 22. Mai 1856 verließ ich Philadelphia. Die Landschaft, durch welche die Eisenbahn führt, bietet mit Ausnahme der Stellen, wo die Cheasapeakbai für die Eisenbahn überbrückt wurde, wenig Stoff für das Tagebuch oder das Gedächtnis des Reisenden. Die drei zu diesem Zweck geschlagenen

Brücken sind von einer Konstruktion, daß in Deutschland ein bedächtiger Fußgänger Anstand nehmen würde, sich ihrer zu bedienen, und bestehen aus unbehauenen Pfählen, die, in den Seegrund eingerammt, durch Querbalken verbunden sind, welche die Schienen tragen. Bei jedem Eisenbahnzug, der über diese Brücke fährt, gerät dieselbe in eine so schwankende Bewegung, daß der Reisende sich in einem Schiff auf hoher See zu befinden glauben könnte.

Bei Chester verläßt die Bahn den pennsylvanischen Boden, um, ehe sie Maryland erreicht, Delaware, den nach Rhode Island kleinsten Staat der Union, zu durchschneiden. Delaware hat den gerechten Ruhm, unter allen Staaten Amerikas und vielleicht der Welt der einzige zu sein, der keine Schulden hat, obwohl für Bildungs- und Erziehungszwecke unerwartet große Summen ausgegeben werden.

Nach einer Fahrt von vier Stunden kamen wir im Bahnhof von Baltimore an, wo uns beim Aussteigen rudelweise die schwarzen Passagierwerber der Hotels überfielen und schreiend und lärmend für ihre Herren zu pressen suchten. Ich stieg im Washington-Hotel ab und hatte Ursache, mit meiner Wahl zufrieden zu sein, obwohl das ganze Hauspersonal aus ebenholzschwarzen Afrikanern bestand.

Die Lage von Baltimore ist sehr glücklich gewählt, der Hafen vortrefflich, von zahlreichen Fahrzeugen besucht, und die geräumigen Werfte voll Leben und Rührigkeit, sind die Werkstätten, aus denen jene berühmten Baltimore-Clippers hervorgehen, welche die schnellsten Segler der Welt sein sollen. Ich eilte, die Prachtbauten zu sehen, welche der Stadt den Beinamen Monumental-City erworben haben, und besuchte zuerst das Washington-Monument. Auf einem 20 Fuß hohen und 50 Fuß breiten Piedestal erhebt sich die $176\,^1/_2$ Fuß hohe dorische Säule mit der kolossalen Statue Washingtons. Auf einer Wendeltreppe im Innern der unten 20 Fuß, oben 14 Fuß dicken Säule gelangt man zu dem Kapitäl, von dem aus man eine herrliche Aussicht über die ganze Stadt genießt. Sie ist in weißem Marmor ausgeführt und hat 200 000 Dollars gekostet, aber die gänzlich verfehlte Zeichnung der Statue Washingtons stimmt die Bewunderung des Europäers von Bildung und Geschmack tief herab.

Ebenso reich ausgestattet ist das Battle-Monument, welches zu Ehren der am 12. September 1814 in der Verteidigung der Stadt gegen die Engländer gefallenen Bürger errichtet wurde.

Ein wirklich großartiger Bau aber ist die 190 Fuß lange, 177 Fuß breite und 127 Fuß hohe katholische Kathedrale; und wenn auch mit einem solchen Unterbau die beiden schlanken, minarettähnlichen Türme am westlichen Ende im Mißverhältnis stehen, so ist das Innere doch so reich und prachtvoll ausgestattet, daß man nicht leicht einen schönern Tempel sehen kann. Baltimore war von jeher der Mittelpunkt des Katholizismus für Nordamerika und der Ort, wo die den Bestrebungen der katholischen Hierarchie günstige Politik der Könige Frankreichs zu reussieren hoffte. Verschiedene Gemälde, mit denen die Kirche reich geschmückt ist, sind Geschenke französischer Könige, unter andern eine Kreuzigung Christi und ein heiliger Ludwig, der seine Offiziere und Soldaten vor Tunis begräbt.

Die Jesuiten gründeten und unterhalten in Baltimore eine großartige Erziehungsanstalt, ziemlich herausfordernd College of Loyola genannt.

Am 24. Mai reiste ich nach Washington ab. Ich hatte mich unterwegs auf die Plattform des Wagens gestellt, um des Anblicks der Gegend zu genießen. Plötzlich ertönte die Warnpfeife, und ich sah, wie ein Ochse vor uns gemütlich zwischen den Schienen herspazierte, ohne sich durch das Geräusch des heranbrausenden Zuges oder die Warnpfeife stören zu lassen. Ich fürchtete, der Ochse möchte überfahren werden und der Zug dadurch aus den Schienen geraten, vielleicht gar den mehr als 20 Fuß hohen Damm, auf welchem wir uns gerade befanden, hinabstürzen. Der neben mir stehende Konduktor jedoch flüsterte mir aber lächelnd zu: «Der Kuhfänger (cow-fanger) wird gleich seine Wirkung tun.» In demselben Augenblick wurde der Ochse von der vorn an der Lokomotive angebrachten schaufelartigen Vorrichtung gefaßt und in einem Bogen von 45 Grad den Damm hinabgeschleudert. Der auf den Zug veranlaßte Stoß war kaum zu fühlen gewesen, und der Kuhfänger erhielt auf einer Bahn ohne Bahnwärter meinen herzlichsten Beifall.

In Washington angekommen, stieg ich in einem mir vorher bezeichneten boarding-house ab und hatte um so mehr Veranlassung, mich über diese Wahl zu freuen, als ich unter demselben Dache nicht nur meine alten Freunde, den berühmten Reisenden Dr. Kohl und Hrn. Gau, Sekretär der königl. preußischen Gesandtschaft, sondern außer ihnen Hrn. von Marquart von der k. k. österreichischen und viele Angehörige der übrigen fremden Gesandtschaften antraf.

Mein erster Ausflug galt dem Capitol, von dem aus man einen vollständigen Überblick über die Stadt genießt, um zu erkennen, was sie werden sollte, aber nicht geworden ist. Im Gegensatz zu allen übrigen nordamerikanischen Städten blieb Washington weit hinter den angeregten Erwartungen zurück, nach denen es eine Stadt werden sollte, welche alle Städte der Welt an Größe, Pracht und Regelmäßigkeit überträfe. Der Platz war jedoch unglücklich gewählt, und da kein Machtwort mehr den Ausbau einer Stadt erzwingen kann, so blieb sie, vielleicht für immer, Torso. Das Capitol, ein imposantes Gebäude, liegt auf einem sanft ansteigenden, niedern Hügel, von dem aus die großen Straßen, «Avenues» genannt, strahlenförmig nach allen Richtungen der Windrose auslau-

a Wasserturm
b Bahnstation
c Weiche

Amerikanische Lokomotive beim Auftanken von Wasser

fen. Alle diese sind vorgemerkt und abgesteckt, allein nur ein paar derselben ausgebaut, und alle Versuche der Regierung, die Stadt zu bevölkern, waren bisher vergeblich, weil sie weder Handel noch gesellschaftliche Ressourcen hat, da es dem Präsidenten weder erlaubt noch bei seiner geringen Besoldung möglich ist, eine den Fremden anlockende Hofhaltung zu führen.

Das Capitol selbst, der Sitz des Senats, der Repräsentantenkammer sowie des obersten Gerichtshofs, ist ein großartiger, aus weißem Marmor im griechischen Stil erbauter Palast von 352 Fuß Länge und 121 Fuß Tiefe und von einem Dom von 145 Fuß Höhe überragt. Der überwältigende Eindruck, den solche Dimensionen machen könnten, wird jedoch schon dadurch geschwächt, daß das Gebäude der Stadt den Rücken kehrt, da man bei der Gründung erwartete, die Stadt werde sich hauptsächlich nach der Ostseite hin ausdehnen, während das Gegenteil geschehen ist. Dann sind aber auch die Statuen und andere Bildhauerwerke, welche den ersten Eindruck dauernd machen sollten, leider ebenso geschmacklos gedacht als ungeschickt ausgeführt, und die acht großen Gemälde aus der Geschichte Amerikas, welche das Innere der imposanten Rotunde schmücken sollen, sind so wertlose Erzeugnisse der Kunst, daß sie in keinem Privathause Europas ein Unterkommen finden würden, ohne den Besitzer des Ungeschmacks zu zeihen.

Vom Capitol aus führt in gerader Linie die Pennsylvania-Avenue, die einzige ausgebaute Straße, zum Palast des Präsidenten der Vereinigten Staaten, dem sogenannten White-House. Es liegt, von einem Park umgeben, auf einem kleinen Hügel und genießt eine herrliche Aussicht auf den Potomac, gleicht aber im übrigen einem freundlichen Privatwohnsitz.

Es war Abend geworden, die gewöhnliche Empfangsstunde des Präsidenten, und der königl. preußische Gesandte, Hr. Baron von Gerold, hatte die Güte, mich dem Präsidenten vorzustellen. Nichts erinnert hier auch nur an den kleinsten europäischen Hof: keine galonierten Diener, die Türen zu öffnen, keine Vorzimmer, niemand der annonciert. Wie beim schlichtesten Bürgersmann traten wir unaufgehalten in den Empfangssalon. Mr. Pierce, dem Gesandten die Hand schüttelnd, fragte: «How do you do?», und als Hr. Baron von Gerold mich vorgestellt, erzeigte er mir gleiche Ehre, worauf Mrs. Pierce eintrat und die Szene sich genau wiederholte. Wenn ich dem geneigten Leser über die weitere Unterhaltung nicht mehr berichte, möge er mir glauben, daß ich ihm bereits das Interessanteste daraus erzählt habe.

Am folgenden Morgen galt mein Besuch dem Patent-Office, welches sich nebst dem Ministerium des Innern in einem so großartigen Gebäude befindet, daß es, was Ausdehnung und reiches Baumaterial betrifft, sogar mit dem Capitol wetteifert. Den Namen Patent-Office erhielt es, weil in seinen Räumen unter anderm die Modelle aller patentierten Erfindungen aufgestellt sind. Diese Sammlung steht unübertroffen in der Welt da, denn man würde viele Wochen gebrauchen, um – von der einfachen, aber geistreich konstruierten Mausfalle bis zum kompliziertesten, die Fabel des Perpetuum mobile wahrmachenden Mechanismus – alle diese Erfindungen und Vervollkommnungen zu mustern, zu verstehen, zu würdigen.

Andere große Räume sind mit Sammlungen von so wunderlicher Art ausgefüllt, daß ich bei ihrer Beschreibung fürchte, der Übertreibung angeklagt zu werden. Ein Mammutsknochen, ein Bild des Kardinal Mazarin, indianische Waffen, ein Paar alte Beinkleider Washingtons, chinesische Opiumpfeifen, Bergkristalle, eine ausgestopfte Goldamsel usw., pêle-mêle durcheinander, bilden zwar ein Museum, das einer Trödelbude so ähnlich sieht wie ein Auge dem andern; aber die Gemütlichkeit hört auf, wenn man einen Blick in den beim Eintritt gekauften wissenschaftlichen Katalog wirft, der im gemeinsten Humbugstil abgefaßt ist. Ich kann es mir nicht versagen, von den vielen Artikeln dieses Katalogs einen hier wörtlich zu übersetzen: «Känguruh, ein Wunder Australiens. In jenem entlegensten Lande der Welt hat sich die Natur darin gefallen, die wunderlichsten Pflanzen und Tiere hervorzubringen. Sie erzeugt dort Kirschen, welche die Steine statt innen außen haben und vieles andere ebenso Überraschende. Das monströseste aber ist das Känguruh, ein Tier so groß wie der größte Grenadier, mit einem

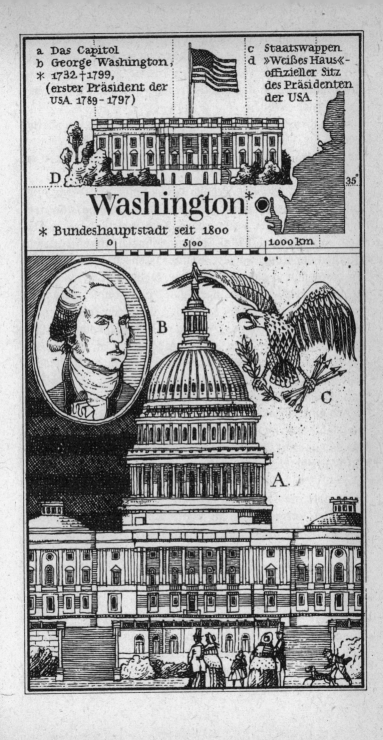

a Das Capitol
b George Washington, * 1732 †1799, (erster Präsident der USA. 1789–1797)
c Staatswappen
d »Weißes Haus« – offizieller Sitz des Präsidenten der USA

Washington

* Bundeshauptstadt seit 1800

Hasenkopf und einem Schwanz so dick wie ein Bettpfosten. Es macht Sprünge so groß, daß nur vier auf eine Meile gehen; währenddessen schauen drei bis vier junge Känguruhs aus seinem Magen hervor und fragen verwundert: Was gibt's Neues in der Welt?»

Unter den bessern Anstalten zur Verbreitung und Beförderung der Wissenschaften und Künste in den Vereinigten Staaten wird die Smithsonian Institution gewiß einst den ersten Rang einnehmen.

Der Gründer dieser Anstalt, James Smithson, war ein natürlicher Sohn des Herzogs von Northumberland, von dem er ein bedeutendes Vermögen ererbte. Er studierte zu Oxford und wurde 1787 als einundzwanzigjähriger Jüngling Mitglied der Royal Society. Seine wissenschaftlichen Arbeiten bestanden in chemischen Untersuchungen, deren Resultate er in acht Abhandlungen den «Philosophical Transactions» einverleibte. Schon besaß sein Name einen guten Klang und schon stand er mit den hervorragendsten Männern der gelehrten Welt in Verbindung, als er der königlichen Akademie zu London vorschlug, ihr ein bedeutendes Kapital zu einer wissenschaftlichen Stiftung zu hinterlassen, falls sie derselben seinen Namen geben wolle; die Akademie jedoch ging auf diesen Vorschlag nicht ein. Die Folge davon war, daß Smithson, ohne sein Vorhaben aufzugeben, in sein Testament statt: «Der königlichen Akademie zu London» die Worte setzte: «Der Stadt Washington in Amerika». Am 27. Juli 1829 verstarb Smithson zu Genua. Sein letzter Wille verordnete, daß sein aus 120 000 Pf. St. (1 440 000 Fl.) bestehendes Vermögen an H. James Hungerford fallen, wenn derselbe aber ohne Leibeserben stürbe, den Vereinigten Staaten zukommen solle, «um damit» – so lauten die Worte des Stifters – «in der Stadt Washington eine Anstalt zu gründen, welche die Vermehrung und Verbreitung nützlicher Kenntnisse unter der Menschheit zur alleinigen Aufgabe habe». – Sechs Jahre darauf, am 5. Juli 1835, starb Hungerford ohne Nachkommenschaft, und die amerikanische Regierung schickte einen Agenten nach England, um das Vermögen zu beanspruchen. Der Prozeß, den dieser Anspruch zur Folge hatte, wurde im September 1838 durch den

Court of Chancery zu Gunsten der Amerikaner entschieden und der Betrag an den amerikanischen Staatsschatz ausgezahlt. Lange beriet sich die Regierung über die beste Art und Weise, dem Willen Smithsons nachzukommen, und forderte die besten Architekten Amerikas auf, Pläne zu dem vorzunehmenden Bau einzureichen. Nach beinahe endlosen Diskussionen wurde ein Plan gebilligt und das gegenwärtige Gebäude aufgeführt. Leider scheint weder der Baumeister noch die Kommission einen Begriff davon gehabt zu haben, wie ein Sitz der Wissenschaft etwa aussehen müsse; denn im Vergleich mit diesem teils in normannischem, teils byzantinischem, teils in gar keinem Stil nach dem Plane unserer mittelalterlichen Bergfesten in einer weiten Ebene aufgetürmten Bau könnte eher jedes andere öffentliche Gebäude Washingtons sowohl wegen des ionischen oder dorischen Stils, in dem sie sämtlich aufgeführt sind, als des weißen Marmors wegen, der dazu verwendet wurde, einen Sitz der Wissenschaften darstellen, und dieses finstere Sandsteingebäude gleicht mehr der Höhle eines Femgerichts als einem Tempel der Musen.

Das Innere, beinahe vollendet, enthält außer Gängen und Hallen, deren schöner roter Sandstein dem weißen Anstrich nicht entgehen konnte, viele kleinere Zimmer, meist von den Professoren und Gehülfen der Anstalt als Arbeitszimmer benutzt, einen großen, amphitheatralisch eingerichteten Hörsaal, ein Lesezimmer, in dem zur freien Benutzung des Publikums die meisten wissenschaftlichen Zeitschriften und andere interessante Lektüren ausgelegt sind, eine Sammlung von Gemälden und andere Kunstwerke, unter denen die Indianerporträts interessant, eine sehr vollständige Sammlung physikalischer Instrumente, ein Museum und eine Bibliothek, deren Zimmer jedoch noch nicht vollständig eingerichtet sind.

Die Bestimmung der Anstalt ist, wie schon erwähnt, die Wissenschaft zu fördern und Kenntnisse zu verbreiten. Den ersten dieser Zwecke glaubt man dadurch am geschicktesten zu erreichen, daß man talentvolle Männer zu Originaluntersuchungen veranlaßt und Abhandlungen, welche neue Wahrheiten enthalten, mit angemessenen Preisen krönt.

Die eingeschickten Abhandlungen werden einem Komitee gelehrter Männer vorgelegt und, wenn diese ein günstiges Urteil darüber abgeben, angenommen und in den «Smithsonian contributions to knowledge» herausgeben.

Zur allgemeinsten Verbreitung von Kenntnissen ist die Presse das bestgeeignete Mittel; daher gibt das Institut periodische Mitteilungen über alles Neue im Gebiete der Künste und Wissenschaften, bespricht gelegentlich in besondern Abhandlungen Gegenstände von allgemeinem Interesse, gibt wertvolle, in andern Sprachen geschriebene Abhandlungen in Übersetzungen und läßt tüchtige Lehrer mündliche Vorträge über Gegenstände von allgemeinem Interesse halten.

Die Regierung der Vereinigten Staaten sieht darauf, daß der von Smithson in seinem Testament ausgesprochene Wille vollzogen wird, und der Vorsteher der Anstalt legt über deren Leistung jährlich Rechenschaft ab. An der Spitze der Verwaltung steht Professor Joseph Henry nebst einem Hülfssekretär und Bibliothekar; mehrere Assistenten sind vorzugsweise mit der Vorbereitung des gesammelten Materials für die Presse beschäftigt.

Von dem vielen, was die Stiftung schon geleistet hat, verdient besonders das große System meteorologischer Beobachtungen hervorgehoben zu werden, welches durch sie ins Leben gerufen wurde. In allen, selbst den entferntesten Teilen von Nordamerika sind Beobachter gewonnen worden, welche täglich mehreremal alle auf Meteorologie bezügliche Erscheinungen nebst allen Details ihrer Beobachtungen periodisch der Smithsonian Institution mitteilen, welche die an verschiedenen Orten gemachten Beobachtungen miteinander vergleicht und die Resultate veröffentlicht. Manche sehr interessante Aufschlüsse über Gewitter und Stürme innerhalb der Vereinigten Staaten sollen dadurch erlangt worden sein. Außer diesen Korrespondenten hat die Anstalt in allen Teilen Nordamerikas Sammler, welche die botanischen, zoologischen und geologischen Museen bereichern.

Die gedruckten Verhandlungen dieser Stiftung werden nicht bloß allen amerikanischen, sondern auch allen europäischen gelehrten Gesellschaften mitgeteilt, sofern sie der Smithsonian Institution dieselbe Höflichkeit erweisen.

Auf dem physikalischen Gebiet werden gegenwärtig solche Beobachtungen angeregt und entgegengenommen, welche zur genauern Kenntnis des Erdmagnetismus beitragen; doch ist keine Wissenschaft, kein geistiges Streben von ihrer Pflege ausgeschlossen. Zu bedauern ist, daß die fähigen Hände nicht hinreichen, die reichlich eingehenden Sendungen von Naturalien zu ordnen und aufzustellen. So läßt sich z. B. über die zoologische Sammlung und deren Wert noch wenig sagen. Aufgestellt befinden sich bloß in Weingeist enthaltene Fische und Reptilien, der Zahl nach eine der reichsten Sammlungen dieser Art. Dagegen ist mit der Aufstellung der Vögel und Säugetiere noch gar nicht begonnen worden, obgleich das in Bälgen vorrätige Material sehr reich ist. Unter den letztern sollen sich nach Mitteilung des Professors Spencer Baird über 50 neue Spezies Nordamerikas befinden und die Zahl der vorhandenen Vögel über 20 000 betragen. Aber niemand weiß noch, was in den vielen, von den verschiedenen Expeditionen eingeschickten Kisten steckt, die zum Teil seit Jahren unausgepackt dastehen, da es den wenigen Angestellten der Anstalt bisher unmöglich war, das Material zu sichten.

Zu den hervorragenden Anstalten in Washington gehört außer den genannten das Observatorium, welches den guten Ruf, den es sich in kurzer Zeit erworben, seinem ausgezeichneten Vorstand, Hrn. Lieutenant Maury, schuldet, dem ich bei dieser Gelegenheit nicht umhin kann, für manches freundliche Entgegenkommen meinen herzlichsten Dank auszusprechen.

Zu nicht minder großem Dank bin ich dem Büro der Küstenvermessung der Vereinigten Staaten verpflichtet, an dessen Spitze der gelehrte und berühmte Professor Bache steht, der mir wie Graf von Pourtalès, Mr. Hilgard, Mr. Schott und mehrere andere Beamten der Anstalt viele Gefälligkeiten erwies. Überhaupt bewahre ich aus meinem Aufenthalt in Washington manche freundliche Erinnerung, und nie habe ich so sehr erfahren, welchen Einfluß gute Erziehung und Kenntnisse auf die Bildung des Charakters und die äußere Kundgebung desselben ausüben.

Gerne gedenke ich der glänzenden Salons der Mrs. Slydel,

welche als Gattin des südstaatlichen Gesandten in ihrem Hause wöchentlich mehrmals alle in Washington anwesende Persönlichkeiten von Verdienst, Auszeichnung und Begabung versammelte.

Am unvergeßlichsten bleibt mir jedoch der Abend, den ich im Hause des kaiserl. russischen Legationsrates, Hrn. von Cramer, zubrachte, wo ich Hrn. von Andrada, einen distinguierten Zentralamerikaner, sowie den General Robles, mexikanischen Gesandten, kennenlernte. Beiden Herren bin ich zu großem Dank verpflichtet, ganz besonders aber dem General Robles, der sein Versprechen, mich mit Empfehlungsbriefen in seine Heimat zu versehen, aufs vollständigste hielt und sogar zum voraus die mexikanische Regierung von meiner projektierten Reise offiziell in Kenntnis setzte, eine Ehre, der ich vorzugsweise die glänzende Aufnahme verdanke, welche mir in Mexiko überall zuteil wurde und es mir ermöglichte, in der kurzen Zeit von dreiviertel Jahr Resultate zu erzielen, zu welchen ich unter minder günstigen Umständen kaum in mehreren Jahren hätte gelangen können.

Der Tag meiner Abreise war gekommen, und ich fand, daß mir der Abschied von Washington, wo ich durch Gönner und Freunde wie den königl. preußischen Minister Hrn. Baron von Gerold, Hrn. Dr. Kohl und Hrn. Gau, den Sekretär der königl. preußischen Gesandtschaft, beinahe heimisch geworden war, schwerer wurde, als ich bei meiner Ankunft erwartet hatte.

Der Eriekanal

Der Himmel führte mir eine liebenswürdige Familie als Reisegefährten zu: der Vater, ein intelligenter Mann und kein Tabakkauer, die Mutter, voll Herzensgüte, die sechzehnjährige Tochter, eine eben aufblühende Rosenknospe, und eine Cousine, junge Witwe von 22 Jahren, welche mit einem geistreichen Wesen unbestreitbar physische Vorzüge verband.

Ich wünschte den Eriekanal zu sehen, der meinen Reisegefährten bekannt war, und da diese außerdem nicht vor dem 21. d. M. abreisen konnten, so gaben wir uns das Versprechen, am Abend dieses Tages in Utica zusammenzutreffen.

Am 18. Juni, morgens 7 Uhr, bestieg ich einen jener ungeheuern Dampfer, welche auf dem Hudson die Verbindung zwischen New York und Albany herstellen. Wie unbedeutend sind unsere größten europäischen Flußdampfschiffe gegen diese Riesen mit ihren drei übereinander getürmten Verdecken, deren jedes einzelne 500 Personen faßt, mit ihren geräumigen Speise- und Promenadesälen, den Hunderten von Kajüten – und Maschinen, so stark, daß sie selbst stromaufwärts fünf Stunden in einer zurücklegen!

Der Hudson, den gereiste Amerikaner so gern dem Rhein in bezug auf Schönheit an die Seite stellen, ist allerdings ein prachtvoller Strom. Sein rechtes Ufer, meist steil emporragend, gewährt den Anblick der schönsten Fels- und Waldlandschaften, während das linke der Saum eines endlos fortlaufenden Gartens zu sein scheint. Fort Washington, ehemals ein fester Turm auf einem Hügel, der die Gegend stromauf und stromab weithin beherrschte, hat einer eleganten Villa des Mr. James Gordon Benett, Herausgebers des «New York Herald», weichen müssen, der von der Regierung den ganzen Hügel kaufte. In ähnlicher Weise sind die meisten baulichen Erinnerungen aus einer an Schlachten, Belagerungen und kühnen Taten ohnehin nicht überreichen Vergangenheit, deren Schauplatz die Ufer des Hudson waren, untergegangen. Dagegen hat ein vielgereister Amerikaner, Mr. Forest, versucht, die Ähnlichkeit mit dem Rhein zu heben, und eine dem Rheinstein ähnliche Ritterburg erbaut. Leider liegt das stolze Raubschloß in einem Wiesengrunde, unter Blumen und blühenden Sträuchern fast versteckt.

So herrlich also auch die Ufer dieses stolzen Flusses dem Reisenden erscheinen mögen, so entbehrt er doch für das deutsche Gemüt der Sagen und Legenden, die uns die Naturschönheiten des sagenreichen, burggekrönten Rhein so bedeutend erhöhen. Die nüchterne Prosa des praktischen Yankee hat keinen Sinn für Romantik und selbst keine Pietät für die Taten der Vorfahren.

Der Trompeter des alten, guten Peter Stuyvesant, weiland Gouverneur der niederländischen Kolonie New-Amsterdam, mußte seinen Herrn in finsterer Nacht am Flusse Harlem suchen. Der brave Diener durchschwamm den reißenden Fluß, indem er erklärte, er wolle hinüberkommen «en speut ten Duyvel». Zur Erinnerung an diese Heldentat heißt die Stelle noch heute «Spuyten-Duyvel», und Washington Irving hat diese wie die später folgende Geschichte von Major André zu hübschen Geistergeschichten ausgearbeitet.

Wir erreichten West Point, Sitz der Militärakademie der Vereinigten Staaten, einen der interessantesten und malerischsten Punkte am Hudson, der hier die sogenannten Hudson Islands durchbricht. Die Stadt liegt, ganz von steilen Felsen umgeben, in einen tiefen Kessel eingebettet. Hier stand zur Zeit des Unabhängigkeitskriegs ein Fort, welches den Fluß vollkommen beherrschte, so daß jedes Schiff im wirksamsten Bereiche seiner Kanonen passieren mußte. Die Amerikaner hatten sich gleich beim Ausbruch des Kriegs in Besitz desselben gesetzt, und seine feste Lage trotzte allen Anstrengungen der belagernden Engländer. Um den großen Menschenverlust beim Sturm zu vermeiden, bot man dem Kommandanten B. Arnold 10 000 Pfund und eine Generalleutenantstelle. Der Unglückliche ging darauf ein, allein

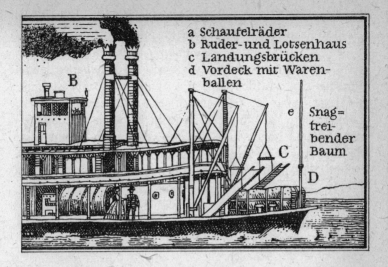

das Kriegsglück war den Amerikanern hold. Der mit den Verhandlungen beauftragte Major André wurde von einer amerikanischen Streifpatrouille ergriffen, das Komplott entdeckt, und West Point war gerettet. Der Verräter Arnold entkam, aber der unglückliche Major André, dem selbst seine Richter seines ritterlichen Benehmens halber ihre Sympathie nicht versagen konnten, wurde unter einer Linde erschossen, die noch heute «Andrélinde» heißt.

Um Mittag erreichte unser Boot Albany, den Endpunkt der Seeschiffahrt auf dem Hudson, den von hier ab nur kleinere Schiffe von geringem Tiefgang befahren können. Albany ist der Sitz eines großen Schiffsbaubetriebs; eine Masse Werften, von einer Menge geschäftiger Schiffszimmerleute umschwärmt, haben auf ihren Helgen unzählige Schiffe entstehen sehen, und den ganzen Tag hört man das eigentümliche Geklapper der Hämmer der Kalfaterer. Der Hafen selbst ist dem Flußbett durch einen Damm abgewonnen, der 40 Fuß breit und 4000 Fuß lang ist. Die günstige Lage am Hudson, die Eisenbahnen, deren Knotenpunkt die Stadt bildet, und vor allem die für den Binnenhandel so bedeutenden Kanäle des Champlain, Ontario und Erie haben dem Handel Albanys einen Schwung gegeben, dessen Ausdehnung sich nicht ermessen läßt. Die Straßen sind breit, schön gehalten, mit prächtigen Läden versehen, und die bis zu 150 Fuß breite State-Street, eine Verlängerung des Broadway, würde eine Zierde unserer reichsten Hauptstädte sein. Das Capitol, die State-Hall und das danebenstehende Rathaus sind stattliche, meist mit einheimischem Marmor verzierte Gebäude, die, wenn nicht von überraschend feinem Geschmack und großer Prachtliebe, doch von dem gesunden, praktischen Sinn und der gediegenen Wohlhabenheit der Bewohner Zeugnis ablegen. Albany besitzt zwei berühmte Erziehungsanstalten, zu denen die Female-Academy gehört, der man ein medizinisches Kollegium zuzufügen beabsichtigt, um den emanzipationssüchtigen Damen Amerikas Gelegenheit zu bieten, sich zu praktischen Ärzten auszubilden, ein in den Vereinigten Staaten nicht gar selten vorkommender Wunsch.

Eine Empfehlung meines schon erwähnten Freundes, des Lieutenant Maury, verschaffte mir Eingang in das Observatorium. Tat mir einerseits die Freundlichkeit wohl, mit welcher ich empfangen wurde, so war ich andererseits nicht wenig überrascht von der großen Liberalität, mit welcher die Ausstattung desselben geschehen war. Leider erlaubte mein beschränkter Aufenthalt nicht, der freundlichen Einladung der Beamten Folge zu geben, eine Nacht mit ihnen zu beobachten.

Am andern Morgen begab ich mich beizeiten an Bord eines der Passagierboote, die von Pferden gezogen werden und die Strecke von Albany bis Utica, etwa 98 englische Meilen, in 42 bis 45 Stunden zurücklegen, während die Warenboote, weil sie trotz der schwerern Fracht weniger Pferde vorspannen, gewöhnlich zehn Tage brauchen.

Der Plan, diesen Kanal durch die zur Zeit seiner Erbauung noch gänzlich öde liegenden Gegenden herzustellen, wurde zuerst von David Clinton entworfen, der von 1817–22 Gouverneur des Staats New York war. In seiner Absicht lag es, durch die Eröffnung einer großen Wasserstraße die Kolonisierung eines zwar fruchtbaren, aber noch gänzlich unbewohnten Landstrichs zu fördern, zugleich aber New York mit den im Aufschwunge begriffenen Staaten und Gebieten Michigan, Wisconsin, Minnesota, Illinois, Indiana und Ohio in direkte Verbindung zu bringen. Clinton, der anfangs auf heftigen Widerstand stieß, ließ sich durch nichts abschrekken und erreichte endlich vom gesetzgebenden Körper wenigstens die Bewilligung einer Untersuchungskommission, welche nach zweijährigen Vorarbeiten die Wasserstraße von Albany nach Buffalo für ausführbar erklärte. Infolgedessen wurden die nötigen Gelder zum Beginn der Arbeiten des «Clinton-Grabens», wie ihn das Volk spottweise nannte, bewilligt, und im Jahre 1819 die Ausführung frischen Mutes begonnen. Je weiter die Arbeit gedieh, desto mehr Anhänger und Verteidiger gewann Clintons Projekt, und als endlich im Jahre 1825 das große Werk vollendet und das erste Boot vom Eriesee im Hudson anlangte, kannte der Jubel und die Lobpreisungen keine Grenzen. Doch waren die Schwierigkeiten des Baues in der Tat keine geringen gewesen. Eine Länge von 370 englischen Meilen, ein Fall von 709 Fuß, den 85 Schleusen überwinden mußten, die Überschreitung von mehr als 30 Flüssen, von denen mehrere die Breite des Rheins bei Mannheim oder der Donau bei Regensburg hatten, waren nicht einmal die größten. Diese bestand vielmehr in der Speisung des Kanals. Zu den Hauptwerken, welche die Herstellung des Eriekanals erforderte, gehört der Aquädukt über den Genesee bei der Stadt Rochester. Er nahm fünf Jahre die Tätigkeit seines Erbauers Benjamin Wright und eines Arbeiterpersonals von mehr als 200 Mann in Anspruch, wurde, 800 Fuß lang, aus Granit erbaut und ruht auf 11 Bogen. Das Gegenstück bildet der Riesendamm, auf welchem der Kanal bei Pittsford das tiefe Tal des Irondequoid überschreitet. Seine Länge beträgt zwei englische Meilen und seine Breite fast überall 72 Fuß. Der Irondequoid selbst passiert unter ihm einen 250 Fuß langen und 26 Fuß hohen gemauerten Tunnel. Nach seinem Erbauer wird er «Holeydamm» genannt. Ebenso großartig sind die beiden Brücken, die zur Überschreitung des Mohawk dienen. Die erste, beim Dörfchen Sterling, hat eine Länge von 740 Fuß und wird von 16 Pfeilern getragen; die zweite, beim Dorfe Watervliet, ist sogar 1188 Fuß lang und ruht auf 26 Pfeilern. Rechnet man hierzu über 200 Brücken mit ihren Dammanlagen, so bekommt der Leser einen ungefähren Begriff von den ungeheuern Arbeiten, welche die Erbauung dieses Kanals nötig machte. Die Kosten betrugen sieben Millionen Dollars, die durch Anleihen aufgebracht wurden und durch Abgaben von dem Gütertransport gedeckt werden sollen.

Waren jedoch Erbauung und Kosten des Kanals schwierig und bedeutend, so war sein mittelbarer und unmittelbarer Erfolg ein ebenso großartiger. Die Bevölkerung der an demselben gelegenen kleinen Städtchen und Dörfer wuchs in wenigen Jahren um 100 bis 500, ja 1000 Prozent. So hatte Rochester 1820: 1502, 1830: 9169, 1840: 20 000, im Jahre 1850 dagegen schon 36 403 Einwohner; 1856 aber, bei meiner Durchreise, wurde mir auf das bestimmteste versichert, daß 50 000 Einwohner eine geringe Schätzung sei. Diese Stadt versendet jetzt jährlich allein 600 000 Fässer Mehl. Utica, von dem 1794 erst 20 Häuser standen, zählt jetzt 24 000 Einwohner, mit zahlreichen Woll- und Baumwollwebereien, sechs Eisengießereien, vielen Gerbereien und einer großartigen Eisenbahnwagenfabrik. Den schlagendsten Beweis aber für den vorteilhaften Einfluß des Eriekanals gibt der Aufschwung der Stadt Albany, deren Holzhandel allein einen Wert von sieben Millionen Dollars repräsentiert, und ebenso bedeutend ist der Handel mit Mehl und Weizen, so daß der Gesamtwert der auf dem Eriekanal in der Stadt Albany angekommenen Waren nach statistischen Berechnungen im Jahre 1852 27 439 180 Dollars betrug; das Nettoeinkommen des Kanals, aus den Abgaben von 0,015–0,001 Dollar pro Tonne und pro Meile erzielt, war im Jahre 1826 bereits eine halbe Million Dollars, so daß nach Bestreitung der Interessen des Anlagekapitals ein Überschuß von 150 Prozent blieb. Schon 1836 würde man die gesamte Kanalschuld getilgt haben, wenn nicht die steigende Frequenz eine Erweiterung und Vertiefung desselben nötig gemacht hätte. Man entschloß sich damals, demselben doppelte Breite und Tiefe zu geben, so daß er jetzt 80 Fuß Breite und 8 Fuß Tiefe besitzt, was eine Ausgabe von neun Millionen Dollars verursachte, und stellte außerdem durch verschiedene Seitenkanäle Wasserverbindungen her mit Pennsylvanien, Maryland, dem Ontariosee, dem Delawarestrom u. a. m. Die Kanalschuld wuchs dadurch zwar auf mehr denn 40 Millionen

Dollars, allein schon im Jahre 1853 betrug dieselbe nur 15$^1/_2$ Millionen Dollars, während der Reinertrag dieses Kanalsystems sich im selben Jahre schon auf 1 700 000 Dollars jährlich belief. Ich führe zum Schlusse die Inschrift an, welche die stolzen Republikaner am Schleusentor von Lockport anbrachten:

«Möge die Nachwelt angefeuert werden, unsere freie Konstitution zu verewigen und zur Beförderung des Wohls der Nation noch weit größere Anstrengungen zu machen als ihre Vorfahren, indem sie sich daran erinnert, daß die großartigen Werke, welche wir zur Hebung des innern Verkehrs ins Leben riefen, nur allein durch den Geist und die Ausdauer freier Republikaner vollendet wurden.»

So verzeihlich auch die Ausbrüche der Überschätzung einer jungen Nation beim Anblick eines so großartigen, durch vereinte Kraft und Intelligenz vollendeten Werkes sein mögen, so treten dieselben beim Yankee doch meist in so arroganter, fremde Verdienste gänzlich mißkennender Weise hervor, daß man ihm gern eine Lektion gönnt. Der Yankee hat von seinen Stammvätern jenen herzlosen Egoismus geerbt, der zwar hochbegabt und praktisch, aber für edlere, nicht unmittelbaren Nutzen bringende Tätigkeit und fremdes Verdienst blind ist; hierzu hat er die Eitelkeit seiner südlichen Stammeltern, der Franzosen, gefügt.

Moritz Wagner

Carl Scherzer

Reisen in Nordamerika
(1852 und 1853)

Vorbemerkung

Gemeinschaftliche Publikationen mehrerer Autoren waren im vorigen Jahrhundert selten. Die «Reisen in Nordamerika in den Jahren 1852 und 1853» von Moritz Wagner und Carl Scherzer, in drei Bänden, Leipzig 1854, veröffentlicht, zählen zu den Ausnahmen. Die beiden Autoren, der aus Bayern stammende Moritz Wagner (geb. 1813 in Bayreuth, gest. 1887 in München) und der Österreicher Carl Scherzer (geb. 1821 in Wien, gest. 1903 in Görz), waren nicht durch einen Auftrag ihrer Herrscher oder einer Akademie zusammengeführt worden; sie waren sich erst im Frühjahr 1851 eher zufällig in Meran begegnet und hatten eine überraschende Gleichheit ihrer Anschauungen und Interessen entdeckt, die sie zum Schmieden gemeinsamer Reisepläne veranlaßte. Dabei war Wagner der Ältere und Erfahrenere, ausgewiesen bereits als streitbarer Publizist und wissenschaftlicher Reisender, während Scherzer noch am Anfang seiner Gelehrtenlaufbahn stand.

Wagner kam aus jenen Kreisen bürgerlicher Intellektueller, bei denen sich ein zähes Streben nach Erkenntnis mit der Bereitschaft zu materiellem Entbehren paarte. Als Gymnasialprofessor und Haupt einer Familie mit sechs Kindern vermochte es Vater Wagner nicht, seinem Sohne die dessen Neigungen angemessene Ausbildung zu gewähren. So mußte Moritz Wagner mit fünfzehn Jahren die Schule verlassen und eine Lehre im Bankfach antreten. Dennoch blieb er seinem Hang zur Beobachtung von Tieren und Pflanzen und zu literarischer Betätigung treu. Eine kaufmännische Stellung in Marseille bot ihm 1835 Gelegenheit für einen flüchtigen Besuch Algiers. Seine dort gewonnenen Eindrücke veranlaßten ihn, sich endgültig vom Kaufmannsberuf abzuwenden, ermutigt von seinem älteren Bruder Rudolf, der seit 1833 als Professor der Zoologie in Erlangen, seit 1840 in Göttingen lehrte.

Im Frühjahr 1836 kehrte Moritz Wagner nach Deutschland zurück, arbeitete zunächst in den Naturalienkabinetten von Erlangen und München und reiste im Herbst 1836 abermals nach Algier. Dank seiner Empfehlungen wurde er Mitglied einer wissenschaftlichen Kommission zur Erforschung Algeriens, die allerdings durch den damals von Frankreich geführten Kolonialkrieg behindert wurde. Constantine, Belida und Rhegaia erreichte Wagner unter feldzugsmäßigen Bedingungen. Nach dem Frieden gelangte er unter dem Schutz des Emirs bis ins Innere von Maskara. Seine damals verfaßten Briefe an die «Allgemeine Zeitung» des Verlegers Cotta ließen seine Fähigkeit zu einfühlsamen Naturschilderungen ebenso erkennen wie zu kritischer Beurteilung zeitgeschichtlicher Vorgänge. Besonders die Berichte aus Constantine fanden in Deutschland großes Interesse. Wagners erstes größeres Werk waren die dem Herzog von Orléans gewidmeten «Reisen in der Regentschaft Algier in den Jahren 1836, 1837 und 1838» (3 Bände mit Atlas, Leipzig 1841) mit Beiträgen auch von anderen Gelehrten.

In den folgenden fünf Jahren war Moritz Wagner Redakteur der «Allgemeinen Zeitung». Über das Haus Cotta kam er mit zahlreichen bedeutenden Männern des literarischen und politischen Lebens in Berührung, unter denen besonders Friedrich List nachhaltigen Eindruck auf ihn ausübte. In Göttingen füllte er die Lücken seiner naturwissenschaftlichen Bildung aus.

Von großer Bedeutung wurde eine Begegnung mit dem damals hochangesehenen Geologen Leopold von Buch während einer Harzexkursion im Jahre 1842. Er machte Alexander von Humboldt auf Wagner aufmerksam, und beide vermittelten ihm eine Unterstützung der Berliner Akademie der Wissenschaften für eine Reise in die Küstenländer des Schwarzen Meeres, in den Kaukasus, nach Armenien und Persien, die er in den Jahren 1842 bis 1845 unternahm und über die er vier Werke veröffentlichte.[1]

Die Bücher enthalten gute und treffende Schilderungen,

---

[1] Der Kaukasus und das Land der Kosaken, 2 Bände, Leipzig 1848; Reise nach dem Ararat und dem Hochlande Armeniens, Stuttgart 1848; Reise nach Kolchis, Leipzig 1850; Reise nach Persien und dem Lande der Kurden, 3 Bände, Leipzig 1852.

sind aber in wissenschaftlicher Hinsicht wenig befriedigend. Moritz Wagner begründet dies mit seiner Ruhelosigkeit und mit der Notwendigkeit, für den Broterwerb zu schreiben. Es wäre jedoch einseitig anzunehmen, Wagner hätte allein des Geldes willen zur Feder gegriffen. In den Jahren der bürgerlichen Revolution und der feudalstaatlichen Restauration zwischen 1847 und 1850 erwies er sich als leidenschaftlich für den Fortschritt engagierter Korrespondent der «Allgemeinen Zeitung» und des «Morgenblattes», zuerst während des Sonderbundkrieges in der Schweiz, dann 1848 und 1849 in Baden, Frankfurt am Main und Wien. Seine Berichte im «Morgenblatt» aus dem aufständischen und belagerten Wien gehören zu den wertvollsten Dokumenten der damaligen Zeit. Unter Lebensgefahr beobachtete er vom Turm der Stephanskirche aus die Erstürmung Wiens im Oktober 1848 durch konterrevolutionäre Truppen.

Schon vorher war es Wagners Absicht gewesen, die Vereinigten Staaten von Amerika zu besuchen, er wollte aber sein Vaterland in den Jahren, wo es um Sieg oder Niederlage ging, nicht verlassen. Das Scheitern der Revolution verstärkte seinen Wunsch, Nordamerika mit seinen bürgerlichparlamentarischen Institutionen aus eigener Anschauung kennenzulernen.

Nachdem sich Wagner und Scherzer im Frühjahr 1851 begegnet waren, brachen sie bereits im Mai 1852 zu ihrer Reise nach den USA auf. Sie kamen überein, «im Interesse der wissenschaftlichen wie der literarischen Resultate dieser Reise..., Aufgabe und Arbeit zu teilen». Während Scherzer mehr der Statistik und Nationalökonomie seine Aufmerksamkeit widmete, befaßte sich Wagner vorrangig mit geographischen und naturwissenschaftlichen Forschungen. Zu gemeinsamen Auffassungen suchten sie bei ihren ethnographischen und politischen Studien zu gelangen.

Scherzer besuchte zuerst die östlichen Staaten der Union, dann die Gebiete des Oberen Sees und vornehmlich die Bundesstaaten Minnesota und Iowa. Wagner reiste nach Unter-Kanada, verweilte einige Zeit am Sankt-Lorenz-Strom, später am Niagara und an den Großen Seen und blieb dann zu einem längeren Aufenthalt in dem für die deutsche Einwanderung damals wichtigen Staat Wisconsin. Gemeinschaftlich bereisten sie die Staaten Illinois und Missouri. Von St. Louis aus fuhr Scherzer, nachdem er mit dem Geologen Whitney von Boston aus den Iron Mountain besucht hatte, zu Schiff nach dem Ohio und wanderte dann durch die Staaten Kentucky, Tennessee, Georgia und Alabama, während Wagner den üblichen Wasserweg auf dem Mississippi nach Louisiana wählte. In den südlichen Staaten Louisiana und Mississippi brachten die Freunde einen Teil des Winters gemeinsam zu, um ihre Reiseerinnerungen niederzuschreiben.

Wagner und Scherzer rühmten später nachdrücklich die Aufnahme, die sie in den Vereinigten Staaten gefunden hatten. Überall waren sie bereitwillig unterstützt worden. Sie wurden vom Präsidenten der Vereinigten Staaten Millard Fillmore, vom Oberbefehlshaber der Streitkräfte General Winfield Scott, vom Außenminister Daniel Webster und anderen Mitgliedern der Regierung und des Kongresses empfangen und hatten von ihnen wie von der Leitung der Smithsonian Institution Ratschläge, fachkundige Auskünfte und Empfehlungen erhalten.

In ihrem dreibändigen Werk «Reisen in Nordamerika» gaben Wagner und Scherzer ein umfassendes Zeitbild der Vereinigten Staaten zur Mitte des vorigen Jahrhunderts. Für den heutigen Leser von besonderem Interesse sind ihre Darlegungen über die sich damals vollziehende sprunghafte Entfaltung der USA – ihrer Bevölkerung, ihrer technischen Mittel, ihrer kapitalistischen Produktionsweise. Aus Ländern kommend, in denen die Reaktion gesiegt hatte, empfanden sie wohltuend die damals in den nordöstlichen USA herrschende Atmosphäre bürgerlicher Freiheiten, die sie in dem parlamentarischen System der USA garantiert sahen. Sie waren begeistert von den technischen und wirtschaftlichen Errungenschaften und ließen sich mitreißen vom Taumel des Wachstums, vom Siegeszug der Dampfmaschine auf den Flüssen und Seen wie auf dem Land, wo die Schienenstränge bereits weit nach dem Westen vorstießen und Riesenentfernungen durch die neuen Telegrafenleitungen überbrückt wurden; sie bewunderten den unternehmerischen Elan bei der Gründung immer neuer Fabriken und Bergwerke und die rapiden technologischen Fortschritte der amerikanischen Industrie. In den USA glaubten sie die Lehren von Friedrich List bestätigt zu finden: die Möglichkeit der ökonomischen Entfaltung auf einem großen nationalen Markt, der sich gegen den Druck ausländischer Konkurrenten – damals England – durch Schutzzölle abschirmt und dadurch das rasche Wachstum der heimischen Industrie begünstigt.

Während Marx und Engels im Kommunistischen Manifest bereits das Grundgesetz des Kapitalismus enthüllt und damit der Arbeiterklasse das theoretische Rüstzeug für deren Selbstbefreiung geliefert hatten, identifizierten sich Wagner und Scherzer noch mit dem von freier Konkurrenz geprägten Kapitalismus. Als Bürger, deren Rechte in der Heimat eingeschränkt waren, sahen sie vornehmlich die bahnbrechende Rolle der Bourgeoisie in den USA, die sie der Reaktion in Europa gegenüberstellten.

Obwohl sie in manchen Passagen allzusehr der Euphorie der amerikanischen Gründerjahre verfielen, übersahen sie im allgemeinen nicht die bereits erkennbaren Schwächen der amerikanischen Gesellschaft. Sie erweisen sich als kritisch analysierende bürgerliche Humanisten, die hervorheben, was ihnen rühmenswert erscheint, die aber auch tadeln, wo sie Gebrechen der von ihnen grundsätzlich bejahten Ordnung erkennen. Kritisch beurteilen sie vor allem das Verdrängen der Indianer und die Versklavung der Negerbevölkerung in den Südstaaten und bleiben dabei nicht bei dramatischen Zustandsschilderungen und moralischer Verurteilung stehen, sondern sind bemüht, zum ökonomischen Kern der Problematik vorzudringen, wobei allerdings noch die illusionäre Hoffnung auf redliche, hilfreiche Behandlung der Indianer durch die Institutionen der USA mitschwingt.

Nach ihrer Meinung würde die Aufhebung der Sklaverei und die Verwendung freier Lohnarbeit kein Unglück für die Unternehmerklasse bedeuten, sondern vielmehr eine Entfaltung der Produktivkräfte herbeiführen, an der sich sogar besser als an Sklavenarbeit verdienen lasse. Die Abhandlungen über die Sklaverei, die die beiden Freunde während ihres produktiven Aufenthalts im Winter und Frühjahr 1853 in Louisiana schrieben, zeugen von ihrer Anteilnahme am Schicksal der Unterdrückten und zugleich auch von dem realistischen Blick fortschrittlicher Intellektueller für das Problem der Sklaverei und der Sklavenbefreiung.

Das Werk von Wagner und Scherzer ist ohne Zweifel der für diese historische Etappe wichtigste Reisebericht deutscher Wissenschaftler über die USA. Wir haben ihm gleichsam zwei Kontrapunkte entnommen: einerseits die Wiedergabe der Eindrücke von Pittsburgh aus dem ersten Band[1], die von der Sympathie der Autoren für die dort bestehenden Zustände zeugen; andererseits die äußerst kritischen Darlegungen über die Erniedrigung der Indianerstämme des oberen Mississippi und der Sklaven in Louisiana aus dem dritten Band.

Die beiden Freunde hatten ursprünglich vor, längere Zeit in den USA zu verweilen und nach dem populär gehaltenen Reisewerk wissenschaftliche Arbeiten über die von ihnen besuchten Gebiete zu veröffentlichen, entschlossen sich dann aber, nach dem tropischen Amerika weiterzureisen. Die hierfür erforderlichen Vorstudien setzten sie in der reichen Stadtbibliothek von New Orleans fort. Im April 1853 verließen sie die USA und brachten die beiden folgenden Jahre in Mittelamerika zu. Zum Schluß ihrer Reise besuchten sie die Ruinenstätten in Guatemala und kehrten im Mai 1855 über die Antillen nach Europa zurück. In Mittelamerika hatte Wagner 40 000 wirbellose Tiere gesammelt, darunter 300 von ihm entdeckte Arten.[2]

1858/59 bereiste Wagner mit Unterstützung der bayerischen Akademie der Wissenschaften Mittel- und Südamerika von Panama bis Ekuador. Ohne den Zwang, sich durch

---

[1] Verzichtet wurde vor allem auf die Wiedergabe ausführlicher Angaben zur Lebensgeschichte einzelner Politiker und bestimmter Institutionen.

[2] M. Wagner u. C. Scherzer, Die Republik Costa Rica, Leipzig 1854, 3 Bände.
C. Scherzer, Wanderungen durch die mittelamerikanischen Freistaaten Nicaragua, Honduras und San Salvador, 1856.
C. Scherzer, Aus dem Natur- und Völkerleben im tropischen Amerika, Leipzig 1864.

Reiseschriftstellerei sein Geld verdienen zu müssen, rückte die wissenschaftliche Forschung immer mehr in das Zentrum seines Schaffens. Er nahm unter anderem den Isthmus vor Panama topographisch und geologisch auf und stellte Beobachtungen über Firn- und andere Höhengrenzen an den Abhängen des Cotopaxi und Chimborazo an, wo er als erster auf die Gletscher der äquatorialen Anden hinwies.[1] Seit 1860 war er Professor an der Universität München und Mitglied der Königlich-bayerischen Akademie, seit 1862 Konservator der ethnographischen Sammlungen des bayerischen Staates. Vor allem aber beschäftigte er sich mit entwicklungstheoretischen Studien. Im katholischen München war er einer der wenigen, die schon 1861 rückhaltlos dem Entwicklungsgedanken beistimmten, den Darwin in jener Zeit dargelegt hatte, stellte jedoch dessen Selektionstheorie seine Migrationstheorie gegenüber. Durch seine unermüdliche Arbeit und Publikation auf diesem Gebiet dürfte er wie kein zweiter deutscher Forscher außer Haeckel zum Verständnis der Entwicklungslehre beigetragen haben.[2]

Scherzer war inzwischen einer der führenden Forscher Österreichs geworden. 1857/59 nahm er an der meereskundlich-geographischen Novara-Expedition teil, 1869 begleitete er die österreichisch-ungarische Expedition nach Ostasien. Er war Herausgeber der wissenschaftlichen Ergebnisse beider Expeditionen.[3] Zwischen 1872 und 1896 vertrat er Österreich-Ungarn als Generalkonsul in Smyrna, Leipzig und Genua.

Auch nachdem sich bei Reisen und Forschungen ihre

---

[1] M. Wagner, Naturwissenschaftliche Reisen im tropischen Amerika, Stuttgart 1870.

[2] M. Wagner, Die Darwinsche Theorie und das Migrationsgesetz, Leipzig 1868.
M. Wagner, Über den Einfluß der geographischen Isolierung und Kolonienbildung auf die morphologischen Veränderungen der Organismen, München 1871.

[3] C. Scherzer, Reise der österreichischen Fregatte Novara um die Erde, 3 Bände, Volksausgabe 1863–66, 2. Aufl. 1864–66.
C. Scherzer, Fachmännische Berichte über die österreichisch-ungarische Expedition nach Siam, China und Japan, 1872.

Wege getrennt hatten, blieben Wagner und Scherzer durch eine lebenslange Freundschaft verbunden. Nach dem Freitod des schwerkranken Wagner ehrte Scherzer das Lebenswerk des Freundes, indem er dessen wissenschaftlichen Nachlaß herausgab.[1]

---

[1] M. Wagner, Die Entstehung der Arten durch räumliche Sonderung, gesammelte Aufsätze mit einer biographischen Einleitung von C. Scherzer, Basel 1889.

Reisen in Nordamerika (1852 und 1853)

Über die Alleghanies nach Pittsburgh

Um von Philadelphia nach der Hauptstadt des westlichen Pennsylvaniens zu gelangen, muß man zwischen Hollidaysbourg und Johnstown die Appalachen oder Alleghanies überschreiten, jene mächtige Gebirgskette, welche, mit einer leichten Erhebung am Alleghanyfluß im Staate New York beginnend, sich vom 33. bis zum 53. Breitengrade hinzieht und die östliche Begrenzung des großen Talbeckens von Nordamerika bildet. Der gewöhnliche Lauf dieser interessanten Wasserscheide, welche die Tributäre des Mississippi von jenen des Oberen Sees trennt, ist nordöstlich und fast parallel mit dem Westufer des Atlantischen Ozeans. Ihre Ausdehnung und Breite ist zwar nur ein Dritteil und deren Höhe nur ein Vierteil so groß als jene der Rocky Mountains, aber doch erreichen einige ihrer Gipfel im Süden und Norden den dritten Teil der höchsten Punkte der Chippewayan oder Felsengebirge. Die Durchschnittshöhe der Alleghanies ist 1 400 Fuß, aber dieselben sind häufig durch Flächen unterbrochen und verlieren sich bei ihrem Ende wie bei ihrem Beginn in eine völlige Ebene.

Der Landstrich, welchen das Lokomotiv von Philadelphia nach Pittsburgh durchbraust, gehört vielleicht zu den lieblichsten und reizendsten Nordamerikas. Dort, wo die Axt der Kultur noch nicht ihren verheerenden und doch so nutzbringenden Einfluß geübt, erblickt das Auge des Reisenden üppige Wälder, mit dem reichsten Gehölze geschmückt, und wo sich auf fruchtbarem Grund eine kleine Ansiedelung gebildet, grünt und duftet der Segen des menschlichen Fleißes in seiner herrlichsten Pracht. Die Ansiedler sind meistenteils Deutsche und Irländer, was sich schon aus der Konstruktion ihrer Waldhütten, der Einfriedungsart ihrer Gehöfte und der Kulturweise des Bodens kundgibt. Die Wohnhäuser erscheinen nicht mehr so zierlich und elegant angestrichen wie die Farmerhäuser im Staate New York oder

Blick auf den Mississippi über St. Louis um die Mitte des 19. Jahrhunderts

Großes Schaufelrad

MISSISSIPPI — NEW ORLEANS

Mississippi, die Trennungslinie zwischen West und Ost, wurde nach der Erfindung des Dampfschiffes zu einer großen Handelsstraße. Die Franzosen hatten den Mississippi als erste erkundet und 1764 St. Louis, wohl die wichtigste Stadt, gegründet.

New Jersey, sie sind aus übereinandergelegten rohen Baumstämmen gebaut und deren breite, lichte Klinsen nur dürftig mit Lehm verkittet; aber sie blicken dennoch aus dem frischen Waldgrün gar malerisch hervor, und der Naturreichtum, der sie umgibt, läßt die freudige Ahnung durch ihre breiten Fugen schimmern, daß diese provisorischen Blockhütten gar bald durch stattliche Häuser mit zierlichen Riegelwänden ersetzt sein werden!

Die Fahrt von Philadelphia nach Pittsburgh, eine Entfernung von nahe an 400 Meilen, wird binnen 20 Stunden zurückgelegt. Und diese Reise würde in noch kürzerem Zeitraum gemacht werden, wenn nicht die vielen Anhaltspunkte (stoppings), die bedeutenden Krümmungen und die zeitweise so erhebliche Steigung der Bahn der vollen Schnellkraft der Maschine vielfach hindernd in den Weg träten. In Amerika ist die Eisenbahn nicht wie in Europa gleichsam das letzte Wort der Kultur, sondern das erste; sie ist häufig nicht nur der erste, sondern auch der einzige Lichtstreif, der sich durch unendliche Wildnisse und Wälderstrecken hinzieht. So besteht diese Bahnlinie bereits seit dem Jahre 1834, wo die Gegend noch viel mehr als jetzt einen unwirtlichen wüsten Anblick geboten haben mag. Die Ansiedler stehen durch die Eisenbahn allein mit der übrigen Welt im Verkehr, und dies erklärt auch das zahlreiche Stationieren, oft mitten im Urwald, vor einer einsamen Bretterhütte.

Der Übergang über die Alleghanies wird durch eine sogenannte Portage-Railroad bewerkstelligt, auf welcher während einer Dauer von 36 Meilen die Fortbewegung der Eisenbahnwaggons mittels 10 an verschiedenen Höhepunkten stationierter Maschinen (station engines) geschieht, ähnlich jenen Einrichtungen, wie solche z. B. in Belgien zwischen Herbesthal und Achen bestehen. Steigung und Fall betragen zusammen 2 570 Fuß, von welchen 1 398 Fuß die östliche und 1 172 Fuß die westliche Seite des Berges bilden. Der höchste Punkt ist 2 700 Fuß über der niedrigsten Wassermarke in Philadelphia. Die Gesamtkosten dieser 36 Meilen langen Bahn nebst den zehn Stationsmaschinen, welche die Eisenbahnwaggons auf die verschiedenen künstlichen Flächen ziehen, belaufen sich auf 1 850 000 Dollars. Trotz dieser enormen Verausgabung will man infolge des großen Zeitverlustes den Verkehr auf dieser Bahn völlig eingehen lassen und durch einen Umweg von 9 Meilen diese zeitraubende Anwendung stationärer Maschinen völlig beseitigen. Diese Verkehrsbeschleunigung wird neuerdings eine Summe von 1½ Million Dollars in Anspruch nehmen.[1]

Einzelne Ansiedelungen, die wir passierten, nahmen durch ihre Ausdehnung bereits das Ansehen niedlicher Städtchen an, wie z. B. Hollidaysbourg, das schon 3 500 Bewohner zählt, oder Johnstown mit einem Jesuitenseminar und 1 200 Seelen. Bizarr sind die oft klassischen Namen, mit welchen erste Ansiedler den Fleck ihrer Niederlassung taufen. So sahen wir z. B. zu verschiedenen Malen ein paar

a-d Konstruktionsformen kleinerer Holzhäuser

kleine, unansehnliche Bretterbuden von deren Bewohnern Petersburg, Syrakus, Rom usw. benannt. Auch ein Florenz war darunter, aber es hat noch nicht seinen Cosimo de Medici gefunden.

---

[1] Die sämtlichen Eisenbahnen der Vereinigten Staaten bedecken einen Flächenraum von 21 712 englischen Meilen und stellen ein Aktienkapital von 371 770 000 Dollars vor, welches den Teilhabern durchschnittlich 6,20 bis 7,5 % abwirft. – Davon sind bereits 10 814 Meilen dem öffentlichen Verkehr übergeben und 10 898 Meilen noch in Ausführung begriffen. Die durchschnittliche Schnelligkeit, mit welcher die Reisenden auf den amerikanischen Eisenbahnen befördert werden, beträgt 20 englische Meilen per Stunde. Die Expreßtrains hingegen legen 40–50 Meilen per Stunde zurück. Der Durchschnittsfahrpreis auf sämtlichen Bahnen der Union ist 2,20 Cent per Meile; es gibt aber Strecken, wo derselbe nur 1 Cent per Meile beträgt.

Nächst der physischen Fortbewegung ist es der geistige Verkehr, welchen der Amerikaner auf jede mögliche Weise zu fördern bemüht ist, und darum durchzieht den Urwald nicht nur die zeitbeflügelnde Maschine, sondern auch der magnetische Draht, welcher in noch zauberhafterer Schnelle die Gedanken nach den fernsten Regionen trägt. Über mehr als 12 000 Meilen spannt sich bereits der magnetische Sprechapparat, dessen nicht unbedeutende Herstellungskosten ausschließlich durch Privatmittel bestritten worden sind. Man bezahlt durchschnittlich für die Mitteilung von 10 Worten in eine Entfernung von 100 Meilen 25 Cents und für jedes überzählige Wort ein Supplement von 2 Cents.

Je größer die Entfernung ist, desto mehr verringern sich die Kosten. So z. B. würde die Vermittlung einer telegrafischen Nachricht aus 10 Worten von Philadelphia nach New Orleans, 2 000 englische Meilen, nicht mehr als 2 Dollars betragen. – Die Telegrafen sind in Amerika der freiesten Benutzung überlassen und stehen unter keinerlei Staatskontrolle; doch werden sie durch Staatsgesetze gegen jede Art mutwilliger Beschädigung geschützt.

Obwohl wir erst spät des Nachts in Pittsburgh einfuhren und der Fleiß seiner Bewohner bereits in wohltätiger Ruhe zur neuen Kraft für den nächsten Arbeitsmorgen erstarkte, so ließ uns doch die dicke, kohlenriechige Atmosphäre erraten, daß wir uns im «Birmingham» der neuen Welt befänden. Ja die Luft, wenn man nach einer vielstündigen Eisenbahnfahrt durch frisches Urwaldgrün in Pittsburgh anlangt, ist so kompakt und räucherig, daß man die braunen Äthiopier, die einem bei der Ankunft im Monongahela-House entgegenspringen, im ersten Augenblick leicht für eingeräucherte Kaukasier halten könnte, deren beständige Bewegung in diesen schwarzen Nebelschichten auf ihre Haut einen so dunkelfärbenden Einfluß geübt habe.

Die Masse bituminöser Kohle, welche in den Fabriken von Pittsburgh verbrannt wird, ist größer als an irgendeinem anderen Ort der Union, sie soll jährlich über 10 Millionen Bushel betragen. Der Kohlendunst, welcher durch diese kolossale Feuerung entsteht, verdichtet die Atmosphäre unaufhörlich mit Kohlensäure, Kohlenwasserstoffgas und schwefelsaurem Gas, und diese stoffliche Masse hängt um so schwerfälliger über der Stadt, als die freie Luftzirkulation durch die Hügel der Umgebung wesentlich behindert wird.

Die westliche Metropole Pennsylvaniens ist auf einer vorragenden Landzunge erbaut, an deren Ende sich der Monongahela und der Alleghanyfluß vereinigen und jetzt den Namen Ohio annehmen. Dieselbe liegt unter dem 40° 35' nördlicher Breite und dem 80° 14' westlicher Länge, und die verschiedenen Flächen und Terrassen, auf welchen sich die Stadt und die sie umgebenden Vorstädte erheben, wechseln von wenigen Fuß bis zu 50 Fuß über der höchsten Flußwassermarke. Die üppigen fruchtbaren Hügel der Nachbarschaft ragen bis zu 467 Fuß über den Ohio und 1 100 Fuß über den Ozean empor.

Pittsburgh ist die älteste angloamerikanische Stadt im Becken des Ohio. Im Jahre 1754 bauten die Franzosen von Kanada an der Vereinigung der beiden Flüsse, welche den Ohio bilden, das Fort Du Quesne. Vier Jahre später, 1758, wurden sie von den englischen Kolonisten vertrieben, und das Fort erhielt nun den Namen Pitt. Im Jahre 1760 begannen die ersten bürgerlichen Ansiedelungen, und schon 1765 wurde der Landstrich, auf dem sich die jetzige Stadt ausbreitet, gesetzlich bemessen (surveyed). Die reichen Eisenbergwerke seiner Umgebung und noch mehr seine unerschöpflichen Kohlengruben machten die kleine unansehnliche Ansiedelung bald zur bedeutendsten und großartigsten Fabrikstadt Nordamerikas. Eisen- und Stahlwaren sind zwar ihre Hauptmanufakturen, aber es ist kein noch so kleiner Industriezweig, der nicht von dem Ameisenvölkchen der Pittsburgher betrieben und ausgebeutet würde.

Die westliche Metropole zählt gegenwärtig mit den Städten und Dörfern ihrer Umgebung ungefähr 100 000 Einwohner, die zum größten Teil durch Geburt oder Abstammung Irländer sein sollen. Die daselbst lebenden Deutschen betragen ungefähr 30 000 Seelen.

Da die Mehrzahl der katholischen Kirche angehört, so wird hier auch viel zu ihrer Ehre und Größe beigetragen, und eben ist an Grant's Hill, dem höchsten Punkte der Stadt, eine durch Stiftungen und Sammlungen gegründete

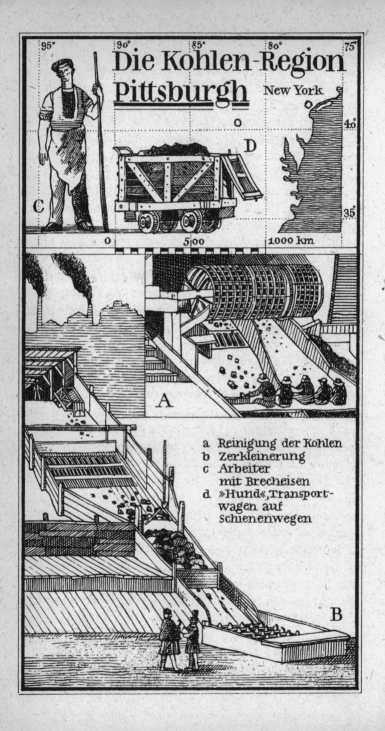

katholische Kirche der Vollendung nahe, welche wohl mit den prachtvollsten religiösen Baudenkmälern der Union einen Vergleich aushalten dürfte. Ihr Kostenaufwand soll über 2 Millionen Dollars in Anspruch nehmen. Ein anderes schönes Gebäude an Grant's Hill ist das Stadthaus mit Kuppel und Säulenportal, das durch seine hohe Lage den weitesten Blick über Stadt und Umgebung gewährt.

Die eigentliche Stadt, welche zirka 50 000 Seelen zählt, ist in 9 Wards oder Bezirke eingeteilt, und jeder dieser Bezirke hat für seine Jugend eine eigene *öffentliche* Schule. Es kommt somit auf jeden Bezirk von 6 000 Einwohnern ein bequemes Schulgebäude mit dem nötigen Lehrerpersonale. Auch hier ist der Unterricht unentgeltlich; auch hier ist praktisches Wissen Hauptgrundsatz des Lehrsystems; und die Fabrikjugend von Pittsburgh gewährt einen weit gesünderen, intelligenteren Anblick als die bleichen, abgezehrten, unwissenden Kindergestalten von Manchester oder Leeds.

Von Pittsburgh führt eine imposante Hängebrücke über den Monongahelafluß nach der Kohlenregion am linken Ufer. Die Kohlengruben von Coalhill haben bereits zu einer Tiefe von 100 Meilen landeinwärts Ausbeute gefunden. Es wird hier ausschließlich nur bituminöse oder Steinkohle gewonnen. Die bituminöse Kohle erscheint am Coalhill ungefähr 200–300 Fuß über der niedrigsten Wassermarke, in Schichten von 4–5 Fuß Durchschnittsdicke. In Brownsville, 30 Meilen südöstlich von Pittsburgh, findet sich die gleiche Kohlensorte bis zu 10 Fuß Dicke. Der Arbeitslohn der hiesigen Kohlengrubenarbeiter wechselt zwischen 75 Cents und $1^{1}/_{4}$ Dollar. Ein Bushel Kohlen (76 Pfd.) hat in Pittsburgh einen Wert von 4 Cents. Viele Eisenwerke sind das Ufer des Monongahela entlang erbaut, so daß das zur Eisenfabrikation benötigte Brennmaterial aus den Kohlengruben heraus sogleich in breiten langen Schläuchen nach den verschiedenen Gewerken befördert werden kann.

Die Kohlenlager Pennsylvaniens teilen sich in zwei verschiedene Regionen, in die bituminöse Kohlenregion, welche auf der Westseite der Alleghanies lagert, und in die Anthrazitkohlenregion, die zwischen der blauen Bergkette und dem Susquehanna auf der Ostseite der Alleghanies liegt. Die erstere wird auf 15 000, die letztere auf 400 Quadratmeilen Ausdehnung geschätzt.[1] Bis zum Jahr 1749 blieb der größte Teil dieser reichen Minerallager im Besitz der Indianer. Im Jahre 1768 kaufte einer der Erben William Penns die Landstrecke, welche fast die ganze bituminöse Region Pennsylvaniens umfaßt, für 10 000 Dollars; denn damals wußte man noch nichts von den Kohlenlagern des Westens, und vielleicht schwankte sogar das Urteil des Käufers, ob wohl ein Landstrich in solch unwirtsamer, rauher Wildenei so viele blanke Dollarstücke wert sei. – Die erste mit bituminöser Kohle beladene Barke fuhr den Susquehanna im Frühling 1803 hinab; im Jahre 1837 überstieg die Produktion dieser Kohlenart in den Vereinigten Staaten bereits 1 750 000 Tonnen.

Der Grubenbau der Anthrazit- oder Glanzkohle auf der Ostseite der Alleghanies, dessen Beginn sich in das Jahr 1813 verliert, hat die frühere Wildnis in eine der bevölkertsten und reichsten Landschaften Amerikas verwandelt. Selbst die großartigsten Kosten wurden nicht gescheut, um durch ein wohlberechnetes Kanal- und Eisenbahnsystem die Kohlenregion mit den bedeutendsten Verladungs- und Verschiffungsplätzen in leichte, schnelle und möglichst billige Verbindung zu bringen. So wurden ausschließlich zu diesem Zwecke 536 Meilen an Eisenbahnen und 623 Meilen an Kanälen gebaut, welche zusammen einen Aufwand von 40 Millionen Dollars erforderten. Während im Jahre 1820 aus der ganzen Anthrazitregion Pennsylvaniens nicht mehr als 365 Tonnen in Handel kamen, wurden seit jener Zeit bis heute bloß von dieser einzigen Kohlenart über 30 Millionen Tonnen zutage gefördert, die zusammen einen Wert von mehr als 100 Millionen Dollars darstellen.

Der Anthrazitkohle wird in vielfacher Beziehung vor der

---

[1] Nach einem dem Kongresse zu Washington abgestatteten Bericht umfaßt das ganze sogenannte «Alleghanische Kohlenlager», das Pennsylvanien, Ohio, Maryland, Virginien, Kentucky, Tennessee und Alabama durchzieht, einen Flächenraum von 65 300 Quadratmeilen. Davon kommen auf Virginien 21 000, auf Ohio 11 000, auf Kentucky 9000 Quadratmeilen mit diesem bituminösen Produkte von der Natur gesegneten Flächenraums.

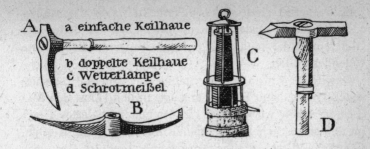

A a einfache Keilhaue
   b doppelte Keilhaue
   c Wetterlampe
   d Schrotmeißel

bituminösen Kohle der Vorzug eingeräumt, und in einem vom Chef des Ingenieurkorps der amerikanischen Marine im Mai 1852 an den Senat erstatteten Bericht über den vergleichenden Wert der bituminösen und der Anthrazitkohle wird der letzteren als ausschließlichem Brennstoff auf den Marinedampfern entschieden der Vorzug gegeben.

Werfen wir von den Kohlenlagern Pennsylvaniens noch einen flüchtigen Blick auf die gesamte Kohlenregion der nordamerikanischen Vereinigten Staaten, so erfahren wir durch Sachkundige, daß sich diese unterirdischen Schätze, die mehr als Gold und Silber das Land, in dem sie sich finden, bereichern, über einen Flächenraum von mehr als 130 000 Quadratmeilen ausdehnen, daß die Kohlenregion der Vereinigten Staaten 12mal so groß ist als jene von ganz Europa und 35mal so groß als die von England, Schottland und Irland zusammengenommen.

Das größte der 18 Eisenwerke von Pittsburgh sind die Sligoworks am linken Ufer des Monongahela, deren gastfreundlicher Besitzer Mr. Lyon uns persönlich durch das ganze großartige Etablissement geleitete.

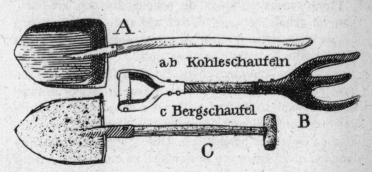

a,b Kohleschaufeln
c Bergschaufel

Eine Dampfmaschine von 180 Pferdekraft setzt die zahlreichen einzelnen Räderwerke in Bewegung, von denen die größeren 75, die kleineren 250 Umdrehungen in der Minute vollenden sollen.

Das Eisen wird in diesem Etablissement in 700 verschiedenen Größen und Formen erzeugt. In den kolossalen Magazinen sahen wir 4 000–5 000 Tonnen fabriziertes Eisen für alle erdenklichen industriellen Zwecke vorrätig. Das gewöhnliche Eisen (butling iron) kommt auf $2^1/_2$ Cent, das Holzkohleneisen (bloom) auf 4 Cents per Pfund zu stehen. Bedeutende Kunden genießen überdies den Vorteil eines fünfprozentigen Diskontos und eines sechsmonatigen Kredits. Die Dampfschiffsfracht von Pittsburgh nach St. Louis (1 300 Meilen) beträgt 4–5 Dollars per Tonne Eisen (2 280 Pfd.), die Lieferzeit 6 Tage. – Seltsamerweise sind die hiesigen Eisenfabriken trotz allen diesen lokalen Vorteilen nur durch den größten Schutzzoll imstande, mit der englischen Industrie zu konkurrieren, woran wohl hauptsächlich der hier noch so hohe Arbeitslohn Schuld tragen mag.

Die 200 Arbeiter verdienen durchschnittlich des Tags je nach ihrer Leistungsfähigkeit 75 Cents bis $2^1/_2$ Dollar. Eine vortreffliche Einrichtung sind die von Herrn Lyon in der Nähe seiner Eisenwerke erbauten Arbeiterwohnungen, in welchen seine sämtlichen Arbeiter ebenso bequeme als billige Unterkunft finden. Jede Arbeiterfamilie bewohnt ein einstöckiges Häuschen von 2 Fenstern Front mit einem kleinen Garten im Vordergrund, wofür dieselbe je nach teilweiser oder ganzer Benutzung 30–84 Dollars jährlich Miete bezahlt.

Im ganzen hatten sowohl die Arbeiter als auch ihre Familien ein gehäbigeres, gesünderes und sittlicheres Aussehen als die industrielle Bevölkerung Europas und namentlich der Fabrikstädte des nördlichen Englands.

Nächst den Eisenwerken ist die Glasfabrikation der am ausgebreitetsten betriebene Industriezweig. Es gibt in Pittsburgh im ganzen 14 Glasfabriken, von denen sich 6 bloß mit der Erzeugung feinerer Glaswaren für ausschließlich inländischen Gebrauch beschäftigen. Obschon die hiesigen Glasfabriken nebst jenen von Boston sich zu den vorzüglichsten der Union zählen und wir eines der großartigsten Etablissements von Pittsburgh besuchten, so blieben doch dessen Erzeugnisse weit hinter unserer Erwartung zurück und hielten nicht mit den gewöhnlichsten Fabrikaten der böhmischen Glasindustrie den Vergleich aus. Die Preise sind allerdings für die hiesigen Verhältnisse außerordentlich billig, und dabei werden den Käufern im großen noch außerdem $^{40}/_{100}$ Abzug gegen bare Zahlung bewilligt.

Auch einige großartige Dampfsägemühlen breiten sich am rechten Ufer des Monongahela hin. Sie verwenden meistens das Holz von Fichten, Eichen und wilden Kirschbäumen (wild cherries) und verkaufen 1.000 Quadratfuß Sägeholz in einer Dimension von 1 Zoll Breite und 12 Fuß Länge für 24 Dollars.

Von dem geselligen und geistigen Leben Pittsburghs bleibt uns nur wenig zu berichten übrig. Fabrikstädte sind viel zu sehr mit dem Ringen nach materieller Unabhängigkeit beschäftigt, um ein Hort für Geselligkeit und Wissenschaft zu sein. Alles will nur verdienen, alles betrachtet sich nur in einem provisorischen Zustande, und je mehr man sich aus demselben wieder heraussehnt, je mehr man einzelne sich rasch bereichern sieht, desto lebhafter erwacht die Begier nach Erwerb und Selbständigkeit. Die wohlhabenderen Fabrikherren der Stadt flüchten aus den künstlichen Wolkenschichten, die unaufhörlich über dem Horizont der düsteren westlichen Metropole lagern, nach ihren in freundlicherer Atmosphäre gelegenen Landsitzen in Alleghany-City am rechten Ufer des Alleghanyflusses, welche vorstadtähnliche Ansiedelung durch eine lange, breite, überdachte Brücke mit Pittsburgh in Verbindung steht.

Der amerikanische Kaufmann ist das ungeselligste aller zweifüßigen Wesen. Die ganze Woche bis über den Kopf in Geschäften und für alles abgestumpft außer materiellem Erwerb, nimmt er an nichts teil, was über Rechentafel, Scheck und Store hinausgeht, und selbst der Sonntag dient nur zu neuen Kombinationen für die nächsten Arbeitstage. Dies erklärt auch, namentlich in Handelsstädten, den totalen Abgang aller freundlichen Anlagen und Spaziergänge, wo sie nicht, wie z. B. in New York, die Natur von selbst aufdringt.

Die Menschenhände haben in Amerika im Vergleich mit europäischen Städten nur an wenigen Punkten zur Anlage und Verschönerung öffentlicher Promenaden beigetragen.

Auch das Hotelleben entbehrt in Pittsburgh aller Annehmlichkeiten und alles geselligen Verkehrs. Die meisten Reisenden sind Kaufleute und Geschäftsmänner, die jeden Augenblick ihres Aufenthaltes gewinnbringend machen wollen und die verschiedenen Mahlzeiten nicht als eine angenehme Erholung, sondern als eine lästige Notwendigkeit betrachten. Von den 200 Gästen, welche an der langen Wirtstafel im Monongahela-House Platz nahmen, sprachen die wenigsten mehr als ein paar flüchtige, halb mit den Speisen verschluckte Worte, und selbst diese belebten weniger die Konversation als die ohnedies geschäftigen, in blendend weißen Jacken aufwartenden Neger, welche durch den sie häufig treffenden Tadel der Langsamkeit in der Herbeischaffung der verschiedenen Tafelgänge noch mehr befeuert wurden. Ein jeder aß mit einer Hast, als gälte es einen Todfeind zu verschlingen. Kaum war das Mahl zur Hälfte serviert, so verließen bereits die meisten wieder die Tafel.

Die Geschäfte mögen allerdings durch solche Lebensweise gewinnen und die Geldtaschen sich immer reicher füllen, aber die Geselligkeit, die Gemütlichkeit, der Sinn für alles Schöne und Höhere muß dabei Bankerott machen.

Die Indianerstämme des obern Mississippi

Die Indianer, welche gegenwärtig noch, teils als wandernde Horden, teils als Ansiedler, im Territorium leben, gehören den Stämmen der Dakotas, Chippewas und Winnebagoes an und belaufen sich auf ungefähr 30 000 Seelen. Sie unterscheiden sich in Gestalt und Sprache, in Sitte und Gebräuchen. Die zahlreichsten wie auch die wildesten unter ihnen sind die Dakotas (viele in einem), so genannt von der Vereinigung mehrerer kleiner Stämme, welche zusammen eine Bevölkerung von mehr als 20 000 Seelen ausmachen. Sie sind in Unterstämme (sub-tribes) oder Ratfeuer (councilfires) eingeteilt und diese wieder in Banden, welchen ein

Häuptling (petty chief) vorsteht. Ihre politische Verbindung ist eine höchst patriarchalische. Die ältesten Männer des Stammes (sachems) geben bei wichtigen Vorkommnissen durch ihren Rat den Ausschlag; in allen geringeren Fällen ist das Oberhaupt der Familie auch der Richter seiner Handlungen, der Schlichter seiner Angelegenheiten.

Jede Familie betrachtet das Symbol des Namens ihrer Vorfahren als ihren Stammbaum (totem). Derselbe ist gewöhnlich von irgendeinem vierfüßigen Tiere oder einem Vogel, niemals von einem leblosen Gegenstand abgeleitet. Schildkröte, Bär, Wolf sind die gebräuchlichsten Embleme indianischer Heraldik. – Ein Eigentum im modernen Sinne des Worts besteht unter ihnen nicht. Jede Nation besitzt ihre Ländereien gemeinschaftlich. *«Es ist für mich, für dich, für alle»*, ist die christlich-sozialistische Devise der meisten Indianerstämme.

Durch einen erst vor wenigen Monaten (Herbst 1852) ratifizierten Traktat[1], laut welchem die Dakotas 21 Millionen Acker Landes westlich vom Mississippi an die amerikanische Regierung verkauften, erhielten sie sogleich bar 305 000 Dollars; ferner während 50 Jahren eine Annuität von 68 000 Dollars jährlich, nämlich: 40 000 Dollars bar, 12 000 Dollars an Zivilisationsfonds, 10 000 Dollars in Waren und Provision und 6 000 Dollars für die Erziehung der Jugend, zusammen 68 000 Dollars, welche Summe jedoch nur an diejenigen Familien ausgezahlt wird, die den Stipulationen des Vertrages gemäß binnen einer gewissen Zeit die verkauften Ländereien verlassen und sich 1 000 Meilen westlich vom Mississippi an die Ufer des Minnesotaflusses zurückgezogen haben.

Ein zweiter Vertrag, gleichfalls erst im Herbste des Jahres 1852 mit einer Abteilung von Dakota-Indianern geschlossen, welcher auch den letzten Rest der Besitzungen der Dakotas in Minnesota und Iowa der amerikanischen Regierung

---

[1] Die Ländereien, welche die amerikanische Regierung kürzlich von den Sioux-Indianern erkauft hat, betragen einen Flächenraum, der dreimal so groß ist als der Staat New York und fast so groß als England und Schottland.

abtritt, macht den Verkäufern folgende Zugeständnisse: Die Dakota-Indianer erhalten ein für alle Mal, um ihre Schulden zu bezahlen und ihren Umzug zu erleichtern, 220 000 Dollars für Baulichkeiten, Einrichtung von Farmen 30 000 Dollars, zusammen 250 000 Dollars. Ferner als Annuität während einer Dauer von 50 Jahren zusammen 58 000 Dollars. Diese sogenannten Annuitäten werden alljährlich im Herbste durch einen Agenten der Regierung an einem bestimmten Orte an die Häupter der Familien ausbezahlt.

Man sollte glauben, diese nicht unbedeutenden pekuniären Mittel müßten die Indianer in bessere Lebensverhältnisse versetzen und sie allmählich der Kultur und Zivilisation gewinnen. Allein zwei Ursachen verhindern den heilbringenden Einfluß, welchen die amerikanische Regierung durch diese Traktate zu erreichen hoffte.

Erstlich haftet auf den Besitzungen der Indianer – ob gerecht oder ungerecht, läßt sich unter so seltsamen Verhältnissen nur schwer herausstellen – eine große Schuldenlast, welche von ihren vieljährigen Transaktionen mit der Pelzhandel-Kompanie herrührt und die mächtige Summe der Barzahlungen der Regierung wesentlich reduziert. Die Pelzhandel-Kompanie stattet nämlich die Indianer alle Jahre mit Jagdgewehren, Munition, Kleidern und Provisionen aus und bringt diesen Vorschuß bei der im Frühling erfolgenden Ablieferung der erbeuteten Tierfelle wieder in Abzug. Manchmal geht dieser Vorschuß durch Krankheit oder Tod des Borgers teilweise, zuweilen ganz verloren, und addiert man viele ähnliche Rückstände der saumseligen Indianer mit dem Prozenten-Aufschlag der wucherischen Agenten der Pelzhandel-Kompanie zusammen, so kommt leicht ein Sümmchen heraus, das im Verlauf von 20 Jahren mehrere 100 000 Dollars ausmacht.

Bei dem gegenwärtigen Verkauf der Ländereien der Sioux an die Regierung soll sich auf diese Weise ein Guthaben von 500 000 Dollars vorgefunden haben, welches die Pelzhandel-Kompanie zu beanspruchen berechtigt sein will; doch haben sich humane Freunde der Indianer zu deren Gunsten erhoben und sind bemüht, diese Ansprüche mit der Waffe des Gesetzes zu bekämpfen.

Die zweite Ursache, warum bare Geldunterstützungen in den Indianerverhältnissen keine Besserung herbeizuführen vermögen, ist die völlige Unkenntnis und Geringschätzung der Dollarstücke von seiten der Rothäute. Da sie nicht den geringsten Begriff von der Bedeutung des Geldes haben und der kleinste *reelle* Gegenstand in ihren Augen mehr Wert besitzt als das nutzlose Metallstück, so sind sie imstande, für eine Tändelei ihre ganze Barschaft hinzugeben. Diese Unkenntnis benutzen Verkäufer und Trader und verlangen für die geringsten Dinge die unverschämtesten Preise. So sahen wir einen Indianer für einen kleinen Tiegel schlechter Schminke einen halben Dollar zahlen.

In wenigen Wochen, nachdem auf Grund eines Kauftrakts viele tausend Dollars unter die Indianer verteilt wurden, sind dieselben wieder so arm und dürftig wie zuvor, ja noch ärmer, denn sie haben kein Land mehr und werden wie Fremdlinge von der Scholle gewiesen, auf der sie als Herren des Bodens geboren, auf der sie gejagt und geliebt.[1]

Wir trafen eine große Anzahl der Dakota-Indianer in St. Paul, die sich infolge der Ratifikation eines der erwähnten Verkaufsverträge seit mehreren Wochen in der Umgebung der Hauptstadt Minnesotas herumtrieben. Sie tragen zwar im ganzen dieselben hervorstechenden Merkmale, welche alle Glieder der amerikanischen Urfamilie auszeichnen, erscheinen uns aber weit weniger intellektuell, weit roher

---

[1] Nach den uns vorliegenden Tabellen hat die amerikanische Regierung bis zum Jahre 1840 von sämtlichen Indianerstämmen 442 866 370 Acres Landes käuflich an sich gebracht und dafür 85 088 800 Dollars bezahlt. Gegenwärtig stellt sich die Anzahl der bisher erworbenen Acker bei weitem höher, so wie nicht außer acht gelassen werden darf, daß der Wert der angekauften Grundstücke bisher um das Zehnfache gestiegen ist. Daß man bei solchen Ankäufen nicht immer bloß das Interesse oder die Fürsorge für den unmündigen Indianer im Auge gehabt, geht unter anderem auch aus einer Stelle eines Reports des Captain Pope an das Kriegsdepartment hervor, worin der Ankauf der Ländereien der Sioux aus dem Grunde dringend empfohlen wird: «as they are yet entirely ignorant of die great value of their lands». («da sie noch völlig unwissend in bezug auf den großen Wert ihrer Ländereien sind»; Report of an exploration of the Territory of Minesota, 1850, p.9).

und grausamer als die Chippewas, mit denen wir im Westen Kanadas und während unserer Fahrt über den Huron und Oberen See zu verkehren Gelegenheit fanden.

Wir erblicken hier den Indianer noch in seiner ganzen Urtümlichkeit. Kultur und Christentum haben an ihm noch wenig zu verbessern vermocht. Die langen schwarzen, glanzlosen Haare fallen an beiden Seiten in schmal geflochtenen Zöpfen über die Achseln herab oder sind bis auf ein Schöpfchen über der Stirn kurz abgeschnitten; das kupferbraune Gesicht ist mit bizarren, unerklärbaren Figuren von roter, gelber, schwarzer oder grüner Farbe bekleckst.

Bei ihren rohen Begriffen von Schönheit scheinen sie gerade die gesichtsentstellendste Malerei für die gelungenste zu halten. Manche bemalen sich aus Geschmack oder Farbenmangel oft nur eine Seite des Gesichts, anderen scheint immer noch zu wenig Farbe auf ihrem Äußern, und sie beschmieren sich sogar Ohren und Haare. Wie schon früher bemerkt, liegt weder der Wahl der Farbe noch der Art der Bemalung irgendein besonderes System zum Grunde; es ist eine Sitte, wie sie fast allen wilden Volksstämmen eigen ist und von den Briten, Teutonen und Skandinaviern mit nicht weniger Vorliebe geübt wurde. Die Wilden glauben durch diese Anstriche dem Freunde anziehender, dem Feinde schrecklicher zu erscheinen.

Als Schminkstoff verwenden sie Ocker, Ton, Indigo oder irgendein anderes Mineral des Landes.[1] Doch scheinen die Sioux-Indianer für die rote Farbe sowie für horizontale und vertikale Streifen über das Gesicht eine besondere Vorliebe zu haben; wenigstens sahen wir unter vielen hundert Dakota-Indianern die meisten in ähnlicher Weise bemalt. Hingegen bemerkten wir nicht einen einzigen, der sich auf sein

---

[1] Ein Jesuitenmissionar, welcher viele Jahre unter den Indianern des Dakota-Stammes gelebt, meint, das Bemalen mit fettgemischten Farben sei ein wohltätiger Schutz der Haut gegen die Rauheit des Klimas, welcher der obdachlose Indianer nur zu oft schonungslos preisgegeben ist. Dieser gelehrte Priester führte als eine Lichtseite des Gesichtsbemalens den Umstand an, daß Indianer, welche diese Sitte üben, weit reinlicher sind und sich häufiger waschen als ihre unbemalten Kollegen.

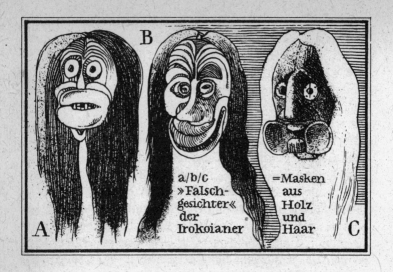

a/b/c »Falschgesichter« der Irokoianer = Masken aus Holz und Haar

kahles Gesicht einen Schnurrbart oder Backenbart hingemalt hätte. Es scheint, daß die europäische Bartmanie unter den wilden Bewohnern des amerikanischen Hinterwaldes wenig Nachahmer findet und daß man selbst das dünnhaarigste Spitzbärtchen in die Acht erklären könnte, ohne ihren Nationalstolz zu kränken oder ihre Eitelkeit zu verletzen.

Viele haben sogar die weißen Wolldecken (blankets), in die sie ihren halbnackten Körper hüllen, mit roter und grüner Farbe bemalt. Hier, wo ihrer Phantasie mehr Spielraum eingeräumt war als auf den eckigen Knochenformen ihres fleischlosen Gesichtes, suchen sie die ganze Launenhaftigkeit ihres Geschmackes zu entwickeln und malen eine rote oder schwarze Hand, eine Sonne oder andere zackige Figuren auf den wolligen Grund. Die rote Hand bedeutet, daß der Träger von seinem Feinde verwundet worden ist, eine schwarze Hand, daß derselbe seinen Feind erschlagen hat.

Der Indianer beschränkt indes seine Malerkunst nicht bloß auf die Ausschmückung seines Gesichtes oder seiner Toilettstücke; wo immer der Armut seiner Sprache ein Ausdruck mangelt, sucht er seine Gedanken bildlich zu versinnlichen. Die Piktographie spielt daher im wilden Leben der Indianer keine unbedeutende Rolle. Eltern malen die Gesichter ihrer Kinder zur Strafe schwarz; Feiglinge glauben, sich durch eine Gesichtsverpinselung dem Teufel unkennbar zu machen und betrachten sie als einen Schutz (medecine) gegen böse Geister.

Wenn eine Kriegstruppe (war-party) gegen den Feind in Kampf zieht, malt sie im Walde auf dem sanften Grund entrindeter Eichenstämme mit roter Farbe mehrere Kanus nebst der Anzahl der Kampfziehenden und dabei ein Tier, einen Hirsch, einen Fuchs usw. als Emblem der Bande, gegen welche die Expedition gerichtet ist. Wenn diese Krieger vom Kampfe heimkehren, halten sie am selben Orte wieder an, senden Nachricht für einen entsprechenden triumphalen Empfang nach Hause und erzählen am nämlichen oder an einem benachbarten Baume durch farbige Figuren ihre Abenteuer. Die Kanus sind jetzt mit dem vorderen Teile gegen die Heimat gerichtet; die Anzahl der Getöteten wird durch schwarz gemalte Skalps, die Zahl der Gefangenen durch ebensoviele Weidenruten, die jedoch dem Henkel eines Topfes weit ähnlicher sehen, dargestellt. Und diese bemalten Eichenstämme bilden die einzigen Annalen dieser wilden Völkerschaften!

Die Toilette der Sioux-Indianer besteht in der Regel aus eng anliegenden Hosen von rotem Tuche, in einer leichten Fußbekleidung aus zusammengenähten Hirschhäutchen (mocassins) und aus einer weißen oder roten Wolldecke, die sie nach Art eines spanischen Mantels über die Achsel geworfen tragen. In ihren Händen führen sie abwechselnd Bogen, Pfeile, Skalpmesser, Kriegskeule, Schießwaffe oder Friedenspfeife bei sich, wie sie gerade das eine oder das andere sich zu verschaffen wußten.

Der Stein zur Friedenspfeife wird nur in einem einzigen Steinbruche Minnesotas (100 Meilen westlich von St. Paul) im sogenannten red pipe stone valley gefunden. Dieses Tal erstreckt sich von NNW nach SSO in Form einer Ellipse und mißt ungefähr 3 Meilen in der Länge und $^1/_2$ Meile in der Breite. Die Schichte, in der sich dieser heilig gehaltene Stein von blutroter Farbe und schieferartigem Ansehen (steatite) vorfindet, ist $^1/_2$ Schuh breit. Die Indianer verstehen aus diesem pipe-stone, auch red serpentine genannt, sehr schöne Pfeifen zu bohren und zu schnitzen und schätzen denselben schon deshalb so hoch, weil er ihre Lieblingsfarbe trägt und sehr geschmeidig in der Bearbeitung ist.

Wenn die Sioux-Indianer einen Feind getötet und skalpiert haben, tragen sie entweder einen Büschel von dessen Kopfhaaren am Hemde oder eine Adlerfeder mit roten Flekken nach Frauenart durchs schwarze Haar gesteckt. Ist die Feder am obern Ende gespalten und sind die Enden derselben rot bemalt, so bezeichnet dies, daß dem Feinde die Gurgel durchgeschnitten wurde; schmale Schnitte in der Feder bedeuten, daß der Träger die dritte Person gewesen, welche den Körper des Getöteten berührte.

Trotzdem daß viele junge Dakota-Indianer in ihren bartlosen Gesichtern und durch ihre eigentümliche Tracht und Haarfrisur ein mehr weibisches Aussehen haben, so gilt es bei ihnen doch als die größte Beschämung, für eine Frauensperson gehalten zu werden. So sahen wir einen jungen Indianer tief darüber erröten, daß wir ihn, durch seine sanften Züge und das Geflecht seiner langen Haare betrogen, für ein Mädchen ansahen.

Wenn die Dakotas mit Weißen in Berührung kommen, sind sie stets mißtrauisch und ängstlich; sie lassen niemals die Summe ihres Geldvorrates wissen, den sie sorgfältig in ihren Haaren eingeflochten tragen, und wahrlich, ihr Mißtrauen ist durch die vielen betrügerischen Absichten der Weißen nur zu sehr begründet.

In einem Verkaufsladen in St. Paul sahen wir mehrere Indianerkleider als Kuriositäten zum Verkauf aushängen, die vermutlich ein indianisches Oberhaupt in einer Anwandlung von Geldnot, von der indes auch mancher europäische Trödelmarkt fürstliches Zeugnis gibt, mit allen ihren Ruhmeszierden dem Meistbietenden preisgab. Es war eine mit blutroten Glasperlen reichlich gestickte Hose aus Hirschhaut, an den Fersen mit schmucken Perlenquasten verziert.

Daneben hing ein Rock, ebenfalls von Hirschfell, in der Form eines Hemdes, mit Stickereien und Glasperlen von schwarzer, weißer und blauer Farbe, die teils die Form von Quadraten hatten, teils als schmale Streifen nebeneinander liefen. Aber den Hauptschmuck des Hemdes bildeten die Skalps von sieben Chippewa-Indianern, deren fliegende

Haarbüschel grauenerregend über dem Brustteil des Kleides herabhingen. Der Kaufmann verlangte für dieses Häuptlingswams nur 20 Dollars, ein Spottpreis für die vielen Todesseufzer, aus denen dieses indianische Prunkgewand zusammengestickt ist!

Wir wollen hier noch einige Mitteilungen über gewisse mystische Gebräuche dieses mystischen Volkes folgen lassen, wie solche uns während unseres Aufenthaltes unter den verschiedenen Indianerstämmen bekannt geworden sind.

Unter dem dürftigen Inventarium eines Indianerwigwam

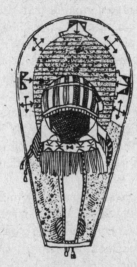

Babytrage mit Visier und geflochtenem Gestell

ist der Medizinsack von der größten Bedeutung. Der Indianer schreibt demselben übernatürliche Kräfte zu und betrachtet ihn als seinen Schutz und Leiter durchs Leben. Oft wird dieser Sack sogar angebetet, Feste werden seinetwillen gefeiert, Hunde und Pferde ihm zu Ehren geopfert, und wenn man denselben beleidigt glaubt, werden Tage und Wochen in Reue und Fast zugebracht, um ihn wieder zu versöhnen.

Dieser Sack besteht aus der Haut irgendeines nach besonderer Vorschrift gewonnenen Tieres; gemeiniglich dienen Moschusratte, Biber, Otter, Wolf, Maus, Kröte, Sperling oder Schlange zu dessen Anfertigung.

Wenn ein Knabe 14 Jahre alt ist, wandert er nach einem

einsamen Orte im Walde, wo er sich auf den Boden wirft und in dieser Lage, den großen Geist anbetend, zwei, drei und oft sogar vier Tage, ohne irgendwelche Nahrung zu sich zu nehmen, verbleibt. Gestattet sich derselbe, endlich zu schlafen, so glaubt er, daß das *erste Tier*, von dem er träumt, dasjenige sei, welches ihm ein großer Geist für den erwähnten Zweck bezeichnet.

Der Knabe kehrt zurück zu seines Vaters Wigwam, nimmt Nahrung zu sich und wandert hierauf wieder hinaus in die dunklen Wälder, um sich das erträumte Tier zu erjagen. – Sobald ihm dies gelungen, zieht er dem Tiere die Haut ab, bereitet und verziert diese nach seiner Phantasie und führt diese Haut dann in der Form eines Sackes mit sich durchs Leben, als seine Stärke in der Schlacht, als seinen Trost und seinen Schutzgeist im Tode, der ihn hinführen soll nach den ewigen Jagdgründen. Der Indianer schätzt diesen vermeintlichen Talisman über alles; er kann niemals verleitet werden, denselben zu verkaufen, und hat er das Unglück, ihn in einem Gefecht zu verlieren, so kann er selben nur durch den Medizinsack seines Freundes ersetzen, den er mit eigener Hand totschlägt.

Was die religiösen Vorstellungen der Indianer betrifft, so kann man gerade nicht sagen, daß die amerikanischen Urbewohner keine Religion haben, denn sie glauben an einen guten und einen bösen Geist, sie können sich weder einen Wasserfall, noch einen Berg, noch einen Stein vorstellen, dem nicht irgendein Geist innewohnte. Im Blitz und Donner machen sie sich eine Vorstellung von dessen Gewalt, im Wachstum der Lebensmittel erblicken sie das Zeugnis seiner Güte. Dabei besitzen die Indianer viele Wundersagen und mystische Gebräuche und sind unendlich abergläubisch, und das allein beweist schon, daß sie eine Religion haben. Aber ihr Begriff von einem künftigen Leben beschränkt sich darauf, daß die Bösen zum ewigen Tragen von eisernen Ketten verurteilt sein werden, während die Braven in ein Land gelangen, wo die Bäume beständig grün, die Jagdgründe immer tierreich, die Wasser immer fischgefüllt sind, wo die Sonne niemals untergeht und das ganze Dasein einem nie endenden Feste der Freude und des Tanzes gleicht.

Die Ansichten der Indianer über die Entstehung der Erde, obschon im ganzen höchst unklar, haben gleichwohl manche Ähnlichkeit mit der Darstellungsweise der katholischen Glaubenslehre, was kaum anders erklärt werden kann, als daß sich die wilden Indianer aus den Erzählungen der ersten Jesuitenmissionare eine eigene, ihrem rohen Begriffsvermögen mehr einleuchtende Schöpfungssage zusammengestellt haben.

Über die Erschaffung und Bestimmung des Menschen herrscht unter den Indianerstämmen eine fast poetische Sage. Nach ihrem Glauben schuf der große Geist Kitchi-Manitou drei Menschen: den roten, den weißen und den schwarzen. Hierauf ließ er eine Kiste mit Büchern, dann Jagdgerätschaften und Ackerbauwerkzeuge herbeibringen und jeden der drei wählen, wodurch er seinen Lebensunterhalt finden wollte. Der Weiße wählte zuerst. Er zögerte lange zwischen Jagdrequisiten und Büchern, griff aber zuletzt doch nach den Büchern. Der Rote packte hastig die Jagdutensilien. Und so blieb dem Schwarzen nichts übrig als die Embleme des Ackerbaus, um für beide zu arbeiten.

Außer den Dakotas (auch Sioux, Nadouwessies oder Puans genannt) leben noch Chippewa- und Winnepago-Indianer in diesem Territorium. Doch betragen beide Stämme zusammen nur 7000 Seelen, und, auf einem Flächenraum von vielen tausend Meilen zerstreut, verschwinden sie in dem Wäldermeere von Minnesota.

Und hier, wo wir von den Indianern der Vereinigten Staaten Abschied nehmen, um ihnen wohl erst nach Jahren auf unserer beabsichtigten Reise nach den Rocky Mountains wiederzubegegnen, sei uns noch gestattet, unsere Erfahrungen und Ansichten über den gegenwärtigen Zustand der roten Rasse und ihre mutmaßliche Zukunft offen und freimütig auszusprechen.

Die Gesamtzahl der Indianer, welche dermalen noch auf dem Gebiete der Vereinigten Staaten leben, beträgt nach dem letzten Zensus 388 299 Seelen.[1] – Mit jedem Jahre von

---

[1] Nach den uns durch die Güte des geehrten Marinekapitäns Lefroy in Toronto im westlichen Kanada mitgeteilten Tabellen beläuft sich die Gesamtzahl der Indianer, welche gegenwärtig noch in den britischen Besitzungen wohnen, auf 61 410.

der vorrückenden weißen Bevölkerung auf einen engern Raum zurückgedrängt, bewohnen dieselben meistens nur noch die Staaten westlich vom Mississippi und vom Golf von Mexiko bis zum 44. Grad nördl. Breite. Nach dem 50. Breitegrad verschwinden sie fast gänzlich, und unter dem Polarkreise sind sie nur in seltener Ausnahme zu treffen.

Während Ethnographen und Geschichtsforscher im offiziellen Auftrage eifrig bemüht sind, die Abkunft der amerikanischen Urbewohner auf historischer und archäologischer Spur zu verfolgen, und dieselben bald als eine besondere Menschenrasse darstellen, bald in ihnen einen der verlorengegangenen zehn Stämme Israels wiederfinden[1], und bald dieselben im 9. Jahrhundert von der Nordküste Asiens einwandern lassen, vernachlässigt man vielfach das Schicksal der *lebenden* Indianergeneration und unterläßt die praktische Ausführung jener Mittel, welche Humanität und Christentum zu deren Zivilisation an die Hand geben.

Zwar ist es dem unermüdlichen Eifer katholischer Missionare und Methodistenprediger, unterstützt von dem lebhaften Sinn des Indianers für alles Wunderbare und Geheimnisvolle, gelungen, ihren Religionslehren zahlreiche Proselyten zuzuführen, aber nur in seltenen Fällen ist solches Bekehrungswerk von einem tiefern Einfluß auf Familie und Lebensgewohnheiten begleitet gewesen.

Überall sehen wir den bekehrten Indianer bleich und traurig an der Hand seiner neuen Religion dahinsiechen, und in unserer Bewunderung über die Erfolge dieser christlichen

---

[1] Missionare aller Denominationen wurden durch verschiedene Ähnlichkeiten in Sprachkonstruktion, Mythologie, Sitten, Gastfreundschaft etc. zu der Ansicht veranlaßt, die Indianer seien einer der verlorenen Stämme Israels. – Bei Todesfällen zerraufen sich die Indianer gleich den Juden die Haare, fasten, heulen, schreien tagelang und verwunden sich am Körper, am Fuß oder am Arm, in der Überzeugung, so lange die Wunde schmerzt, den Toten desto sicherer nicht zu vergessen. – Wenn eine Indianerin in den Zustand der Reinigung kommt, wird sogleich das Feuer vor ihrem Wigwam ausgelöscht; kein Indianer würde sich dabei mehr seine Pfeife anzünden und seine frostigen Glieder daran wärmen. Sie muß sich absondern, ein besonderes Wigwam beziehen, Speisen und son-

Apostel mischt sich das Bedauern, daß die fromme Hingebung aufopfernder Missionare bisher von der humanen Sorge der Gesellschaft so wenig Unterstützung gefunden hat.

Der sittliche und intellektuelle Zustand der Indianer ist nicht erfreulicher. Fast auf dem ganzen weiten amerikanischen Kontinent sehen wir diese einst so ansehnlichen Völkerschaften in Verfall und Auflösung begriffen, und es darf uns die apathisch-dumpfe Stimmung des Indianers wahrlich nicht wundern, wenn wir seine frühere unbeschränkte Herrschaft über einen ganzen Weltteil mit seiner dermaligen traurigen Verkommenheit vergleichen.

In keiner Hinsicht erscheint der Indianer seinem aufgedrungenen Nachfolger, dem Amerikaner, ebenbürtig; er steht außer dem allgemeinen Gesetze, außerhalb der Gesellschaft. Wohl darf derselbe in jüngster Zeit gegen einen Whiskyverkäufer als Zeuge auftreten, aber gegen die vielen anderen Unbilden, die ihm sonst von Weißen zugefügt werden, ist er durch nichts geschützt und bewahrt. Von den Jagdgründen seiner Väter vertrieben, in ein fremdes Gebiet von ganz verschiedenen klimatischen Verhältnissen gedrängt, unwissend, mißtrauisch, stolz, die Arbeit als eine Erniedrigung ansehend und nichts hochachtend als Tapferkeit im Kriege, Erfolg auf der Jagd und Beredsamkeit im Rate, kann er sich in seiner modernen Stellung nur schwer von dem harten Schlage erholen, den die Axt der Zivilisation den schönen segensreichen Urwäldern seiner Kindheit bei-

---

stige Bedürfnisse werden ihr gereicht, und während der ganzen Dauer dieses Zustandes darf die Indianerin weder mit ihrem Manne noch mit ihrer Familie verkehren. Der Aberglaube der Indianer geht in dieser Beziehung so weit, daß dieselben sogar einem Pferde den Tod verkünden, das eine Frau unter gewissen Umständen reitet. – Unter den Indianerfrauen ist Waschen und Baden wie bei den Töchtern Israels selbst im Winter in so häufigem Gebrauch, daß eine jede einzelne Squaw als eine Jüngerin Prießnitz' betrachtet werden kann. – Fasten – wir meinen das freiwillige – ist gleichfalls eine oft geübte Sitte, namentlich um zu träumen oder am Vorabend eines großen Festes wie das Erntefest oder das Mondfest, das manche Indianerstämme bei jedesmaliger Veränderung des Mondes feiern.

gebracht hat, und er lebt ein trauriges, unerquickliches Dasein.

Die Sterblichkeit ist unter den Indianern bedeutender als unter irgendeinem andern Volksstamme der amerikanischen Union. Sie beträgt durchschnittlich im Jahre mehr als 5 Prozent. Die meisten Indianer sterben an Abzehrung, Skrofeln und Fieberkrankheiten. Unter den 191 verschiedenen Indianerstämmen, welche Dr. Drake in seiner so verdienstvollen Indian biography aufführt, ist kein einziger in Zunahme begriffen, mehrere sind seitdem ganz ausgestorben, die meisten haben sich wesentlich an Zahl vermindert[1], und die überlebenden haben weder an Intelligenz noch an Arbeitslust gewonnen.

Von allen Vollblutindianern und bejahrteren Mestizen (halfbreeds) verstand nicht ein einziger, weiter als bis 10 zu zählen; ebensowenig wußten sie, ihr eigenes Alter und das ihrer Kinder anzugeben. Schoolcraft in seiner Reise nach den Quellen des Mississippi findet die Indianer im Herbste 1832 noch in derselben geistigen Kindheit, in der sich dieselben bei der Ankunft der Franzosen am Strome des heiligen Laurentius im Jahre 1532 befanden, und der berühmte Reisende Schomburgh entwirft von dieser unglücklichen Menschenrasse ein nicht tröstlicheres Bild: «Their forlorn situation engages all our sympathies, their present history is the finale of a tragical drama, a whole race of men is wasting away!»[2]

Das Vorhergehende scheint zwar wie eine ungerechte Anklage zu klingen, wenn man die großen Summen daneben hört, welche die amerikanische Regierung alljährlich den

---

[1] Ein hochangesehener Bürger von Minnesota, Herr Rice, der seit 20 Jahren mit den Indianern in Verkehr steht, bestätigte uns durch eigene Anschauung diesen Verfall. So sind z. B. die Wennebagoes, welche im Jahre 1836 noch 8000 Seelen zählten, gegenwärtig auf 1500 Seelen zusammengeschmolzen. Eine ähnliche Abnahme wird unter den Sioux- und Chippewa-Indianern wahrgenommen.

[2] Shomburgh's Guiana, p. 51. – «Ihre hoffnungslose Lage erweckte all unsere Sympathie; ihre gegenwärtige Geschichte ist das Ende eines tragischen Dramas; eine ganze menschliche Rasse schwindet dahin.» (Übersetzung d. H.).

verschiedenen Indianerstämmen als Entschädigung oder Annuität für abgekaufte Ländereien bezahlen läßt. Allein diese Geldsummen, so groß dieselben auch sein mögen, werden mehr zum Verderben als zum Frommen für die Indianer verausgabt. Herumziehende Krämer und wucherische Handelsagenten ziehen mehr Nutzen davon als die unmündigen, geldunkundigen Söhne der Wildnis, für deren Besserbefinden dieselben bestimmt sind.

Die Regierung mag hierbei die edelste, humanste Absicht haben, dieselbe wird aber nicht erreicht, sie wird vereitelt durch den Egoismus und die Habsucht, welche zwar mehr oder weniger jedem Menschen innewohnen, jedoch in ganz besonderem Maße der handeltreibenden Klasse eigen zu sein scheinen.

Nachdem wir in flüchtigen Umrissen den dermaligen Zustand der früheren Könige des amerikanischen Kontinents geschildert, wie wir ihn während unseren Wanderungen durch die Urwälder Wisconsins und Minnesotas, jenen klassischen Boden der Indianergeschichte, kennengelernt, wollen wir auf einige Mittel hinzuweisen versuchen, um den Forderungen der Humanität und dem Appell der unterjochten und verdrängten Indianer an das Herz der Gesellschaft würdiger als bisher Rechnung zu tragen.

Nach den bisherigen Erfahrungen scheint der Indianer vollkommen fähig, durch die Hand der Humanität und des Christentums auf eine höhere Kulturstufe gehoben zu werden, wenngleich dies unter den obwaltenden Umständen nur in weiser Allmählichkeit und mit jener teilnehmenden Sorgfalt geschehen kann, wie wir sie einem Kinde oder Kranken in Spitälern und Irrenasylen angedeihen lassen.

Wenn der Indianer sich gegenwärtig nach so vieljährigem Verkehr mit den Weißen noch in einem so minorennen, verwilderten Zustande befindet, so darf dies nicht seinem persönlichen Mangel an Fähigkeiten, es muß ausschließlich dem sträflichen Beginnen jener rohen, ehrlosen Subjekte zur Last gelegt werden, welche das verführerische Gift der Unmäßigkeit und Leidenschaft in sein friedliches Waldasyl trugen und seine Einfalt und Unwissenheit auf die empörendste Weise zu ihrem Vorteile auszubeuten suchten. Der Indianer, als er noch der Alleinbeherrscher von Wald und Fluß war und den Weißen nur aus der Mythe kannte, war nüchtern und sittlich; er hatte nur eine Leidenschaft: den Fischfang und die Jagd. Sein Verkehr mit den Weißen hat ihn entsittlicht und vertiert, und die gegen ihn begangenen Verbrechen haben ihn mißtrauisch, schlau und rachsüchtig gemacht.

Wenn wir daher den Indianer und seine geistigen und moralischen Fähigkeiten gerecht beurteilen wollen, so müssen wir diesen interessanten Typus dort studieren, wo er noch am wenigsten und seltensten mit weißen Händlerseelen in Berührung gekommen ist.

Der Grundcharakter der amerikanischen Urrasse, wie wir ihn aus eigener Anschauung und belehrenden Mitteilungen kennengelernt, läßt sich in folgenden Hauptzügen zusammenfassen:

1. Eine wunderbare Schärfe der Sinne des Gesichts, des Gehörs und des Geruchs. Indianer, mit denen wir reisten, sahen oft Vögel in einer Entfernung, in der wir selbst mit bewaffnetem Auge nur schwer imstande waren, einen Gegenstand wahrzunehmen. Desgleichen entgeht ihrem Ohr nicht der leiseste Laut im Walde, und in einem Geräusche, das wir für Blätterfall hielten, erkannten sie sogleich die flüchtige Bewegung irgendeines Tieres und wußten es immer ganz deutlich zu beschreiben. Die Schärfung dieser drei Sinne macht den Indianer zu einem gründlichen Beobachter aller Naturerscheinungen, zu einem vortrefflichen Kenner aller Gewohnheiten, Neigungen und Lebensweisen sowohl der vierfüßigen Waldbewohner, von deren wilder Jagd er seinen Unterhalt gewinnt, als auch der Schlangen, Vögel und Insekten. Dabei hat er eine umfassende Kenntnis von allen Gattungen offizineller und Giftpflanzen. Nebst seiner genauen Beobachtung des Naturlebens besitzt er auch die Gabe der Beredsamkeit, von der er aber nur bei besonderen Anlässen im Rate, im Kriege, bei Festen, dann aber in glänzendster Entfaltung Gebrauch macht.

2. Der Indianer besitzt eine unbegrenzte Liebe für Freiheit und Unabhängigkeit; daher werden alle Zivilisationsversuche fehlschlagen, welche darauf berechnet sind, die frei-

heitdürstende Indianerseele in die enge Zwangsjacke unsrer Hyperkultur hineinzupressen. Der lustige Waldsänger, wenn wir ihn in einen engen Käfig sperren, verstummt, zehrt sich ab und stirbt.

3. So unpünktlich und unverläßlich der Indianer in seinem Verkehr mit Weißen ist, eine ebenso große Gewissenhaftigkeit und Pflichttreue besitzt derselbe gegen seine Familie und seinesgleichen. Wenn z. B. ein Sohn sich vom Wigwam seiner Familie entfernt, um in den Kampf, auf die Jagd oder den Fischfang zu ziehen, so läßt er gemeiniglich der trauernden Mutter eine Schnur mit ebenso vielen Knoten zurück, als er Tage auzubleiben gedenkt. Das besorgte Mutterherz entknüpft nun jeden Morgen einen Knoten, und sie mag darauf rechnen, daß der Abwesende genau an dem Tage wieder eintrifft, an welchem sie an der Schnur die letzte Knüpfung löst. Dr. Brett erzählt in seiner vortrefflichen Schrift über die Indianer Guayanas, wie er einmal ein altes Elternpaar gesehen, deren Augen mit großer Kümmernis auf die noch unentknüpften Stellen einer Schnur gerichtet waren, welche ihr einziger Sohn beim Scheiden als Pfand seiner Wiederkehr zurückgelassen.

4. Alle Indianerstämme beobachten die zuvorkommendste Gastfreundschaft. Sie reichen dem Fremden das Beste, oft das einzige, was sie besitzen. Mit dieser patriarchalischen Sitte steht ihre große Vorliebe für gegenseitiges Besuchen in Verbindung. Man rechnet, daß jeder Indianer dreimal im Jahre auf Besuch bei entfernten Freunden abwesend ist. Ein Vorteil dieser Sitte ist, daß sie die vertraulichsten Beziehungen zueinander unterhalten und ausgebreitete Kenntnisse des Landes erlangen. Wir erinnern uns, einmal mit zwei Chippewa-Indianern eine mehrwöchentliche Kanufahrt gemacht zu haben, die, als wir sie an einem Orte, wo der Dampfschiffsverkehr begann, ausbezahlten, anstatt nach Hause zu kehren, das Kanu auf das Dampfboot aufluden und noch einige 20 Meilen mit uns weiterreisten, um gute Freunde in einem Indianerdorfe an den Ufern des Otanabec zu besuchen. Von dem erworbenen Gelde gaben sie einen ziemlich großen Teil für Geschenke an die zu besuchenden Verwandten aus, vergaßen indes auch nicht ihre eigenen

Squaws, für die sie Tücher und Stricknadeln angekauft hatten.

5. Die geselligen Eigenschaften der roten Rasse beschränken sich auf Singen und Tanzen. Es gibt kein Fest, bei dem nicht Tanz und Sang eine Hauptrolle spielte. Selbst in die ernstesten Anlässe hinein verliert sich das wilde Getöse der Schnarre (rattle) und der dumpfe Ton des Tamburetts.

6. Die Schattenseiten des Indianers bestehen in einer Trägheit und Apathie, die sich namentlich dann manifestieren, sobald derselbe sich irgendeiner bürgerlichen Beschäftigung widmen soll. Im Kanu am Fluß und mit der Flinte auf der Jagd ist er ein gar flinker, geschmeidiger Geselle. Seine Zaghaftigkeit, Unentschlossenheit und düstere Schweigsamkeit mögen wohl von seiner schwachen Intelligenz und seinem häufigen einsamen Waldleben herrühren.

Trunkenheit und Rachsucht, welche unter den Indianerstämmen in dem Maße überhandnehmen, als diese mit den Weißen in Berührung kommen, können nicht als Grundeigenschaften des Indianercharakters aufgeführt und ebensowenig demselben die Verbrechen angeschuldigt werden, welche aus diesem tierischen Hange entspringen. Sobald der Indianer von dem betäubenden Gifte gekostet, durch dessen Genuß gewissenlose Pelzhändler ihn verkaufswilliger zu machen pflegen, weiß er sich nicht mehr zu beherrschen und versinkt in seiner Unmäßigkeit in die Brutalität des Tierlebens. Er wird gehässig, zanksüchtig, raubgierig, mordlustig, und kommt er endlich aus einem Zustande der Bewußtlosigkeit wieder zu Besinnung, so erfaßt seine stolze Seele das Gefühl der Rache gegen die weißen Verführer, welche ihn in diesen moralischen Abgrund gestürzt.

Wenn wir die einzeln aufgeführten Charaktereigentümlichkeiten des amerikanischen Urbewohners als ein Ganzes betrachten, so dürfte sich für jeden Denker das Resultat ergeben, daß im Indianer, so gut wie in jeder andern Menschenseele, der edle Keim zu einer bestimmten geistigen Entwickelung ruht und daß es nur auf die uneigennützige und kluge Führung der ihm überlegenen weißen Rasse ankommt, um auch aus dem Indianer ein nützliches Glied der großen Völkerfamilie zu machen.

Der Indianer muß vor allem aufgenommen werden in den großen Gesellschaftsbund der amerikanischen Union. Er, der einstige Alleinbeherrscher des Bodens, muß wenigstens berechtigter Mitbürger der Republik werden und allen Segen und allen Schutz der amerikanischen Gesetze gleich seinen weißen Brüdern genießen. Ein gewisses engherziges Spießbürgertum, das sich leider auch schon in Amerika breitzumachen anfängt, wird bei diesem Vorschlage allerdings Zeter schreien und sich darüber entrüstet stellen, daß ein wilder Rothäuter ihr Mitbürger werden und alle Rechte der Zivilisation mitgenießen soll. Ist denn nicht auch ein Gefangener, ein Betrüger, ein Bankerottierer, ein Stummer, ein Tauber, ein Wahnsinniger euer Mitbürger? Soll nicht die Gesellschaft durch die mannigfachsten Mittel bemüht sein, alle körperlich und sittlich Bresthaften in jene Lage zurückzuversetzen, in welcher sie der Gemeinde noch einmal nützlich und zur Ausübung ihrer Rechte wieder befähigt werden?

Wir wollen den Indianer nicht anders behandelt wissen als den schlichtesten amerikanischen Bürger; wir wollen keine andere Sorge für ihn verwendet haben, als die Gesellschaft einer Waise, einem Kranken oder jenen Individuen angedeihen läßt, deren schwache intellektuelle Entwickelung sie unfähig macht, für sich selbst zu sorgen und ihre eigenen Angelegenheiten zu verwalten.

Es versteht sich von selbst, daß ein so schroffer Zustandswechsel wie der Übergang vom rauhen Wildnisstreifen zum feinen Kulturleben wohlberechnete Beschränkungen sowohl in der Ausübung der Rechte als in der Erfüllung der Pflichten mit sich führen muß, so wie die gewöhnliche Berufsschablone, mit der man oft im bürgerlichen Leben so leichtsinnig die fernste Zukunft eines Individuums fixiert, auf den Indianer keine Anwendung finden darf.

Der Versuch müßte in seiner Wiege mißglücken, wollte man die Zivilisierung der Indianer durch andere Mittel bewerkstelligen als durch Ackerbau und agrikole Beschäftigung.

Sehen wir nicht, wie schwer es selbst einem mitbürgerlichen Farmer wird, wenn ihn Umstände oft zwingen, seine luftige Arbeit in der freien Natur mit einer sitzenden Beschäftigung in der dumpfen Werkstatt zu vertauschen? Und der Indianer, der Sohn der Wälder, sollte mit einem Male seine Flinte beiseite legen, seine wilden Jagdgründe verlassen, um mitten unter buckelig gesessenen Gesellen in einer schwülen Handwerksstube mit Nadel und Zwirn Platz zu nehmen!

Der Staat, d. i. die Gesellschaft, muß Ackerbaukolonien gründen, Landwirtschaftsschulen errichten, in welchen der Erwachsene wie der Minorenne in allen Zweigen der Agrikultur Unterricht findet; sie muß Missionare und Lehrer aussenden und sich nach allen Seiten hin als der Freund, der Erzieher und Wohltäter des unmündigen Rothäuters erweisen.

Wenn der Indianer nicht mehr wie gegenwärtig fast jedes Jahr von dem Orte vertrieben wird, an dem er sich kaum erst seßhaft gemacht, wenn er nicht mehr der Spekulationssucht gemeiner Trafikanten preisgegeben, sondern als Kolonist unter einer sittlichen arbeitenden weißen Bevölkerung lebt, den Segen seines Fleißes unter der Aufsicht und dem Schutze der Gesetze genießt und seine Kinder durch Unterricht und Erziehung gedeihen sieht, dann dürfte, noch ehe ein Jahrzehnt verschwindet, eine wohltätige Veränderung mit ihm vorgehen und der Indianer nicht mehr wie jetzt als die Schmach der Gesellschaft, der Pauper Amerikas, sondern als der wiedergefundene Bruder einer christlichen Nation erscheinen.

Seine Kinder, noch fügsamer und empfänglicher, und frühzeitiger als er über den heilsamen Einfluß der Zivilisation und ihrer großen Segnungen belehrt, werden bereits eine Stufe in der Kultur weitersteigen und eine spätere Generation endlich mit allen Ansprüchen und Rechten freier, sich selbst bestimmender Bürger in der großen Brudergemeinde sich auflösen!

Wohl dürfte anfänglich ein Teil der Indianer dem «Wachauf-Ruf» der Zivilisation nicht folgen und die human gebotene Helferhand mit wildem Trotz zurückweisen, und das darf uns um so weniger überraschen, als es doch selbst in dem zivilisierten Europa eine gewisse Partei gibt, welche

dem Vorwärtsschrei der Zeit mit dreister Stirn Auge und Ohr verschließt. Dieser Teil wird aber sicher der geringere sein, und die Zivilisation hat eine ebenso heilige Befugnis, denselben zu bezwingen, als wie ihr das Recht zusteht, den Aufruhr einer Umsturzpartei zu unterdrücken oder die Anmaßungen einer fortschrittsfeindlichen Reaktion zu bekämpfen.

Wird aber die amerikanische Gesellschaft in ihrer unheimlichen, hastig wilden Dollarjagd kalt und teilnahmslos den Indianer seinem Schicksal überlassen, wird das Getümmel des lauten Marktes die agonistischen Klagetöne aus den Urwäldern des Westens übertäuben, dann dürfte allerdings bald die dumpfe Todesglocke einer ganzen Nation zu Grabe läuten. Dann mag man schon jetzt, ohne Prophet zu sein, den Tag bezeichnen, an welchem die amerikanische Urrasse aus den Vereinigten Staaten verschwunden sein wird! Aber das *Geistige* an ihr wird nicht verschwinden! Ihre *Sprache*, ihre *Sagen*, ihre *Traditionen* werden bleiben; die Namen von hundert Flüssen und Städten tragen ewige Spuren ihres indianischen Ursprungs, und eine humanere Nachwelt wird den Namen eines gefallenen und untergegangenen Volkes vielleicht mit größerer Pietät nennen als den seiner siegenden Unterdrücker!

New Orleans

Die Lage der Hauptstadt der Louisiana unter dem 29° 57′ 23″ n. Br. und 89° 59′ 4″ westl. L. am linken Ufer des Mississippi, der schon unterhalb Baton Rouge eine mehr östliche als südliche Hauptrichtung nimmt, ist nichts weniger als malerisch. Die Häuser stehen auf einer durch Ausfüllung trockengelegten Ebene, welche bei dem regelmäßigen Anschwellen des Stromes im Frühjahr einige Fuß unter dem Niveau des Wassers ist und nur durch künstliche Erddämme gegen den Einbruch der Fluten geschützt wird. Es ist für die zahlreichen Bewohner einer großen Stadt ein sonderbar banges Gefühl, die Wassermasse eines verheerenden und mächtigen Stromes wie ein Damoklesschwert immer dräuend

a. Uferdämme am unteren Mississippi
b. Holzdepot
c. Ochsenkarren

über sich zu sehen. Doch hat sich die Bevölkerung nachgerade daran gewöhnt und tröstet sich bei der Betrachtung, daß die verheerenden Absichten des Flußgottes seit den letzten Jahrzehnten mehr dem rechten Ufer gelten, wo er bedeutende Strecken vom Lande wegfraß.

Kein Berg von mäßiger Höhe überragt die Stadt. Nicht einmal ein bescheidener Hügel gab zu dem Versuche einer amphitheatralischen Gruppierung der schöneren Gebäude Anlaß, die es lediglich ihrem Architekten und dem Maurer verdanken, wenn sie eine etwas stolzere Figur als die Masse spielen, mit der sie die gleiche Basis, eine traurige Morastebene, gemein haben. Um eine Übersicht von New Orleans zu gewinnen, müßte man die höchsten Kirchtürme oder den Luftballon besteigen. Von da würde man das sehr ausgedehnte Panorama einer Stadt genießen, welche im Winter voll des geschäftigsten Lebens und Treibens, im Sommer ziemlich still und dazu äußerst schwül und langweilig ist, nur sehr wenige monumentale Zierden aufzuweisen und in einer trostlosen Umgebung voll düsterer, unzugänglicher Sumpfwälder nicht einen einzigen leidlichen Spaziergang hat. Etwas mehr malerisches Leben und frohern Eindruck gewährt nur der Anblick des Mississippi. Derselbe hat hier zwar lange nicht mehr die imposante Breite wie zwischen Memphis und Vicksburg, da weiter südlich ein großer Teil des Wassers sich durch sogenannte Bayous ode Flußarme vom Hauptbett trennt und direkt den Weg nach dem mexikanischen Golf einschlägt. Er ist hier auch seinem Rivalen, dem majestätischen St. Lorenz im Norden, der gerade gegen Ende seines Laufes immer breiter und schöner wird, an Wassermasse und Uferszenerie durchaus nicht ebenbürtig, immerhin aber ein mächtiger Strom, etwas breiter als der Rhein bei Köln, ohne Inseln, ohne Sandbänke, ohne Untiefen. An seinen Ufern aber gewährt hier die fast unübersehbare Reihe der Schiffsmasten und kastellartigen Flußdampfer ein sehr buntes Schauspiel, und mitten unter rollenden Baumwollenballen und Zuckerfässern tummelt sich eine geschäftige, schwarz und weiß gefärbte Volksmasse. Das Lärmen beginnt mit Tagesanbruch, und erst mit dem Dunkel der Nacht kommt die Stille an die Ufer wieder, und das eintönige Rauschen des Stromes, das man am Tage über dem Brausen und Pfeifen der Dampfer und dem schreienden Lärmen des Volkes nicht gehört hatte, wird wieder vernehmbar.

Wie alle Mississippistädte dehnt sich auch New Orleans mehr in der Länge als in der Breite aus. Die bedeutendsten Straßen mit den schönsten Kaufläden und Magazinen laufen mit dem Strome parallel. Die breiteste Straße aber, die Canal-Street, welche den alten französischen Stadtteil vom amerikanischen trennt, nimmt die entgegengesetzte Richtung. Das Geschäftsleben ist auf die schöne St. Charles-Street und die umgebenden Straßen zumeist beschränkt. Hier wohnen die reichsten Baumwollenhändler und Schiffsreeder oder haben hier wenigstens ihre Geschäftsstuben. Auch Kaffeehäuser und Trinkstuben sind hier am belebtesten und einträglichsten. Zwei prachtvolle Gasthäuser erheben sich einander gegenüber. *St. Charles-Hotel* mit einer Doppelreihe von Marmorsäulen ist dem Äußern nach vielleicht der prachtvollste Gasthof der Welt. Die Canal-Street und der Lafayette-Square bezeichnen die beiden Endpunkte der Hauptbewegung in bezug auf Geschäfte und Vergnügungen. Von hier an wird es stiller. Man sieht am Tage nicht mehr die auf- und abrennenden Makler und Clerks in so dichter Zahl mit Baumwollgedanken im Kopfe. Mit dem reichen Glasgeflimmer der brillantesten Kaufläden und Trinkstuben verstummt weiter östlich auch das Geräusch der Kegelbahnen, das Orgeln und Trompetenblasen der Kuriositätenkabinette, Kunstreitergesellschaften und ähnlicher Spekulanten auf die Vergnügungssucht und den Geldbeutel der Bevölkerung, welche trotz der enorm teuren Miete in der St. Charles-Street vorzugsweise ihr fliegendes Quartier aufschlagen.

An der Stelle dieses amerikanischen Stadtteils, der jetzt der erste und reichste Distrikt ist und die schönsten Gebäude besitzt, lag vor dreißig Jahren ein öder Sumpf. Männer, welche noch in der Blüte der Jahre stehen, erinnern sich, auf demselben Platze, den heute das großartige St. Charles-Hotel mit seinen Riesensäulen einnimmt, Sumpfschnepfen und wilde Enten geschossen zu haben. Die Canal-Street bezeichnete damals das westliche Ende der Stadt. Die französischen Kreolen bildeten die vorwiegende Zahl und den reichsten Teil der Bevölkerung. Handel und Schiffahrt waren im Vergleich zur Gegenwart fast unbedeutend.

Der sogenannte französische Stadtteil oder der zweite Distrikt zeigt bei geradlinigen, regelmäßig gezogenen Straßen weder so große, schöne und schmucke Häuser noch so reich assortierte Kaufläden, noch ein so rühriges Geschäftsleben. Die hübscheren Häuser sind auch hier meist im Besitze von Amerikanern. Das St. Louis-Hotel, bei weitem das stattlichste Gebäude des französischen Quartiers, wurde von amerikanischem Gelde auf Aktien gebaut und dient zugleich als Gasthof und als Börsengebäude. Unter der hohen Kuppel seiner mit Säulen umgebenen Rotunde finden auch die öffentlichen Sklavenverkäufe statt.

Unter den Kirchen ist keine einer Beschreibung wert. Die katholische Kathedrale St. Louis ist ein modernes Gebäude, in den Jahren 1792 bis 1794 in einem schlechten, durchaus verunglückten Stile gebaut. Sie bildet die Hauptfassade des Jackson-Square, dem Mississippi gegenüber. Die beiden anderen Fassaden dieses ziemlich hübschen und sonnigen Platzes, der im gitterumschlossenen Viereck muschelbestreute trockene Wege, ein mageres Rasenstück zum Spiele der Jugend, eiserne Sitzbänke und Rosenstauden, die immer

Blüten tragen, einschließt, bilden die gleichförmigen hohen Privatwohnhäuser, mit Verandas oder Galerien eingefaßt, welche eine sehr reiche Kreolin auf Spekulation erbaute, aber bei der beträchtlichen Entfernung des Platzes vom Businesszentrum schlechte Geschäfte damit machte.

Große und sehr geräumige Gebäude sind die verschiedenen Hospitäler, welche auch ihrer innern vortrefflichen Einrichtung wegen eine nähere Einsicht fremder Besucher wohl verdienen. Darunter ist das Charity-Hospital, dessen Bau 1779 begonnen und 1786 beendigt wurde und über 150 000 Dollars gekostet haben soll, das hervorragendste. Für alle dergleichen mildtätige und gemeinnützige Anstalten und Bauwerke hatte man in New Orleans von jeher eine offene Hand, und reiche Spenden von Privatleuten wetteiferten darin mit den freigebigen Dotationen, welche der Stadtrat zu ähnlichen Zwecken auf Kosten der Gemeinde bewilligte, freilich damit aber auch den Grund zu den bedeutenden Stadtschulden legte, deren Zinsenbestreitung gegenwärtig die Väter der Stadt in gewaltige Verlegenheit setzt.

Die Municipal-Hall bildet das Hauptgebäude am Lafayette-Platze im ionischen Stile, mit einer Vorhalle von Granitsäulen, auf welche die Amerikaner, ganz so wie die Russen in Petersburg, bei ihren öffentlichen Gebäuden wahrhaft versessen sind, obwohl diese Bauform durchaus nicht immer zu dem Zwecke der Gebäude und der Bequemlichkeit paßt. Hier befindet sich neben dem Polizeigericht und dem Saale für öffentliche Verhandlungen auch die einzige, durch Privatbeiträge begründete größere Bibliothek mit einem sehr schönen, geräumigen und bequemen Lesezimmer. Das Komitee, dem die Auswahl und die Anschaffung der Bücher übertragen worden, mag wohl nur Baumwollenköpfe unter seinen Mitgliedern gezählt haben, denn die Auswahl der Werke konnte kaum schlechter sein und zeugt ebensosehr von der Ignoranz als von der Geschmacklosigkeit der Leiter.

New Orleans ist eine noch ziemlich moderne Stadt. Die ersten Häuser wurden unter der französischen Herrschaft in der Louisiana 1718 gebaut. Der französische Gouverneur residierte zuvor in Biloxi am mexikanischen Golf, einem unbedeutenden Städtchen, welches ein Teil der wohlhabendern Bevölkerung von New Orleans zu seinem Sommeraufenthalte wählt und wo nicht ein Gebäude zu sehen, das an irgendeine frühere Wichtigkeit des Ortes erinnerte. *Bienville* war damals der neu ernannte Gouverneur, dem die französische Regierung den Auftrag gab, an irgendeinem Punkte der Mississippiufer den neuen Regierungssitz zu wählen. Man schwankte eine Zeitlang. Nirgends bot sich an den Ufern des untern Stromes in nicht zu großer Entfernung vom Golfe ein bequemes, erhöhtes und gesundes Terrain. Überall war der Einbruch des Stromes im Frühjahr und das gelbe Fieber in den trockenen Monaten zu fürchten. Die Direktoren der «Compagnie de L'ouest», deren Handelsmonopol ein Jahr zuvor durch ein neues Privilegium auf 25 Jahre erneuert worden, entschieden sich im Einverständnis mit der militärischen Macht für den Punkt, den man gegenwärtig «Crescent City» nennt. Schon im folgenden Jahre 1719 trat der Mississippi verheerend über seine Ufer. Die neuerbauten Wohnungen wurden weggeschwemmt. Drei Jahre später wurde der Versuch durch *Delorme* erneuert. Die Bevölkerung im Jahre 1723 belief sich nicht über 200. In demselben Jahre kamen die ersten deutschen Emigranten den Mississippi hinauf bis nach New Orleans. Die Regierung bewilligte ihnen einen kleinen Uferstrich, 35 englische Meilen oberhalb der Stadt, zur Niederlassung. Noch jetzt führt die dortige Gegend den Namen «German coast». Spuren der deutschen Sprache sollen sich noch in einzelnen Familien finden. Die meisten haben sich mit den Kreolen oder Amerikanern vermischt und sprechen englisch oder französisch.

Im Jahre 1727 ließen sich die ersten Jesuiten in New Orleans nieder. Ihr Kloster stand am untern Teile der Vorstadt St. Mary. Als durch die päpstliche Bulle im Jahre 1763 die Jesuiten aus den meisten katholischen Ländern Europas vertrieben wurden, verließen sie auch die Louisiana. Ihr Eigentum in New Orleans wurde für 180 000 Dollars verkauft. Nach den heutigen Preisen der Grundstücke wäre es jetzt 15 000 000 Dollars wert.

Die Ansiedler am untern Mississippi hatten inzwischen Zuwachs erhalten durch die französischen Auswanderer aus

Kanada und Nova Scotia, welche dort nicht mehr bleiben wollten, als das Land infolge der Niederlage *Montcalms* unter den Mauern von Quebec unter englische Herrschaft kam. Ein Teil dieser Emigranten ließ sich in New Orleans, ein anderer Teil weiter nord-westlich oberhalb der deutschen Kolonie nieder. Die französische Einwanderung stockte, als das herrliche Mississippital 1763 von Frankreich an Spanien abgetreten und von letzterer Macht 1769 definitiv in Besitz genommen wurde. Spanische Emigranten kamen gleichwohl nur in sehr geringer Zahl an, und die herrschende Sprache der Bevölkerung Louisianas blieb die französische.

Das Klima von New Orleans scheint damals ungeachtet des sumpfigen Grundes nicht sehr gefährlich gewesen zu sein. Die mörderische Seuche, die seitdem periodisch wütet und hier so viele Tausende schon in das feuchte Gras stürzte, erschien zum ersten Male im Jahre 1769, und man behauptete, daß sie durch ein britisches Schiff von den Küsten Afrikas mit einer Ladung Negersklaven eingeführt worden sei. So folgte einer schändlichen Institution, welche nicht nur dem politischen Fortschritte und dem ebenbürtigen Aufschwunge des Südens mit den nordischen Staaten im Wege steht, sondern auch durch die Verachtung der Arbeit, die sie überall begleitet, den Keim der Unsittlichkeit und des Verderbens in die Gesellschaft gebracht hat und die Zukunft dieses Staates mit den schwarzen Gefahren von *St. Domingo* bedroht, der Fluch auf dem Fuße. Das gelbe Fieber ist seitdem nicht mehr vom untern Mississippi verschwunden, und wenn es in manchen Sommern auch gelinde auftritt, so kehrt in gewissen Perioden der mörderische Charakter der Epidemie doch immer wieder. Die wohlhabenden Bewohner von New Orleans tun zwar ihr Möglichstes, den Verdacht eines bösartigen Klimas von der Stadt abzuwälzen, in der Besorgnis, daß die Angst vor dem gelben Fieber dem Handel schade und die Niederlassung vieler Fremden verhindere. Die Totenregister und die Kirchhöfe dagegen zeugen schauerlich genug von der Wahrheit. Die Armen sind freilich hier wie überall am meisten gefährdet, da sie in den ungesundesten Stadtteilen und dichter beisammenwohnen, schlechtere Nahrung haben und den Miasmen der heißen Monate nicht entfliehen können wie die Reichen, welche die ganze Sommerzeit von Anfang Juni bis Ende September in den gesunden Badeorten an den sandigen Ufern des Golfs von Mexiko zuzubringen pflegen. Über die Natur des gelben Fiebers findet man die ausführlichsten Mitteilungen, auf fleißige Beobachtungen gestützt, in den Schriften von Dr. Fenner und Dr. Dowler.

Zweiundzwanzig Jahre nach dem ersten Besuch des gelben Fiebers kam die erste Truppe französischer Komödianten in New Orleans an, ein Ereignis, das der französische Geschichtsschreiber der Louisiana besonders hervorzuheben für gut findet. Französische Schauspiele und Opern haben sich bis auf den heutigen Tag erhalten, während die französisch redende Bevölkerung von Jahr zu Jahr armseliger und lumpiger wird und die französische Ansiedlerbevölkerung eben wegen ihres vorherrschenden Komödiantencharakters in einem der fruchtbarsten und gesegnetsten Länder der Welt nichts Tüchtiges und Dauerndes zu gründen wußte, bis die tätigen und klugen Amerikaner kamen, die es verstanden, dem Handel und Verkehre einen Schwung zu geben, wie man ihn am Mississippi unter französischem und spanischem Szepter nicht gesehen hatte.

Die erste Gesellschaft amerikanischer Kaufleute ließ sich mit Einwilligung der spanischen Regierung 1795 in New Orleans nieder. Die Spanier blieben aber die Herren und die französischen Kreolen die Grundbesitzer und sahen nicht ohne Mißvergnügen die anglo-amerikanischen Gäste in ihrer Mitte mit ihrem überlegenen Handelsgeiste und kaltem, praktischem Verstande. Erst als die spanische Herrschaft in der Louisiana, welche 32 Jahre gedauert, mit der Rückgabe der Kolonie an Frankreich endigte und der große Napoleon, eingeschüchtert durch Jeffersons mannhafte Erklärungen, die Louisiana gegen Geldentschädigung an die Vereinigten Staaten abtrat, erfolgte der Anfang jenes staunenswürdigen Aufschwunges, der ohne den Krebsschaden der Sklaverei ein noch viel mächtigerer geworden wäre und vielleicht den Glanz und Reichtum der nordöstlichen Staaten verdunkelt hätte.

Es befanden sich damals nur wenige armselige öffentliche

Gebäude in New Orleans. Der größte Teil des Bodens, auf dem jetzt der amerikanische Stadtteil steht, war im Besitze eines mäßig bemittelten Kreolen namens Gravier, der heute mehr Gold haben könnte als der alte Krösus, wenn er, den Gang der Dinge ahnend, seine Grundstücke einige Jahrzehnte länger behalten hätte. Durch die Übersiedelung vieler Amerikaner aus den Neuenglandstaaten nach Louisiana kam nicht nur in den Großhandel, den die französischen Kreolen nie verstanden haben, ein vorher nicht gesehenes Leben, sondern auch die Produktion von Baumwolle, Zukker, Tabak und Reis in den Teilen des Landes, welche in den fruchtbaren Alluvialebenen der verschiedenen Bayous gelegen, erhielt durch die Einwanderung der Kapitalien und den kräftigen Unternehmungsgeist der Yankees einen neuen Impuls. Ernte und Ausfuhr haben sich innerhalb weniger Jahre verzehnfacht. Die Bevölkerung nahm reißend zu. Viele Gegenden seitwärts vom Hauptstrome, die unter französischer und spanischer Herrschaft brachgelegen, liefern gegenwärtig die schönste Baumwolle und die reichsten Zukkerernten. Mr. *Henne*, ein ehrwürdiger amerikanischer Pflanzer, dem wir viele interessante Mitteilungen über den Kulturzustand des Landes verdanken, versicherte uns, daß er 1801 mit dem ersten Baumwollenballen, der aus den Umgebungen von Natchez exportiert worden, die Reise nach New Orleans gemacht. Jetzt sind die Uferlandschaften des Mississippi in dortiger Gegend mit unabsehbaren Baumwollenpflanzungen bedeckt, und die Ausfuhr von New Orleans im Laufe des Jahres 1853 wurde auf $1^{1}/_{2}$ Millionen Ballen geschätzt. Die von den Baumwollenpflanzern eingenommene Bodenfläche im Staate Louisiana betrug im Jahre 1850 beinahe 2 400 000 Acres. Die Kultur des Zuckerrohrs kam weit später in Aufschwung und ist zwar weit einträglicher infolge eines Schutzzolles von 40 Prozent im Vergleich zum westindischen Zucker, aber auch auf weit engere Grenzen eingeengt wegen des Frostes, der die nördlichen Gegenden der Louisiana jeden Winter bedroht. Das Zuckerrohr bedeckte 1850 ein Areal von 250 000 Acres. Ungefähr den gleichen Bodenraum nimmt die Kultur des Reises ein. Mit der steigenden Kultur des Landes und dem Aufschwunge des obern

Mississippitales nahm auch der Seehandel gewaltig zu. Die Zahl der eingelaufenen Segelschiffe im Jahre 1849 belief sich auf 1013 Schiffe, die der Küstenfahrzeuge auf 1491, zusammen mit einem Tonnengehalt von 856 443.

Unter allen Städten der Union hatte New Orleans von der Gründung der Stadt bis auf den heutigen Tag die gemischteste Bevölkerung. Der Zensus von 1850 gibt 119 461 Seelen an. Im Jahre 1853 wurde die Bevölkerung auf beiläufig 140 000 geschätzt.[1] Keine Nationalität überwiegt hier bedeutend an Zahl. Genaue statistische Angaben über die verschiedenen Nationalelemente der Bevölkerung sind nicht vorhanden. Man schätzt die französischen Kreolen auf 40 000, die Irländer auf 35 000, die eigentlichen eingeborenen Amerikaner nur auf 25 000. Spanier sind keinesfalls über 6000 vorhanden, Italiener nur einige Hunderte. Die Zahl der Deutschen wurde mit Inbegriff der Ortschaften Algier und Friedheim am nächsten Stromufer auf 20 000 bis 24 000 geschätzt.[2]

Die französischen Kreolen, früher der wohlhabendste und tonangebende Bevölkerungsteil nicht nur von New Orleans, sondern von der ganzen Louisiana, verloren gegen die englisch redende Bevölkerung mehr und mehr an Boden, an politischem Einfluß, an gesellschaftlicher Bedeutung und – an Geld. Sie werden aus den schöneren und belebteren Straßen ganz so wie in Montreal und Quebec mit jedem Jahre mehr nach den ärmeren und schmutzigeren Stadtteilen zurückgedrängt. Auf dem Lande gibt es noch ziemlich viele reiche Pflanzer, die französisch sprechen. Aber auch sie spüren bereits empfindlich die Konkurrenz mit den praktischeren Angloamerikanern, welche viele Pflanzungen und brachliegende Grundstücke von den Kreolen angekauft haben. Die meisten französischen *Planters* sind trotz ihrer ausgedehnten Besitzungen und ihrer zahlreichen Sklaven verschuldet. Sie erhalten sich nur noch dadurch einigermaßen, daß sie mit unmenschlicher Härte ihre Sklaven mit Arbeit überbürden. In New Orleans sind die Kreolen vom Großhandel beinahe

---

[1] Die Einwohnerzahl betrug im Jahre 1840 erst 24 552 (A. d. H.).
[2] Die «farbige Bevölkerung» wurde 1853 mit 26 000 angegeben (A. d. H.).

a Windrad
b Wasserstation
c Überleitungsrohr
d Telegraphenmast
e Eisenbahn
f Büffel

gänzlich ausgeschlossen, und selbst der Detailhandel entschwindet mit jedem Jahr mehr ihren Händen. Zur industriellen Bevölkerung stellen die Franzosen verhältnismäßig ein sehr geringes Kontingent. Die meisten leben noch von den Renten eines Eigentums, die sie müßig vergeuden, und vom Ertrage der Arbeit ihrer Sklaven, die sie an amerikanische oder deutsche Familien als Dienstboten ausleihen oder als Tagelöhner an der Levée arbeiten lassen oder, wenn die Sklaven zu alt und schwächlich sind, zum Verkauf vom Blumen und süßen Leckereien auf die Straße senden. Das Grundeigentum ist bereits großenteils in amerikanische Hände übergegangen. Die verarmten und verschuldeten Kreolen schlagen Häuser und Grundstücke an die Yankees los und ziehen sich in die entfernteren Baracken zurück. Den Tag bringen sie mit Trinken, Plaudern und Faulenzen zu. Ein Teil von den reicheren französischen Stadtfamilien hat sich mit den Amerikanern durch Heirat verschwägert, ist bereits halb amerikanisiert, und die Kinder sprechen das Englische mit Vorliebe. Die französischen Kreolinnen sind im allgemeinen hübscher, graziöser und gesellig gewandter als die amerikanischen Damen. Diese äußerlichen Vorzüge üben selbst auf die trockene Phantasie der heiratslustigen Yankees ihren reizenden Einfluß, und da letztere gewöhnlich mehr Geld haben als die besten Kreolenfamilien, so übersieht man ihre unliebenswürdige Steifheit, und der reiche amerikanische Freier wird dem heruntergekommenen Kreolen vorgezogen. Aus den Kindern einer solchen kreolisch-amerikanischen Ehe gehen aber beinahe immer echte Amerikaner hervor. Es bewährt sich die Charakterüberlegenheit des kräftigern Stammes. Auch einige von den reichen deutschen Großhändlern sind mit Kreolinnen verheiratet.

Die Amerikaner haben im Ganzen den Handel und den meisten Grundbesitz in Händen. Im Exporthandel konkurrieren mehrere deutsche Häuser vollkommen ebenbürtig mit ihnen. Der sehr einträgliche Baumwollenhandel ist sogar größtenteils Monopol der deutschen Großhändler. Die Häuser Schmidt u. C., Gebrüder Heine, Rodewald, Eimer usw. haben es noch besser als die Amerikaner verstanden, durch Anknüpfung persönlicher Verbindungen in den größten Handelsplätzen Europas den Baumwollenhandel an sich zu ziehen. Ihre Firmen genießen des besten Kredits. Die Amerikaner dagegen sind in fast ausschließlichem Besitze des Importhandels. Den Bedarf seiner europäischen Waren bezieht New Orleans zum bei weitem größten Teile über New York, nicht direkt von englischen Häfen. Dieses Verhältnis kann freilich nur so lange dauern, als die europäische Auswanderung im Zunehmen ist und die in den Häfen von Liverpool, Havre und Hamburg zuströmenden Emigranten die Warenbefrachtung der nach New Orleans bestimmten Schiffe, die dort die Baumwolle für die europäischen Märkte holen, überflüssig machen. Auch der Zuckerhandel ist größtenteils in den Händen der Amerikaner, da dieses Produkt in den Vereinigten Staaten selbst verzehrt wird. Dasselbe läßt sich von fast allen inländischen Konsumtionsartikeln sagen. Die Schiffsladungen mit Getreide und Schlachtvieh, die aus den nordwestlichen Staaten auf dem Mississippi herabkommen, gehen im Großhandel fast ausschließlich durch amerikanische Hände. Selbst der Detailhandel ist zum größten Teile im Besitz der Amerikaner. Die Konkurrenz der Kreolen nimmt ab, und Irländer und Deutsche, obwohl sich deren viele auch in diesem Zweige sehr kräftig rühren, haben keine Aussicht, die geschäftsgewandten Yankees zu überflügeln.

Das Rätsel der eigentümlichen Überlegenheit der Angloamerikaner im Handel über alle Nationalitäten findet neben der Einseitigkeit und dem merkwürdig praktischen Sinne, zu welchem angeborene Naturanlage, Erziehung und die politischen Verhältnisse gleichmäßig mitwirkten, in dem überlegenen Assoziationsgeiste dieses Volkes seine Lösung. Die weitverzweigten Gesellschaften der Odd-Fellows und der Freimaurer haben auf eine wunderbare Weise beigetragen, den brüderlichen Geist des ganzen wohlhabenden Teiles der Bevölkerung zu heben, und jenen kleinlichen Brotneid, der am allerwiderwärtigsten in der deutschen Bevölkerung steckt, zurückgedrängt. Da die Aufnahme in diese gesellschaftlichen Orden nie ohne eine gewisse Kontrolle des sittlichen Wandels stattfindet und die Opposition eines einzigen Ordensmitgliedes, wenn es zureichende Gründe dafür anzugeben weiß, diese Aufnahme unmöglich macht, so ist eine Masse von Industrierittern und schlechten Subjekten, die sich durch leichtsinnige Spekulationen oder betrügerischen Bankerott um ihren Ruf gebracht, ausgeschlossen. Dazu erfordert der Eintritt nicht ganz unbeträchtliche Geldopfer, welche ökonomisch ruinierte Individuen nicht leicht zu leisten vermögen. Durch das Bewußtsein jedes Gebenden, daß er im Falle unverschuldeten Unglücks auf die gleiche Unterstützung Anspruch habe, wird eine gewisse Freudigkeit in dem Darbringen des regelmäßigen Geldopfers erzeugt und genährt. Dabei kommen aber bei den meisten die gesellschaftlichen Vorteile einer solchen durch die ganze Union verbreiteten Brüderschaft weit mehr noch in Anschlag als die Sicherung gegen einen Ruin der ökonomischen Lage, den viele Mitglieder mit solidem Vermögen in der Tat nicht zu fürchten hätten. Der Odd-Fellow oder Freimaurer, der geschäftehalber die reichen Staaten des Ostens bereist, findet überall Kredit und Erleichterung des Verkehrs, wenn er dem Geschäftsfreunde als Bruder sich ankündigt und Empfehlungen anderer Ordensbrüder mitbringt, die ihm nie versagt werden. Mitglieder dieser Orden, die zu Handelszwecken oder in der Absicht bleibender Niederlassungen den Westen oder Süden besuchen, verlieren dort schneller als andere das Gefühl des Fremdseins. Sie melden sich bei ihrer Loge und finden immer Brüder, die sie mit Rat und Tat unterstützen. Das angenehme Bewußtsein und die Gewohnheit der Gegenseitigkeit erwärmt und erhält in den meisten den dienstfertigen und gefälligen Sinn. Deutsche, Irländer oder Franzosen, welche an diesen amerikanischen Brauch gegenseitiger Unterstützung und Brüderlichkeit sich noch nicht gewöhnt haben und auf die eigene Kraft und das eigene Glück mehr als auf jene sozialen Vorteile vertrauen, müssen in der Handelskonkurrenz mit einem durch den Assoziationsgeist so stark gewordenen Volke notwendig den kürzern ziehen.

Der Charakter der Amerikaner scheint hier durch den Umgang mit Südländern vor anderen Nationalitäten von seiner Steifheit und Einseitigkeit weniger verloren zu haben als in den großen Städten Virginiens und der beiden Carolinas. Man hält in New Orleans allerdings weniger auf Sonntagsstrenge, und der Temperenzeifer der Amerikaner ist in keinem Vergleiche mit Boston und Philadelphia. Aber von seinem eigentümlichen Wesen hat der Yankee in New Orleans sicherlich am wenigsten eingebüßt. Höchst selten lernt er das Französische und spricht es immer ungern. Die Entheiligung des Sabbats durch lärmendes Trinken, Kegelschieben und deutsche Tanzmusiken übersieht er, ohne die fremde Sitte nachzuahmen. Sind die echten Amerikaner einmal an Zahl den Kreolen überlegen, so wird es an Versuchen, die Stille und Langeweile des östlichen Sonntags einzuführen, nicht fehlen. Schon zu Anfange des Jahres 1853 wurde im ersten Distrikt der Versuch gemacht, die Zahl der Bar-rooms oder Trinkstuben zu beschränken oder aufzuheben, scheiterte aber an der alten eingerosteten Gewohnheit. Gleichwohl wußten es die Amerikaner bis zu einer Abstimmung über diese Frage zu bringen, und die Gegenpartei der Trinklustigen hatte nur eine unbedeutende Majorität.

Überall, wo dieses kräftige Geschlecht sich einbürgert, drückt es dem Lande sein vorherrschendes Gepräge auf. Bei dem großen Kampfe der Sprachen, Sitten und Gewohnheiten im Süden merkt man mit jedem Jahre mehr den unaufhaltsamen Fortschritt des englisch-amerikanischen Elementes. Für den ökonomischen Aufschwung des Landes ist das ein unermeßlicher Vorteil. Dem geselligen Frohsinne und der Unterhaltung geschieht damit ein wesentlicher Eintrag. Die Sitten und der vorherrschende Gesellschaftston der großen Handelsstadt am untern Mississippi schwankt zwischen amerikanischer Monotonie, Steifheit und Langeweile und französischer Oberflächlichkeit, Frivolität und Liederlichkeit. Für jeden höher gebildeten Menschen von Gemüt und Liebe zur Kunst und Wissenschaft bietet der Aufenthalt in New Orleans wenig Erfreuliches. Es wohnt in den Gemütern und Geistern selbst derer, die einige Prätension auf Bildung machen, eine unbeschreibliche Öde und Leerheit. Klima, Tagesbeschäftigung und das allgemeine Beispiel wirken kontagiös, und wer noch mit einigem empfänglichen Sinn für jenes Schöne und Edle, das außer Dollars, Baumwollenballen, Trinkstuben und Bordells die Freuden des Lebens zu erhöhen vermag, in diese große Hauptstadt des amerikanischen Südens kommt, lernt ihn bald abstreifen. Es scheinen in der Atmosphäre noch mehr vergiftende Miasmen für Geist und Charakter als für den physischen Menschen zu schweben. Wir lernten hier an Beispielen der traurigsten Art kennen, wie diesen Einflüssen in die Länge selbst Männer nicht widerstanden, die mit Bildung und den besten Anlagen des Gemüts hieher gekommen waren, nun aber von den gewöhnlichsten Baumwollen- und Dollarmenschen sich kaum mehr unterscheiden. Auch der humane Sinn geht bei solchen Individuen bald verloren, und man könnte Leute nennen, die, einst vom tiefsten Abscheu gegen die scheußliche Institution der Negersklaverei beseelt, nun schon so weit metamorphosiert sind, daß sie nicht nur selber Sklaven halten, sondern auch die Sklaverei mit wahrem Ingrimme gegen jede abolitionistische Einrede verteidigen. Ausnahmen von dieser allgemeinen Regel lassen sich wenige anführen.[1]

New Orleans hat im Norden den Ruf heiterer Geselligkeit,

---

[1] Scherzer nennt einige Vertreter dieser Ausnahmehaltung namentlich. Für den heutigen Leser von Interesse ist der Hinweis: «Unter den angesehensten deutschen Kaufleuten ragt Herr Heine aus Hamburg, ein Vetter des berühmten Dichters, ebensosehr durch gastfreien Sinn und Liebenswürdigkeit wie durch Reichtum und Geschäftskenntnis hervor» (A. d. H.).

den es in der Tat nicht verdient. Bei all den öffentlichen Vergnügungen konnten wir nur eine rohe, ungezähmte Genußsucht, aber weder Behagen noch Geschmack wahrnehmen. Es gibt weder elegante Kaffeehäuser wie in Paris, wo in geschmackvoll dekorierten Hallen zwischen den glänzenden Spiegelwänden die Gäste an Marmortischen sitzen, Kaffee oder Gefrorenes genießen oder Zeitungen lesen, noch gemütliche deutsche Kneipen nach Art der Wiener oder Münchener Bierhäuser. An Versuchen, solche Anstalten einzurichten, hat es nicht gefehlt. Sie konnten aber keinen rechten Anklang finden, und die Unternehmer verloren ihr gutes Geld dabei. Die wilde Hast, in der man hier nach Geld und Genüssen jagt, läßt kein Volksvergnügen aufkommen, das eine gewisse Mäßigung und behagliche Ruhe erheischt. Die Bar-rooms oder Trinkstuben sind zwar durch alle Stadtteile in ungeheurer Zahl vorhanden und fehlen selbst nicht in den ersten Gasthäusern, machen auch trotz hoher Abgaben mitunter sehr lukrative Geschäfte, bieten aber weder den Komfort noch den gemütlichen Genuß wie die Kaffeehäuser in den großen Städten Frankreichs und Deutschlands. An Durst und Trinklust scheinen die verschiedenen Nationalitäten zu wetteifern. Kein Geschäft wird abgemacht ohne ein Glas Brandy oder Whisky oder südländischen Wein, das nicht langsam und behaglich durch die Kehle gleitet, sondern in einem einzigen Zuge hinabgestürzt wird. Ebenso hastig, wie man gekommen, rennt man wieder hinaus, in der Furcht, Zeit und ein neues einträgliches Geschäft zu versäumen. Der Besuch wird aber wohl ein Dutzend Mal des Tages und darüber wiederholt. Man scheint an den glücklichen Erfolg keines Geschäfts zu glauben, dem nicht ein Glas Whisky die Weihe gegeben. Mit vielen dieser Kaffeehäuser sind auch eigentümliche Kegelhallen verbunden, die man in Europa nicht kennt. Vier bis fünf Kegelbahnen stehen da dicht nebeneinander, und Kugeln des verschiedensten Kalibers rollen unablässig hin und her. Daß in der Kegelmitte kein König steht, versteht sich in einer Republik von selbst.

Die Theater sind mittelmäßig. Die Oper ist französisch, wird aber bei den hohen Eintrittspreisen im ganzen wenig besucht. Die Künstler waren im Winter 1852/53 ziemlich gut, das Orchester ließ aber viel zu wünschen übrig. Für klassische Musik fehlt hier jede Empfänglichkeit. Die süßlichen Melodien der modernen Italiener werden am häufigsten gehört; *Donizetti* und *Verdi* sind die Lieblinge des Publikums. *Ole Bulls* «Farewell-Konzerte», wie der berühmte Virtuos sie bei der Ankündigung nannte, da er seine künstlerische Laufbahn für immer abschließe, um als Bürger der Vereinigten Staaten und pennsylvanischer Farmer im Schlußsteinstaate zu leben und zu sterben, wurden zwar ziemlich zahlreich besucht, aber die Langeweile stand auf allen Gesichtern des Auditoriums geschrieben. *Lola Montez,* die in einem Drama, welches eine Episode ihrer eigenen Lebensgeschichte behandelt, als Freundin und politische Ratgeberin des «King Louis of Bavaria» auftrat und sich dem Publikum als Revolutionsheldin und Opfer der Jesuiten darstellte, machte in New Orleans sehr gute Geschäfte, während sie in dem sittenstrengen Boston, wo die andächtigen Ladies nicht einmal ihren Ehemännern gestatteten, die vielberüchtigte Tänzerin auf den Brettern zu sehen, bekanntlich Fiasko machte – eine Erscheinung, die ziemlich bezeichnend für den verschiedenartigen Charakter beider Städte ist. In dem unbeschreiblich obszönen «Spider Dance» wagte Lola Montez in Boston gar nicht aufzutreten. In New Orleans fand aber derselbe Tanz den meisten Applaus und zog noch immer viele Besucher an, welche der Wiederholung des bayerischen Spektakelstücks mit Herrn von Abel und dem «Baron Newspaumer» bereits herzlich überdrüssig geworden.

Es existieren hier drei große Klubs, in welchen der amerikanische Gesellschaftston vorherrscht. Der *Pelikanklub* hat die zahlreichsten Mitglieder und ein Lokal, in welchem englisches Komfort mit französischer Eleganz wetteifert. Unter allen ähnlichen Vergnügungsvereinen der Welt zeichnet sich dieser Klub durch die ungastliche Bestimmung seiner Statuten aus, daß kein Fremder in die Gesellschaft eingeführt werden darf. Der *New Orleans-Klub* respektiert dagegen das alte heilige Recht der Hospitalität. Der Jahresbeitrag jedes Mitgliedes beträgt 50 Dollars. Man hat dafür außer der Benutzung der Gesellschafts-, Spiel- und Lesezimmer auch noch den Vorteil, Frühstück und Abendessen gratis genießen zu können. Der eigentümliche Brauch des unentgeltlichen Frühstücks (lunch) existiert übrigens in allen Barrooms von New Orleans für das gesamte Publikum, und nur der genossene Wein oder Likör wird dabei bezahlt. Man genießt hier die Speisen stehend. Arme Teufel und Müßiggänger haben mithin in New Orleans den Vorteil, auf keinen Fall verhungern zu können. In den größeren Trinkstuben stehen auch Käse und Zwieback (crackers) beständig zur freien Verfügung der Hungrigen. Man läßt sie essen, sich am Ofen wärmen, die Zeitung lesen – alles ohne Bezahlung!

Bei der Leichtigkeit des Gelderwerbs sind die Leute hier überhaupt zu einer gewissen Freigebigkeit und zu Luxusausgaben gestimmt, wie man es in gleichem Grade selbst in reicheren Städten wie New York und Boston nicht findet. Während unseres Winteraufenthaltes gaben 15 reiche Junggesellen im Pelikanklub ihren Freunden und Freundinnen einen Ball nebst Souper. Es waren im ganzen nur 300 Gäste geladen. Bei der verschwenderischen Ausstattung dieser Soirée mußte gleichwohl jeder Festgeber 250 Dollars zahlen. Ein Privatdiner, zu dem man uns einmal bei Gelegenheit des Besuches des Prinzen Heinrich von Nassau im St. Louis-Hotel einlud, kostete dem Gastgeber 20 Dollars für jedes einzelne Couvert. Der Luxus an Speisen und Getränken übertraf alles, was uns die raffinierteste Gourmandise an den üppigen Tafeln russischer Großen und reicher Kaufleute des Orients vorgesetzt hatte. Ein reicher amerikanischer Pflanzer, der die Üppigkeit des gastfreundlichen Baumwollenhändlers noch zu übertreffen wünschte, lud den jungen deutschen Prinzen zu einem zweiten Diner ein, wo letzterer zu seiner Überraschung in der Mitte der Tafel ein getreues Konterfei des herzoglichen deutschen Palastes, in dem er geboren war, ganz von Zucker und in den schönsten Farben strahlend, erblicken sollte. Ein Unwohlsein aber hinderte den Prinzen zu erscheinen, und der *Planter* mit den anderen geladenen Tafelfreunden mußte das Zuckerschloß samt der Unmasse von gastronomischen Kunstprodukten, unter denen die glanzvoll dekorierte Tafel seufzte, selber essen. Mit den Kosten eines Mahles, das hier von zwei Dutzend Menschen in wenigen Stunden verschwelgt wurde und nichts zurückließ als Katzenjammer und verdorbenen Magen, hätte ein halbes Dutzend armer Familien in den billigen Gegenden Deutschlands ein volles Jahr leben können.

Das üppige Tafelleben und die Trinksucht ist natürlich von allgemeiner Sittenlosigkeit begleitet. An Bordells, Freudenmädchen und Geschlechtskrankheiten steht New Orleans hinter keiner großen Stadt irgendeiner Zone zurück. Die meisten öffentlichen Dirnen sind Kreolinnen oder Farbige, in denen die weiße Blutmischung vorherrscht und die mitunter recht hübsch sind, aber selten einen Zug von Anmut haben sollen. Die Reize des schönen Geschlechts in der Louisiana sind in der Tat bedeutend unter ihrem Rufe, obwohl von seiten der Damen alles geschieht, um durch künstliche Mittel, durch Schminke, falsche Haare und Putz möglichst schön zu erscheinen.

Wer andere große Städte mit schönen Frauen gesehen, der wird selbst an den vielberühmten Kreolinnen von New Orleans nichts finden, was sich mit der edlen Würde der Römerinnen, mit der äußern Grazie der Pariserinnen, der regelmäßigen Schönheit der Damen Englands und dem lebhaften Feuer der schönen Frauen Andalusiens vergleichen läßt. Noch mehr stehen die Kreolinnen den deutschen Frauen an ehelicher Treue, an Bildung und Gemüt wie in allen häuslichen Tugenden nach.

Die Irländer, welche nach den Kreolen am zahlreichsten sind, liefern den Gefängnissen und Zuchthäusern das stärkste Kontingent. Wenn gemeine Verbrechen in allen großen Städten Nordamerikas an der Tagesordnung sind, so reicht ein Blick in die Elemente der europäischen Emigration zur Erklärung dieser Erscheinung hin. Unter den Verbrechern, die wir täglich in der öffentlichen Gerichtsstube der Recorders sahen, gehörten mindestens drei Vierteile zu den Heloten, deren sich Großbritannien entledigte. Die Irländer verrichten neben den Negern die gröbsten Arbeiten und sehen die Beschäftigung an den Eisenbahnen und an der Levée wie eine Art von irischem Monopol an. Arme deutsche Tagelöhner, die sich aus Not bei dergleichen Arbeiten beteiligen, werden von den Irländern mit scheelen Augen betrachtet und oft gehöhnt und mißhandelt. Die Irländer bilden allenthalben in der Union den rohesten, händelsüchtigsten, bigottesten und schmutzigsten Teil der Bevölkerung.

Von den Deutschen in New Orleans hat *Franz Löher* in seinem bekannten Werke gesagt, daß Armut und kleinliche Arbeitsamkeit noch größere Mißachtung über sie bringe als anderswo, daß viele Tausende unserer Landsleute, die hier alljährlich landen, aus Armut, Trägheit oder Übermut daselbst zurückbleiben und ein großer Teil von ihnen zur heißen Fieberzeit, da sie nicht wegziehen können wie die Reichen, die nassen Gräber der Stadt fülle. Diese Angaben des geistvollen Schriftstellers sind etwas zu stark aufgetragen. Die deutsche Bevölkerung erfreut sich hier im ganzen einer ziemlichen Wohlhabenheit. Eine große Menge von fleißigen Handwerkern ist durch Geduld und Sparsamkeit zu Geld und Besitz gekommen. Der größere Teil der reinlichen und schmucken Häuschen von *Lafayette,* das etwas weiter stromaufwärts den westlichen Anhang von New Orleans bildet, ist im Besitze der Deutschen. In den meisten Professionen konkurrieren sie mit den Amerikanern völlig ebenbürtig, sobald sie diesen nach einigen Jahren die fabrikmäßige Arbeitsmethode und sonstige Kniffe und Pfiffe abgelernt haben.

Wären alle Deutschen gleich bei der Landung mit der englischen Sprache vertraut, so würde ihnen diese Konkurrenz noch ungleich leichter werden, denn wenn sie auch hinter ihren amerikanischen Zunftgenossen in bezug auf Schnelligkeit des Arbeitens und Geschicklichkeit im Verkauf zurückstehen, so übertreffen sie dieselben durch nachhaltigern Fleiß, durch Solidität der Arbeit und durch häusliche Sparsamkeit. Manche Professionen, z. B. die der Fleischer und Zuckerbäcker, sind zum größern Teil in den Händen der Deutschen. An Schneidern, Schuhmachern, Schreinern, Sattlern gibt es, wenigstens im Verhältnis der Bevölkerungszahl, mehr Deutsche als Amerikaner und Irländer. Ein amerikanischer Advokat und Grundbesitzer in Lafayette, der dort seit vielen Jahren residiert und das ganze Werden und Gedeihen dieser ausgedehnten Vorstadt fast vom Beginne an überblickte, rühmte uns die Deutschen nicht nur im Vergleiche mit den Irländern und den Kreolen, sondern gab auch zu, daß sie selbst seine Landsleute in manchen Eigenschaften übertreffen. Als Eigentümer vieler Bauplätze rühmte er vor allem an ihnen, daß sie ihren eingegangenen Verbindlichkeiten pünktlicher nachkämen und die Zahlungstermine ohne gerichtliche Mahnung richtiger einhielten als irgendeine der übrigen Nationalitäten.

Freilich ist auch die Zahl der Armen und Besitzlosen ziemlich groß unter den Deutschen. Viele arbeiten auf den Schiffen, andere sieht man an der Levée mitten unter Negersklaven und Irländern Baumwollenballen wälzen und Zuckerfässer rollen. Der Lohn ist indessen selbst für diese rohe Arbeit ziemlich hoch und wird nicht nach dem Tage, sondern nach der Zahl der Ballen bezahlt, die der Handlanger nach der Baumwollenpresse oder von den Wagen nach den Schiffen wälzt. Ein recht fleißiger Arbeiter kann sich mit dieser Beschäftigung bis $1\frac{1}{2}$ Dollars täglich und darüber verdienen. Freilich ist die Arbeit bei so viel Staub und Sonnenglut auch sehr mühsam und anstrengend.

Eine bedeutende Zahl der ärmsten Deutschen ist in den Wäldern der Umgegend als Holzfäller beschäftigt. Die meisten kampieren dort in selbstgebauten Hütten und besuchen ihre Familien nur des Sonntags oder bei anhaltendem Regen. Die Arbeit ist bei der Härte des Holzes sehr mühsam, und wer hier einen Dollar täglich verdienen will, muß nicht nur sehr robuste Knochen haben, sondern auch die amerikanische Axt, die ziemlich lange Übung erfordert, gehörig zu schwingen verstehen. In einigen Wäldern werden nur Eichen und Storaxbäume, in anderen nur die Sumpfzypressen (Taxodium distichum) geschlagen. Viele beschäftigen sich in diesen Wäldern auch mit dem Einsammeln und dem Trocknen des Matratzenfutters, das aus den gekräuselten, tief herabhängenden Haaren einer eigentümlichen, höchst sonderbaren Schlingpflanze, Tillandsia usneoides, von den Kreolen «barbe espagnole» genannt, bereitet wird. Die gesammelten Pflanzen werden dicht zusammengedrängt, acht bis vierzehn Tage in einen Wasserbehälter gelegt und mit Brettern überdeckt. Während des Faulungsprozesses ändern sie ihre Farbe, werden statt mattgrau wie im lebenden Zustande grün und zuletzt schwarz. Man trocknet sie dann an der Sonne, und sie haben ganz die Eigenschaften der Roßhaare.

Eine mäßige Masse dieser Vegetabilien wird mit ½ Dollar bezahlt, und bei Fleiß und geschickter Behandlung kann sich ein Sammler der Tillandsia täglich 1½ Dollars verdienen. Wir haben diese deutschen Holzfäller und Tillandsiasammler in den Sumpfwäldern an beiden Ufern des Mississippi öfters besucht. Sie hatten nicht nur viele Schlangen, worunter manche sehr giftige Arten, sondern auch die noch weit schlimmeren Plagegeister, die Moskitos – eine Benennung, die man hier allen stechenden Fliegen und Schnaken ohne Unterschiede gibt – zu nächsten Nachbarn und Mitbewohnern des Waldes. Auch Alligatoren gab es in der Nähe, die aber den weißen Menschen gar nicht angreifen, sondern

Alligator

nur hier und da ihre Bosheit an den Negern auslassen sollen. Im Frühling hat dieses Waldleben manche Reize. Die Temperatur ist mild, aus dem Boden steigen noch nicht die bösartigen Miasmen auf, welche den Aufenthalt im Spätsommer hier so gefährlich machen. Im Sommer ist der Aufenthalt mehr noch des Ungeziefers als der Hitze wegen ganz unausstehlich, und wer nicht mit einer sehr dicken Haut gesegnet ist, läuft dann in der Regel davon und sucht sich anderwärts sein Brot zu verdienen. Eine erwähnenswerte Erscheinung, die man fast durch alle deutschen Niederlassungen in Amerika findet, ist, daß selbst unter diesen deutschen Waldbewohnern, die in ihrer Einsamkeit auf brüderliches Zusammenleben und Verträglichkeit doch besonders angewiesen scheinen, häufig eine Trennung nach den Stämmen und Mundarten stattfindet. Namentlich hielten sich auch hier die Plattdeutschen von ihren hochdeutsch redenden Landsleuten getrennt, unterstützen einander sehr brüderlich beim Fällen der Bäume, arbeiten und ruhen, essen und schlafen beisammen, und – plaudern immer plattdeutsch!

Es erscheinen in New Orleans zwei deutsche Tagesblätter: die *Louisiana-Staatszeitung* und die *Deutsche Zeitung,* die, obgleich beide demokratisch, nach dem allerwärts üblichen Brauche deutscher Journalisten einander brotneidisch sind, sehr oft in wütenden Schimpfartikeln sich befehden und dabei zu den gröbsten persönlichen Insulten ihre Zuflucht nehmen. Beide fristen bei einer Abonnentenzahl von etwa 600 eine kümmerliche Existenz, sind daher auch nachlässig redigiert und erhalten sich nur durch die Insertionsgebühren.

Der Deutsche hat hier wie allerwärts in den Vereinigten Staaten geringe Leselust, und noch weniger liebt er es, für sein Lesen zu zahlen. Ohne die deutschen Bierhäuser und Kneipen könnten sich nur in sehr wenigen Städten der Union deutsche Blätter erhalten. Merkwürdig ist, wie diese Unlust zum Lesen nicht nur den Arbeiterstand, sondern auch die gebildeten Einwanderer fast durchgehends beseelt. Es scheint hier eine Art Reaktion gegen die deutsche Schulzwangsbildung, gegen jede Art von Theorie und gelehrtes Wesen einzutreten. Der Deutsche scheint zu fühlen, daß seine Nation durch Gelehrsamkeit und Überbildung versauert ist und damit die Energie des Handelns und den praktischen Sinn verloren hat. Die deutsche Buchhandlung des Herrn Schwarz erhält sich mehr durch den Verkauf von Schreibmaterialien und Bildern als durch den Absatz von Büchern. Die deutschen Klassiker, mit Ausnahme Schillers, werden selten oder nie begehrt. Für die neue deutsche Lyrik, die in unserm glücklichen Vaterlande so viele Leute mit überschwenglichem Herzen, besonders aber nervenschwache Frauen und bleichsüchtige Fräuleins entzückt, ist kein Sinn vorhanden. Nicht einmal *Heines* «Lieder» werden verkauft, und *Herweghs* Name ist selbst unter den Demokraten und Arbeitern wie verschollen, seitdem der «Lebendige», der die großartigsten Sturmlieder gedichtet, sich unter das Spritzleder verkrochen. *Humboldts* «Kosmos» ist in etwa 20 Exemplaren verkauft worden, wohl mehr des berühmten Namens wegen und um hier wie in New York in Büchergestellen zu prunken, ohne in der Regel gelesen oder gar verstanden zu werden. Schöne deutsche Kupferstiche, namentlich das *«Künstleralbum für König Ludwig»* fand manche Liebhaber unter den deutschen Kaufleuten, die in den Mußestunden, welche ihnen die Baumwolle übrig läßt, lieber etwas dem Auge Gefälliges sehen, als sich das Gehirn mit Lektüre anstrengen oder an lieblicher Lyrik sich das kühle Herz erwärmen.

Schiller allein, der warme, begeisternde, ewig große und populäre Dichter, wird noch gekauft, und zwar meist von Männern des «Volks», nicht von den Reichen. Wie groß aber auch die Popularität der Schillerschen Dramen ist, so steht sie doch weit hinter der *«Heiligen Genoveva»*, dem *«Hundssattler»* und vor allem hinter den «Vier Haimondskindern» zurück. Fünfzig Exemplare dieser noblen Bücher, wie uns der Buchhändler, Herr Schwarz, versicherte, werden verkauft, ehe einmal nach Schiller gefragt wird. Meldet sich gar ein Käufer für Goethe, so merkt es Herr Schwarz immer mit roter Tinte im Kalender an.

Bei aller Antipathie gegen Preßbengel, Kunst und Wissenschaft gewinnen die Deutschen hier zusehends an politischem Einfluß. Das deutsche Votum fällt bei der Abstimmung bedeutend schwer ins Gewicht, obwohl ihnen die Beamtenstellen – natürlich nur durch Brauch, nicht durch Gesetz – fortwährend so gut wie unzugänglich bleiben. Irländer, die mit dem Vorteil der englischen Sprache auch mehr Intrigenkunst und Talent zur Stellenjägerei verbinden, schleichen sich schon viel leichter in die öffentlichen Plätze ein. Wo man in den südlichen Staaten Deutsche in den Ämtern sieht, sind es gewöhnlich die niedrigsten oder wenigst einträglichen Plätze oder solche, wobei die Kenntnis der deutschen Sprache eine Notwendigkeit ist, z. B. bei der Post am deutschen Briefschalter, bei den Dolmetschern der Recorders oder bei den Nachtwächtern von Lafayette. Einige wenige Deutsche sind Advokaten; einer ist auch Mitglied des Stadtrats, versteht sich ohne Besoldung. In die Legislatur des Staates Louisiana wurde bei der letzten Wahl der erste geborene Deutsche, Herr Hermann, ein ehrenwerter Schuhmacher, gewählt. Unter den Milizoffizieren gibt es ziemlich viele Deutsche. Wer Ehrgeiz hat und eine höhere Stufe in der Beamtenhierarchie als die des Nachtwächters erklimmen will, dem würden wir raten, sich nach einem der westlichen Staaten zu begeben. In Illinois figurierte ein Deutscher in erster Reihe auf der demokratischen Kandidatenliste für die Vizegouverneurstelle, und in Wisconsin ist das Finanzportefeuille des Staates einem Deutschen anvertraut; es gibt dort deutsche Senatoren, ja sogar einen deutschen Sprecher des Assemblyhauses. Bis es den Deutschen in Louisiana gelingt, solche Würden zu erreichen, dürften noch manche Jahrzehende vergehen. Die reichen deutschen Großhändler sind hier durchaus ohne Ehrgeiz, und ihr ganzes Dichten und Trachten ist nur auf *Cotton* und *Dollars* gerichtet.

Als Masse aber fangen die Deutschen an, sich schon ziemlich kräftig zu rühren. Das hat man am klarsten bei der letzten großen Massenversammlung aller Gewerbetreibenden in New Orleans gesehen. Der Stadtrat hatte sich im Februar 1853 herausgenommen, der immensen Stadtschulden halber eine Steuer von 10 Dollars auf alle Gewerbetreibenden, die mehr als einen Arbeiter beschäftigten, auszuschreiben. Der erste und kräftigste Oppositionsschrei gegen diese Maßregel ging von den deutschen Handwerkern in Lafayette aus. *«Keine Steuer auf Arbeit»* hieß das Feldgeschrei, und die beiden deutschen Zeitungen, die ohne Wirte und Handwerker nicht leben können, mußten, gehorsam dem Gebote ihrer Brotgeber, das elektrische Schlagwort täglich wiederholen. Das Wort fand auch unter den Irländern, Kreolen und Amerikanern empfänglichen Boden, denn wo es sich um das Zahlen oder vielmehr Nichtzahlen handelt, da zeigen die verschiedenen Nationalitäten plötzlich eine wunderbare Sympathie. In der Halle der Bank's Arcades kam der Gegenstand zur öffentlichen Verhandlung. Hermann, der deutsche Schuhmacher und Mitglied der Legislatur, wurde zum Präsidenten gewählt und quäkte eine kurze englische Anrede mühsam aus seiner breiten Brust. Die deutschen Arbeiter kamen in langer Nachtprozession von Lafayette hergezogen, mit Musik, Fahnen und illuminierten Aufschriften auf hoher Stange. Die deutschen Turner erschienen in ihren Leinwandjacken und breitrandrigen Hüten. Böller krachten und Raketen stiegen, und kein anderes Volkselement tat es dem deutschen im Lärmen und Hurraschreien zuvor. Die Amerikaner packten die Sache in ihrer Weise schon etwas praktischer an. Sie dominieren auf der Rednerbühne und redigierten den Protest. Der weitere Verlauf der Geschichte war bei unserer Abreise von New Orleans noch in der Schwebe. Unter den Stadträten war Herr Lugenbühl, das deutsche Mitglied, der einzige, der gegen die Steuer gestimmt hatte und dadurch natürlich im Vollgenusse der Volksgunst blieb. Wenn bei diesem oder bei ähnlichen Anlässen keine Katzenmusik, kein Krawall oder sonstige Dummheit geschah und geschieht, so verdankt man das immer der vernünftigen und ruhigen Haltung der Amerikaner, die, wenn die Deutschen auch den Grundton anstimmen, bald die Sache in ihre praktischen Hände nehmen und der Bewegung die Richtung geben.

Ein tüchtiges, durchaus preiswürdiges Institut ist die *deutsche Gesellschaft* von New Orleans, welche auf die uneigennützigste Weise für das Wohl und die billigste Weiterbeförderung der deutschen Einwanderer nach dem Innern sorgt, in dem dazu eingerichteten Büro jedem deutschen Einwanderer unentgeltlich guten Rat erteilt und den völlig Hilflosen, besonders Kranken oder Waisen, noch reellere Unterstützung spendet. Nach dem Jahresbericht von 1851 hat die Gesellschaft durch ihren Agenten 6418 Emigranten nach St. Louis, 3262 nach Louisville und Cincinnati, 366 nach Texas, 68 nach Arkansas befördert. Beschäftigung erhielten durch Vermittlung der Gesellschaft in New Orleans 2169 Personen. Unter den europäischen Häfen, welche deutsche Auswanderungsschiffe nach New Orleans senden, steht Bremen in erster Linie, dann Havre, Antwerpen, Hamburg, Liverpool, Rotterdam, Amsterdam. Die deutsche Gesellschaft, durch deren uneigennützige Tätigkeit dem Unfug der sogenannten Makler hier ungleich mehr als in New York Schranken gesetzt werden, beabsichtigt auch die Errichtung eines deutschen Waisenhauses, zu dem es bis jetzt noch an den notwendigen Fonds gebrach.

Der spanische Bevölkerungsteil ist unbedeutend. Gewisse Branchen des Detailhandels, z. B. der Verkauf der Südfrüchte, ist größtenteils in ihren Händen. Indianer wohnen nicht in der Stadt, kommen aber, in ihre Baumwollendecken eingehüllt, mit struppigen, lang herabhängenden Haaren und bartlosen, weibischen Gesichtern aus der Landschaft häufig auf Besuch, um geschossenes Wild, lebendige Tiere, Flechtwerk, Stickereien u. dgl. zu verkaufen. Die freien Neger bilden einen kleinen Teil der schwarzen Bevölkerung. Sie sind meist Methodisten, haben ihre eigenen Kirchen, ihre Prediger und Schulmeister, die in der Regel Mulatten sind. Wir wohnten öfters diesem Negergottesdienst bei und erfreuten uns an der Sauberkeit des einfachen Gotteshauses, der würdigen Haltung des Predigers und seinen ebenso schönen als vernünftigen Kanzelreden wie an der Andacht der Versammlung, die nach echter Methodistenweise während des Gebetes und der Predigt durch tiefes Stöhnen und Seufzen ihre Herzzerknirschung kundgab. Die Auswanderungen freier Neger von Louisiana nach *Liberia,* der von den Amerikanern gegründeten Negerkolonie an der Westküste Afrikas, dauern fort. Wir sahen im Monat Januar ein solches Schiff unter Segel gehen. Die schwarzen Passagiere hatten ernste, trübe, wehmütige Mienen und schienen nicht ohne die bittersten Gefühle aus einem Lande zu scheiden, wo selbst der freie und reiche Neger keine behagliche Existenz, nur Demütigung und Verachtung von seiten einer Rasse findet, die mit ihrer weißen Farbe von der Natur das Recht erhalten zu haben glaubt, den schwarzen Mitmenschen, der, wenn nicht an geistigen Fähigkeiten, doch an Gemüt und Gutmütigkeit ihn weit übertrifft, ganz in der Weise zu behandeln wie das alte Sparta seine Heloten.

Wer über den Charakter und das Schicksal der Negersklaven in New Orleans Studien machen will, findet hier einen günstigen Boden. Er braucht nur öfters seine Wohnung zu wechseln und zu sehen, welche Leistungen man von gekauften oder gemieteten Sklaven fordert und was man ihnen dafür bietet. Selten findet freilich ein Beobachter oder Beurteiler der Sklavenzustände es der Mühe wert oder mit seiner weißen Würde verträglich, die Neger selbst auszuforschen und um ihre täglich wiederkehrende Leidensgeschichte sich ernstlich zu kümmern. Die meisten wiederholen jenen allgemeinen Refrain, der unter der weißen Bevölkerung gang und gäbe ist: es gehe den Negern recht gut, sie hätten gar kein Verlangen nach Freiheit und würden sich in der Freiheit nur unglücklich fühlen.

Die Amerikaner sind Meister in der Statistik, für alles haben sie ihre Zahlenrubriken. Doch haben wir kein statistisches Dokument finden können, wie viele Mütter trotz Buchstaben des Gesetzes von ihren Kindern gerissen und wie viele Peitschenhiebe alljährlich ausgeteilt werden. Wer diese noble Institution, die zur Schande der Demokratie unter den Demokraten[1] ihre wenigsten Gegner und ihre wärmsten Verteidiger findet, noch näher kennenlernen will, der begebe sich auf eine Pflanzung, besonders der französischen Kreolen. Man weiß dort nicht, ob die kaltblütige Schinderei entmenschter Sklavenhalter, die unter einem äußern Firnis von sogenannter Hospitalität und Liebenswürdigkeit das kalte eingeschrumpfte Herz verstecken, oder der tierische Geisteszustand, zu dem die armen Schwarzen durch eine fortgesetzte, sinnreich vertierende Methode heruntergebracht werden, mehr Entsetzen und Ekel einflößen. Jene Fremden, welche auf Pflanzungen der Louisiana gewesen und diese Worte vielleicht für übertrieben halten, möchten wir fragen, von wem sie ihre Kenntnis der Negerzustände und der Behandlung der Sklaven gewonnen. Wie mancher Reisebeschreiber hat nach dem löblichen Beispiele seiner Vorgänger mit dem Plantagenbesitzer und dessen «liebenswürdiger Familie» die Schwelgereien der Tafel geteilt und zum Dank für das «Genossene» die menschliche Behandlung und das Glück der Sklaven gepriesen, ohne sich mit einem Funken von Teilnahme und Menschenliebe um das wahre Schicksal derselben zu kümmern. In der Stadt New Orleans finden die wöchentlichen Negerverkäufe unter der Rotunde des St. Louis-Hotels statt. Auch diesen Ort sollte jeder, der seine Studien über Sklavenwesen machen will, ebenso wie die bekannte öffentliche Prügelanstalt der Neger,

---

[1] Wohl im engeren Sinne auf die Demokratische Partei bezogen (A. d. H.).

wo die Zahl der Peitschenhiebe von der Geldspende abhängt, die der Besitzer oder Mieter des Sklaven dem Prügelmeister zahlt, regelmäßig besuchen. Vielleicht dürften hier seine Ansichten über die Negersklaverei und die Abolitionisten einige Modifikationen erfahren.

Ein Besuch auf den Zuckerplantagen der Louisiana

Wenige Tage nach unserer Ankunft in New Orleans erhielten wir von einem dortigen Bankier ein Empfehlungsschreiben an mehrere der bedeutendsten Zuckerpflanzer der Louisiana. Wir haben immer gefunden, daß nächst Geld das Handbillett eines *Geldmannes* eine der nützlichsten Rekommandationen ist, und besonders in der Louisiana, wo selbst der Hauptbesitz so häufig in Kapitalnöte geraten soll.

Wir fuhren auf dem Dampfer «Music» nach den Plantagen der «Küste», wie die Bewohner von Louisiana die Ufer des Mississippi zu nennen pflegen.

Unter der Reisegesellschaft befanden sich viele Kreolen, d. h. Abkömmlinge eingewanderter Franzosen. Die wenigsten unter ihnen waren der englischen Sprache mächtig, aber alle hatten sich die zahllosen kleinen Unarten der Amerikaner des Südens mit staunenswerter Perfektion angelernt. Sie kauten, fluchten, tranken Whisky, spielten Ucker, bissen sich die Nägel und streckten, mit dem Körper sich in einem Armstuhl balancierend, ihre langen Spindelbeine über das Schiffsgeländer hinaus in die Luft. Obschon wir nur ungefähr 50 Meilen den Mississippi aufwärts fuhren, so nahm diese Fahrt doch einen ganzen langen Tag in Anspruch, indem wir fast an jeder einzelnen Plantage anhielten, um Waren abzuladen oder Passagiere aufzunehmen. Endlich gegen 8 Uhr abends landeten wir auf einer der großartigsten Plantagen im Pfarrbezirk Saint Jacques.

Da man von unserer Ankunft bereits brieflich unterrichtet war, so befanden sich schon ein paar rabenschwarze Neger auf dem Landungsplatze, um unser Gepäck in Empfang zu nehmen und uns nach der Wohnung zu begleiten. Da unser Besuch gerade in die roulaison oder Erntezeit fiel, so hatten

Die Plantagenbesitzer des Südens

a Innenraum eines Hauses im neogriechischen Stil um 1850

b leichter, offener Einspänner

alle Hände vollauf zu tun, und wir trafen daher den Besitzer in größter Tätigkeit im Fabrikgebäude, wo er persönlich Tag und Nacht den Erzeugungsprozeß leitete. Auf einer Erhöhung mitten unter dem Lärm der geschäftigen Maschine stand von allen Seiten frei eine einfache Bettstätte, mit einem Moskitonetz aus feinem weißem Musselin überhängt, die dem Chef des Hauses für wenige Nachtstunden zum Ausruhen diente.

Wir ersparten uns den Besuch des Etablissements für den nächsten Morgen, und nach dem Austausche der gewöhnlichen Höflichkeiten führte uns ein Sklave nach dem Schlafgemach. Es war derselbe Neger, der uns am Schiff empfangen hatte, ein guter, lustiger Kauz. Die Neger, welche mit Kreolen zusammenleben oder von diesen abstammen, nehmen gemeiniglich auch deren leichte, gefällige Manieren an. Der Neger-Kreole ist weit pfiffiger und heiterer als jener des Nordens, aber er ist nicht so sittlich.

Das Zuckerrohr, welches in Westindien und Brasilien seit der Mitte des 17. Jahrhunderts gebaut wird, wurde in Louisiana erst im Jahre 1796 von einem Kubaner namens Mindez eingeführt. Vor dieser Zeit kultivierte man Indigo, Baumwolle, Tabak und Reis. Als Mindez in Terre au bœuf das erste Zuckerrohr pflanzte, war seine Absicht nicht, so nahe es auch lag, Zucker zu gewinnen, sondern Taffia, ein in Westindien viel getrunkenes, whiskyähnliches Getränk, daraus zu bereiten. Aber die Spekulation schlug fehl, und das Guildive (wie man in Kuba das Gebäude nennt, in welchem dieser Likör erzeugt wird) ging nebst dem Alambic (Taffia-Apparat) zugrunde. Jetzt kaufte der Kreole Borret die aufgelassenen Pflanzungen und fabrizierte zum großen, augenöffnenden Erstaunen des Don Mindez nicht Taffia, sondern – Zucker. Vom Augenblicke an, wo man sich durch das Gelingen dieses Experiments überzeugt hatte, daß das Zuckerrohr auch in der Louisiana die zur Bereitung des Zuckers nötige Reife erlange, nahm die Pflanzung des Zuckerrohrs mit jedem Jahr mehr überhand, und gegenwärtig zählt Louisiana bereits 1474 Zuckersiedereien, welche jährlich durchschnittlich 200 000 boucauts (Oxhofte) oder 200 Millionen Pfund Zucker und außerdem 18 Millionen Gallonen Sirup erzeugen. Das Zuckerrohr gedeiht indes nur in der südwestlichen Louisiana bis zum 31. Breitengrade. Am Red River, wo man ebenfalls solche Pflanzungsversuche gemacht, hatten dieselben nicht mehr den gewünschten Erfolg gehabt.

Der großartige Aufschwung der Zuckerfabrikation hat auch eine wesentliche Preisveränderung des Fabrikats erzielt, und während Zucker im fünfzehnten Jahrhundert noch ein so kostbarer, luxuriöser Artikel war, daß im Jahre 1459 Margareth Parton aus einem kleinen Städtchen Schottlands an ihren Mann, der in Geschäften nach London reiste, das schriftliche Gesuch stellte, er möchte doch so gnadenvoll sein (vouchsafe), ihr ein Pfund Zucker mit heimzubringen, vermöglicht der dermalige Erzeugungspreis von drei Cents pro Pfund auch den Mindestbemittelten, am Genuß dieses edlen Naturproduktes teilnehmen zu können.

Nach der alten französischen Einteilung besitzt jede Zukkerplantage bei einer Tiefe von 40 Arpents[1] einen Arpent oder 180 Quadratfuß Uferland, um für deren Erzeugnisse den Vorteil der leichtern Beförderung und Verschiffung zu haben. Ein Grundstück von diesem Flächenraum behauptet gegenwärtig einen Wert von ungefähr 5000 Dollars.

Auf den Feldern sahen wir männliche und weibliche Negersklaven tätig, mit einem schneidigen, sichelartigen Instrument das Rohr seiner reichen Blätterwucht zu entblößen und dann mit einem scharfen Hieb knapp am Boden abzuschneiden, während andere sich unaufhörlich bückten, um das geschnittene Rohr in Pakete zu sammeln und mit seinen Naturblättern gebunden auf einen Karren zu werfen, der es nach dem Preßapparate beförderte.

Ein Feld reifen, hochstämmigen Zuckerrohrs mit seinen schmalen, langen, goldgelben Blättern wäre ein gar prächtiger Anblick, wenn man dabei nicht immer an Negerschweiß und Sklavenseufzer erinnert würde. Die Pflanze wird hier 8–10, in Westindien sogar bis 20 Fuß hoch und erreicht $1^1/_2$ Zoll im Durchmesser. Der Stamm ist dicht und zähe, aber leicht brechbar und von grüner Farbe, die sich zur Zeit

---

[1] Das alte französische Flächenmaß Arpent ist um 48 Prozent kleiner als der amerikanische Acre, der 230 Quadratfuß mißt.

der Reife in ein lichtes Gelb verwandelt. Die Blätter sind 3–4 Zoll lang und 1–2 Zoll breit und gilben sich ebenfalls bis zur Ernte. Obwohl das Zuckerrohr in der Louisiana genugsam reift, um zur Fabrikation verwendet werden zu können, so kommt es doch daselbst niemals in den Zustand der Blüte; kein einziger Pflanzer der Louisiana, den wir besuchten, hatte jemals die Blüte der Pflanze gesehen, die ihm doch so goldene Früchte bringt! Das Zuckerrohr beginnt gewöhnlich erst im 11. oder 12. Monat nach seiner Pflanzung zu blühen; seine Blüten sind zahlreich, ohne Blumenblätter, von weißlicher Farbe mit drei Staubfäden.

Das Zuckerrohr (arundo sacchifera) wird zeitig im Jahre, wenn eine ernste Frostgefahr nicht leicht mehr zu befürchten steht, meist schon im Februar gebaut, wo das zur Pflanzung bestimmte Rohr ungefähr 2 Fuß tief horizontal in den Grund gelegt und sodann wieder mit Erde bedeckt wird. Die Pflanzen eines Ackers, welche einen Wert von 100 Dollars vorstellen, sind hinreichend, um 5 Acker damit zu bebauen, da aus jedem in die Bodenfurche gelegten Rohr wieder zahlreiche Pflanzen erSprießen.

Man baut drei verschiedene Gattungen Zuckerrohr: das Kreolen-Rohr (canne créole) aus Kuba, das schon Mindez im Jahre 1796 pflanzte und das in Westindien bis zu einer Höhe von 3000 Fuß noch gedeiht; das Otaheiti-Rohr (canne crystalline), welches in der Heimat sogar bis zu einer Höhe von 5000 Fuß fortkommen soll, und das gestreifte Rohr (canne à ruban), welches erst im Jahre 1826 aus Java eingeführt wurde. Am ergiebigsten und beliebtesten ist das letztere (canne à ruban), weil es am besten dem Einflusse des klimatischen Wechsels, der Kälte und den Winden, der Nässe und der Trockenheit widersteht.

Jeder Neger hat jährlich die Kultur von 7 Arpents Zuckerpflanzung und 3 Arpents Mais zu besorgen. Während der Erntezeit, wo die junge schwarze Bevölkerung vom ersten Sonnengruß bis zum letzten Lichtstrahl auf dem Felde ist, kann ein guter Arbeiter täglich einen halben Arpent ernten, Weiber und ältere Neger hingegen nicht mehr als $1/4$ Arpent. Jeder Arpent gibt 18–20 Karren voll (charrets) Rohr und liefert durchschnittlich 1000 Pfd. Zucker und 500 Pfd. Zuckersatz (molasses). In günstigen Jahren hat sich das Erträgnis eines Arpent von 180 Quadratfuß bis auf 1500 Pfd. gesteigert. Die Arbeitskosten eines Arpent betragen jährlich zirka 21 Dollars oder ungefähr $^1/_3$ des Ertrages.

Wenn man sich mit der Ernte verspätet hat und selbst der angestrengteste Menschen- und Maschinenfleiß nicht imstande ist, das rohe Zuckerrohr vor dem mutmaßlichen Eintritt des so sehr gefürchteten ersten Frostes aufzuarbeiten, so wird das geschnittene Rohr auf dem Felde in Pakete gelegt und mit dichten Blättern wohlbedeckt, was man in der Pflanzersprache matelas nennt. Dieses Verfahren reicht vollkommen hin, um das Rohr vor dem Frostverderben zu schützen, denn wenn auch das Thermometer zuweilen bis auf 32 °F [0 °C] sinkt, so erholt es sich doch bald wieder und erreicht oft schon in der nächsten Stunde eine Höhe von 50 °F [10 °C].

Zur Zeit, als wir diese Rundreise durch das Zuckergebiet der Louisiana vornahmen, anfangs Dezember, zeigte das Thermometer fast durchschnittlich 75 °F (19 °R).

Nach 5 oder 6 Jahren des Ertrages läßt man eine Pflanzung gewöhnlich 1 oder 2 Jahre ruhen, und darum besteht eine jede Plantage meistenteils aus zwei- bis dreimal soviel Grundstücken, als sich in Zuckerkultur befinden. Auf den ertragsunfähig gewordenen Feldern baut man zumeist Bohnen, weil die Pflanzung dieser Gemüseart bisher als die dem Boden zuträglichste erkannt wurde. Ja, manche Plantagenbesitzer sind in dieser Beziehung derart skrupelhaft und fürchten so sehr, dem Boden die benötigte Nahrung zu entziehen, daß sie sogar von der gereiften Bohnenfrucht keinen Gebrauch machen, sondern dieselbe überackern und dem Boden als Düngervermehrung belassen. Ein anderes Düngungsmittel sind die Rohrabfälle (bagasse), die einige Pflanzer, wenn selbe aus der Presse kommen, nach dem Felde zurückführen und dort verfaulen lassen, während andere sie vorher in Asche verwandeln und dadurch eine erhöhte Düngungskraft zu erzielen glauben.

Wenn die geschnittenen Zuckerrohre gleich Garben vom Felde heimgeführt sind, so werden sie mit einer Maschine in Verbindung gebracht, die zwischen drei Stahlzylindern den

Nahrungssaft auspreßt und sodann das zermalmte Rohr durch eine geschickte Vorrichtung entweder in den Feuerofen oder auf den Düngerhaufen weiterbefördert. Der gewonnene Saft aber läuft durch verschiedene Bottiche nach den eisernen Zylindern, in welchen der Kochprozeß geschieht. Hierauf wird die Flüssigkeit in Holzbehälter zur Kristallisation abgezapft und später in Fässer gefüllt. Der ganze Erzeugungsprozeß, vom Moment, wo das frischgeschnittene Zuckerrohr in die Quetschpresse geschleift wird, bis zur vollendeten Kristallisation, dauert nicht länger als 10 Stunden, so daß in einem Etablissement mit 4 Kochapparaten (cylindres oder tigres) während der Ernte alle Tage ungefähr 20 000 Pfd. Zucker erzeugt werden.[1] Bei all diesen Verrichtungen sahen wir Negersklaven als Mechaniker, Ingenieure, Maschinisten und sogar als Leiter des ganzen Erzeugungsprozesses tätig, und jeder der Pflanzer lobte uns die Pünktlichkeit und Gewissenhaftigkeit, mit der sich dieselben ihrer Obliegenheiten entledigen. Wiederholt hörten wir von Sklaven erzählen, die so klug, besonnen und geschäftskundig «wie ein Weißer» sind und dabei so ehrlich, daß man ihnen die größten Summen anvertrauen könne, ohne eine Veruntreuung befürchten zu müssen. Wie würden sie aber erst in ihrer geistigen und sittlichen Entwickelung gewinnen, wenn sie lesen, schreiben und beten könnten! In ihrem jetzigen Zustande der Unwissenheit und Erniedrigung bleiben sie trotz ihrer mannigfachen Anlagen doch nur Maschinen, die nach Gefallen gebraucht werden. So gibt es auf den mei-

---

[1] So vorteilhaft die Zuckerfabrikation der Louisiana auch erscheint, so kann dieselbe gleichwohl nicht ohne den höchsten Schutzzoll bestehen und müßte im Momente zugrunde gehen, wo der 40 Prozent betragende Eingangszoll auf westindischen Zucker aufgehoben würde, denn um 100 Pfd. Zucker zu erzeugen, braucht man in Louisiana 12–1500 Litres Zuckersaft, in der Havanna hingegen für das gleiche Quantum nur 800 Litres. Nach den uns von mehreren Pflanzern gemachten Mitteilungen geben 100 Pfd. Kubazucker 84 Pfd. Raffinat, während 100 Pfund Zucker in der Louisiana nur 56 Pfd. raffiniertes Produkt geben. Die zeigt am besten, das die Kultur des Zuckers in der Louisiana keine natürliche, sondern eine dem Boden abgerungene ist und nur von einem so beharrlichen Volke wie die Amerikaner erzwungen werden konnte.

a. Zuckerplantage
b/c Schneiden und binden des Zuckerrohrs

sten Kreolenpflanzungen alte Neger des Hauses, sogenannte hommes de confiance, welche mit den deutschen «Vertrauten» viel Ähnlichkeit haben und als Spione gegen die neu angekauften amerikanischen Sklaven dienen.

In der Regel ist es braunes Fabrikat, was die Zuckermanufakturen der Louisiana in großen Holzfässern (boucauts) von 1000 Pfund Gewicht auf den Markt bringen. Die Erzeugungskosten sollen ungefähr 3 Cents pro Pfund betragen, während im Handel das Pfund Zucker 5–6 Cents im Werte hat.

Wie in Deutschland die Winzer Traubengeschenke machen, so schicken die Pflanzer der Louisiana während der Ernte frisch geschnittenes Zuckerrohr an ihre Freunde nach der Stadt, und es sieht gar komisch aus, Weiße und Schwarze ein saftiges stämmiges Rohr gleich einer Tüte an den Mund führen und seiner ganzen Länge nach absaugen zu sehen.

Die Ernte und die Zuckerfabrikation nehmen durchschnittlich zwei Monate des Jahres in Anspruch. Während dieser Zeit arbeiten die Neger gegen 18 Stunden und haben nur 6 Stunden für ihre Rast. Selbst des Sonntags wird zu dieser Zeit auf den meisten Plantagen gearbeitet, um auch nicht einen Augenblick zu verlieren, wodurch man von der Ungunst des Wetters ereilt werden könnte. Die Plantagenbesitzer erzählten uns alle, die Zeit der Ernte sei für die Neger die heiterste und angenehmste Saison des Jahres, die Epoche, in welcher sie am wenigsten von Krankheiten geplagt sein sollen. Wer aber gleich uns beobachtet hat, wie gerade zu jener Zeit die Sklaven jedes Geschlechts und jedes Alters in triefendem Schweiß sich abmühen müssen, um so rasch als nur möglich das heikliche Produkt in Sicherheit zu bringen und die Tasche des Herrn auf Kosten ihrer Gesundheit selbst vor dem kleinsten Schaden zu schützen, der wird wohl trotz dieser Beteuerungen eine andere Meinung behalten.

Wenn Ernte und Fabrikation vollendet sind, die Dampfmaschinen und die Pressen wieder bis zum nächsten Herbste ruhen und schon bald die neue Pflanzung beginnt, dann gestatten allerdings die Pflanzer den Sklaven einige Tage der Ruhe und Erholung, wie man ein Zugpferd nach schwerem gewinnbringendem Fuhrwerk einige Tage lang im Stall sich neue Kräfte sammeln und ihm besseres Futter reichen läßt. Während dieser kurzen Frist sollen auf den Plantagen manche Belustigungen stattfinden und wirklich nur wenige Neger geprügelt werden. Aber eine aufrichtige Freude, ein wahrer Genuß kann es unmöglich sein, wo schon die nächste Zukunft wieder mit derselben Not, derselben Tyrannei entgegengrinst.

Die Wohnungen der Sklaven (camps) haben fast auf allen Plantagen das gleiche Ansehen, eine Reihe kleiner unansehnlicher, weißbekalkter Holzhütten, mit hölzernen Balken anstatt der Fenster und meistenteils gepflastertem Boden. Manche Sklaven haben ein kleines Gärtchen vor ihrem Hause, wo sie Gemüse bauen, aber lieber als Blumen züchten sie Geflügel oder Schweine. Wenn man das Innere dieser Hütten besucht, kann man wohl ziemlich auf den Charakter des Plantagenbesitzers schließen. Bei einem strengen, geizigen Sklavenhalter sehen auch die Wohnhütten der Neger verwahrlost, dürftig und verfallen aus; unter einer wohlwollenden Herrschaft trifft man reinliche, saubere, oft sogar mit Bildern und Draperien ausstaffierte Räume.

Die unverheirateten Neger wohnen getrennt; die Familien, die in der Regel aus 7 bis 8, oft auch aus 10 Gliedern bestehen, wohnen beisammen. Wer kann aber in einem

Sklavenleben überhaupt sagen, was eine Familie ist? – Nicht die Gemütsharmonie des Paares, sondern die rohe Spekulation des Sklavenzüchters auf eine kräftige Brut schließt die geschlechtliche Verbindung. – Nicht der Vater ist das Oberhaupt der Familie, schützt sein Weib und seine Kinder und sorgt durch seiner Hände Arbeit und seiner Stirne Schweiß für deren Besserbefinden; die Laune des Mannes, dessen Eigentum er und die Seinen sind, bestimmt allein, unwiderredbar und unverantwortlich über des Sklaven und der Seinen Geschick. Heute sitzen noch die Negermutter und der Vater, Töchter und Söhne in ihrer armen Sklavenhütte traulich und ahnungslos beisammen, und den nächsten Tag werden sie vielleicht schon getrennt und einzeln schuldenhalber verkauft oder durch Erbschaft verteilt oder aus Spekulation ausgeliehen oder einem drängenden Gläubiger als Pfand gegeben!

Es ist nicht immer die Hartherzigkeit der Sklavenzüchter, welche den Negern das schrecklichste Los bereitet, oft ist es vielmehr die Weichheit des Herzens, die Leichtfertigkeit ihrer sinnlichen Naturen, welche die Sklaven noch tiefer erniedrigt, noch mehr entsittlicht und verzweifelnd macht. Bei einem der Plantagenbesuche fiel uns ein Mulatte von einigen zwanzig Jahren auf, der sichtbar besser behandelt und zu leichteren Arbeiten verwendet wurde. Derselbe war die Frucht einer unlegitimen Verbindung eines Plantagenbesitzers der Nachbarschaft mit einer Negersklavin und wurde beim Tode seines Vaters von den Erben gleich den anderen Sklaven verkauft. Als wir ihn sahen, lebte er unter einem wohlwollenden Herrn, der ihn als Jäger, Kutscher usw. benutzte und das Unglück seiner Lage zu beherzigen schien. Wer steht aber dafür, daß er nicht schon in der nächsten Zukunft durch den Tod seines gegenwärtigen Eigentümers in einen minder rücksichtsvollen Besitz übergeht? Wenn jeder Sklavenzüchter auch alle die Sklaven mild und rücksichtsvoll behandeln wollte, die weißes oder gar sein eigenes Blut in den Adern haben, so würde sich bald die Sklavenzucht nicht mehr auszahlen! Zwar ist auf den Plantagen der Louisiana die Gesamtheit der Neger von dunklerer, urtümlicherer Komplexion als in anderen Sklavenstaaten des Südens, gleichwohl fanden wir auf jeder der von uns besuchten Plantagen mindestens ein paar Dutzend Mulatten, und manche hatten sogar eine nicht dunklere Gesichtsfarbe als ihre Besitzer selbst.

Einmal übernachteten wir auf einer Pflanzung, wo uns ein junger Halbneger von besonders einnehmendem Äußern zur Bedienung zugewiesen wurde. Wir bemerkten bald, daß derselbe der Liebling seines Herrn und der Gespiele von dessen Kindern war. Eine nähere Nachfrage unterrichtete uns, daß sein Vater ein Plantagenbesitzer ist, der durch Schuldendrang alle seine Sklaven, worunter vier sein eigenes Fleisch und Blut waren, verkaufen mußte, und daß dieser vielversprechende Junge nebst seiner Mutter für 1500 Dollars ihrem jetzigen Herrn «zugeschlagen» wurde. Die anderen drei Sprößlinge einer leichtfertigen Stunde, «in der gewiß der Mensch das Letzte war, woran gedacht wurde», wanderten, die erworbenen Güter eines neuen Herrn, in fremde Sklavenstaaten und sehen sich wohl schwerlich oder nur mit Schmerz wieder.

Der Seelenpreis hat in der Louisiana durch die Seuche der letzten Jahre eine sehr hohe Ziffer erreicht. Einer der Pflanzer sagte uns, er möchte gern seinen Notpfennig, einige 20 000 Dollars, zum Ankauf von Negern verwenden, aber die letzte Cholera habe sie zu sehr verteuert. – Ein tüchtiger, arbeitskräftiger Neger von 30 Jahren wird bis zu 2000 Dollars bezahlt, besonders wenn er noch Vollblut ist, weder lesen noch schreiben kann und auch von der Bibel nicht viel Kunde hat, denn je mehr weißes Blut in seine Adern hineinkommt, je aufgeklärter und verständiger ein Neger wird, desto mehr verliert er an Wert:

«Er denkt zu viel, die Menschen sind gefährlich.»[1]

Eine Negersklavin von kräftigem, gesundem Körperbau ist immer 800 bis 900 Dollars wert, und mit einem Kinde sogar 1200 Dollars. Einzelne Kinder, die man, um sie verkaufsgerecht zu machen, für 10 Jahre ausgab, die aber in der Natur sicher erst 8 Jahre alt waren, sahen wir selbst am Sklavenmarkte im St. Louis-Hotel in New Orleans für 500 Dollars

---

[1] Frei nach Shakespeare «Julius Caesar» (A. d. H.).

verkaufen. Der Leser sieht, so ein Neger kostet ein Sündengeld, und der Sklavenzüchter meint, es sei ihm nicht zu verargen, daß er aus diesem Menschenkapital so viel als möglich «herausschlägt».

Die gegenwärtige Sklavenbevölkerung der Vereinigten Staaten, 3 204 093 Seelen, stellt, Männer, Frauen und Kinder durchschnittlich gerechnet, ein Kapital von nahe an 3 000 Millionen Dollars dar, und an dieser Menschenanleihe ist der Staat Louisiana mit 203 807 Seelen oder 203 Millionen Dollars beteiligt. Seltsamerweise konnten wir trotz eifriger Erkundigungen nicht die genauen Unterhaltungskosten eines Sklaven erfahren; die wenigsten Plantagenbesitzer führen kaufmännisch geordnete Bücher, und selbst die gewissenhaftesten waren über eine solche Frage sehr erstaunt und wußten sich nicht Rechenschaft darüber zu geben. Ein Sklavenhändler sagte uns, er berechne bloß die baren Auslagen, die ihm ein Neger im Laufe des Jahres verursache, und schätze diese für Kleidung, Arzt, Medikamente usw. auf 60 Dollars, aber dabei zog er weder die Interessen der Seelenankaufssumme noch die Verköstigung noch sonstige kleine Auslagen ins Kalkül. Nun hat aber jeder Neger zweimal am Tage Salzfleisch und Sirup zum Frühstück und bei strenger Arbeitszeit oder großer Hitze zweimal am Tage einen Schluck (un filet) Whisky; man kann daher mit ziemlicher Bestimmtheit annehmen, wie uns auch später von mehreren Pflanzern zugestanden wurde, daß die Erhaltung eines Negers, sämtliche Ausgaben mit inbegriffen, jährlich sicher nicht weniger als 120 Dollars beträgt. Auf den zwölf von uns besuchten Zuckerpflanzungen sahen wir auf keiner weniger als 200, auf mehreren über 400 Negersklaven. In Kentucky und Virginien soll es Pflanzer geben, welche deren – wie Schafherden – bis zu 1 200 besitzen. Eine solche schwere Zahl repräsentiert eine gewaltige Summe Geldes, und bricht unter ihnen eine Epidemie, wie z. B. im Jahre 1850 die Cholera, aus, so geht zugleich auch ein schönes Stück Kapital mit zu Grabe.

So hatte ein einziger Pflanzer während dieser Schreckenszeit von 350 Sklaven 63 binnen vier Wochen verloren und dadurch ein Kapital von mindestens 63 000 Dollars eingescharrt. Dabei mußte derselbe außerdem 1000 Dollars an zwei Ärzte bezahlen, welche sich während dieser Epidemiewut auf seinem Besitztume als ärztliche Beistände aufhielten. – Ein anderer Plantagenbesitzer, bei dem wir einsprachen, hatte ebenfalls in diesem Jahre von 200 Negern 27 an der Cholera und 17 an den Blattern verloren, denn nächst der asiatischen Seuche sind es namentlich Blattern und Fieber, welchen die schwarze Rasse leicht zum Opfer wird. Auch das sogenannte Hinsiechen (lingering disease) wird vielfach tödlich und nimmt gewöhnlich, wie schon sein Name andeutet, nur einen allmählichen Verlauf. Es ist größtenteils die Folge allzu großer Überarbeitung oder eines moralischen Unbehagens. – Im allgemeinen beträgt die jährliche Sterblichkeit unter den Negern der Plantagen zwei Prozent.

Noch eine andere Krankheitsspezialität will ein Dr. Cartwright beobachtet haben, welche der Negerrasse eigentümlich sein soll. Derselbe nennt sie allen Ernstes Drapetomania oder «Entwischsucht» und schlägt für dieselbe eine sehr ausgiebige Heildosis vor. Wahrhaftig, es wird selbst einem freien Weißen «durchgeherisch», wenn man wissenschaftliche Männer eine so naturbegründete, gesunde Erscheinung wie das Entweichen eines Negersklaven als eine Krankheit und eine Manie bezeichnen hört.

Was die Gesetze über die Behandlung, Bestrafung und Beschützung der Negersklaven anbelangt, so besteht wohl ein besonderer «Black Code», der zwar dem alten spanischen Code noir vom Jahre 1778 nachgebildet, aber nicht ganz so human ist und nur in den seelenschreiendsten Fällen Anwendung findet, wie z. B. in Kentucky und Südkarolina, wo zwei Sklavenbesitzer gehängt wurden, welche ihre Neger zu Tode peitschen ließen. Im allgemeinen aber ist der Sklavenhalter das Gesetz und der Richter, denn kein Neger kann gegen seinen Herrn als Kläger oder Zeuge auftreten, und kein Weißer kümmert sich um den armen schwarzen Sklaven, der doch nur ein «Halbmensch» ist.

Im frühern spanischen Code war jedem Neger das Recht des Loskaufens zugestanden, sobald derselbe imstande war, die benötigte Summe herbeizuschaffen. Der Sklavenhalter ernannte einen Vertreter und der Neger ebenfalls einen, und diese beiden bestimmten die Höhe der Verkaufssumme. Konnte man sich um den Wert des Negers nicht einigen, oder verlangte der Besitzer einen höhern Preis, so wurden zwei andere Richter ernannt, und deren Entscheidung war sodann ausschlaggebend. Der Sklavenbesitzer konnte nicht länger verweigern, den Neger um die vermittelte Loskaufsumme freizugeben. Diese humane Verfügung, wie so manche andere, sind gegenwärtig aufgehoben, und der Black Code wird nur in jenen Fällen zu Rate gezogen und in Anwendung gebracht, wo er sich in ziemlich ausführlicher Weise über die Strafverfahren *gegen Neger* vernehmen läßt.

Die allgemeinste Strafe ist die Peitsche, welche auch gegen weibliche Sklaven angewendet wird. Zwanzig Hiebe ist die gewöhnliche Anzahl für kleine Vergehungen; es gibt aber Neger, welche mit 80 und sogar 100 Peitschenhieben auf nackten Körper gezüchtigt werden. Die zweite Strafe besteht in einer Art Krummschließung mit «seps» oder «stocks», halbrunden Hölzern, welche um die Fußgelenke befestigt werden und die Sklaven nach der Laune des Herrn auf die peinlichste Weise nicht nur jeder Bewegung, sondern selbst der Zirkulation des Blutes berauben. Manchmal hinken die Neger noch wochenlang nach überstandener Strafe.

Die mehr oder minder häufige Anwendung von Strafen hängt weniger vom Betragen der Neger als von dem Charakter und der Nationalität ihrer Besitzer ab. So z. B. verfahren die Kreolen weit strenger und rücksichtsloser mit ihren Sklaven als die Amerikaner; diejenigen, welche Sklaven ererbt haben, sind weit humaner als solche, welche sie am Markte zu hohen Summen erstanden. Ebenso schwierig ist es, die Veranlassung anzugeben, welche eine Züchtigung herbeigeführt. Wo es so völlig in der Laune eines einzigen liegt, über Hunderte von Menschen mit unumschränkter Gewalt zu gebieten, die auf einen Blick wie Würmer vor ihm auf der Erde kriechen, findet sich so leicht, so bald eine ärgernisgebende Ursache. Der Sklavenbesitzer darf aus Geldmangel in übler Laune sein oder eine Flasche Wein «weiter getrunken haben», oder ein Liebesabenteuer darf fehlschlagen, und die Veranlassung ist gefunden. Und wie zuweilen ein gewöhnlicher Erdensohn im Zustande des Unmuts ein Portefeuille zornig auf den Tisch schleudert oder mit dem Fuße wildkräftig auf die Erde stampft, so rächt der Sklavenbesitzer sein meist selbst verschuldetes Geschick auf dem unschuldigen Rücken seiner Sklaven.

«Avez-vous donné la fouette au nègre?»[1] fragte eines Abends ein Sklavenbesitzer einen uns zum Dampfschiffe begleitenden Sklaven mit derselben besorgten Miene, wie sich ein gewissenhafter Arzt bei einem Wärter erkundigen würde, ob er wohl dem Patienten die heilungverspechende Arznei gereicht habe. – «Je l'ai bien fouetté»[2], war die schauerliche Antwort des selbst in seinen nebenmenschlichen Gefühlen in die Sklaverei versunkenen Schwarzen. – Und was gab die Veranlassung? Der zu Peitschenhieben verurteilte Neger hatte nicht so zeitig, als man wünschte, das Dampfschiff wahrgenommen, das uns auf einer Vergnügungstour nach dem Süden tragen sollte!

Einige Monate nach dem Besuch der Plantagen an der Küste unternahmen wir einen zweiten Ausflug nach den Zuckerpflanzungen der Bayoux, jener zahlreichen Nebenarme des Mississippi, in welche sich derselbe ungefähr 100 Meilen oberhalb New Orleans teilt und die auf noch größeren Umwegen als der Hauptstrom dem Golf in Mexiko zueilen. Es waren Pflanzungen von Kreolen und von amerikanischen Besitzern, auf denen wir einsprachen. Die ökonomische Verwaltung war ziemlich dieselbe wie auf den früher in Augenschein genommenen Besitzungen; uns war auch gegenwärtig mehr um eine genaue Kenntnis der Lage und Behandlung der Sklaven als um die Behandlung des Zuckerrohrs zu tun. Wir wollten durch diese mehrfachen, auf den verschiedensten Plantagen und zu verschiedenen Zeiten gemachten Besuche unser Bewußtsein vor dem Vorwurfe eines unreifen und unberechtigten Urteils schützen und durch praktische Anschauung jene Erfahrungslücken ausfüllen, welche selbst ein eifriges und unverdrossenes Studium der nicht immer

---

[1] «Haben Sie den Neger ausgepeitscht?» (Übers. d. H.).
[2] «Ich habe ihn gut gepeitscht.» (Übers. d. H.).

sehr erquicklichen Literatur des Sklavenwesens zurückgelassen hatte, und wir tragen um so weniger Bedenken, die wichtigsten und interessantesten Momente dieses Besuches hier mitzuteilen, als wir niemals und nirgends aus der beabsichtigten ehrlichen und unparteiischen Veröffentlichung des Erlebten ein Hehl machten. Auch der oft gehörte, engherzige Vorwurf, die Europäer würden besser tun, ihre einheimischen sozialen und politischen Mißstände zu beheben, statt die Brandfackel der Agitation in fremde Länder zu tragen, soll uns nicht abhalten, unsere aufrichtige Meinung über die Zukunft der Negersklaven des freien Amerikas auszusprechen. Haben sich doch auch die Amerikaner mehr denn einmal in gesellschaftliche und politische Zustände fremder Länder gemengt und sich an manchen Revolutionskriegen der letzten Jahre weit tatsächlicher als durch bloße Sympathien beteiligt.

Um den Leser nicht durch Wiederholungen zu ermüden, wollen wir das Leben der Neger von seiner Geburt in der Sklaverei bis zu seinem Tode in derselben Kürze schildern und immer gleich jene Beobachtungen beifügen, wie sie auf den einzelnen Plantagen zu unserer Kunde gelangt sind.

Die Ehe der Neger wird schon aus materiellen Interessen von allen Plantagenbesitzern gleich begünstigt, nur mit dem zeitweiligen Unterschiede, daß sich manchmal der «master», wie der Neger seinen Zuchtherrn nennt, in diesem Moment einen Zwang anmaßt und für die Paarung stets mehr auf die Muskelkraft als auf die Sinnesgleichheit Rücksicht nimmt. Darf man sich dann aber über die Folgen von Unsittlichkeit, Unfrieden und Scheidung wundern, welche man so häufig beklagt? – Jedes Kind empfindet schon die Schmerzen der Sklaverei, noch ehe es geboren wird, denn die Mutter muß häufig bis zu dem letzten Wehemoment hart im Felde arbeiten, weil in einem solchen Zustande «Bewegung sehr vorteilhaft sein soll». – Auf allen Plantagen bestehen sogenannte Baby-rooms, d. i. Säuglingsanstalten, wo alle Sklavenkinder der Plantage aufgezogen werden.

Jede Negerin ist die Amme ihres Kindes und genießt meistens auch die Ehre, die junge weiße Brut der zarten, schmächtigen Pflanzersfrau säugen zu dürfen, was einen seltsamen Kontrast zu der sonst herrschenden Ansicht von der inferioren, der Tiernatur sich nähernden Rasse bildet. Auf diese Weise haben die Kinder der meisten Pflanzer dasselbe Blut in ihren Adern, das sie in späteren Jahren so roh verachten. Auffallend aber ist, daß die Negermütter die Kinder ihrer Beherrscherinnen mit noch größerer Sorgfalt und Liebe pflegen als ihre eigenen und daß trotz einer zuweilen tyrannischen Behandlung fast niemals noch ein Fall der Rache vorgekommen sein soll. Obwohl manche Negerfamilie 6 bis 8 Kinder hat, so kommt doch kaum die Hälfte über die Säuglingsjahre hinaus, und die meisten sterben an Krankheiten der Haut und des Unterleibes.

Bis zum 10. Lebensjahre werden die Kinder auf den Plantagen fast zu keinerlei Arbeit benutzt und, den ganzen Tag auf den Wiesen herumtummelnd, in jener Trägheit und Indolenz eingeschult, die man später den Erwachsenen so bitter zum Vorwurfe macht. Trotzdem daß die Sklaven nirgends Gelegenheit finden, ihre Denkkraft zu üben und auszubilden, trifft man doch häufig unter ihnen vortreffliche Schreiner, Schuster, Schneider, Küfer und Nagelschmiede, welche alle handwerklichen Vorkommnisse im Hauswesen zur reellsten Zufriedenheit besorgen. Auch sind sie uns, was ihre moralischen und intellektuellen Eigenschaften anbelangt, im allgemeinen als ehrlich, verträglich, gemütlich, wißbegierig und lernempfänglich geschildert worden, was am besten das Argument umstößt, als seien sie durch ihre beschränkte Auffassungsgabe zu ewiger tierischer Unwissenheit verdammt.

Es war für uns ein gar peinlicher Moment, als ein Kreolenpflanzer, um uns von der Unkenntnis der Neger zu überzeugen, mehrere Sklaven ins Zimmer kommen ließ und ihr Verstandesvermögen einer Prüfung unterzog. Mit einem Gefühl der Beschämung, das selbst den schwarzen Teint der Negerhaut durchdrang, antworteten die Befragten selbst auf die alltäglichsten Fragen nur mit dem traurigen Schweigen der Unwissenheit. Weder über ihr Alter noch über den Tag, das Datum und den Monat, in dem wir lebten, wußten sie Bescheid zu geben. Nur ein einziger Neger von ungefähr 30 Jahren vermochte bis auf 13 zu zählen; aber keiner der

Befragten wußte, aus welchem Lande eigentlich die Schwarzen kommen. Ist aber ein solches Examen nicht beschämender, gewissenerrötender für den freien Weißen, als für den schwarzen Sklaven?

Daß die Neger bildungsempfänglich sind, beweist ferner ihr Geschick als Prediger und Bibeldeuter dort, wo sich, wie bei geistlichen Pflanzern, der gänzliche Ausschluß alles religiösen Unterrichts nicht gut mit der gesellschaftlichen Stellung des Sklavenhalters verträgt. Es werden dann gewöhnlich ältere Neger im Lesen und im Studium der Bibel unterrichtet, welche am Sabbat der versammelten Sklavengemeinde vorbeten und gewisse vom Plantagenbesitzer vorgezeichnete Bibelstellen auslegen. Im ganzen besitzen die Sklaven nur dunkle Begriffe von Religion und Seelenunsterblichkeit. Gleich den Traditionen der Vergangenheit fehlen ihnen auch alle Sagen von der Zukunft. Ihr ganzer Glaube besteht in Aberglauben und in einem großen Respekt vor Hexen und bezauberten Hufeisen.

Von dem Zeitpunkte an, wo dem Sklaven zum ersten Male schwerere Arbeiten auferlegt werden, und das geschieht gewöhnlich mit dem 12. Jahre, bis zu seinem letzten Lebensseufzer ändert sich in der Regel wenig in seinem Lebensplane. Sein ganzes Dasein teilt sich nur in die Mühen des Tages und den Schlummer der Nacht. Was dazwischen liegt, ist selten etwas anderes als Krankheit, Seelenkummer oder Prügel.

So lange ein Sklave nur einigermaßen arbeitsfähig ist, wird derselbe zur Arbeit angehalten, und wir sahen alte, graue Negergestalten noch mit jungem Sklavenblut an Arbeitstüchtigkeit wetteifern. Tritt Schwäche und Gebrechlichkeit ein, so muß der Pflanzer den Sklaven sorgenfrei weiter erhalten; aber dann gibt es noch immer leichtere Geschäfte, die sich auch für morsche Knochen eignen, zu verrichten, und der Sklavenschweiß wird wie das Zuckerrohr bis zum letzten nutzbringenden Tropfen ausgepreßt.

Die zeitweiligen Vergnügungen der Sklaven in freien Abendstunden bestehen in Ballspiel, Tanzen, Singen und Musizieren. Vorzugsweise sind es die Fiedel oder das Banjo, eine Art Zither, denen sie muntere Töne zu entlocken verstehen. Als wir einmal einen Sklaven, der uns von einem Plantagenbesitzer zu demselben Zwecke zugewiesen war, wie Herrscher ihren fremden Gästen Adjutanten zur Seite geben, um die Lieblingslieder der Neger frugen, antwortete uns derselbe: wenn sich die Sklaven über den Schmerz ihrer Lage gar nicht mehr zu trösten wissen, dann fangen sie gewöhnlich zu singen an. Und der Pflanzer, der solche Töne hört, freut sich vielleicht über die Zufriedenheit und Heiterkeit seiner Sklaven.

Während dem Erntefeste, der Hauptbelustigung des ganzen Jahres, veranstalten sie Umzüge und verfassen besondere Lieder und Reden auf die Gelegenheit. Aber sie sind

Banjo- entwickelte sich aus einer arabischen Gitarre, dem Banja

gewöhnlich nur eine höchst prosaische Aufzählung der Ereignisse des Jahres, Äußerungen der Freude über die überstandene Arbeit, Wünsche des Gedeihens usw.

Stirbt ein Sklave, so soll derselbe zwar gesetzlich mit den Segnungen der Kirche versehen in geweihter Erde begraben werden, jedoch die meisten Pflanzer suchen sich dieser nutzlos gewordenen Bürde so billig als möglich zu entledigen. Niemand als sein Gewissen oder höchstens ein bigotter Nachbar wird es auch dem Sklavenhalter verargen und nachreden, wenn er den toten Sklaven ohne kirchlichen Segen und ohne Sarg in einen Winkel der Plantage wie jeden andern Leichnam einscharrt. Und wer weiß, ob nicht schon mancher Pflanzer über den Verlust eines teuer erkauften Negers in dem Gedanken einigen Trost gesucht, daß der unverwüstlich nützliche Sklavenkadaver vielleicht noch unter der Erde einen vorteilhaften Dünger abgibt!

Einen Beweis, wie einzelnes Wohlwollen selbst über das

Institut der Sklaverei einen versöhnenden Schleier zu verbreiten vermag, lieferten uns die behaglichen Tage, welche wir auf der großartigen Besitzung des Bischofs P. in Bayou La Fourche zubrachten. Hier ist mit liebevoller christlicher Hand alles getan, um einem bestehenden, momentan unabweislichen Übel seine giftigsten, verletzendsten Stoffe zu benehmen. Kein gefühlsstumpfer Aufseher schwingt hier mit brutaler Willkür die lange Peitsche, kein roher Egoismus legt dem Gefühle und der Seele des Sklaven irgendeinen Zwang auf, keine Trennung der Familie, kein Verkauf findet statt, und in ihrem sittlich behäbigen Zustande macht die ganze schwarze Plantagenbevölkerung den Eindruck alter Familienknechte, deren Wohlbefinden mit dem des Hauses eng verwachsen ist. Sie genießen alle Religionsunterricht, und einzelne können vollständig lesen und schreiben.

Wir können uns nicht wundern, daß der verehrte Bischof, wenn er seine Neger im Vergleich mit den Sklaven anderer Pflanzungen so sittlich und geistig vorgeschritten sieht, das Institut der Sklaven nicht mehr für ein so großes Übel ansieht und sogar im Zivilisationsinteresse der äthiopischen Rasse betrachtet. Könnte man aber nicht ebensogut aus dem Anblicke seiner schwarzen Bevölkerung und ihrem sittlichen Gedeihen den Schluß ziehen, daß dies gerade die Folge des geringern Sklavenregimes ist, welches auf seinem Besitztume herrscht? Könnte man nicht mit demselben Rechte vermuten, daß sich der Zustand der Sklaven in dem Maße bessern wird, als die Bande der Sklaverei loser werden?

Trotz der Schwierigkeit einer ruhigen Diskussion bei der Aufregung, in welche selbst gebildete Sklavenbesitzer geraten, sobald die Emanzipationsfrage aufs Tapet kommt, haben uns doch die meisten Sklavenhalter die Bildungsfähigkeit, den friedlichen Sinn und die Rechtlichkeit der Negerbevölkerung in ihrer Gesamtheit zugestanden, und wie sie selbst bei einer supponierten gewaltsamen Lösung der Sklavenfrage zwar ein allgemeines «Davonlaufen», aber durchaus kein Rachegericht der befreiten Neger erwarteten. Ja, mehrere Pflanzer erklärten uns sogar, daß sie sich in einem solchen, wenngleich kaum denkbaren Falle nirgends sicherer fühlen würden als auf ihrer Besitzung mitten unter ihren Sklaven! Das ist das ehrenvollste Zeugnis, das man der unterdrückten Rasse ausstellen kann!

Die Besorgnisse von einer plötzlichen Emanzipation sind nicht der verheerende Zorn oder der vernichtende Haß der Menschen, sondern der hemmende Einfluß, den dieselbe vermeintlich auf die Kultur des Landes, auf die Zukunft der südlichen Staaten ausüben würde. Bei diesem wichtigsten Punkte angekommen, wollen wir das Gebiet fremder Mitteilungen verlassen und auf dem festern Terrain eigener Anschauung unsere Ansichten über die Emanzipation der Sklaven und ihren Einfluß auf die Zukunft der Sklavenstaaten zu entwickeln versuchen.

In unserer Eigenschaft als Deutsche scheinen wir ein ganz besonderes Recht zu haben, über die Schmach der Sklaverei ein Wort des Tadels sprechen zu dürfen, weil die deutsche Nation in Amerika die einzige war, welche sich niemals am Sklavenhandel beteiligte[1], weil «die armen Herzen von Kirchheim, die kleine Handvoll deutscher Freunde aus den Hochlanden des Rheins» als die ersten erscheinen, welche Klagen über die Unchristlichkeit und Ungesetzlichkeit der Sklaverei erhoben und bereits im Jahre 1688 der Gesetzgebung des Staates Pennsylvanien eine in diesem Sinne abgefaßte Erklärung überreichten.[2]

Es scheint fast unglaublich und liefert eine traurige Bestätigung der egoistischen Blindheit des Menschen, sobald sich's um Privatvorteil handelt, daß es in dem freien, aufgeklärten Amerika noch der Erörterung einer Frage bedarf, welche selbst das freiheittrübe Auge der Bewohner des europäischen Kontinents schon längst scharf aufgefaßt und entschieden hat. Der Leser erwarte indes nicht, daß wir im nachstehenden die Sklavenfrage von dem gewöhnlichen Standpunkte des Christentums, der Humanität oder des Rechts auffassen und beurteilen werden. Wir sind zu bescheiden, um zu glauben, daß es unseren einfachen Kräften gelingen könnte, die herzverknöcherten, einsichtstarren An-

---

[1] History of the United States, by George Bancraft, Boston 1845.
[2] Grahame, History of the United States. Philadelphia 1845.

hänger des Sklaventums durch jene religiösen und humanen Beweismittel von der Ungerechtigkeit der Sklaverei zu überzeugen, welche vor uns weit begabtere Naturen, weit eminentere Federn ebenso eindringlich als vergebens vorzubringen sich bemühten.

Hat man sich doch nicht einmal gescheut, sogar die Bibel, dieses geistliche Gesetzbuch, zur Rechtfertigung der Sklavenzucht zu benutzen und gewisse dunkle Stellen dieser heiligen Schriftzüge durch den egoistischen Sinn zu entweihen, mit welchem man das Sklaventum nicht nur bibelgemäß, sondern sogar als Gottesbefehl zu deuten sich vermaß. Daß sich Sklaverei ganz gut mit dem Gewissen protestantischer Geistlicher und sogar mit dem unschuldvollen weißen Priesterkleide der Episkopalkirche verträgt, zeigt hinlänglich die Tatsache, daß sich unter den Sklavenzüchtern des Südens 1600 Geistliche befinden, welche zusammen über 600 000 Sklaven, also ein Fünftel der Gesamtsklavenbevölkerung, als ihr Eigentum besitzen und vielleicht gerade darum am Sabbatmorgen mit um so gläubigerem Bewußtsein Demut und Unterwürfigkeit von der Kanzel herab predigen.

Wenn aber selbst die Gleichheitslehren des Christentums nicht imstande sind, die Menschen eines Übels, eines Verbrechens zu überweisen, um wieviel weniger darf man vermuten, daß die Beurteilung der Sklavenfrage vom Gesichtspunkte der Humanität aus eine kräftigere Wirkung, einen emanzipationsfreundlicheren Eindruck hervorzubringen imstande wäre? Es wäre vergebene Mühe, eine Saite berühren zu wollen, für die es in der Egoistenbrust eines Sklavenhändlers kein Echo zu geben scheint und die selbst die geistige Virtuosität eines Wilberforce, Clarkson, Marigny, Abbé Gregoire u. a. eindruckslos und vergebens angestimmt haben.

Auch eine historische und wissenschaftliche Erörterung der Frage dürfte schwerlich zum Überzeugungswechsel der Sklavenbesitzer beitragen. Umsonst haben sich Pritchard und andere Männer der Wissenschaft bemüht, das schreiende Unrecht des Sklaventums durch die physische Geschichte der Menschheit wissenschaftlich zu begründen;

umsonst hat Dr. Tiedemann in Philadelphia bewiesen, daß bei einer Untersuchung von 41 Negerschädeln und 77 Schädeln der kaukasischen Rasse bei den wenigsten ein Unterschied in der Gehirnentwicklung gefunden werden konnte; vergebens hat man die niedere Bildungsstufe der Negerrasse nur als den Einfluß geographischer Verhältnisse dargestellt, umsonst lehrt die Erfahrung, wie Jahrhunderte der Unterjochung auch ein stolzes Heldenvolk zu einer indolenten Sklavenhorde erniedrigen können. Die Sklavenhalter beharren auf ihrer Ansicht der Verschiedenheit der Rassen, sie werden sogar, wenn es ihren Vorteil gilt, Progressisten und erblicken in den Äthiopiern eine niedrigere Entwicklungsstufe der *kaukasischen* Rasse, bei welcher letztern ihrer Ansicht nach erst der *eigentliche* Mensch beginnt, gerade wie ein gewisser Geburtsadel die Menschheit erst beim «Baron» anfangen läßt. Also auch der wissenschaftliche Standpunkt scheint nicht der zum Zweck führende; denn es ist nicht sowohl die Einsicht, welche den Gegnern fehlt, als der Wille. Sogar die beredtsten Advokaten des Sklaventums, wie Dr. Fuller, Chancellor, Harper, Governor Hammond, Dr. Cartwright, Dr. Nott u. a., lassen durch alle ihre Schriften die Überzeugung schimmern, «daß das Sklaventum ein Übel sei, schon aus dem Grunde, weil es so viel Macht in der Hand des einzelnen konzentriert, was bei der angeborenen Sucht des Menschen zu herrschen so leicht Anlaß zu Mißbrauch gibt». Selbst der fanatischste dieser Schriftsteller, welcher sich nicht scheut, das Sklaventum als «eine von der Vorsehung zum Segen und Wohl der afrikanischen Rasse eingesetzte Institution» zu betrachten, sagt auf derselben Seite, wenige Zeilen später: «There is no question that slavery is an evil.»[1] Desgleichen traten schon in den Jahren 1831 und 1832 in der Legislative des Staates Virginien selbst mehrere Pflanzer auf, welche die Sklaverei als ein «großes moralisches und politisches Übel» bezeichneten.

Wir wollen also versuchen, das Unrecht der Sklaverei von einem Standpunkte zu erörtern, von dem aus es den gewissenstauben Sklavenbesitzern am ersten einleuchtend sein

---

[1] «Es ist keine Frage, daß die Sklaverei ein Übel ist.» (Übers. d. H.)

dürfte, nämlich vom Standpunkte des *pekuniären Vorteils*. Und könnte es uns gelingen, die Sklavenbesitzer von ihrem materiellen Interesse bei der Abolition zu überzeugen, so dürfte dies der Sache der Befreiung einen größern Vorschub leisten als die heiligsten Bibelgebote und die herzzerreißendsten Sklavenseufzer, als alle Achtsprüche der Abolitionisten und die gesinnungsreinsten Tendenzromane, denn der nüchterne, poesielose Geist des Amerikaners läßt sich selten durch wenn auch noch so markige Schriftgelehrtheit oder warmgefühlte Worte überführen und eines Bessern belehren, am wenigsten aber, wo es sich um die scheinbare Aufgebung eines pekuniären Vorteils handelt. Ein profanes Rechenexempel richtet bei solcher Gelegenheit Eindringlicheres aus als die christlichsten Bibelbeweise eines Barnes' oder die edelste Beredsamkeit eines Channings!

Es ist soweit unsere ausschließliche Absicht, den materiellen Gewinn herauszustellen, welcher durch eine allmählich auszuführende Emanzipation der Negersklaven sowohl ihren Besitzern als den Staaten selbst erwachsen würde, und darzutun, wie dieser Akt, weit entfernt, ein herbes Opfer zu sein, vielmehr das einzige Mittel ist, um die Bewohner des Südens vor einer ernsten Katastrophe zu bewahren und das sittliche und geistige Aufblühen der Südstaaten und ihr Bruderverhältnis zur Union zu fördern und zu befestigen.

Ein Hauptargument, das auch Henry Clay so vielfach gegen die plötzliche Emanzipation eifern ließ, ist die enorme Summe, welche die Sklavenbevölkerung bereits darstellt.[1] Allein dieselbe erscheint weniger schreckbar und unerschwinglich, wenn sich an der Hebung des Übels alle Gesell-

---

[1] Auch in England war die Abolition an große Geldopfer geknüpft. Der Sklavenhandel beschäftigte 160 Schiffe mit 5000 Matrosen. Seine Ausfuhr belief sich allein jährlich auf 800 000 Pfd. Sterling. Das Grundeigentum Westindiens, welches von der Sklavenarbeit seinen Wert erhielt, war auf 100 Millionen Dollars geschätzt; die Produkte desselben betragen jährlich 6 Mill. Pfd. Sterling und beschäftigen Handelsschiffe von zusammen 160 000 Tonnen Gehalt. – Und trotz dieser pekuniären Vorteile gab England diese unehrliche Erwerbsquelle unbedingt auf, weil, wie der große Fox erklärte: «there could be no regulation of murder» – «weil es keine Anweisung zum Mord geben könne» (Übers. d. H.).

schaftsklassen beteiligen würden, wenn man die Sklavenablösung mit der Robotaufhebung der letzten Jahre im südlichen Europa vergleicht. Auch dort hatte seit Jahrhunderten ein System der Knechtschaft gewuchert, welches dem Sklaventum Amerikas nicht ganz unähnlich war und den Boden und dessen Bebauer auf die ungerechteste Weise dem Lehnsherrn und der Geistlichkeit dienstbar machte. Die wichtigsten Arbeitstage in der geschäftsreichsten Zeit mußte der Landmann der Kultur des fremden Bodens zuwenden und noch außerdem von dem Segen seiner Arbeit den zehnten Teil «der gestrengen Herrschaft» abgeben. Nun stand allerdings der deutsche Bauer nicht das ganze Jahr in jener tyrannischen Unterwürfigkeit zu seiner Obrigkeit wie der Sklave Amerikas zu seinem Besitzer, aber während der sogenannten Robottage befand sich derselbe unstreitig in einem ziemlich gleichen Zwangsverhältnisse.

Auch dieses Feudalsystem war durch Jahrhunderte des Bestandes geheiligt; die meisten Besitzer erkannten darin sogar ein «unveräußerliches» Recht, und besäßen wir in Deutschland nur ein Zehntel der amerikanischen Bibelgelahrtheit, so würde man gewiß auch die Unverletzlichkeit dieses Gesetzes durch göttliche Offenbarungen zu begründen gesucht haben. Viele Interessen waren mit dem Fortbestande dieser Institution eng verknüpft, und Tausende mußten sich durch ihren plötzlichen Fall an den Bettelstab gebracht fühlen. Dennoch schüttelte der Geist der Zeit so lange an dem immer unerträglicher werdenden Joche, bis es endlich abfiel und der Jubelruf: «Der Bauer ist frei» wie ein Allelujah! durch die weiten deutschen Gauen hallte. Viele Millionen, viele reiche Existenzen waren jetzt mit einem Male in Frage gestellt. Niemand wollte von einer Entschädigung etwas wissen, und gar viele der Sieger meinten, ein Unrecht werde dadurch, daß es sich verhundertjährte, keineswegs zu einem Rechte, sondern vielmehr zu einer noch größern Schuld. Doch bald gelangte man zu einer humanen Verständigung, wie denn überhaupt das deutsche Volk, sobald es vom ersten Revolutionsanfall wieder zur Besinnung kam, sich während der Dauer seiner momentanen Macht stets großmütig, versöhnlich und vertrauensvoll bewies. Man teilte den durch die Bodenbefreiung entstandenen Kapitalverlust in drei gleiche Teile, und der Grundbesitzer, der Staat und das Volk trugen gemeinsam den durch die plötzliche Bodenbefreiung verursachten pekuniären Schaden.

Könnte ein ähnliches Verfahren nicht auch in Amerika bei der Ablösung jener Schuld in Anwendung kommen, die an den Sklaven haftet?

Aber jedenfalls, wird man uns entgegnen, geht ein Dritteil des Kapitals verloren, das in den Sklaven ruht, und der Süden ist nicht reich genug, um selbst dieses eine Dritteil einbüßen zu können. Auch dieser Verlust ist nur ein scheinbarer, ein momentaner, und fände tausendfältige Entschädigung in dem Aufschwunge, den das gesamte Staatsleben durch die Befreiung der Arbeit von der Schmach des Sklaventums nehmen würde. Die Einwanderung hätte nicht mehr Ursache, ihren Weg über den Süden zu nehmen, sondern würde sich gleich in jenen fruchtbaren Landstrichen des untern Mississippi ansiedeln; die 572 Millionen Acker der Sklavenstaaten, von denen gegenwärtig kaum viel mehr als die Hälfte kultiviert sind, würden sich mit zahlreichen Farmen beleben und der Grundbesitz bald eine Höhe erreichen, welche den erlittenen Verlust weit überragte. Handel, Industrie und alle Zweige menschlicher Tätigkeit würden in gleichem Verhältnisse aufblühen und durch ihr freudiges Entfalten immer deutlicher die Ursache erklären lassen, welche bisher die Südstaaten trotz der Gunst ihrer klimatischen, geognostischen, physischen und materiellen Verhältnisse so vielfach hinter *freien* Staaten zurückbleiben läßt.[1] Haben wir doch selbst Sklavenbesitzer, welche fünfzig Jahre die Louisiana bewohnen und durch Familienbande wie

---

[1] Der Tonnengehalt sämtlicher Handelsschiffe der freien Staaten beträgt 3 418 382 Tonnen, während jener der Sklavenstaaten nur 941 552 Tonnen erweist. Trotz dem großartigen Handelsverkehr in New Orleans gibt es noch nicht eine einzige *direkte* Dampfschiffverbindung zwischen dieser Stadt und Europa, wie solche weit kleinere Handelsplätze freier Staaten wie Philadelphia, Halifax etc. unterhalten. – Die Naturprodukte, welche der Norden vom Süden zum Verbrauch in seinen Fabriken bezieht, betragen jährlich ungefähr 15 Millionen Dollars.

durch materielle Interessen mit der Wohlfahrt des Südens eng verbunden sind, zugestehen hören, daß zehn Jahre der Sklavenemanzipation die Louisiana reicher, sittlicher, blühender und glücklicher machen würden, als sie je vorher gewesen!

Der Leser muß uns aber auch gestatten, manchen andern Skrupel zu lösen, der das Begriffsvermögen der Sklavenhalter noch gefangen halten könnte. Wer wird nämlich die so beschwerliche Arbeit auf den Zuckerplantagen und den Baumwollfeldern des Südens besorgen, wenn die Millionen Sklaven, die sie jetzt verrichten, frei geworden sind?

Fürs erste haben wir schon oben angedeutet, wie die Emanzipation nur allmählich nach bestimmten Jahresklassen und unter dem wohltätigen Einflusse praktischer Erziehung stattfinden soll, wodurch ohnedies alles Bedenken über ein plötzliches Brachliegen der südlichen Ebenen von selbst wegfällt; aber wir bestreiten noch überdies die unter den Sklavenbesitzern so allgemein verbreitete Meinung, als würden alle drei Millionen Negersklaven bei einer Emanzipation samt und sonders auf und davon laufen. Wer je die Unwissenheit und soziale Unbeholfenheit der Plantagenneger dank der Verwahrlosungssorge ihrer Besitzer zu beobachten Sinn und Gelegenheit gehabt, wird schwerlich eine solche Befürchtung gegründet finden. Wohl dürften einzelne Wanderungen auf solchen Plantagen stattfinden, auf welchen die Neger tyrannische Behandlungen erlitten haben; wo aber nur einigermaßen die Existenz erträglich ist, werden sie gern bleiben und um so lieber arbeiten, wenn ihnen ihr Schweiß Früchte bringt und nicht mehr über ihrem häuslichen Herd das Damoklesschwert der Trennung und der Willkür hängt.

Zahlreiche Sklaven wohlwollender Besitzer, mit denen wir im Gespräch auf diesen Moment anzuspielen versuchten, beteuerten, daß die meisten von ihnen mit noch größerer Bereitwilligkeit einen Lebensweg verfolgen würden, für den sie nun einmal herangezogen worden, wenn dessen Bahn nicht mehr der Fluch des Sklaventums so rauh und blutig machte! Die Verwandlung seines Verhältnisses von dem Joche herrischer Willkür in eine freie, ehrliche Selbständigkeit würde eine so glückliche und erhebende sein, daß der befreite Sklave wahrscheinlicher die Begründung seines neuen Zustandes auf der alten Scholle als in einer unbekannten dunklen Zukunft suchen würde. Man klagt immer über die Trägheit freigelassener Sklaven und führt die westindischen Inseln und Haiti als Beweis dafür auf. In Zentralamerika hingegen, und namentlich in Costa Rica, geschieht die ganze reiche Kultur südlicher Produkte durch *freie* Menschen. Costa Rica ist ein rasch aufblühender Staat. Könnte man nicht eher schließen, daß, wie die Sklaverei nichts zu berühren vermag, was sie nicht erniedrigt, die Freiheit nichts berühren kann, was sie nicht erhebt?

Allein selbst für den Fall, daß ein großer Teil der Sklaven wandern möchte, gibt es noch einen Ausweg, diesen Ausfall für die Kultur der südlichen Produkte zu decken. Es ist dies die Verwendung weißer Arbeiter und namentlich solcher, welche schon lange Zeit im Süden leben oder gar dort geboren sind. Daß sie sich vollkommen zu den strengsten Arbeiten eignen, beweisen die Hunderttausende von schweren Baumwollenballen und Zuckerfässern, welche man von weißen Händen unter der glühendsten Sonnenhitze an der Levée in New Orleans aus den Schiffen ans Ufer wälzen sieht, während man es noch von 20 Jahren, wie uns Personen, die sich zu jener Zeit in New Orleans niederließen, erzählten, für einen Weißen unmöglich hielt, an der Levée zu arbeiten.

Ein großer Teil der Sklaven verrichtet indes Arbeiten, die ebenso leicht und unbeschwerlich von weißen Händen besorgt werden könnten. Viele Weiße kaufen Sklaven, bloß um sie als Tagelöhner auszuleihen und durch ihren Schweiß ein bequemeres Leben führen zu können. Wir trafen in New Orleans eine Amerikanerin, die sich für 500 Dollars eine Sklavin kaufte und diese sodann für 1 Dollar des Tages auslieh, so daß ihr das für 500 Dollars erkaufte Menschenblut jährlich ungefähr 300 Dollars Interessen bringt. Arbeitet sich nun auch die arme Sklavin in ein paar Jahren zu Tode, so geht darum nichts an Kapital verloren, und man braucht nur ein anderes Stück Menschenleben zu feilschen!

Ein ähnlicher Fall ist uns durch zwei Sklaven bekannt geworden, denen wir einmal während einem unserer einsamen Spaziergänge in den Zypressenwäldern wenige Meilen südlich von New Orleans begegneten. Sie erzählten, daß sie im Walde durch Holzfällen ihren Lebensunterhalt machen und von dem mit schwerer Mühe Erworbenen ihrem Besitzer alle Monate zusammen 52 Dollars nach Hause bringen müssen. Dabei hatten sie noch außerdem für ihre Verköstigung und Bekleidung selbst zu sorgen und noch eine dritte Sorge im Rücken – die Züchtigung nämlich, im Fall sie das verlangte Monatsgeld nicht aufzubringen imstande wären! Wenn diese Sklaven nicht emanzipiert werden, so liegt doch gewiß weniger die Schuld in der Bodenkultur, die man dadurch beeinträchtigt fürchtet, als in der *Geldtaschen-Kultur*. – Auch bringt diese Gattung Neger dem Orte, wo sie dienen, selten Vorteil, denn während die freie Arbeit das Geld, das sie erwirbt, wieder ausgibt und auch andere genießen läßt, muß der Negersklave das Erworbene mit geiziger Hand zusammenraffen, um es seinem Herrn zu bringen, der vielleicht sogar mehrere hundert Meilen weit entfernt wohnt. Der Sklave zieht also oft noch Geld aus dem Orte heraus, in dem er sich verdingt, und seine Leistung steht dabei außerdem unter der eines Weißen.

Freie weiße Arbeit wird allerdings teurer zu stehen kommen als lohnlose Sklavenmühe, aber sie wird dafür auch ausgiebiger, fruchtbringender sein und überdies die unsichere Auslage eines enormen Kapitals ersparen.

Ein anderes und vielleicht das traurigste und beschämendste Bedenken der Sklavenbesitzer gegen die Abolition ist die Voraussetzung, durch eine Beeinträchtigung in ihren Einkünften nicht mehr in solchem Behagen leben und ihre Kinder keine so kostspielige Erziehung genießen lassen zu können. Denn der Südländer bildet sich nicht wenig darauf ein, daß eine so große Anzahl verdienstvoller Staatsmänner Eingeborene des Südens sind, und meint, solcher Aufwand für Wissen könne nur in Staaten erzielt werden, wo die Sklaverei so reiche materielle Vorteile an die Hand gibt. Ja, wir haben sogar aus dem Munde eines hochgebildeten Mannes hören müssen, daß die Wissenschaft ohne den durch Sklavenfleiß erworbenen Wohlstand des Südens weit weniger in

Amerika unterstützt und die Werke manches Gelehrten und mancher deutscher Reisenden nicht so häufig gekauft werden würden. Es gibt wirklich Männer im Süden, die so befangen sind zu glauben, aller Segen, alle geistige *Freiheit* Amerikas kommen von der *Sklaverei!!*

Der Schimmer von Wahrheit an dieser Meinung ist, daß im Süden Bildung das Privilegium reichtumbevorzugter einzelner ist, während dieselbe in den freien Staaten des Ostens und Westens ein erfreuliches Gemeingut der Masse ist. Die statistischen Tabellen über gewerbliches und soziales Gedeihen, über Vergehen und Verbrechen dürften deutlicher als alle Privatansichten herausstellen, auf welcher Seite der sittliche, geistige und materielle Vorteil sich befindet. Mit dem geistigen Gute geht es gerade wie mit dem Segen irdischer Güter: derjenige Staat, dasjenige Volk sind am beneidenswertesten, wo beide Güter sich in glücklicher *Gleichmäßigkeit* verteilt finden.

Was endlich den vernichtenden Rassekrieg betrifft, dessen Heraufbeschwörung sogar zwei geachtete deutsche Schriftsteller über Amerika, Dr. Andrée[1] und Francis Grund[2], der erstere aus Mangel an persönlicher Anschauung, der andere aus zu einseitiger Betrachtung, als die Folge einer Emanzipation befürchten, so liegt diese Besorgnis gegenwärtig, wenn eine allmähliche Emanzipation mit einer humanen Heranbildung der Sklaven für den Zustand der Freiheit Hand in Hand geht, mehr in der Einbildung als in der Wirklichkeit. Die Verhältnisse sind zu ungleich, um hier die Vorgänge in Haiti als Beispiel hinzustellen und gelten lassen zu können. Denn sollten sich nach einer *freiwilligen* Emanzipation die Sklaven gegen ihre früheren Gebieter wirklich feindselig erheben, so würde in diesem Falle der Norden und der Osten an die Seite des Südens treten und ihm Gesetz und Ordnung behaupten helfen.

Anders verhält es sich aber, wenn die Abschaffung der

---

[1] Nordamerika in geographischen und geschichtlichen Umrissen, von Dr. Carl Andrée, Braunschweig 1851.
[2] Die Amerikaner in ihren moralischen, politischen und gesellschaftlichen Verhältnissen, von Francis P. Grund, Stuttgart 1807.

Sklaverei in ungewisse Zukunft hinausgeschoben bleibt, wenn die Neger wie alle Völker, die durch politische und soziale Umstände zu einer bloß animalischen Existenz verdammt sind, immer massenhafter zunehmen und sich mit ihrer Zahl auch der Haß gegen die weißen Zwingherren immer mehr steigert. Nach einer auf Grundlage der bisherigen Progression gestützten Wahrscheinlichkeitsrechnung wird sich die Zahl der Negersklaven des Südens binnen 50 Jahren auf 8 613 258, jene der freien Farbigen auf 1 135 620 Seelen vermehrt und die weiße Bevölkerung an Zahl weit überflügelt haben. Zu dieser in schreckenerregender Progression wachsenden schwarzen Rasse gesellt sich außerdem ein noch weit gefährlicheres Element: die Mulatten, die zwischen den Weißen und Schwarzen stehen und wie jede Halbheit, welche sich ihrer Ohnmacht bewußt wird, doppelt zu fürchten sind. Wenn diese Mulattenbevölkerung zunimmt und ihr Haß noch eingefleischter wird, ohne daß eine Abhilfe und Besserung ihres Sklavenverhältnisses eintritt, dann könnte allerdings auch im Süden der Vereinigten Staaten eine Zeit kommen, wo wie in Haiti eine sich selbst befreiende Sklavenmasse in ihrem Rachedurst einen Schauertoast ausbringt «auf den letzten Tropfen *weißen* Blutes!»

Die Lösung der Sklavenfrage ist indes glücklicherweise nicht ganz der Willkür des südlichen Pflanzers überlassen. Sie wird nähergerückt, je mehr sich durch äußern Drang in den einzelnen Südstaaten die Nachtnebel des Sklaventums zerteilen, je mehr das Gebiet zusammenschrumpft, auf dem noch das Unkraut der Sklaverei den edlen Keim freier Arbeit tötet. Und wenn sich gar jene Kunde bestätigt, welche eben, wie ein plötzlicher Feuerruf in sorgloser Nachtruhe, schaudernd ans Ohr der Sklavenzüchter des Südens dringt, daß auch das arme katholisch-monarchische Spanien seine Sklaven emanzipiert, dann dürfte wohl die Frage der Abolition in ihr letztes, aber wichtigstes Stadium getreten sein.

Möchte die Krisis keine langwierige werden, möchte sie sich heilsam erweisen, damit nicht mehr, wenn auf Amerika und seine freien, menschheitsbeglückenden Institutionen die Rede kommt, eine gewisse Partei mit Hohn den Vorwurf des Sklaventums entgegenhalten kann, damit die Sonne nicht bloß im Osten der Union über freie, blühende Staaten aufgehe, sondern auch mit ihren letzten Scheidestrahlen nicht mehr hinter Sklavenhütten untersinke!

Zeittafel

Wichtige Daten zur Geschichte Nordamerikas, insbesondere der USA bis zum Beginn unseres Jahrhunderts:

26 000 bis 21 000 und 11 000 bis 8000 v. u. Z. Das Bestehen einer eiszeitlich bedingten Landverbindung zwischen Asien und Amerika im Bereich der heutigen Beringstraße bietet günstige Möglichkeiten für die Einwanderung mongolischer Völker aus Nordasien.

um 1000 u. Z. Skandinavische Nordlandfahrer kommen über Island und Grönland nach Baffin-Land und den Küsten von Labrador und Neufundland, die sie kurzfristig besiedeln.

1492 Christoph Kolumbus landet auf den Antillen. Dieses Ereignis gilt gewöhnlich als die «Entdeckung Amerikas».

1496 Giovanni Caboto, engl. John Cabot, erhält von Heinrich VII. von England umfangreiche Monopolrechte und erreicht 1497 auf der Suche eines nordwestlichen Seeweges nach Asien die nordamerikanische Küste, wahrscheinlich bei Neufundland und Labrador, möglicherweise auch Neuschottland. An der Küste nach Norden segelnd, wird er durch Treibeis zur Umkehr gezwungen.

1498 Giovanni Caboto befährt die südlicheren Küstenstrecken Nordamerikas bis Kap Hatteras.

1513 Der spanische Gouverneur von Puerto Rico, Juan Ponce de León, entdeckt die Halbinsel Florida.

1517 Sebastiano Caboto, engl. Sebastian Cabot, Sohn von Giovanni C., gelangt mit einem englischen Geschwader durch die Hudsonstraße zur Hudsonbai, findet aber keine Durchfahrt nach Asien.

1524 Der in französischen Diensten seefahrende Italiener Giovanni Verrazano erreicht die Halbinsel Manhattan.

1528 Der Spanier Pánfilo de Narváez landet mit 400 Siedlern an der Westküste Floridas, wird aber nach dem Verlust seiner Schiffe durch Hunger und Feindschaft der Indianer gezwungen, einen Landweg nach Mexiko zu suchen. N. erreicht als erster Europäer das Mündungsgebiet des Mississippi, wo er ums Leben kommt.
Alvar Núñez Cabeza de Vaca, ein Begleiter von Narváez, setzt die Wande-

rung von der Mississippimündung durch das heutige Louisiana und Texas zum Rio Grande del Norte nahe der Pecosmündung fort und erreicht Mexiko.

1530–1540 Mehrere Expeditionen der Spanier in das Innere Nordamerikas. Vorstoß nach Norden, wahrscheinlich bis ins heutige Kansas.

1534 Der Franzose Jacques Cartier unternimmt den ersten Besiedlungsversuch am St.-Lorenz-Strom.

1535 Kanada wird zu einer Besitzung Frankreichs erklärt.

1539 Der Franziskanermönch Marco de Niza stößt von Culiacán in Mexiko den Rio Sonora aufwärts und den Gila-Fluß überquerend bis ins Zentrum der Pueblo-Indianer im Zuñi-Bezirk auf dem Hochplateau zwischen dem Kleinen Colorado und dem Rio Grande del Norte vor.

1539–1543 Der Spanier Hernando de Soto setzt die Erkundungen von Cabeza de Vaca im Inneren Nordamerikas fort, um goldreiche Gebiete und eine schiffbare Verbindung zwischen dem Atlantischen und dem Stillen Ozean zu finden. Er durchzieht mit 600 Mann und 213 Pferden von der Tampa-Bucht in Florida aus das östliche Appalachenland Karolinas, überquert dann den Gebirgszug, überschreitet den Mississippi beim heutigen Memphis und zieht durch Arkansas bis weit nach Oklahoma hinein, findet aber nirgends die ersehnten Schätze, so daß er auf dem Arkansas zum Mississippi zurückkehrt. Auf der Flußfahrt nach Süden erliegt de Soto einem Fieber. Die wenigen Überlebenden versuchen unter Luis de Moscoso durch die westliche Golfküstenebene nach Mexiko zu gelangen, scheuen aber schließlich die Trockengebiete und kehren zum Mississippi zurück, den sie in Booten bis zur Mündung befahren. Die Küste entlangziehend, erreichen sie Mexiko.

1540–1542 Der Spanier Francisco Vásquez de Coronado begibt sich, durch den Bericht de Nizas angeregt, auf der von diesem erkundeten Route in das Gebiet der Pueblo-Indianer. Eine Abteilung erreicht den Gran Cañon des Colorado. In der Hoffnung, doch noch reiche Gebiete zu finden, dringt C. bis in die Prärien, die Landschaft Quira zwischen dem Arkansas und dem unteren Kansas, vor, wo sein Trupp fast mit dem von de Soto zusammentrifft.

1559 Scheitern eines spanischen Besiedlungsversuches am Golf von Mexiko.

1562–1564 Die Hugenotten Ribault und Laudonnière gründen eine Kolonie nördlich der Halbinsel Florida, die aber von den Spaniern alsbald aufgerieben wird.

1565 Spanier gründen das Fort St. Augustine auf Florida.

um 1570 Bildung des Irokesenbundes, bestehend aus den Indianervölkerschaften Mohawk, Cayuga, Onondaga, Seneca und Oneida («Fünf Nationen»).

1576–1578 Martin Frobisher sichtet das seit den Normannen fast in Vergessenheit geratene Grönland und entdeckt das von Eskimos bewohnte Baffin-Land, muß aber in der Hudsonstraße umkehren.

1584–1586 Sir Walter Raleigh gründet die bald wieder aufgegebene Kolonie Virginia.

1607 Gründung von Fort James (Jamestown) in der Chesapeake-Bay Virginias unter Kapitän John Smith.

1608 Der Franzose Samuel de Champlaine gründet Quebec am St.-Lorenz-Strom.

1609 Spanier gründen Santa Fé im Gebiet der Pueblo-Indianer als Handelsposten, Missionsstation und Verwaltungssitz.
Der britische Seefahrer Henry Hudson, damals in niederländischen Diensten stehend, findet auf der Suche nach einer Durchfahrt die Mündung des nach ihm benannten Hudson-Flusses.

1611 Henry Hudson, wieder in britischen Diensten, gelingt die Einfahrt in die Hudson-Bay, die er für einen Teil des Stillen Ozeans hält.

1620 Landung der «Pilgerväter» mit dem Schiff «Mayflower» in der Bucht vor Boston. Ihre Gründung New Plymouth wird Kern für die aufblühenden Neuengland-Kolonien.

1622–1634 Kriege der Indianer Nordamerikas gegen die sich ausbreitenden englischen und französischen Kolonisten.

1626 Die Niederländer erwerben die Insel Manhattan im Mündungsgebiet des Hudson und gründen dort ihre Niederlassung Neu-Amsterdam.

1655 Die schwedische Niederlassung am Delaware und Schuylkill geht in niederländischen Besitz über.

1664 England übernimmt die niederländischen Kolonien in Nordamerika. Umbenennung von Neu-Amsterdam in New York.

1670 Der Hudson's Bay Company wird von der britischen Krone das gesamte in die Hudson-Bay entwässernde Gebiet zugewiesen.

1680 El Popé, einem Medizinmann der Pueblo-Indianer, gelingt es, die voneinander unabhängigen Pueblos zu einem gemeinsamen Aufstand zu vereinen, bei dem 500 Spanier ihr Leben verlieren; die restlichen Spanier werden vertrieben.

1682 Der Quäker William Penn landet mit zwanzig Schiffen am Delaware und findet noch einige schwedische Familien vor. Gründung von Philadelphia.
Sieur de la Salle befährt, von den Großen Seen in Kanada kommend, den Mississippi flußabwärts und begründet damit den französischen Anspruch auf Louisiana.

1683 Deutsche Mennoniten gründen unter Franz Daniel Pastorius Germantown, heute ein Stadtteil von Philadelphia.

1688 Beschluß der Quäker in Germantown gegen die Sklavenhaltung. Erste Äußerung gegen die Sklaverei in Nordamerika.

1692 Die Spanier stellen die Herrschaft über die Pueblo-Indianer wieder her; nur die Hopi bleiben davon verschont.

1698 Spanier gründen das Fort San Carlos, die spätere Stadt Pensacola, an der Golfküste.

1699 Gründung von Williamsburg als neuer Hauptstadt Virginias.
Franzosen gründen erste dauernde Siedlung in Louisiana.

nach 1700 Dem Irokesenbund («Fünf Nationen») schließen sich die Tuscarora an («Sechs Nationen»).

1709 Auswanderung pfälzischer und schwäbischer Bauern nach Nordamerika.

1713 Nach dem spanischen Erbfolgekrieg verliert Frankreich im Frieden zu Utrecht die Hudsonbayländer und Akadien an England.

1718 Franzosen gründen New Orleans.

1725 Deutschen Einwanderern wird in Pennsylvanien eine Kopfsteuer auferlegt.

1728 Erste Expedition von Vitus Bering im Auftrag des Zaren Peter I. – Bering weist nach, daß Asien und Amerika nicht miteinander verbunden sind, erkennt wegen Nebels aber nicht, daß es sich um eine Meeresstraße zwischen beiden Erdteilen handelt.

1732 Der Russe Iwan Fedorow sieht als erster vom Kap Deshnjow aus die amerikanische Gegenküste.

1734–1743 «Große Nordische Expedition» Rußlands unter der Leitung von Vitus Bering, der 1741, begleitet von Georg Wilhelm Steller, die Küste von Alaska und die ihr vorgelagerten Aleuten-Inseln entdeckt.

1737 William Penns Söhne überlisten die Indianer Pennsylvaniens mit einem Vertrag, in dem diese ihre besten Ländereien abtreten müssen.

1738 Sieur de la Verendrye legt in Saskatchewan das Fort Rouge an, aus dem Winnipeg hervorgeht.

1741 Erneute Expedition Berings mit Steller führt zu der Erkenntnis, daß die von Gwosdew befahrene Küste (Alaska) zu Amerika gehört. Nachricht von Seekuh- und Seeotterreichtum.

1754 Benjamin Franklin konzipiert auf einem Kongreß in Albany einen föderativen Zusammenschluß der einzelnen Kolonien Angloamerikas. Dieser Vorschlag wird im Hinblick auf den bevorstehenden Krieg mit Frankreich von Großbritannien begrüßt.
Freundschaftsvertrag der Briten mit dem Irokesenbund. Die den Irokesenstämmen eingeräumten territorialen Zusicherungen werden nicht voll eingehalten.

1754–1763 «Französisch-Indianischer Krieg», durch Streitigkeiten zwischen England und Frankreich um die Begrenzung ihrer Kolonialbesitzungen in Amerika ausgelöst. Nebenschauplatz des Siebenjährigen Krieges in Europa. Pontiac, der Oberhäuptling der Ottawa-Indianer, vereinigt mehrere Stämme im Gebiet der Großen Seen, die sich mit Frankreich gegen England verbünden; die meisten dieser Stämme schließen 1757 mit England Frieden. 1759 erobert der britische General Wolfe Quebec; damit Ende der Kampfhandlungen zwischen England und Frankreich in Amerika.

1763 Der westlich des Mississippi gelegene Teil der französischen Kolonie Louisiana mit den Städten New Orleans und St. Louis fällt an Spanien. Frankreich muß im Frieden von Paris ganz Kanada und den östlich des Mississippi gelegenen Teil seiner Kolonie Louisiana an England abtreten. Im Proclamation Act der britischen Kolonialverwaltung wird die weiße Kolonisation auf die Gebiete östlich der Proklamationslinie beschränkt, solange keine Verträge mit den dort lebenden Indianern bestehen. Damit Bildung des «Indianerterritoriums».

1763/64 Neuer Indianerkrieg in Kanada und am Ohio. Nach dem Rückzug Frankreichs aus Kanada kämpfen die unter Pontiac vereinten Stämme noch zwei Jahre allein weiter, bis P. mit den Engländern Frieden schließt.

1765 Erste Anzeichen für eine nationalrevolutionäre Bewegung in den britischen Kolonien der nordamerikanischen Atlantikküste.

1769 Erste verheerende Gelbfieber-Epidemie in New Orleans, der weitere folgen.

ab 1770 Die Verschärfung der Widersprüche zwischen den Angloamerikanern und der britischen Kolonialmacht führt zu Protestaktionen einerseits und Repressalien andererseits.

1774 Erster Kontinentalkongreß in Boston. Die dreizehn britischen Kolonien beschließen den Widerstand gegen Großbritannien.
England gewährt den Frankokanadiern in der sogenannten Quebec-Akte das Recht auf eigene Kultur.

1775 Ausbruch offener Feindseligkeiten zwischen den Angloamerikanern und der britischen Kolonialverwaltung.

1776 Auf dem zweiten Kontinentalkongreß wird die Aufstellung einer Armee unter George Washington beschlossen. Die 13 Kolonien erklären in der von Thomas Jefferson verfaßten Erklärung ihre Unabhängigkeit.

1776–1783 Unabhängigkeitskrieg der Vereinigten Staaten. Die Irokesen, Huronen und Shawnees stellen sich auf die Seite der Engländer. Die Delawaren versuchen, sich aus dem Krieg herauszuhalten. Unter dem Druck der Amerikaner, sich zu entscheiden, verbinden sie sich ebenfalls mit den Engländern.

1778 Annahme der Verfassung der USA.
Virginia verbietet die Sklaveneinfuhr, die aber nach der Verbreitung des Baumwollanbaus wiederbelebt wird.
James Cook kartiert auf seiner dritten Reise die gesamte, noch völlig unbekannte Nordwestküste von Amerika bis Alaska und setzt in der Beringstraße die Forschungen Berings fort. Packeis vor Nordalaska zwingt ihn, von einer weiteren Suche einer nordwestlichen Durchfahrt abzusehen.

um 1780 bis 1790 Mit der Besiedlung des Ohiogebiets weichen die östlichen Indianerstämme auf ihrer Flucht vor den weißen Kolonisten auf das Gebiet westlich des Mississippi aus.

1782 Ermordung der christlichen Indianer (Delawaren) am Muskingum durch amerikanische Miliz.

1783 Im Friedensvertrag von Versailles erkennt England die Unabhängigkeit der Vereinigten Staaten an. Neufundland, Neuschottland und Quebec bleiben britische Kolonien in ihren Ausdehnungen von 1763, während das gesamte Territorium zwischen den Appalachen, dem Mississippi, den Großen Seen und Florida den Vereinigten Staaten zufällt. Die Proklamationslinie von 1763, bisher Grenze der westwärtigen Besiedlung, entfällt.

1784 Erste topographische Aufnahmearbeiten in den kanadischen Rocky Mountains unter David Thompson.

1787 Die Annahme einer neuen Bundesverfassung besiegelt die bürgerliche Revolution der USA. Es gelingt den fortschrittlichen Kräften nicht, ein Verbot der Sklaverei durchzusetzen.

1792 Der englische Seefahrer George Vancouver erforscht die pazifische Küste Nordamerikas von Südkalifornien bis Alaska. Er entdeckt dabei die Juan-de-Fuca-Straße südlich der nach ihm benannten Insel und den vielgliedrigen Inselcharakter des Küstensaumes.
Die USA bekunden mit der Reise von Kapitän Robert Gray ihren Anspruch auf das nördlich von Kalifornien gelegene Oregon-Territorium.
Friedensschluß von St. Vincennes am Wabashfluß mit mehreren aufständischen Stämmen des Ohiogebietes.

1783 Alexander Mackenzie durchquert als erster den nordamerikanischen Subkontinent nördlich der spanischen Einflußsphäre in ganzer Breite vom Atlantik zum Pazifik.

1795 Friedensvertrag der USA von Greenville mit den bei Fallen Timber durch General Wayne geschlagenen Irokesen.
Die erste Gesellschaft US-amerikanischer Kaufleute läßt sich mit Einwilligung der spanischen Regierung in New Orleans nieder. Beginn der ökonomischen Unterwanderung Louisianas durch die USA.

1796 Einführung des Zuckerrohrs in Louisiana, zunächst zur Getränke-(Taffia-)Produktion.

1799 Gründung der russisch-amerikanischen Pelzhandelskompanie.

1800–1803 Napoleon erwirbt im Vertrag von San Ildefonso den 1762 spanisch gewordenen Teil Louisianas zurück und verkauft ihn für 15 Millionen Dollar an die USA.

1801 Erste Baumwolle aus dem Mississippigebiet (Natchez) exportiert. Die Zucker- und Baumwollkonjunktur stimuliert das auf Sklavenarbeit beruhende Plantagensystem der Südstaaten. Verstärkter Import von Sklaven aus Afrika.

1803 Kolonisten beginnen mit der Besiedlung westlich des Mississippi. Mit der Errichtung von Fort Dearborn wird Chicago gegründet.

1804–1806 Expedition der USA unter Lewis und Clark den Missouri aufwärts über die Rocky Mountains zum Stillen Ozean. Erstmalige Durchquerung des Kontinents im Bereich der Vereinigten Staaten.

1807 Zebulon Pike findet im Lake Itasca den Ursprung des Mississippi. Mit der ersten Fahrt auf dem von Fulton erbauten Schraubendampfschiff auf dem Hudson von New York nach Albany wird die schnelle verkehrsmäßige Erschließung Nordamerikas durch die Flußschiffahrt eingeleitet.
Der Kongreß der USA verbietet die Sklaveneinfuhr. Das Unionsgesetz wird jedoch durch die Plantagenaristokratie des Südens umgangen.

1810–1819 Kauf Floridas und der angrenzenden spanischen Golfküste durch die USA.

1811 Rossija, das spätere Fort Ross, als südlich vorgeschobener Posten der russisch-amerikanischen Pelzhandelskompanie angelegt.
Erste Allwetterstraße mit fester Decke über die Appalachen (Cumberland Road).

1812–1814 Britisch-amerikanischer Krieg.

1817 Gründung der American Colonization Society, die sich für die Rückführung freigelassener Negersklaven nach Afrika einsetzt.

1818 Großbritannien und die USA einigen sich über den 49. Breitengrad als Grenze zwischen den USA und dem heutigen Kanada im Gebiet des Red River of the North.
John Barrow regt die Wiederaufnahme der Forschungen in der nordamerikanischen Arktis und besonders die erneute Suche nach einer nordwestlichen Durchfahrt an.

1819 Gouverneur Cass von Michigan entsendet eine Forschungsexpedition in die Prärien des oberen Mississippigebietes. Gründung von Forts in Wisconsin und Illinois, wodurch die systematische Besiedlung mit Kolonisten eingeleitet wird.

ab 1819 Stephen H. Long untersucht das Quellgebiet des Red River, das Arkansas- und Missourigebiet.

1821 Der russische Zar versucht seine Ansprüche auf Hoheitsgewässer vor der Pazifikküste auszudehnen, eine der Ursachen für die Erklärung der Monroe-Doktrin, die in dem Prinzip «Amerika den Amerikanern» gipfelt.

1822 Erfolgreicher Siedlungsversuch der American Colonization Society mit befreiten Sklaven an der afrikanischen Westküste, im späteren Liberia (1847 gegründet).

1823 Vertrag der USA-Regierung mit den Seminolen Floridas, wonach diese innerhalb von 20 Jahren ihr Land verkaufen und in westliche Gebiete der USA umsiedeln sollen.

1824 Rußland beschränkt seine Ansprüche in Amerika auf Alaska.

1825 Die Eröffnung des Eriekanals ermöglicht die durchgehende Schiffsverbindung zwischen New York und den Großen Seen.
Bildung des «Neuen Indianerterritoriums» im späteren Oklahoma.
Dreißig Trapper unter Jedediah Smith gelangen als erste US-Amerikaner vom Mississippi nach Kalifornien, kehren aber nach dem Osten zurück. Ihrer Route folgen alsbald die ersten Siedler nach Kalifornien.

1828–1839 In einer Vielzahl von Vertragsabschlüssen mit Indianerhäuptlingen erwirbt die Bundesregierung der USA über 116 Millionen Acres Land für eine Summe von ungefähr 72 Millionen Dollar. Die betreffenden Stämme werden in Gebiete westlich des Mississippi umgesiedelt. Einzelne Stämme leisten gegen die Aussiedlung Widerstand. Gründung von Forts westlich des Mississippi, um die dort zunächst gewachsene Zahl von Indianern in Schach zu halten.

1830 Gesetz zur Umsiedlung der «fünf zivilisierten Nationen» der Indianer aus dem Süden der Vereinigten Staaten in Gebiete jenseits des Mississippi. «Zug der Tränen» der Cherokee. Während der Aktion finden 4000 der 17 000 Umsiedler den Tod.

um 1830 Beginn stärkerer Einwanderungen aus Europa, besonders aus England, Irland und Deutschland, vor allem in die nördlichen USA.
Westlich des Mississippi entstehen an dessen Unterlauf und im Mündungsgebiet des Missouri größere zusammenhängende Besiedlungsgebiete.

1832 Der Widerstandskampf der Sauk- und Fox-Indianer unter dem Häuptling Black Hawk gegen die Besiedlung in Illinois und Wisconsin wird gebrochen.
Expedition des Amtes für Indianische Angelegenheiten unter Schoolcraft und Allen ins obere Mississippigebiet und das Nordwest-Territorium. Systematische Bestandsaufnahme der indianischen Bevölkerung und ihrer Kultur mit dem Ziel ihrer weiteren Einengung und Verdrängung.

1834 «Gesetz zur Regelung des Handels und der Beziehungen mit den Indianerstämmen und zur Einhaltung des Friedens in den neuen Siedlungsgebieten.» Der gesamte westlich des Mississippi gelegene Teil der Vereinigten Staaten mit Ausnahme der Bundesstaaten Missouri und Louisiana sowie des Territoriums Arkansas wird zum «Indianerland» erklärt, alsbald aber Schritt für Schritt den Indianern wieder entrissen.

1835–1843 Zweiter Seminolenkrieg in Florida.

1836 Aus den USA eingewanderte Farmer erklären die «unabhängige Republik» Texas und schlagen mexikanische Truppen zurück.
Die Ottomeas und Chippewas (Algonkinstämme) verkaufen 18 Millionen Acres Land für 500 000 Dollar an die USA.

1837 Verheerende Pockenepidemie unter den Indianern, die zuerst unter den Stämmen am oberen Missouri ausbricht. Die Stämme der Mandanen, der Assinabois, der Creeks, der Schwarzfüßler und andere fallen fast völlig der sich rasch ausbreitenden Krankheit zum Opfer.

um 1840 Die American Colonization Society verliert an Bedeutung. Der Abolitionismus wird durch Anti-Slavery-Societies und durch die Republikanische Partei (seit 1854) vertreten.

1841 Charles Wilkes erforscht das Kaskadengebirge.

1842–1849 John Charles Freemont erforscht das Große Becken mit dem Großen Salzsee.

1845 Formelle Annexion von Texas durch die USA.
John L. O'Sullivan prägt das Wort von der Manifest Destiny, der «offenbaren Bestimmung» der USA, sich über den ganzen Kontinent auszubreiten.

1846 Einigung mit Großbritannien über das Oregongebiet, das den USA zufällt.

1846–1852 Bau der Eisenbahnlinie Philadelphia–Pittsburgh.

1846–1848 Krieg zwischen Mexiko und den USA.

1848 Mexiko muß nach dem verlorenen Kriege gegen die USA im Friedensvertrag von Guadelupe Hidalgo sein ganzes Hoheitsgebiet nördlich des Rio Grande und der Halbinsel Baja California an die USA abtreten; das entspricht den heutigen US-Bundesstaaten Texas, New Mexico, Arizona, Kalifornien sowie Teilen von Utah und Colorado. Der Rio Grande del Norte wird zur Nordgrenze Mexikos.
Entdeckung reicher Goldvorkommen in Kalifornien.

1849 20 000 Menschen brechen vom mittleren Missouri nach Kalifornien auf, von denen 4000 auf dem Marsch durch die noch unerschlossenen Prärien und über das Felsengebirge ihr Leben verlieren.

1850 Kalifornien wird Bundesstaat der USA.
Die USA kaufen Mexiko das bereits annektierte Texas nachträglich ab.

1851–1853 Robert MacClure findet die jahrhundertelang gesuchte nordwestliche Durchfahrt, muß aber im Eis sein Schiff aufgeben.

1853 Der US-amerikanische Staatsmann Gadsen kauft von Mexiko ein für den Bahnbau nach Kalifornien wichtiges Gebiet südlich des Gilaflusses, und zwar den südlichen Zipfel der heutigen Staaten Arizona und New Mexico (Gadsen Purchase).

1854 Die USA öffnen Japan gewaltsam für den Handel.
Gründung der Republikanischen Partei, die energisch die Sklaverei bekämpft.

1859 In Kansas gewinnen nach einem blutigen Bürgerkrieg die Gegner der Sklaverei die Oberhand.

1861 Mehrere sklavenhaltende Südstaaten der USA bilden nach dem Sieg der Republikaner bei den Präsidentschaftswahlen eine Konföderation («Konföderierte Staaten von Amerika») und erklären ihr Ausscheiden aus der Union. Beginn des bis 1865 dauernden Sezessionskrieges zwischen den Nord- und den Südstaaten, der 620 000 Tote fordert.

1863 Präsident Lincoln erklärt die Sklaverei in den Südstaaten für abgeschafft. Die Verfassung der USA erhält 1865 einen entsprechenden Zusatz.

1867 Rußland, durch den Krimkrieg geschwächt, verkauft Alaska an die USA.

1868 Frieden von Laramie mit den Sioux-Indianern.

1869 Erste transkontinentale Eisenbahnlinie (New York–Chicago–St. Louis–San Francisco) fertiggestellt.

um 1870 Tiefststand der Bevölkerungszahl der Indianer in den USA.

ab 1870 Herausbildung des US-amerikanischen Monopolkapitals im Schoße des Kapitalismus der freien Konkurrenz. – Schnell fortschreitende weiße Besiedlung der Westhälfte Nordamerikas.

1870–1890 Volle Erschließung der Prärien, weitgehende Vernichtung der Büffelherden, Niederwerfung der letzten in Freiheit lebenden Indianerstämme.

1874–1885 Zweite transnationale Eisenbahnlinie (Montreal–Vancouver) fertiggestellt.

1875 Die USA kaufen Hawaii.

1876 Bau einer Eisenbahnbrücke über den Mississippi.

1877 Rekonstruktionszeit in den Südstaaten beendet. Verdrängung der Neger aus öffentlichen Ämtern. Restauration der Macht einflußreicher Familien der Südstaaten.

1878 Die USA erwerben Samoa.

1889 Ein großer Teil des Indianerterritoriums in Oklahoma wird für die Besiedlung durch weiße Farmer freigegeben.

1890 Blutbad der US-Army unter den Minneconjou-Sioux-Indianern (Massaker von Wounded Knee).

um 1890 Einsetzen einer Masseneinwanderung nach den USA. Jetzt überwiegen Einwanderer aus Süd- und Osteuropa, die vornehmlich in die Städte der USA ziehen.

1891/92 Die USA intervenieren in Chile. Beginn einer Kette von Interventionen der USA zur Durchsetzung ihrer Vorherrschaftsbestrebungen in Lateinamerika.

1903–1906 Der norwegische Polarforscher Roald Amundsen befährt erstmals mit einem Schiff die gesamte Nordwestliche Durchfahrt vom Atlantischen Ozean zur Beringstraße.

1924 Den Indianern der USA wird die Staatsbürgerschaft zuerkannt.

Erläuterungen

Abolition – Abschaffung, Aufhebung; in Amerika besonders der Sklaverei.
Abolitionist – Jemand, der für die Abschaffung der Sklaverei eintritt.
Agonie – Todeskampf.
agrikol – landwirtschaftlich.
Akkord – Übereinkunft, Vertrag.
Albino – Lebewesen mit angeborener Unfähigkeit zur Farbstoffbildung, «Weißling».
Alluvialebene – Aufschüttungsebene.
annoncieren – ankündigen, ansagen.
Annuität – Jährliche Zahlung.
Antagonist – Gegner, Gegenspieler.
approbieren – bestätigen, genehmigen.
Aquädukt – Wasserleitung; Brücke, über die eine Wasserleitung führt.
artesischer Brunnen – Brunnen, dessen Wasser infolge eigenen Überdrucks steigt.
Assembly – Versammlung, beratende Körperschaft; hier im Sinne von Parlament, Volksvertretung.
assortieren – nach Warenarten ordnen und vervollständigen.
Aux pieds et aux mains on reconnaît le race – (franz.) An den Füßen und an den Händen erkennt man die Rasse.

Bayou – Sumpfiger Ausfluß aus einem See.
Beize – Jagd mit Hilfe eines abgerichteten Vogels; auch Lockmittel.
Bettelvogt – Der für das Eintreiben von Spenden Zuständige; besonders im Mittelalter üblich.
Bloch, Pl. Blöcher – Holzblock, Holzstamm.
Board – Hier im Sinne von Zimmer- oder Pensionspreis.
Boarding-House – Pensionshaus, Hotel.
Boucherie – (franz.) Fleischerei.
Bushel – Amerikanisches Hohlmaß für Trockensubstanzen; 1 Bushel = 35,2 l.
Business – (engl.) Geschäft.
Buttler, Butler, John – Amerikanischer Offizier (1728–1796), Anhänger der britischen Krone; zunächst Gehilfe von Sir William Johnson (s. d.); kommandierte während des Französisch-Indianischen Krieges die indianischen Kräfte bei der Eroberung von Fort Niagara (1759). Organisierte probritische Indianer und Siedler gegen die Anhänger der Unabhängigkeitsbewegung (1775–1780).

Car-Men – (engl.) Kutscher.
China – Hier für Chinarinde, Chinin.

Clam – Eßbare Meeresmuschel.

Clay, Henry – Nordamerikanischer Staatsmann (1777–1852), eine der bedeutendsten politischen Persönlichkeiten seiner Zeit, obwohl er als Präsidentschaftskandidat mehrmals unterlag; 1825–1829 amerikanischer Außenminister.

Clerk – (engl.) Buchhalter, Schreiber.

College of Loyola – (engl.) Jesuitenkolleg in Baltimore; benannt nach Ignatius von Loyola (1491–1556), dem Gründer des Jesuitenordens.

Colonel – (engl.) Oberst.

Commi – s. Kommis

Contrafahrt – Irrfahrt; Fahrt wider Willen.

Contributions to knowledge – (engl.) Beiträge zum Wissen.

Coroner – (engl.) Untersuchungsrichter.

Cotton – (engl.) Baumwolle.

Count – (engl.) Graf.

Courthouse – (engl.) Gerichtsgebäude.

Couvert – (franz.) Tischgedeck.

Creditor – Kreditgeber, Gläubiger.

Current – Zum Kurswert.

Dejeuner – (franz.) Frühstück.

dekopieren – eine Abschrift anfertigen.

Denomination – Glaubensrichtung, Konfession, Sekte.

Desperation – Verzweiflung.

Dictionnaire – (franz.) Wörterbuch.

dindes truffées – (franz.) getrüffelte Truthennen.

Diplomata – Urkunde über eine abgelegte Prüfung.

Diskonto – Zinsabzug bei noch nicht fälligen Zahlungen, Zinsvergütung.

Dissentient – Andersdenkender.

Dom – Hier im Sinne von Kuppel.

Dotation – Ausstattung, Schenkung, Zuweisung.

Douane – (franz.) Zoll, Zollamt.

Dry-Dock – (engl.) Trockendock, Anlage zum Ausbessern von Schiffen.

Dutcheman – (engl.) Eigentl. Dutchman: Holländer.

Ebenteurerei – Abenteuertum.

Elle – Altes Längenmaß, meist zwischen 0,5 und 0,8 m.

Empire-City – (engl.) Beiname für New York.

en passant – (franz.) im Vorübergehen, beiläufig.

en speut ten Duyvel – (niederl.) Und geh zum Teufel!

Esterházy – Ungarisches Fürsten- und Magnatengeschlecht mit dem seinerzeit umfangreichsten Grundbesitz in Ungarn.

Ex fonte melior haustus – (lat.) Aus der Quelle ist ein besseres Trinken.

Fahrenheit – Temperaturmaß. In der F.-Skala ist der Gefrierpunkt des Wassers mit 32°, der Siedepunkt mit 212° festgelegt.

Farewell-Konzert – Abschiedskonzert.
fickfack – quer übereinander; auch: unruhig hin und her laufen, Ausflüchte suchen.
Finz – Umzäunung.
Fire-Men – (engl.) Feuerwehrleute.
fl. oder Fl. – von lat. florin; Goldmünze des Mittelalters; später Gulden.
fl. Rheinl. – Rheinischer Gulden.
Folio – Buchformate mit Rückenhöhen über 35 bis 45 cm werden als Folio, mit Rückenhöhen über 45 cm als Großfolio bezeichnet.
Fox, Charles James – Britischer Politiker (1749–1806), befürwortete die Unabhängigkeit der nordamerikanischen Kolonien.
Franklin, Benjamin – Erster bedeutender Wissenschaftler und Aufklärer in Amerika (1706–1790), Erfinder des Blitzableiters, Gründer der «American Philosophical Society». Wirkte seit 1775 für die Unabhängigkeit der nordamerikanischen Kolonien; 1776–1785 Gesandter in Frankreich; erzielte durch das französisch-amerikanische Bündnis und den Frieden von 1783 große diplomatische Erfolge.
Französischer Krieg – Gemeint ist der «Französisch-Indianische Krieg», 1754–1763.
Frequenz – Häufigkeit, Besucherzahl, Verkehr.
Fuß – Altes Längenmaß von der Länge eines menschlichen Fußes, in Deutschland zwischen 25 und 34 cm; das engl. Foot entspricht 30,49 cm.

Galanterien – Hier im Sinne von Geschlechtskrankheiten.
Gallon, Gallone – Englisches Flüssigkeitsmaß. In den USA gilt die alte (Winchester) Gallone = 3,785 l.
galonieren – Mit Borten oder Tressen besetzen.
gemein – Im Sinne von allgemein üblich, verbreitet.
Gourmandise – (franz.) Leckerhaftigkeit, Schlemmerei.
Großfolio – s. Folio.
Guinee – Englische Goldmünze.

Habermann, Johann – luther. Theologe (1516–1590), gen. Avenarius; nach ihm benannten geschäftstüchtige Verleger volkstümliche Mischungen von Gebet- und Zauberbüchern.
Helge(n) – Helling, Schiffsbauplatz.
Helot – Staatssklave im alten Sparta.
Heraldik – Wappenkunde.
Herwegh, Georg – Lyriker (1817–1875), maßgeblich an der Revolution von 1848 in Baden beteiligt. Veröffentlichte u. a. nach seiner Flucht in die Schweiz die «Gedichte eines Lebendigen» (1841).
Hights – Beliebter Aussichtspunkt im New-Yorker Stadtteil Brooklyn mit Blick auf Manhattan.
hippokratisch – Gesichtsausdruck eines Sterbenden.
Homer – Sagenhafter altgriech. Dichter (8. Jh. v. u. Z.); gilt als Schöpfer von «Ilias» und «Odyssee».

Hospitalität – Gastfreundlichkeit.
Humbug – Schwindel, Unsinn.
Huronen – Auch Wyandot, Indianerstamm der irokesisch-huronischen Sprachfamilie, früher einer der mächtigsten Stämme Nordamerikas, am Huronsee lebend.
Hydrophor – Feuerlöschgerät.

Independenz – Unabhängigkeit.
Indolenz – Gleichgültigkeit, Trägheit.
inferior – untergeordnet, minderwertig.
inkorporieren – einverleiben, aufnehmen.
Insertion – Veröffentlichung von Zeitungsanzeigen.
in specie – (lat.) insbesondere.
Insult – Beschimpfung, Beleidigung.
inter arma – (lat.) im Kriegszustand.
Interessen – Hier: Zinsen.
Irving, Washington – Amerikanischer Schriftsteller (1783–1859), der erste vielgelesene Repräsentant amerikanischer Literatur in Europa.

Johannis – Johannistag, 24. Juni.
Johnson, Guy – Britischer Kolonialpolitiker in Nordamerika (1740–1788). Sekretär von Sir William Johnson (s. d.); nach dessen Tod 1774–1782 britischer Generaloberaufseher für indianische Angelegenheiten in Nordamerika, mobilisierte Indianer gegen patriotisch gestimmte Ansiedler.
Johnson, Sir William – Britischer Kolonialpolitiker in Nordamerika (1715–1774), trat in enge Beziehungen zu den Mohawk-Indianern; wurde Mitglied ihres Stammes. Später britischer Generaloberaufseher für indianische Angelegenheiten in Nordamerika, führte 1758–1760 indianische Verbände der «Sechs Nationen» gegen die französischen Truppen in Kanada.

Kalfaterer – Verantwortlicher für die Abdichtung der Decks- und Schiffswandnähte.
Kapitäl – (Kapitell), oberer Abschluß einer Säule oder eines Pfeilers.
Karolinen – Hier: die beiden Bundesstaaten der USA North Carolina und South Carolina.
Karriol – In der Regel einspännig gefahrener Wagen leichter Bauart, meist zweirädrig.
Katakombe – Unterirdische Begräbnisstätte, z. B. im alten Rom.
Klafter – Altes deutsches Längenmaß.
1 Klafter = 6–10 Fuß.
Als Raummaß für Holz: 1 Klafter = 90–150 Kubikfuß (s. auch Fuß).
Klinse – Ritze, Spalte.
Kommis – Diener, Angestellter, Kontorist.
Komplexion – Zusammenfassung.

konsterniert – bestürzt, betroffen.
Konstituent – Wähler.
kontagiös – ansteckend.
kontinuieren – andauern.
Korporation – Ortschaft, Gemeindebehörde.
kreieren – schaffen, erwählen, ernennen.
Kreole – In Amerika geborener Nachkomme von romanischen Europäern.
Kurierhandwerk – Bezeichnung für den Arztberuf.

lamentabel – beklagenswert; kläglich, jämmerlich.
Levée – (franz.) Ufer-, Schutzdamm.
Linguist – Sprachwissenschaftler.
Literature of American aboriginal languages – (engl.) Literatur der Sprachen amerikanischer Ureinwohner.
Löher, Franz – Jurist und Publizist (1818–1892); unternahm 1846 eine Reise in die USA; beteiligte sich an der revolutionären Bewegung von 1848/49. Sein Hauptwerk: «Land und Leute der alten und neuen Welt» (3 Bände, 1854/58).
Lunch – (engl.) Gabelfrühstück.

Mahicanni oder Mahicander – s. Mohikaner.
Mährische Brüder – In Nordamerika übliche Bezeichnung für Angehörige der Herrnhuter Brüdergemeine, deren erste Mitglieder protestantische Auswanderer aus Mähren waren.
Mathesis – Mathematik.
Mayor – (engl.) Bürgermeister.
Mazarin, Jules – Herzog von Nevers, französischer Staatsmann und Kardinal (1602–1661), leitender Minister unter Ludwig XIV.
Medici, Cosimo de – (1389–1464), seit 1434 Statthalter von Florenz, Bankier, förderte Künste und Wissenschaften.
Meile – Eine englische Meile entspricht 4,828 km, eine französische Meile 3,898 km.
Menschenbeize – s. Beize.
Mestize – Nachkomme aus der Verbindung von Europäern und Indianern.
metamorphosieren – umwandeln.
Methodist – Angehöriger der aus der anglikanischen Kirche hervorgegangenen Methodistenkirche.
Miasma – Ungesunde Ausdünstung des Bodens.
Miner – (engl.) Eigentl. Bergmann; hier im Sinne von Erzvorkommen, Erzstück.
minorenn – minderjährig.
Mocksen – s. Mokassin.
Modifikation – Veränderung, Abwandlung.
Mohikaner – Ausgestorbener Indianerstamm aus der Gruppe der Algonkin, lebte im Gebiet des Hudson.
Mokassin – Wildlederner absatzloser Halbschuh der Indianer.

Montez, Lola – Tänzerin (1818–1861), kam 1846 nach München. Mätresse Ludwigs I., wanderte, während der Revolution von 1848 wegen ihrer skandalösen Lebensführung angegriffen, nach den USA aus.

Morgen – Altes deutsches Feldmaß von unterschiedlicher Größe, urspr. die Ackerfläche, die sich an einem Morgen pflügen ließ.

Mulatte – Nachkomme aus der Verbindung eines Europäers mit einem Afroamerikaner.

Muttonchop – (engl.) Hammelrippchen.

NB – Abkürzung für notabene (lat.); wohlgemerkt, übrigens.

Negress – (engl.) Negerin.

nolens volens – (lat.) ob man will oder nicht; wohl oder übel.

Office – (engl.) Büro.

offizinell – So wurden früher alle in Apotheken vorrätigen Heilmittel bezeichnet.

Ohrenlassen – Mit dem Abschneiden der Ohren bestrafen.

Opossum – Beutelratte.

ordinieren – weihen, in ein geistliches Amt einsetzen.

Ornithologe – Vogelkundler.

Oxhoft – Früheres Flüssigkeitsmaß (bes. für Wein) unterschiedlicher Größe; meist 3 Eimer oder 200–250 l.

Paine oder Payne, Thomas – amerikanischer Publizist und Politiker (1737–1809), setzte sich nachdrücklich für die Unabhängigkeit der britischen Kolonien in Nordamerika ein.

Pauper – Armer, Verelendeter.

pêle-mêle – (franz.) bunt durcheinander, gemischt.

Penn, William – einflußreicher Quäker (1644–1718), gründete die Kolonie Pennsylvania, die er nach den Prinzipien religiöser Toleranz regieren ließ.

Philosophical Transactions – Seit 1665 erscheinende Publikation der englischen Akademie der Wissenschaften.

Piedestal – Sockel, Untersatz.

Pfund, Pfund Sterling, Abk. Pf. St. – Englische Währungseinheit.

Piktographie – Bilderschrift.

Pitt, William d. Ä. – britischer Staatsmann (1708–1778), dessen außenpolitischer Haupterfolg die Zerschlagung der französischen Macht auf den Meeren und in Übersee (während des Siebenjährigen Krieges) war. Ihm zu Ehren wurde 1789 das durch die Engländer eroberte ehemalige französische Fort Duquesne in Fort Pitt umbenannt. Daraus ging die Stadt Pittsburgh hervor.

Planter – (engl.) Pflanzer, Plantagenbesitzer.

Portefeuille – (franz.) Ministerressort.

Pranger – Im Mittelalter Schandpfahl.

Prätension – Anspruch.

Preßbengel – Im Buchdruck Bezeichnung für den Hebelarm, mit dem der Preßdeckel bei Kniehebelpressen niedergedrückt wird.
Prießnitz, Vincenz – Naturheilkundiger (1799–1851), Begründer einer Naturheilmethode.
Prison – (franz.) Gefängnis.
Profession – Beruf, Gewerbe, Handwerk.
pro Gradu – (lat.) für den (akademischen) Grad.
Progressist – Anhänger des Fortschritts, Fortschrittler.
Proselyt – Neubekehrter, Übergetretener.
Provision – Hier im Sinne von Proviant, Mundvorrat, Lebensmittel.

Quäker – Angehörige einer im 17. Jh. in England gegründeten protestantischen Sekte, die die Tradition der Wiedertäufer fortsetzte; breitete sich vor allem in Nordamerika aus.
Quart – Buchformat mit Rückenhöhen über 25 bis 35 cm.
Quodlibet – (lat.) Was beliebt, Durcheinander, Mischmasch.

radmäßige Leute – Zum Tode durch Rädern Verurteilte.
Rakoon, Rakun – Waschbär.
Recorder – (engl.) Stadtrichter, Stadtsyndikus.
Refugees – (franz.) Flüchtlinge.
Rekommandation – Empfehlung.
Relation – Hier: Bericht, Mitteilung.
Ressourcen – Hilfsquellen.
reussieren – Erfolg haben, gelingen.
Robot – Fronarbeit.
roulieren – umlaufen, von einer Hand in die andere gehen.

Sabbat – Israelitischer Ruhetag; hier im Sinne von Sonntag.
Scharbock – Auf Vitaminmangel beruhende Krankheit, später als Skorbut bezeichnet.
Schelm – Hier: Narr, Betrüger.
Seelenpreis – Preis, der für einen Negersklaven bezahlt wurde.
Servant – Schuldknecht.
servieren – Hier im Sinne von knechtischem Dienst zur Tilgung einer Schuld.
Skrofel – Tuberkulöse Haut- und Lymphknotenerkrankung, besonders bei Kindern.
Soirée – (franz.) Abendgesellschaft, -veranstaltung.
Spezies – Art.
Squaw – Indianische Frau.
Steuben, Friedrich Wilhelm – Amerikanischer General deutscher Herkunft (1730–1794); vermittelte der amerikanischen Revolutionsarmee preußische Generalstabserfahrung.
Stipulation – Vertragliche Abmachung, Übereinkunft.
Stockade – Lattenzaun, Einfriedung.

Storax, Styrax – Tropische und subtropische Bäume und Sträucher, deren Harz zur Herstellung von Salben und Arzneien sowie als Räuchermittel verwendet wurde.

Store – Laden, Speicher, Lagerhaus.

Suite – Hier im Sinne von Garnitur, Sammlung.

Sullivan, John – General und Staatsmann der amerikanischen Revolutionskräfte (1740–1795), leitete mehrere Schlachten gegen die britischen Truppen (1776–1778), führte 1779 eine Expedition zur Verwüstung des Landes der Irokesen in Pennsylvanien und im westlichen New York.

supponieren – voraussetzen, unterstellen.

Supreme Executive Council – (engl.) Oberste staatliche Gewalt.

Swamp – (engl.) Sumpf.

Temperenz – Mäßigkeit (bes. in bezug auf Alkohol).

Thou und Thee – (engl.) Wörtl. du und dich; im Sinne von duzen.

Tomahawk – Beilartige Waffe der nordamerikanischen Indianer.

tomahawken – mit dem Tomahawk angreifen.

Tories – (engl.) Anhänger der Konservativen Partei in England.

Trader – (engl.) Händler.

Trafikant – Inhaber einer Verkaufsstelle für Tabakwaren, Zeitungen, Briefmarken usw.

Tributar – Nebenfluß.

Turkey – (engl.) Truthuhn, -hahn.

Varietät – Abart, Spielart.

Vegetabilien – Pflanzliche Nahrung.

venerische Krankheit – Geschlechtskrankheit.

Verhack – Verhau.

Votum – Urteil, Stimme (bei einer Wahl).

Wampum – Aufgereihte Muschelscheibchen oder Schneckengehäuse; früher Zahlungsmittel und Schmuck der nordamerikanischen Indianer.

Washington, George – Amerikanischer Feldherr und Politiker (1732–1799), erhielt 1775 den Oberbefehl über die Revolutionstruppen; 1789–1797 erster Präsident der Vereinigten Staaten.

Welschenhahn – Truthahn, Puter.

Westindien – Die heute als Antillen bezeichnete Inselgruppe im Westlichen Atlantik.

Zensus – Volkszählung.

Zider – Obstwein, bes. Apfelwein.

Zisterne – Behälter zum Sammeln von Wasser in trockenen Gebieten.

Zoll – Längenmaß. In den USA 1 Zoll = 2,54 cm.

Zuschauer – Hier wahrscheinlich die Übersetzung des Titels der englischen Zeitung «Spectator».

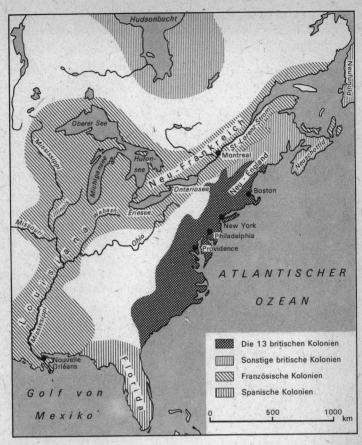

Das östliche Nordamerika um 1750

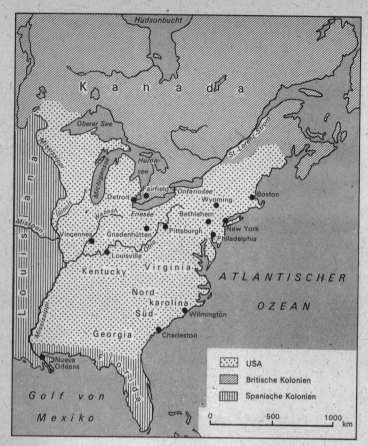

Das östliche Nordamerika um 1783

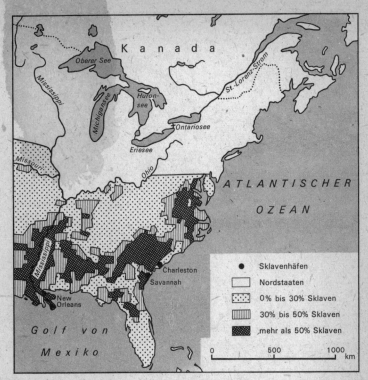

Der Anteil der Sklaven an der Bevölkerung im östlichen Nordamerika um 1860

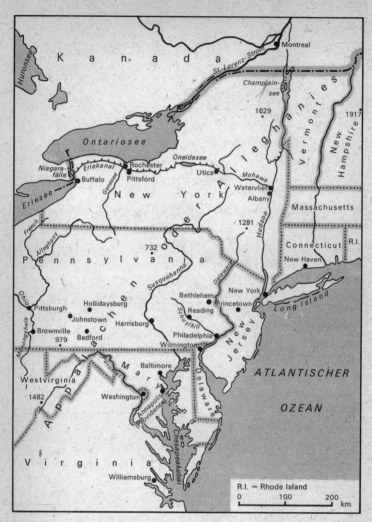

Die administrative Gliederung der Nordoststaaten der USA nach 1863

Inhalt

Vorwort 5
Einführung 11

Gottlieb Mittelberger
Vorbemerkung 41
Reise nach Pennsylvanien in Amerika im Jahr 1750 . . 46

Johann David Schöpf
Vorbemerkung 71
Durch einige der mittleren und südlichen vereinigten
nordamerikanischen Staaten (1783 und 1784)
Philadelphia 77
Wyoming 117
Pittsburgh 126
Wilmington 143
Charleston 147
Die neue Kolonie Kentucky 164

Johann Heckewälder
Vorbemerkung 171
Indianische Völkerschaften
Erzählung der Indianer vom Betragen der Europäer . . . 178
*Weiteres Schicksal der Lenape und der ihnen verwandten
Stämme* 183
Allgemeiner Charakter der Indianer 194
Regierung 203
Geselliger Umgang 210
Politische Kunstgriffe 215
Heiraten und Behandlung der Frauen 219
Kriege und ihre Ursachen 231
Verschiedene Arten, den Feind zu überfallen 233
Friedensboten 238
Verträge 242

Johann W. von Müller
Vorbemerkung 247
Reisen in den Vereinigten Staaten (1856)
New York, die Empire-City 250
Baltimore und Washington 271
Der Eriekanal 282

Moritz Wagner/Carl Scherzer
Vorbemerkung 293
Reisen in Nordamerika (1852 und 1853)
Über die Alleghanies nach Pittsburgh 301
Die Indianerstämme des obern Mississippi 314
New Orleans 336
Ein Besuch auf den Zuckerplantagen der Louisiana . . . 364

Zeittafel 397
Erläuterungen 409
Karten 417